Wolfgang Tietze (Hrsg.)

Früherziehung

Professor Dr. E. Kuno Beller
zur Emeritierung und zum 75. Geburtstag gewidmet

Wolfgang Tietze (Hrsg.)

Früherziehung

Trends, internationale Forschungsergebnisse,
Praxisorientierungen

Luchterhand

Die Deutsche Bibliothek - CIP-Einheitsaufnahme

Früherziehung : Trends, internationale Forschungsergebnisse,
Praxisorientierungen / Wolfgang Tietze (Hrsg.). - Neuwied;
Kriftel; Berlin : Luchterhand, 1996
ISBN 3-472-02362-7
NE: Tietze, Wolfgang (Hrsg.)

Alle Rechte vorbehalten
© 1996 by Luchterhand Verlag GmbH Neuwied, Kriftel, Berlin

Das Werk, einschließlich seiner Teile, ist urheberrechtlich geschützt.
Jede Verwertung außerhalb der engen Grenzen des Urhebergesetzes
ist ohne Zustimmung des Verlages unzulässig und strafbar. Das gilt
insbesondere für Vervielfältigungen, Übersetzungen, Mikroverfilmungen
und die Einspeicherung und Verarbeitung in elektronischen Systemen.

Einbandgestaltung: Antje Schlabe, Leipzig
Titelfoto: Robert Michel, Berlin
Satz: Wiesjahn Fotosatz GmbH, Berlin
Druck: H. Heenemann GmbH & Co., Berlin
Printed in Germany, September 1996
♾ Gedruckt auf säurefreiem, alterungsbeständigem und chlorfreiem Papier

Inhalt

I. **Einleitung** 7

II. **Gesellschaftliche Voraussetzungen, Geschichte, theoretische Orientierungen**

Lothar Krappmann
Kinderbetreuung als kulturelle Aufgabe 20

Alison Clarke-Stewart
Geschichte der Kleinkinderziehung in Amerika 30

Egle Becchi
Bilder von Jungen und Mädchen im frühen Kindesalter:
Geschichtlich-theoretische Betrachtungen 46

Michael Lewis
Entwicklung, Geschichte und andere Probleme des Wandels 58

III. **Kleinkinderziehung in Tageseinrichtungen**

Greta G. Fein
Die Eingewöhnung von Kleinkindern in der Tagesstätte 80

Hellgard Rauh und *Ute Ziegenhain*
Krippenerfahrung und Bindungsentwicklung 97

Holger Weßels
Verhaltensaspekte von Betreuerinnen und Kindern in
Tageseinrichtungen für Kinder unter drei Jahren 114

Mira Stambak
Lernen durch Kommunikation 130

Ronald Lally
Die Auswirkungen von Regelungen und Praktiken in der
Kleinkindbetreuung auf die frühkindliche Identitätsentwicklung   138

IV. Kleinkinderziehung in der Familie

Tullia Musatti
Frühkindliche Betreuung und Erziehung in der Familie   158

Susanna Mantovani
Neue Angebote für Kleinkinder in Italien:
Das Projekt 'Zeit für die Familie'   169

Wolfgang Tietze
Beteiligung von Vätern an der Betreuung und Erziehung
von kleinen Kindern   193

V. Programme, Evaluationen und ökonomische Aspekte der Kleinkinderziehung

Paul Hoop
Pädagogische Förderprogramme in den Niederlanden   212

Lilian Katz
Qualität der Früherziehung in Betreuungseinrichtungen:
Fünf Perspektiven   226

Jürgen Zimmer
Geschichte und Desiderata des Erprobungsprogramms   240

Karl White
Frühintervention bei behinderten Kindern: Größere Wirksamkeit
bei Elternbeteiligung?   257

Hans-Günther Roßbach
Bildungsökonomische Aspekte in der Weiterentwicklung des
Früherziehungssystems   279

Autorenverzeichnis   294

I. Einleitung

Die in diesem Band zusammengestellten Beiträge sind die schriftlichen Fassungen von Vorträgen, die auf dem internationalen Symposium *Neue Entwicklungen in der Kleinkindpädagogik* im Sommer 1994 an der Freien Universität Berlin gehalten wurden. Sie spiegeln die Vielfalt der Fragestellungen und Forschungsrichtungen, die für eine sich als eigenständiger Sachzusammenhang entwickelnde Kleinkindpädagigk heute charakteristisch sind. Sie ermöglichen der Leserin und dem Leser eine Orientierung über wichtige Diskussionsstränge und Forschungsfragen in internationaler Perspektive. Dabei werden theoretische Fragen, empirische Untersuchungen und Fragen der Gestaltung konkreter pädagogischer Praxis gleichermaßen thematisiert.

Der Arbeitsbereich Kleinkindpädagogik der Freien Universität hat dieses Symposium zu Ehren seines langjährigen Leiters Prof. Dr. E. Kuno Beller anläßlich seiner Emeritierung veranstaltet. Kuno Beller hat – nach seiner Ausbildung und nach langjähriger Tätigkeit an verschiedenen Universitäten in den USA – mit seinen Forschungsarbeiten und seiner Tätigkeit als akademischer Lehrer an der Freien Universität seit Mitte der siebziger Jahre wesentlich dazu beigetragen, der Kleinkindpädagogik in (West-) Deutschland einen zunehmend festen Standort zu verschaffen. In besonderer Weise hat er sich um wissenschaftlich begründete Modelle einer Pädagogik für unter dreijährige Kinder in Tageseinrichtungen (und Familien) bemüht, diese in vielfältigen Praxisversuchen erprobt und verankert. Er hat damit einen wichtigen Beitrag geleistet, ein stark ideologisch besetztes pädagogisches Feld der rationalen wissenschaftlichen Diskussion zugänglich zu machen und die konkrete pädagogische Praxis entsprechend zu fördern. Kuno Beller hat diese Arbeiten – für die Pädagogik in Deutschland nicht selbstverständlich – immer im Kontext des internationalen Forschungs- und Diskussionszusammenhangs betrieben und diesen seinerseits bereichert. Die verschiedenen Beiträge ausländischer Wissenschaftler (Frankreich, Italien, Niederlande, USA) in diesem Band verdeutlichen diesen internationalen Arbeitszusammenhang und sind – wie alle anderen Beiträge auch – zugleich als Referenz an Kuno Beller zu betrachten.

Die Beiträge sind nach vier übergreifenden Gesichtspunkten geordnet:
- Gesellschaftliche Voraussetzungen, Geschichte, theoretische Orientierungen
- Kleinkinderziehung in Tageseinrichtungen
- Kleinkinderziehung in Familien
- Programme, Evaluationen und ökonomische Aspekte der Kleinkinderziehung

Gesellschaftliche Voraussetzungen, Geschichte, theoretische Orientierungen

Dieser Abschnitt wird eröffnet durch den Beitrag *Kinderbetreuung als kulturelle Aufgabe* von Lothar Krappmann. Krappmann geht davon aus, daß die Nachfrage nach ergänzender Betreuung und Erziehung in Einrichtungen vom gesellschaftlichen Wandel hervorgebracht wird, eine entsprechende gesellschaftliche Unterstützung hierfür aber weitgehend fehlt. Diese Unterstützung wird nicht nur in einem Mehr an Plätzen, einem günstigeren Erzieher-Kind-Schlüssel und in verbesserter pädagogischer Qualität gesehen – so wichtig dies ist –, sondern in einer Neubestimmung der Lebensverhältnisse von Familien mit jungen Kindern als einer kulturellen Aufgabe. Man dürfe nicht nur auf die Einrichtungen selbst schauen, auf denen viel der Widersprüchlichkeit der Lebensverhältnisse laste, um günstige Entwicklungsergebnisse bei den Kindern zu erzielen, sondern müsse das gesamte Umfeld der kindlichen Entwicklung und Erziehung, das bis zu den Wertvorstellungen über die Rolle von Familien mit Kindern in der Gesellschaft reiche, mit einbeziehen. Es fehle eine Kultur der Familie, des Aufwachsens und der Erziehung, die die verschiedenen Ansprüche zusammenbringe. Dementsprechend ist für Krappmann ein kultureller Neuentwurf nötig, um die voneinander getrennten Kinder- und Erwachsenenwelten, die Ideale, Sehnsüchte und Handlungsmuster aller Beteiligten in einen produktiven Zusammenhang zu bringen.

Obwohl thematisch gänzlich anders ausgerichtet, nimmt Alison Clarke-Stewart in ihrem Beitrag *Geschichte der Kleinkinderziehung in Amerika* in einer gewissen Weise die vorgenannte Thematik der Einbindung der Kleinkinderziehung in ein kulturelles Selbstverständnis auf. Clarke-Stewart zeichnet die Geschichte der Kleinkinderziehung in der Neuen Welt nach, von der Ankunft der Pilgerväter 1620 und ihrer streng religiösen Kleinkinderziehung bis zur Gegenwart und einigen ihrer exotischen Trends, wie dem der vorgeburtlichen Förderung in einer Prenatal University. Vor dem Auge des Lesers wird ein Teppich mit vielen bunten Fäden ausgerollt; Thematiken tauchen in der Geschichte auf, bestimmen das Bild und verschwinden, um an späterer Stelle wieder in neuer Frische zu erscheinen. Optimismus und Pessimismus in den Anschauungen, Strenge und Permissivität in der Erziehung, Vertrauen und Mißtrauen in die Fähigkeit und Kraft der Familie, besonders der Mütter, scheinen sich abzuwechseln; bestimmte Theorien und Expertenmeinungen dominieren das Erziehungsgeschehen und werden von anderen abgelöst. Vor uns entsteht ein Muster, das uns hilft, Entwicklungen einzuordnen und den eigenen Standort zu bestimmen.

Die geschichtliche und wissenschaftliche Gebundenheit unserer Auffassungen und Hypothesen ist die implizite Thematik in Egle Becchis Beitrag *Bilder von Jungen und Mädchen im frühen Kindesalter: Geschichtlich-theoretische Betrachtungen*. Becchi zeichnet im geschichtlichen Überblick nach, wie sich das Bild vom kleinen Jungen und vom kleinen Mädchen in der Forschung erst in den letzten Jahrzehnten entwickelt und ausdifferenziert hat. Die Bilder von Jungen und Mädchen unter drei Jahren werden in den Handbüchern der Psychologie immer verschwommener, wenn man nur wenige Jahrzehnte zurückgeht. Becchi untersucht diese Bilder vom kleinen Jungen und Mädchen in der (frühen) Psychoanalyse, der frühen Kinderpsychologie, in der Romantik, der Aufklärungsepoche und in der modernen Geschichtsschreibung der Kindheit. Festgefügtheit der Bilder, was sie zeigen, mehr noch, was sie verhüllen, wird deutlich. Becchi setzt diesen gesellschaftlichen, theoretischen und wissenschaftlichen Konstruktionen jene Bilder von Kindheit, vom konkreten Jungen und konkreten Mädchen entgegen, wie sie in autobiographischen Zeugnissen und in den Fiktionen von Schriftstellern und Poeten auftauchen. Sie sind gleichsam ein kritischer Kontrapunkt, der uns fragen läßt, welches Bild vom kleinen Kind, Mädchen und Jungen, *wir* unseren Alltagsvorstellungen, unseren Forschungen und unserer pädagogischen Praxis unterlegen.

Konstruktionen sind es auch, die unsere Vorstellungen von menschlicher Entwicklung bestimmen. Gerade den Erfahrungen in frühester Kindheit wird nicht selten eine lebensbestimmende Bedeutung zugeschrieben. Michael Lewis stellt in seinem Beitrag *Entwicklung, Geschichte und andere Probleme des Wandels* dieses als organismisch bezeichnete Entwicklungsmodell in Frage, wonach frühere Ereignisse spätere bestimmen und Menschen passiv den Kräften von außen ausgesetzt sind. Lewis weist auf die relativ geringe Vorhersagegenauigkeit für Entwicklung und damit die geringe empirische Evidenz dieses Modells hin und schlägt vor, es durch ein kontextualistisches Entwicklungsmodell zu ersetzen. In diesem Modell bestimmen weniger die vergangenen Ereignisse die Gegenwart, besonders dann nicht, wenn sie nicht mit den aktuellen Bedürfnissen und Plänen der Individuen zusammenhängen, sondern es sind die Pragmatik und die Erfordernisse des aktuellen Kontextes, in dem Menschen leben, die zur Erklärung ihres jeweiligen Verhaltens herangezogen werden müssen. Nicht nur bestimmt Vergangenes nicht die Gegenwart, vielmehr existiert es in der Radikalität dieses Modells für sich genommen auch gar nicht in unabhängiger Form, sondern ist eine Konstruktion, deren Bedeutungsgehalt gleichsam rückwärts von den aktuellen Lebensbedürfnissen her immer wieder neu festgelegt wird. Dieses Modell beinhaltet eine starke Herausforderung an unsere traditionellen Entwicklungsvorstellungen.

Kleinkinderziehung in Tageseinrichtungen

Die Gruppenbetreuung unter dreijähriger Kinder wirft Probleme auf, die sich in dieser Form beim Kind im Kindergartenalter nicht mehr stellen. Was beim Kindergartenkind vorausgesetzt werden kann, entwickelt sich bei den kleinen Kindern erst noch, und der Empfindlichkeit des kleinen Kindes muß besondere Beachtung geschenkt werden. Die in diesem Abschnitt zusammengefaßten Beiträge thematisieren diese besondere Problematik aus verschiedenen Blickwinkeln.

Die Eingewöhnung während der ersten sechs Monate in der Kinderkrippe und die Interaktion zwischen Erzieherin und Kind sind Gegenstand der Untersuchung von Greta Fein *Die Eingewöhnung von Kleinkindern in der Tagesstätte*, die an einer Stichprobe von italienischen Kindern erfolgte. Auf dem Hintergrund der von Bowlby beschriebenen Verhaltenssequenz, Kummerreaktion, Verzweiflungsreaktion und Gleichgültigkeitsreaktion, untersucht Fein das Verhalten von Krippenkindern in Verbindung mit dem Verhalten von Erzieherinnen unmittelbar nach Eintritt in die Krippe, nach drei und schließlich nach sechs Monaten. Die Daten deuten u.a. auf gewisse Gleichgültigkeitsreaktionen nach sechs Monaten bei bestimmten Kindern hin, wobei jedoch offen bleiben muß, ob es sich um Kinder mit bestimmten Dispositionen handelt, die diese Anpassungsschwierigkeit auch in anderen (belastenden) Situationen zeigen würden. Besonders aufschlußreich erscheinen die Ergebnisse, daß ausdrucksstarke Kinder im Laufe der ersten sechs Monate mehr und verschiedene Formen der Beachtung durch die Erzieherin fanden und daß das Erzieherinnenverhalten zu Beginn weniger mit den Reaktionen des Kindes verbunden war als nach sechs Monaten. Die Autorin geht davon aus, daß gut ausgebildete und sozial kompetente Erzieherinnen den Kummer beeinflussen können, den sehr empfindliche Kinder beim Eintritt in die Krippe erfahren. Dementsprechend bezeichnet sie es als eine Forschungsaufgabe, die Verhaltensstrategien von Erzieherinnen für einen konstruktiven Umgang speziell mit solchen Kindern zu untersuchen, die bei ihrer Anpassung an die neue Umgebung besonders belastet erscheinen.

Ebenfalls vor dem Hintergrund, daß der Eintritt in ein außerfamiliales Betreuungssetting, wie die Krippe, eine Situation mit einem hohen Belastungsgrad für kleine Kinder darstellt, ist die Untersuchung *Krippenerfahrung und Bindungsentwicklung* von Hellgard Rauh und Ute Ziegenhain zu sehen. In dieser vielschichtigen Untersuchung an Berliner Krippenkindern wurden verschiedene für den Gesamtzusammenhang bedeutsame Merkmale, wie Krippeneintrittsalter, Eingewöhnungsmodus in die Krippe, Sensitivität des Mütterverhaltens, Merkmale des Erzieherinnenverhaltens sowie die kindliche Bindungsentwicklung (nach verschiedenen Bindungsmaßen), erfaßt. Die Autorinnen folgern u.a., daß das Wohlbefinden der Kinder in der Krippe wesentlich durch krippenimmanente Faktoren bestimmt sei und daß sich bei den Kindern mit späterem Krippeneintritt (nach dem 12. Lebensmonat) die

Art der Eingewöhnung (sanft/abrupt) stärker auf ihr Verhältnis zu ihrer Mutter als auf ihr Verhältnis zur Erzieherin und auf ihr Wohlbefinden in der Krippe auswirkt.

Holger Weßels wendet sich in seinem Beitrag *Verhaltensaspekte von Betreuerinnen und Kindern in Tageseinrichtungen für Kinder unter drei Jahren* dem Interaktionsgeschehen in Krippen zu. Er berichtet über eine Beobachtungsstudie in Münchner Krippen, in der das Interaktions- und Kommunikationsgeschehen von Erzieherinnen und Kleinkindern in einer für den Krippenalltag typischen Situation, der Wickelsituation, untersucht wurde. Anders als in zahlreichen Untersuchungen, in denen ein einseitiger Einfluß von der Erzieherin auf das Kind unterstellt wird, geht Weßels von einem Modell aus, wonach sich beide Interaktionspartner wechselseitig beeinflussen, mithin auch das kindliche Verhalten – neben anderen Faktoren – einen Einfluß auf das Erzieherinnenverhalten hat. Die von Weßels vorgestellten Ergebnisse sprechen dafür, daß das Erzieherinnenverhalten als abhängig verstanden werden kann, sowohl von persönlichen Merkmalen der Erzieherin (wie bestimmten Erziehungseinstellungen) als auch von dem konkreten situativen Verhalten des Kindes – Befunde, aus denen Hinweise für die Aus- und Fortbildung von Erzieherinnen abgeleitet werden können.

Lernen durch Kommunikation ist die These und zugleich der Titel des Beitrags von Mira Stambak, in dem die Verfasserin dafür plädiert, die pädagogische Praxis an den Lernprozeß der Kinder anzupassen, so daß alle Kinder ihre Fähigkeiten entwickeln können. Das Kind wird in diesem Ansatz als organisierendes Zentrum und Urheber seiner Aktivitäten begriffen, wobei den sozialen Beziehungen zu anderen eine besondere Bedeutung zugeschrieben wird. Soziale Interaktion und Kommunikation sind danach die Fundamente für die soziale und kognitive Entwicklung des Kindes. Stambak beschreibt auf dem Hintergrund verschiedener Studien im Rahmen eines Aktionsforschungsansatzes zusammen mit Erzieherinnen, wie kleine Kinder selbst im vorsprachlichen Stadium miteinander interagieren und kommunizieren. Am konkreten Beispiel verdeutlicht die Verfasserin, wie es zu einem gemeinsamen Thema zwischen Kindern kommt, wie der Prozeß der Interaktion aufgebaut wird, wie sich der Verhandlungsprozeß sowie die gegenseitige Anpassung mit komplementären Rollen gestaltet. Dabei erweitern Kinder ihr Wissen, strukturieren es und eignen sich neue Konzepte an. Diese 'Entdeckungen' machen Forscher und Erzieherinnen gemeinsam in der Praxis. Auch wenn dieser innovative Prozeß zuweilen mit Schwierigkeiten verbunden sei, würden alle Beteiligten davon profitieren: Die Erzieherinnen hätten mehr Freude an ihrer Arbeit, die Beziehung zwischen den Erzieherinnen und Eltern verbessere sich, vor allem aber ändere sich die Beziehung zwischen den Erzieherinnen und den Kindern. Das Kind werde neu gesehen, sein Standpunkt, seine Eigeninitiative und Eigentätigkeit würden anerkannt, seine Bedürfnisse und Wünsche respektiert. Es baue sich eine Vertrauensbeziehung auf, auf deren Grundlage das Kind zur weiteren Entdeckung der Welt ermutigt werde.

Ronald Lally thematisiert in seinem Beitrag *Die Auswirkungen von Regelungen und Praktiken in der Kleinkindbetreuung auf die frühkindliche Identitätsentwicklung* die besondere Bedeutung der Identitätsentwicklung beim ganz jungen Kind und die Rolle, die der Erzieherin dabei zukommt – ein Schlüsselthema, das in der Gruppenbetreuung unter dreijähriger Kinder unzureichende Beachtung findet. Anders als bei den älteren Kindern im Kindergartenalter, wo die Beziehung zwischen zwei Individuen mehr oder weniger vorausgesetzt werden könne, sei dieses Verhältnis bei den ganz kleinen Kindern anders. Das junge Kind ist danach, psychologisch gesehen, noch kein Individuum, sondern befindet sich auf dem Weg dorthin, und die Betreuungsperson ist gewissermaßen die „äußere Hälfte des kindlichen Selbst" (Mahler). Es komme sehr auf die Abstimmungsfähigkeit zwischen Betreuerin und Kind an, denn das Kind nimmt danach entscheidende Aspekte dieser Interaktion in sein kindliches Selbst auf, z.B. wovor man Angst haben muß, welche der eigenen Verhaltensweisen für angemessen gehalten werden oder welches Interesse einem entgegengebracht wird. Lally stellt vor diesem Hintergrund fünf Grundsätze auf, die bei der Planung von Gruppenbetreuung beachtet werden sollten: (1) die Zuordnung einer primären Betreuungsperson, so daß das Kind eine 'sichere und feste Basis' hat, (2) die Kontinuität der Betreuung und der personalen Beziehungen in einer vertrauten Umgebung, (3) die Betreuung in überschaubaren kleinen Gruppen mit einer angenehmen Atmosphäre und dem Gefühl der Zugehörigkeit zu jedem in der Gruppe, (4) Responsivität statt intellektueller Stimulierung als pädagogisches Programm mit der Möglichkeit selbstgesteuerter Erfahrungen für das Kind und (5) kulturelle Kontinuität für das Kind als Abstimmung zwischen dem, was das Kind zu Hause und was es in der Einrichtung erfährt.

Kleinkinderziehung in der Familie

Allgemein und sicherlich mit Recht wird davon ausgegangen, daß die Familie der natürliche und primäre soziale Kontext für die frühe Sozialisation und Erziehung des Kindes ist. Wahrscheinlich bewirkt gerade diese Selbstverständlichkeit, daß wir insgesamt gesehen relativ wenig über die Lebensqualität von Kleinkindern in ihren Familien wissen. Die in diesem Abschnitt zusammengefaßten Beiträge untersuchen die familiale Betreuungs- und Erziehungssituation von Kleinkindern unter verschiedenen Gesichtspunkten.

Dem Beitrag *Frühkindliche Betreuung und Erziehung in der Familie* von Tullia Musatti liegt eine Untersuchung an über 2.000 Kindern im Alter von 12 bis 36 Monaten in Nord- und Mittelitalien zugrunde. Untersucht wurde der Tagesablauf der Kinder hinsichtlich der Fragen: Wo war das Kind? Was machte es? Wer betreute es? Welche anderen Erwachsenen waren anwesend? Welche anderen Kinder waren anwesend? Die Untersuchung zeichnet ein anschauliches Bild von der Alltagssituation kleiner Kinder in ihren Familien. Eines der aufschlußreichen Ergebnisse besteht darin, daß die Kinder ihren Tag zu Hause weitgehend neben dem betreuenden Erwachsenen zu verleben scheinen. Die Betreuung, ob durch Mutter, Großmutter oder Babysitter, stellt eine wichtige Arbeitsverpflichtung für den Erwachsenen dar, die beiderseitigen Berührungspunkte liegen jedoch häufig nur im Rahmen allgemeiner Organisationsaufgaben. Das Kind lebt danach seine kindliche Existenz überwiegend im Freispiel für sich, und es scheint wenig Raum zu geben für die Befriedigung seiner psychischen Bedürfnisse. Als besonders anregungsarm erscheint der kindliche Alltag bei vielen Vollzeitmüttern (weniger Spiel mit dem Kind, weniger Kontakte des Kindes zu Gleichaltrigen, mehr Fernsehen), einem im übrigen stark sozialschichtspezifisch geprägten Phänomen. Die Autorin schlußfolgert, daß im zweiten und dritten Lebensjahr des Kindes eine neue Balance von Abhängigkeit und Unabhängigkeit zwischen Mutter und Kind zu finden sei und plädiert für zusätzliche Erfahrungen in Form von Gruppenbetreuung für diese Kinder.

Unmittelbar aufgenommen wird dieses Plädoyer in dem folgenden Beitrag *Neue Angebote für Kleinkinder in Italien: Das Projekt 'Zeit für die Familie'* von Susanna Mantovani. Auf dem Hintergrund der 'Kleinkindkultur', die sich in den letzten zwei Jahrzehnten in Italien entwickelt hat, berichtet die Verfasserin über ein sich seit den achtziger Jahren entwickelndes Netz von Teilzeitangeboten für Kinder und Eltern, das einerseits an die bestehende kommunale Infrastruktur angegliedert ist, andererseits ein eigenständiges Netzwerk um das öffentliche Betreuungssystem herum bildet und die Aufgabe hat, den Bedürfnissen nach flexiblen und multifunktionalen sozialen Erfahrungsmöglichkeiten von Erwachsenen und Kindern angemessen zu begegnen. Im Mittelpunkt des Beitrags steht das bekannteste Projekt in diesem Kontext, das Mailänder Projekt 'Zeit für die Familie'. Speziell ausgelegt für Kinder unter drei Jahren, die im Prinzip zu Hause betreut werden, schafft dieses Projekt ein Begegnungsfeld für Eltern und Kinder (typischerweise an drei bis vier Tagen in der Woche für jeweils etwa drei bis vier Stunden), in dem unter Beteiligung professioneller Erzieherinnen das Kind Anregungen erhält und Autonomieerfahrungen machen kann. Zugleich können die Eltern Entlastung und Teilung der Verantwortung gegenüber dem Kind erfahren, neue Sozialisations- und Spielmöglichkeiten mit dem Kind erproben, andere Modelle der Interaktion mit dem Kind erleben und in den Erfahrungsaustausch mit anderen Eltern eintreten. Mantovani beschreibt den gesellschaftlich-kulturellen Kontext dieses neuen Angebots, die Initiierung, Durchführung und Ziele des Projekts sowie die bisherigen Erfahrungen und Evaluationsergebnisse für Kinder, Eltern und Erzieherinnen.

Der Beitrag von Wolfgang Tietze *Beteiligung von Vätern an der Betreuung und Erziehung von kleinen Kindern* geht der Frage nach, wie unter den Bedingungen modernen Familienlebens Betreuungsaufgaben zwischen Müttern und Vätern aufgeteilt werden und welche Rückwirkungen sich auf die Lebenssituation von Müttern und Vätern ergeben. Der Studie liegt eine für die alten Bundesländer repräsentative Stichprobe von rund 2.500 Familien mit Kindern im Alter von null bis fünf Jahren zugrunde. Untersucht werden Fragen wie: In welchem zeitlichen Umfang beteiligen sich Väter an der Betreuung der Kinder? Wie beeinflussen Betreuungsaufgaben die Erwerbssituation von Müttern und Vätern? Welchen Einfluß haben familiale Bedingungen, wie die mütterliche Erwerbstätigkeit, auf des Betreuungsengagement von Vätern? Unterscheiden sich die betreuungsbezogenen Tätigkeiten von Müttern und Vätern voneinander? Die Ergebnisse belegen ein weitgehend traditionelles Rollenbild von Männern und Frauen und deuten darauf hin, daß die sogenannten 'neuen Väter' kein verbreitetes Phänomen darstellen.

Programme, Evaluationen und ökonomische Aspekte der Kleinkinderziehung

Die praktisch in allen modernen Gesellschaften anhaltende Expansion öffentlicher Kleinkinderziehung in ihren verschiedenen Formen wirft vielfältige Fragen der angemessenen Programmgestaltung, der Bestimmung pädagogischer Qualität, der Evaluation von Maßnahmen und Effekten wie auch der Ökonomie auf. Die Beiträge dieses letzten Abschnitts sind diesem Fragenkreis gewidmet.

Paul Hoop geht in seinem Beitrag *Pädagogische Förderprogramme in den Niederlanden* von verschiedenen aktuellen Problemen des Vorschulwesens in den Niederlanden (für Kinder von null bis vier Jahren) aus, das seit den neunziger Jahren in Expansion begriffen ist, das gleichwohl aber vor einer Reihe von Problemen steht. Dazu gehören: unzureichende Kapazität, Ungewißheit über die pädagogische Qualität, unzureichende Repräsentanz von Kindern aus sozial schwachen Schichten und unzureichende Abstimmung im Übergangsbereich zur Grundschule. Hoop befaßt sich speziell mit der Frage, wie eine gezielte Entwicklungsförderung der Kinder in den Einrichtungen erreicht werden kann. Vor diesem Hintergrund werden die Entwicklung, Kernbestandteile und erste Evaluationsergebnisse des KOST-Programms beschrieben, an dem der Autor maßgeblich beteiligt ist. Wesentliche Ziele dieses Programms, das sich die Erzieherinnen über detailliert geplante Fortbildungsveranstaltungen im Laufe eines Kindergartenjahres aneignen können, sind die Vermittlung von Kenntnissen, wie sich Kinder entwickeln und welche aktive Rolle das Kind selbst dabei spielt, die Beobachtungsschulung der Erzieherinnen, die Erarbeitung von Handlungsmöglichkeiten und -alternativen für die Förderung von Kindern, die Erarbeitung und Aneignung von Möglichkeiten für entwicklungsförderndes Erzieherinnenverhalten sowie der Einbezug von Eltern bei der Entwicklungsförderung von Kindern. Die Erfahrungen mit dem Programm verdeutlichen, daß es für die effektive Entwicklungsförderung wesentlich ist, klare Qualitätsstandards zu formulieren und klare Handlungsstrategien in den Einrichtungen zu wählen.

Systematisch wird die Frage nach der Qualität in dem Beitrag *Qualität der Früherziehung in Betreuungseinrichtungen: Fünf Perspektiven* von Lilian Katz thematisiert. Die Verfasserin behandelt ein Thema, das in den USA schon seit einigen Jahren einen Kernpunkt in der fachlichen Diskussion bildet und nun auch in Deutschland zunehmend an Interesse gewinnt, letzteres vor dem Hintergrund der Befürchtung, daß die quantitative Expansion des Früherziehungssystems in Deutschland zumindest teilweise durch die Absenkung von Qualitätsstandards erkauft wird. Katz geht davon aus, daß unter Qualität ein vielschichtiges Gebilde zu verstehen ist, das aus verschiedenen Perspektiven betrachtet werden kann und sich dementsprechend jeweils verschiedenartig darstellt. Im einzelnen unterscheidet sie fünf Perspektiven: Eine Oben-Unten-Perspektive, in der Aufsichtsstellen, Berater und andere Experten die Einrichtung und das pädagogische Programm anhand ausgewählter Merkmale beurteilen, eine Unten-Oben-Perspektive, bei der es darum geht, wie die Einrichtung von den Kindern erlebt wird, eine Außen-Innen-Perspektive, die die Sichtweise der die Einrichtung nutzenden Familien thematisiert, eine Innen-Perspektive, bei der es darum geht, wie die Einrichtung von den dort tätigen Erzieherinnen erlebt wird, und als fünftes eine Außen-Perspektive, die unter der Frage steht, wie die Einrichtung der Gemeinde und der weitergefaßten Gesellschaft dient. Katz hebt die besondere Bedeutung der Unten-Oben-Perspektive hervor, denn primär sollen frühkindliche Betreuungs- und Erziehungseinrichtungen den Kindern dienen. Darüber hinaus plädiert sie dafür, Instrumentarien zur Bestimmung von Qualität zu entwickeln und professionelle Standards einzuführen, die im pädagogischen Alltag nicht unterschritten werden dürfen.

Bei pädagogischen Reformvorhaben, besonders wenn es sich um groß angelegte, politisch gewollte und vielfältig gestützte Vorhaben handelt, stellt sich die Frage nach ihrer tatsächlichen Realisierung und ihren längerfristigen Effekten. Jürgen Zimmer geht in seinem Beitrag *Geschichte und Desiderata des Erprobungsprogramms* solchen Fragen nach. Der Beitrag, der aus dem kürzlich abgeschlossenen Forschungsprojekt 'Evaluation des Erprobungsprogramms' erwachsen ist, bezieht sich auf einen wichtigen Abschnitt der westdeutschen Kindergartenreform in den siebziger Jahren, in dem die bis dahin geleisteten Entwicklungsarbeiten im Kindergartenbereich in eine Phase bundesweiter Erprobung (in einigen hundert Kindergartengruppen mit einigen tausend Kindern) überführt werden sollten. Zimmer entfaltet den ideengeschichtlichen Hintergrund und die konkrete Entstehung des Erprobungsprogramms, verweist auf Spannungsverhältnisse und Friktionen zwischen den beteiligten Akteuren aus Verwaltung/Politik, Wissenschaft und Praxis und rekonstruiert reformstrategisch relevante Ergebnisse des Erprobungsprogramms. Zimmer kommt in seinem Versuch der „Spurensicherung" aus der Retrospektive der frühen neunziger Jahre zu einer kritischen Einschätzung des Reformertrags, die ihn von einem „Stillstand auf halber Strecke, von einer halbierten Reform des Kindergartens" sprechen läßt. Der Beitrag liefert ein reichhaltiges Hintergrundwissen über Ansätze, Schwierigkeiten und bis heute nachwirkende Desiderata jener Reformphase und kann zugleich als ein Lehrstück für heutige Reformvorhaben gelesen werden.

Karl White wendet sich in seinem Beitrag *Frühintervention bei behinderten Kindern: Größere Wirksamkeit bei Elternbeteiligung?* einer Kinder- (und Eltern-)gruppe zu, die in besonderer Weise einer frühen Hilfe und Unterstützung bedarf. Zugleich liefert der Beitrag in paradigmatischer Form einen Beleg dafür, wie durch sorgfältig angelegte experimentelle Evaluationsuntersuchungen Vorurteile aufgeklärt und komplexe Praxisfragen einer Lösung auf rationaler Grundlage nähergebracht werden können. Vor dem Hintergrund einer umfassenden Analyse der vorliegenden Forschungsliteratur zum Einbezug von Eltern in Frühförderungsprogramme für behinderte Kinder berichtet White über zwei experimentelle, mehrjährig angelegte Längsschnittuntersuchungen, in denen der Einbezug von Eltern in Frühförderungsprogramme für behinderte Kinder untersucht wurde. Erfaßt wurden dabei nicht nur Auswirkungen auf die kurz- und langfristigen Entwicklungen der Kinder in einem breiten Spektrum von Entwicklungsbereichen, sondern auch Auswirkungen auf die verschiedenen Familienmitglieder und das familiale System. Die eher ernüchternden Ergebnisse zum pädagogischen Dogma des Elterneinbezugs in Frühförderungsprogramme werden von White umsichtig diskutiert. Die Untersuchungen wie auch die Untersuchungsanlage geben – über den konkreten Forschungsgegenstand hinaus – einen Anstoß, liebgewonnene pädagogische Einstellungen und Glaubenssysteme einer kritischen Prüfung zu unterziehen und durch systematische Forschung zu einer Verbesserung von Praxis und einer effizienten Allokation gegebener Ressourcen beizutragen.

Im Beitrag von Hans-Günther Roßbach *Bildungsökonomische Aspekte in der Weiterentwicklung des Früherziehungssystems* werden ökonomische Aspekte der Kleinkinderziehung aufgegriffen und mit Bezug auf die Situation in der Bundesrepublik Deutschland diskutiert. Tatsächlich ergibt sich, wie Experten schätzen, für die öffentlichen Haushalte in der Bundesrepublik in den kommenden Jahren ein finanzieller Mehraufwand an Investitions- und Betriebskosten in vielfacher Milliardenhöhe, wenn der Rechtsanspruch auf einen Kindergartenplatz umgesetzt und auch für die unter Dreijährigen und im Hortbereich ein annähernd bedarfsgerechtes Angebot bereitgestellt werden soll. Roßbach plädiert dafür, solche ökonomischen Aspekte in die Diskussion aufzunehmen, sie aber aus der vorherrschenden einseitigen Betrachtungsweise herauszulösen. Denn den Kosten stehen Nutzenaspekte gegenüber, die es ebenfalls zu berücksichtigen gilt. Der Autor verweist hier auf Analysen zu kommunalwirtschaftlichen Nutzeffekten, wonach die Stellen von fünf Erzieherinnen einen weiteren statistischen Arbeitsplatz sichern, sowie auf Untersuchungen, die den Zuwachs an Steueraufkommen verdeutlichen, der durch die Erwerbstätigkeit von Müttern entsteht. Nicht zuletzt müsse auch der Qualifikations- und Sozialisationsnutzen berücksichtigt werden, der Kindern langfristig in Form einer günstigeren Schullaufbahn und einer verbesserten Lebensperspektive aufgrund öffentlicher Früherziehung zuteil werde und die gesellschaftliche Investitionen in die Früherziehung zu einer überaus lohnenden Sache werden lasse. Roßbach verdeutlicht anhand einer eigenen Untersuchung, wie die Betreuungskosten gegenwärtig einseitig von den Familien, speziell den Müttern, aufgebracht werden, und argumentiert für eine Sichtweise, die die entstehenden öffentlichen Kosten nicht als neue, sondern als umgelenkte gesellschaftliche Kosten begreift, die es in einem umfassenden Argumentationszusammenhang unter Berücksichtigung der Nutzenaspekte zu bewerten gilt.

Das Symposium und damit auch die Herausgabe dieser Beiträge wäre nicht möglich gewesen ohne die kollegiale Kooperation der Autoren sowie Förderung und Hilfe von verschiedenen Seiten. Der Berliner Senat, die Freie Universität Berlin, die Lindenstiftung für vorschulische Erziehung, der Verein 'Mehr Zeit für Kinder' sowie die Stifter der Richard-Pelz-und-Helga-Pelz-Anfelder-Stiftung für pädagogische Förderung und Hilfe haben das Symposium finanziell gefördert. Christine Arlt-Schümann, Cornelia Biermeier, Christina Henning, Iris Nentwig-Gesemann, Bettina Micke, Marita Stahnke, Holger Weßels und besonders Heike Heyduschka haben an den Übersetzungen mitgewirkt. Heike Heyduschka hat den Band für die Drucklegung vorbereitet. Allen Beteiligten gilt mein herzlicher Dank.

Der Herausgeber

II. Gesellschaftliche Voraussetzungen, Geschichte, theoretische Orientierungen

Lothar Krappmann

Kinderbetreuung als kulturelle Aufgabe

Ein zentraler Satz soziologischen Denkens lautet, daß die Wirkungen von Handlungen sehr weitgehend davon abhängen, wie diese Handlungen von anderen verstanden und bewertet werden. Gewiß gibt es nicht zu übergehende objektive Konsequenzen. Aber auch diese werden gedeutet und in umfassendere kulturelle Interpretationen eingefügt, wie die vergleichende ethnographische Forschung gerade im Hinblick auf die Aufteilung der Verantwortung für die Erziehung der Kinder zwischen Eltern, Geschwistern, Kinder- und Jugendlichengruppen und Einrichtungen der Gesellschaft gezeigt hat (Edwards 1992). Es ist wichtig, sich an diese Einbettung allen Handelns in kulturell gedeutete Zusammenhänge zu erinnern, wenn über die Vor- und Nachteile der Betreuung von jüngeren Kindern außerhalb des Elternhauses und von Schulkindern neben Elternhaus und Schule gestritten wird.[1]

Während Kindergärten inzwischen als ergänzende Einrichtungen der sozialen und kognitiven Förderung akzeptiert werden, kämpfen vor allem Krippen, aber auch Horte noch immer um die gesellschaftliche Anerkennung ihres Auftrags, Kindern mehr als Unterstützung in einer nicht erwünschten Lebenssituation zu bieten. Verfestigte Positionen sind allerdings in Bewegung geraten, zum einen durch die Selbstverständlichkeit, mit der Eltern in den neuen Bundesländern diese Einrichtungen als einen festen Bestandteil des sozialen Lebens und der Erziehung ihrer Kinder betrachten, zum anderen durch Forschungen und Modellprogramme insbesondere zur Krippenerziehung, an denen E.K. Beller großen Anteil hat (Beller 1987, 1989, 1993).

Seine Arbeiten und die anderer haben die Frage sehr ernst genommen, ob die Entwicklung jüngerer Kinder bei einer regelmäßigen Betreuung außerhalb des Familienbereichs Schaden nimmt oder ob sie nicht vielleicht sogar gefördert werden kann (Beller, Stahnke & Laewen 1983; Belsky 1988; Clarke-Stewart 1988; Lamb & Sternberg 1989). Daß widersprüchliche Ergebnisse unvereinbar blieben und Kontroversen nicht überwunden wurden, liegt nicht zuletzt darin begründet, daß sich nicht nur zwischen Kindern, Eltern und Erzieherinnen entscheidet, ob Krippen günstige Voraussetzungen für ihre Arbeit erhalten und diese Einrichtungen als erfolgreich angesehen werden. Vielmehr wird das Handeln aller Beteiligten und werden die wahrgenommenen Folgen dieses Handelns sehr weitgehend von der gesellschaftlichen Bewertung dieser Einrichtungen, der Kinder und Familien, die sie in Anspruch nehmen, und der Kräfte, die in ihnen tätig sind, bestimmt.

1. Die These

Wenn wir diese Bewertungen analysieren, müssen wir feststellen, daß eine anerkannte Grundlage für die Betreuung von Kindern außerhalb der Familie fehlt. Es gibt keine 'Kultur des Aufwachsens', die derartige Einrichtungen, außer in schwierigen familialen Konstellationen, vorsieht. Alle Untersuchungen über die Risiken außerfamilialer Betreuung wurden notwendigerweise unter den gegenwärtigen soziokulturellen Verhältnissen der bundesrepublikanischen und weitgehend vergleichbarer Gesellschaften durchgeführt. Meine These, die ich in diesem Aufsatz erläutern möchte, lautet, daß auf den betreuenden Einrichtungen für jüngere Kinder besonders viel von der Last widersprüchlicher Lebensverhältnisse ruht. An den Problemen um die Betreuung kleiner Kinder wird überdeutlich, daß neue kulturelle Lebensformen nötig sind, um divergierende Ansprüche an sinnvolles, befriedigendes Leben einlösen zu können. Dazu gibt es in vielen der Untersuchungen Hinweise, denn sie unterstreichen, daß die Wirksamkeit der außerfamilialen betreuenden Einrichtungen zugunsten einer gedeihlichen Entwicklung der Kinder und ihrer Familien von der Ökologie der Lebensverhältnisse abhängt.

Diese Einsicht wird jedoch nicht in ihrer ganzen Tragweite aufgenommen. Sie verlangt, nicht nur auf die Einrichtungen für die Kinderbetreuung zu schauen, wenn günstige Entwicklungsbedingungen geschaffen werden sollen, sondern auf das ganze Umfeld der kindlichen Entwicklung und Erziehung, das bis zu den Wertvorstellungen reicht, die die Rolle von Familien mit Kindern in der Gesellschaft bestimmen. Es gibt Bemühungen, diesen Kontext einzubeziehen. Ich rechne dazu alle Anstrengungen, die sogenannte Elternarbeit zu intensivieren, Öffnungszeiten mit den Zeitplänen der Eltern abzustimmen, Kindern soziale Kontakte und Spielräume zu ersetzen, die ihnen Wohnung und Stadtviertel nicht bieten, Themen aus dem Umfeld, die Kinder interessieren, aufzugreifen und die Einrichtungen zu einem Treffpunkt der lokalen Gemeinde zu machen.

Trotzdem greifen diese Anstrengungen zu kurz. Sie müssen eine gegenläufige Tendenz bekämpfen, die – jedenfalls im Westteil der Bundesrepublik – lange vorherrschte und immer noch sehr verbreitet ist (Tietze 1993). Nach ihr stehen vor allem die außerfamilialen Einrichtungen für jüngere Kinder im Widerspruch zu den als ideal angenommenen Bedingungen des Aufwachsens, nach denen Kinder in den ersten Lebensjahren in die überwiegende Obhut ihrer Eltern, vielleicht noch in die der Großeltern oder Verwandten gehören. Nicht wenige Familien- und Sozialpolitiker, die sich für einen erweiterten Erziehungsurlaub einsetzen, gehen davon aus, daß – von Ausnahmen abgesehen – eine außerhäusliche Betreuung für jüngere Kinder nicht mehr erforderlich ist, wenn Müttern erleichtert wird, während der ersten Lebensjahre ihres Kindes aus dem Berufsleben auszuscheiden. Viele Eltern sehen das ebenso, unter ihnen auch Eltern, die selber ein Kind in eine Krippe gegeben haben. Wenigstens gelegentlich überkommen sie Zweifel, ob damit dem Kind und ihnen etwas Gutes getan wird.

Die Modellprogramme, die die außerfamiliale Betreuung unterstützt und deren Folgen für Kinder und Familien evaluiert haben, geben überwiegend Anlaß, die förderlichen Möglichkeiten dieser Einrichtungen positiver zu beurteilen als die eben skizzierten Auffassungen. Die kritischen Stimmen sollten jedoch ernst genommen werden, weil sie helfen, einen wichtigen Punkt zu begreifen, der nicht allein durch die materiale und inhaltlich-didaktische Verbesserung der Arbeit in den Einrichtungen überwunden werden kann. Nicht ohne Grund fragen kritische Stimmen, ob die günstigen Ergebnisse der Modellprogramme, selbst wenn man anderen Einrichtungen dieselben Arbeitsmöglichkeiten gäbe, auf Normaleinrichtungen übertragbar wären (Bensel 1994). Einrichtungen, die sich Programmen öffnen, gehen gewöhnlich mit ihrer Aufgabe kritisch-konstruktiv um; der Kontakt mit der Forschung unterstützt ihre eigenen Bestrebungen, sich fortzuentwickeln und bessere Lösungen zu finden. Ohne diese Verbindung eigener Ansätze und Hilfe von außen haben es 'normale' Einrichtungen sehr viel schwerer, dieses kreative Klima in sich zu erzeugen. Allzu oft verbrauchen sie sich an Zweifeln, die ihnen von außen entgegenschlagen, und erliegen resignativen Tendenzen im Inneren. Es fehlt die einbettende Kultur, die fördert und ermutigt, indem sie Kindern, Eltern, Erzieherinnen, Verantwortlichen bei den Trägern und beteiligten Wissenschaftlern die Stimmigkeit der gemeinsamen Bemühungen bestätigt.

2. Elternerfahrungen

Daher soll hier von typischen Erlebnissen vieler Eltern ausgegangen werden, die sich entschließen, für ihr Kind einen Krippenplatz zu suchen: Sehr oft beginnt das Verhältnis von Eltern und Krippen bereits mit einer Belastung; denn Eltern sammeln wegen des unzulänglichen Platzangebotes unwürdige Erfahrungen, wenn sie nach einem Platz für ihr Kind suchen. Sie werden auf viele Listen gesetzt, bekommen bei Nachfragen monatelang hinhaltende Anworten, können eine wiederaufzunehmende Berufstätigkeit nicht planen, bis sie 'irgendwoher' eine Zusage bekommen, die sie akzeptieren, ohne noch lange über ihre Wünsche an die Erziehung ihres Kindes nachzudenken.

Auch aus der Sicht der Einrichtungen ist dieser langwierige Prozeß unerfreulich, zudem es häufig kommt, weil die Zahl der verfügbaren Plätze lange unklar bleibt und die Dringlichkeit der angemeldeten Fälle nicht eindeutig ist. So sind manche Eltern, die erst spät einen positiven Bescheid erhalten, inzwischen 'abgesprungen'. Die Einrichtungen wissen, daß viele Eltern ihr Kind nur deshalb zu ihnen bringen, weil sie woanders keinen Platz gefunden haben, und nicht, weil ihnen diese Einrichtung gefällt. Die Platzknappheit fördert die negative Seite dieser bürokratischen Prozedur besonders klar zutage. Aber auch ein ausreichendes Angebot würde die Eltern noch nicht in eine Position bringen, in der sie inhaltlichen Einfluß auf die Erziehung ihres Kindes ausüben können. Die Beziehung der Eltern zur Tagesstätte dürfte in diesem Falle der zur Schule ähneln, der die Kinder in diesem Land durch ihre Wohnstraße zugeordnet werden.

Des weiteren stellen Eltern – gewiß mit bemerkenswerten Ausnahmen – vielfach fest, daß ihre Probleme und Anliegen wenig zählen. Gelegentlich, so berichten sie, erleben sie sich geradezu als Störfaktor in den Einrichtungen, in denen die Erzieherinnen ein eigenes 'professionelles' Verständnis ihrer Aufgabe entwickeln. Erzieherinnen erläutern, was sie tun, und Eltern sollten es akzeptieren. Erzieherinnen wünschen sich zwar Fragen, aber fürchten sie zugleich. Die Eltern nehmen wahr, wie viel in den Tagesabläufen ihrer Einrichtung letztlich von organisatorischen, tarifrechtlichen oder versicherungsrechtlichen Gesichtspunkten, also nicht-pädagogischen Faktoren, bestimmt wird, denen gegenüber Wünsche kaum zur Geltung gebracht werden können. Bürokratische Lösungen überwiegen, wo pädagogische Antworten erforderlich wären.

Besonders enttäuscht sind Eltern, wenn sie die Betreuung ihrer Kinder als diskontinuierlich erleben, was angesichts von Öffnungs- und faktischen Arbeitszeiten fast unvermeidlich ist. Die Eltern bekommen mit, daß die Kinder zwar in allen Einrichtungen nicht nur 'aufbewahrt' werden, sondern sich jemand um sie kümmert, daß aber Absprachen sehr schwer fallen. Oft führen diese Erfahrungen dazu, daß Eltern ihre Kinder den Einrichtungen 'überlassen', denn sie erleben sie als eigene Welten. Dies aber bedeutet, daß die Kinder in der Einrichtung und in der Erzieherin nicht eine konsistente Erweiterung ihrer Familienwelt sehen, sondern den Wechsel zwischen zwei Welten erleben. Wenn dann auch noch Spannungen zwischen diesen beiden Welten spürbar sind, sind Kinder Belastungen ausgesetzt, die der ungenügenden Zusammenarbeit entspringen. Wiederum wird deutlich, daß die übergreifende Kultur des Aufwachsens fehlt, die erlauben würde, die Erziehung zu Hause und in der Einrichtung zu koordinieren.

Diese Problematik wird oft der Personalknappheit, mangelhafter Ausbildung, finanziellen Kürzungen und administrativer Unbeholfenheit zugeschrieben, die zu überwinden wären, wenn nur die Mittel reichlicher flössen. Mit einer solchen Einschätzung würde man es sich jedoch zu leicht machen. Zwar sollten die gravierenden Folgen schlechter Ausstattung nicht geleugnet werden. Jedoch sind die wahrgenommenen Mängel systematischer mit den Problemen der Kinderbetreuung verbunden, als es der Verweis auf die Ressourcen einräumt. Die Widerstände, mit denen sich Erzieherinnen, Pädagogen und Entwicklungspsychologen auseinanderzusetzen haben, sind grundlegenderer Natur; sie wurzeln sowohl in der mangelnden Flexibilität von Institutionen als auch in fortwirkenden Haltungen und Wertsystemen. Eigentlich wissen wir vieles über förderliche Entwicklungsbedingungen: Stabile und kohärente Beziehungen zu Bezugspersonen sind gerade für jüngere Kinder wichtig, denn sie helfen, die Vielfalt dessen, was Kinder erleben, zu ordnen. Wir wissen auch, daß Kinder bereits als Subjekte mit ihren eigenen Erfahrungen angenommen werden müssen. Es ist ebenfalls bekannt, daß Kinder bereits ihre persönlichen Angewohnheiten und Zeitrhythmen haben. Wenn es durch die Zusammenarbeit von Eltern und Erzieherinnen tatsächlich gelingt, auf diese individuellen Eigenarten einzugehen, ist dies vor allem eine persönliche Leistung der Beteiligten. Sie ermöglicht, daß die Erzieherin nicht neben der Eltern-Kind-Beziehung steht, sondern in ein erweitertes Beziehungsnetz aufgenommen wird (vgl. Pianta 1992).

3. Familien, Krippen und gesellschaftliche Widersprüche

Warum wenden sich Eltern denn dann überhaupt an diese Einrichtungen, mag man fragen. Schnell wird deutlich, daß es sich bei der Nachfrage nach Betreuung für jüngere Kinder nur vordergründig um eine individuelle Problematik einzelner Familien handelt. Es geht vielmehr um ein umfassendes gesellschaftliches Problem. Die Nachfrage ebenso wie die verlangte Qualität der Betreuung für Kinder in Ergänzung zur Betreuung durch Eltern wird weitgehend von den Nebenwirkungen gesellschaftlicher Entwicklungen beeinflußt, die unsere Lebenswelt umgestalten.

Diese grundlegenden Entwicklungslinien sollen hier nur erwähnt und weder ausführlicher diskutiert noch in ihrer Notwendigkeit begründet werden: Zu ihnen gehören (1) die veränderten Ansprüche der Frauen auf eine Lebensgestaltung, die ihnen Anwendung ihrer Fähigkeiten, berufliche Zufriedenheit und persönlichen Entscheidungsspielraum bietet. Sie nehmen damit an einem generellen Werte- und Rollenwandel teil, der in einer Zeit stattfindet, in der (2) die Probleme einer sinnvollen Verteilung der knappen Arbeit unter Männern und Frauen drängend werden. Sie könnten neue Möglichkeiten eröffnen, Zeiten der Arbeit zum Erwerb und in der Familie besser abzustimmen. Damit verbunden ist das Problem (3), wie der Zugang zu den Gütern, die das Leben erhalten und wertvoll machen, neu geregelt werden kann. Angesichts knapper Arbeit und im Hinblick auf die gesellschaftlich wichtige Aufgabe der Kindererziehung, scheint es zunehmend ungerecht, den Lebensunterhalt ausschließlich über den Lohn für Erwerbsarbeit zuzuteilen. Derartiger Strukturwandel der Gesellschaft verbunden mit entsprechenden Veränderungen in den individuellen Mustern des Lebensverlaufs wirkt sich ferner (4) auf Familienformen, Geburtenzahlen und die Weisen der Lebensführung aus. Des weiteren beeinflussen diese Entwicklungen das engere und weitere Wohnumfeld der Familie, in dem die Kinder sich wichtige entwicklungsfördernde Erfahrungen erschließen oder unter den heutigen Verhältnissen eben oft auch nicht mehr sammeln können. Zeit für Erkundung der Welt, in die die Kinder – zusammen mit den Eltern – hineinwachsen, und sichere Plätze für spontanes Spiel und eigene Aktivität in Kindergruppen werden rar.

So wird die Nachfrage nach ergänzender Betreuung und fördernder Begleitung der Kinder vom gesellschaftlichen Wandel hervorgebracht (Fthenakis 1993; Grundmann 1995), jedoch die Befriedigung dieser Bedürfnisse ganz überwiegend den Eltern zugeschoben. Weithin werden die großen persönlichen Anstrengungen, mit denen Eltern versuchen, für ihre Kinder gute Lösungen zu finden, noch nicht einmal anerkannt. Wenn die Eltern nach den Regeln leben, die ihre Gesellschaft konstituieren, werden ihnen vielfach sogar Vorhaltungen gemacht, anstatt daß die Gesellschaft durch vermehrte Einrichtungen und ein neues Verständnis für das Aufwachsen der Kinder die Eltern und letztlich das Gemeinwesen insgesamt unterstützt. Grundmann, Huinink & Krappmann (1994) zeigen anhand von Befunden der Sozialisations- und Lebensverlaufsforschung, daß Kinder zum 'Luxusgut' zu werden drohen, wenn Eltern der wahrgenommenen Verantwortung für eine gute Entwicklung ihrer Kinder gerecht zu werden versuchen. Die erwähnten Unstimmigkeiten und Widersprüche zu überwinden, also Kindern genug Zuwendung und konstante Betreuung zu sichern, ihnen eine entwicklungsförderliche Umwelt zu bieten, geteilte Zeit in der Familie aufzubringen, aber auch persönliche Lebenspläne zu verfolgen und sich in ein Netzwerk sozialer Beziehungen zu integrieren, verlangen derzeit, materielle und persönliche Ressourcen in einem Maße einzusetzen, wie sie nur Wohlbegüterten zur Verfügung stehen. Die ungenügenden Möglichkeiten, fehlende Unterstützung zu kompensieren, belasten den Alltag und die Beziehungen in den Familien und nötigen ihnen schlechte Kompromisse ab.

Die Krippe steht an einer der entscheidenden Schnittstellen dieser Unstimmigkeiten und Widersprüche. Auf der einen Seite wird unter den geschilderten Lebensverhältnissen aus der Betreuung ein Problem. Auf der anderen Seite könnte die Herausforderung, die Betreuung der Kinder zu sichern, ein zentraler Ausgangspunkt sein, um eine neue Kultur des Aufwachsens in Familie, Kindereinrichtung und Schule zu schaffen. Kinderwelten und Erwachsenenwelten sind derzeit weit getrennt (Krappmann 1994); Zeitpläne von Kindern, Eltern und Erzieherinnen sind kaum koordinierbar. Weder Familie noch Kindereinrichtung, noch Schule allein reichen aus, um Kindern die Fülle der Entwicklungsanregungen zu bieten, die sie brauchen. Aber leider stehen sie unverbunden, oft ohne wechselseitige Kenntnis nebeneinander. Wenn Familien-, Kindereinrichtungs- und Schulinteressen konfligieren, entsteht Mißtrauen, wer auf wessen Kosten seine Ansprüche durchsetzen wird. Wenn die vorhandenen Plätze nur für die Kinder reichen, deren Eltern bereits unter besonderen Belastungen stehen, steigern sich Probleme in den Einrichtungen.

Vordergründig werden diese Probleme der Eigenart von Personen, dem Personalschlüssel oder ungenügender Ausstattung der Einrichtungen zugeschoben. Das ist jedoch nur die Oberfläche der Problematik, denn wesentlich beruhen die Schwierigkeiten darauf, daß das Zusammenspiel von Familie und Einrichtung keinen Platz in einer anerkannten Lebensform einnimmt. Ein kultureller Neuentwurf wäre nötig, um Ideale, Sehnsüchte und Handlungsmuster in einen produktiven Bezug zueinander zu bringen. Unsere Einrichtungen zur Betreuung kleiner Kinder spiegeln derzeit die Diskrepanzen wider, die 'gutes Leben' zerstören. Unserer Gesellschaft mangelt es an einer Kultur der Familie, der Erziehung und des Aufwachsens. Gelegentlich können Mißstände durch mehr Geld und Stellen gemildert werden, aber diese Maßnahmen können letztlich jungen Familien mit ihren Kindern und den sie unterstützenden Einrichtungen nicht den selbstverständlichen und anerkannten Platz sichern, den sie in der modernen Lebenswelt brauchen.

Gab es diese anerkannte Selbstverständlichkeit nicht noch vor kurzem in der DDR? Tatsächlich haben dort etwa 80 Prozent der Kinder im zweiten und dritten Lebensjahr Krippen besucht und die Integration ihrer Mütter in die Arbeitswelt ermöglicht. Betreuung der Kinder, Familie und Arbeitswelt gingen dennoch nicht aus einem kulturellen Lebensentwurf hervor, der die verschiedenen Lebensbereiche zusammenführte, sondern ihre Trennung war besonders weit fortgeschritten. Die Erziehungsvorstellungen von Betreuungseinrichtungen, Schulen und Familien waren sehr unterschiedlich und standen unvermittelt nebeneinander, wenn wir den nachträglichen Datenanalysen trauen dürfen (Pollmer & Hurrelmann 1992). Die Verhältnisse brachten einen nicht unproblematischen Familialismus hervor, der Rückzug aus anderen Lebensbereichen bedeutete.

4. Die Suche nach kulturellen Lebensformen für Kinder und Erwachsene

Die Sehnsucht, Arbeit, soziale Beziehungen und Sorge für Kinder befriedigend miteinander verbinden zu können, begleitete die heraufziehende Moderne, die die Lebensbereiche der Familienmitglieder voneinander trennte. Liegle (1987) berichtet über zahlreiche Modelle, das „Leben zu einigen", wie Fröbel das tiefere Ziel dieser Vorhaben umschrieb. Diese Modelle reichen von Fröbels Erziehungsvereinen bis zu Owens Siedlungsgenossenschaften und heutigen Landkommunen, von Kibbuzim bis zu hutteritischen Gemeinschaften. Diese Beispiele scheinen zu verdeutlichen, daß nur eine gemeinsame Überzeugung den Ausgleich von widerstrebenden Erwachsenen- und Kinderinteressen, von persönlichen Wünschen und Erfordernissen der Gemeinschaft tragen kann. Müssen wir folgern, daß unsere auf individuell verantwortete Lebensgestaltung angelegte Sozialwelt kein Potential enthält, Leben mit Familie, Kindern, Arbeit und Vergnügen zu 'einigen'?

Dies ist nicht nur eine akademische Frage, sondern ein Problem, das Eltern weithin leidvoll erleben, wie Umfragen bezeugen (Sinn 1989; Seehausen 1989). Es kann nur erstaunen, wie wenig Gewicht die Situation der Familien mit kleinen Kindern in der Diskussion über die Fragen hat, wie vorhandene Arbeit auf Frauen und Männer am Tag, in der Woche und im Leben verteilt wird, wie entlohnt, wie Renten und Lebensgüter zugeteilt, wie Wohnumwelten wieder lebbar gemacht und wie die Massenmedien kontrolliert werden können. Eine qualitativ hochwertige Krippe ist wichtig, reicht aber als Antwort nicht aus, weil sie allein die Ausgrenzung der Kindheit, die Arbeitsteilung der Geschlechter, die Abwertung der Familienarbeit und die Isolation der Familienbeziehungen nicht überwinden kann. Viele Lebensprobleme haben moderne Gesellschaften dem Einzelnen abgenommen, indem die Allgemeinheit etwa bei Krankheit oder Alter massive Unterstützung gibt. Hinsichtlich des Nachwuchses eignet sich die Gesellschaft den Vorteil sozialisierter, entwickelter junger Persönlichkeiten an und überläßt die Anstrengungen dieser Aufgabe den Familien in einer ohnehin schwierigen Phase des Lebenslaufs.

Tatsächlich verlangt die Abhängigkeit der Entwicklung von stabilen Beziehungsgeflechten persönliches Engagement. Um diese Geflechte zu schützen und zu stützen, müssen Betreuungshilfen die Eltern einbeziehen. Von ihren so verschiedenen Lebensplänen und Lebensmustern hängt auch ab, welche Betreuungsformen hilfreich sind. Diese Formen sollten von der Betreuung durch Verwandte, durch Eltern-Kooperative mit und ohne Unterstützung durch Erzieherinnen, durch offene wohnungs- oder arbeitsplatznahe Einrichtungen bis hin zu kommunalen, kirchlichen und gewerblichen Viertel-, Halb- und Ganztagskitas mit unterschiedlicher Elternbeteiligung reichen. Ein Kinder- und zugleich Erwachsenenhaus gehörte in die Mitte jeder vom Verkehr befreiten Wohnanlage, denn gerade das lokale Miteinander erweitert die entwicklungsfördernde Erfahrung der Kinder (Hurrelmann 1993). Ausschlaggebend ist, daß die Initiativen nicht unabhängig von den Eltern betrieben werden, daß Zusammenarbeit von Familien untereinander Wege eröffnet, Mittel der öffentlichen Hand für halbprivate Einrichtungen zu erhalten, und daß das, was Eltern, Verwandte und andere Erwachsene tun, ihnen Zugang zu Sozialversicherung, insbesondere auch zu Renten bietet. Ausbildungs- und Übergangshilfen zwischen Schulen, Betrieben und Familienleben für die Erwachsenen würden vermeiden, Rollen festzuschreiben.

Derartige Veränderungen der Handlungsbedingungen könnten dazu beitragen, die Welt der kleinen Kinder nicht in einen Familien- und einen Einrichtungsbereich auseinanderzureißen, sondern Kindern erlebbar zu machen, daß ihre Eltern, andere Familien, Erzieherinnen und die erreichbare Umwelt gemeinsam Unterstützung auf dem Weg ins Leben geben. Junge Erwachsene könnten erfahren, daß Kinder nicht die Lebenspläne zerstören. Kultur besteht ganz wesentlich darin, Grundprobleme des Lebens in einer Weise zu definieren und zu lösen, die äußerlich wie innerlich stimmig ist. Diese Kultur muß um die heranwachsenden Kinder entstehen, damit die Frage nach den Vor- und Nachteilen der außerfamilialen Betreuung obsolet wird. Ist das rückwärtsgewandte Romantik, ist das postmoderner Kommunitarismus? Jedenfalls ist zu hoffen, daß die persönliche und die soziale Entwicklung von Kindern und Erwachsenen zugleich bereichert wird, wenn wir neue Formen der Interaktion, des wechselseitigen Aufeinandereingehens von Familien, Einrichtungen und sozialer Lebenswelt entwickeln.

Anmerkung

1. Wiebke Brünjes, Karin Garske und Christina Henning haben von mir betreute Diplomarbeiten im Fachbereich Erziehungs- und Unterrichtswissenschaften an der Freien Universität Berlin über das Verhältnis von Eltern, Erzieherinnen und betreuenden Einrichtungen geschrieben und durch ihre Untersuchungen meine Vorstellungen zu diesem Problemfeld sehr erweitert.

Literatur

Beller, E.K. (1987): Intervention in der frühen Kindheit. In: Oerter, R. & Montada, L. (Hrsg.): Entwicklungspsychologie. München: Psychologie Verlags Union, S. 789-813.
Beller, E.K. (1989): Sollen Kinder schon mit zwei Jahren in den Kindergarten? In: Psychomed, 1, S. 120-123.
Beller, E.K. (1993): Die Kinderkrippe. In: Markefka, M. & Nauck, B. (Hrsg.): Handbuch der Kindheitsforschung. Neuwied: Luchterhand, S. 535-546.
Beller, E.K., Stahnke, M. & Laewen, H.J. (1983): Das Berliner Krippenprojekt: Ein empirischer Bericht. In: Zeitschrift für Pädagogik, 29, S. 407-416.
Belsky, J. (1988): The 'effects' of infant day care reconsidered. In: Early Childhood Research Quarterly, 3, S. 235-272.
Bensel, J. (1994): Ist die Tagesbetreuung in Krippen ein Risiko? In: Zeitschrift für Pädagogik, 40, S. 303-326.
Clarke-Stewart, A. (1988): The 'effects' of infant day care reconsidered: Risks for parents, children, and researchers. In: Early Childhood Research Quarterly, 3, S. 293-318.
Edwards, C. P. (1992): Cross-cultural perspectives on family-peer relations. In: Parke, R.D. & Ladd, G.W. (Hrsg.): Family-peer relationships – Modes of linkages. Hillsdale, NJ: Erlbaum, S. 285-316.
Fthenakis, W. E. (1993): Kinderbetreuung – eine familienpolitische Herausforderung der 90er Jahre. In: Bertram, H., Fthenakis, W.E. & Hurrelmann, K. (Hrsg.): Familien: Lebensformen für Kinder. Weinheim: Beltz, S. 21-59.
Grundmann, M. (1995): Sozialökologie und kindliche Erfahrungswelten. In: Krappmann, L. & Peukert, U. (Hrsg.): Altersgemischte Gruppen in Kindertagesstätten Freiburg: Lambertus, S. 12-33.
Grundmann, M., Huinink, J. & Krappmann, L. (1994): Familie und Bildung. Empirische Ergebnisse und Überlegungen zur Frage der Beziehung von Bildungsbeteiligung, Familienentwicklung und Sozialisation. In: Büchner, P. (Hrsg.): Kindliche Lebenswelten, Bildung und innerfamiliale Beziehungen. Materialien zum 5. Familienbericht, Vol. 4. München: Verlag Deutsches Jugendinstitut, S. 41-104.
Hurrelmann, K. (1993): Familien heute – neue Herausforderungen für die Politik. In: Bertram, H., Fthenakis, W.E. & Hurrelmann, K. (Hrsg.): Familien: Lebensformen für Kinder. Weinheim: Beltz, S. 60-79.
Krappmann, L. (1994): Kinderwelt, Erwachsenenwelt. In: Dimpker, S. (Hrsg.): Freiräume leben – Ethik gestalten. Stuttgart: Klett, S. 90-104.
Lamb, M. E. & Sternberg, K. J. (1989): Tagesbetreuung. In: Keller, H. (Hrsg.): Handbuch der Kleinkindforschung. Berlin: Springer, S. 587-608.
Liegle, L. (1987): Welten der Kindheit und Familie. Weinheim und München: Juventa.

Pianta, R. C. (Hrsg.) (1992): New directions for child development: Beyond the parent: The role of other adults in children's lives, Nr. 57. San Francisco, CA: Jossey-Bass.

Pollmer, K. & Hurrelmann, K. (1992): Familientraditionen und Erziehungsstile in Ost- und Westdeutschland. In: Kind, Jugend und Gesellschaft, 37, S. 2-7.

Seehausen, H. (1989): Familien zwischen modernisierter Berufswelt und Kindergarten. Freiburg: Lambertus.

Sinn, J. (1989): Mehr Familiensinn. Capital-Enquete: Warum deutsche Firmen neue Wege in der Personalpolitik gehen. In: Capital 9, S. 258-268.

Tietze, W. (1993): Institutionelle Erfahrungsfelder für Kinder im Vorschulalter. Zur Entwicklung vorschulischer Erziehung in Deutschland. In: Tietze, W. & Roßbach, H.-G. (Hrsg.): Erfahrungsfelder in der frühen Kindheit: Bestandsaufnahme, Perspektiven. Freiburg: Lambertus, S. 98-125.

Alison Clarke-Stewart

Geschichte der Kleinkinderziehung in Amerika *

Die Geschichte der Kleinkinderziehung in den Vereinigten Staaten kann als ein komplexes Gewebe verstanden werden, zu vergleichen etwa mit einem kunstvoll gewebten Wandteppich, dessen ineinander verflochtene Fäden den historischen Wandel sozio-ökonomischer Bedingungen und entwicklungspsychologischer Theorien widerspiegeln: Dem jeweiligen Zeitgeist entsprechend tauchen neue 'Fäden' auf, verschwinden und kommen an anderer Stelle, in einer anderen Epoche wieder zum Vorschein; manche 'Fäden' laufen zeitweilig zusammen und gehen dann – einem anderen Zeitgeist entsprechend – wieder auseinander. In diesem Beitrag verfolge ich diese 'Fäden' von den puritanischen Anfängen am Plymouth Rock bis zur Gegenwart.

1. Die Bedeutsamkeit der Kindererziehung bei den ersten Siedlern

Die ersten Einwanderer, die 1620 am Plymouth Rock an Land gingen, und auch die späteren Kolonisten, die ihnen in den nächsten 50 Jahren folgten, waren hauptsächlich religiös andersdenkende und verarmte Bewohner der Britischen Inseln. Sie waren ein rauhes und pflichtbewußtes Volk, das der Verfolgung und Vertreibung in der Alten Welt entkommen war und Ungewißheit und Herausfoderungen in der Neuen Welt entgegensah. Es war eine Zeit hoher Mortalität – die Hälfte aller Passagiere von der Jungfernfahrt der Mayflower starb während des ersten Winters in Neuengland – und hoher Moralität: Der wichtigste Lebensinhalt für die Puritaner war es, ein gottesfürchtiges Leben zu führen. In der festen Überzeugung, daß Menschen sündig geboren werden, waren die puritanischen Eltern von den ersten Lebensjahren ihrer Kinder an sehr auf deren moralische Erziehung bedacht. Folglich war die Erziehung von Säuglingen und Kleinkindern bereits in den Anfängen dieses Landes ein Bestandteil seiner Geschichte. Obwohl es das Hauptziel dieser Eltern war, die Seelen ihrer Kinder zu retten (nicht etwa ihren

---

* Deutsche Übersetzung und Bearbeitung von Cornelia Biermeier

Intelligenzquotienten zu erhöhen), und die Mittel zu diesem Zweck, verglichen mit heute, oft harsch waren, sind einige der Fäden der Geschichte der Früherziehung in diesem Land bereits in den Werten und Praktiken dieser Gründerväter und -mütter erkennbar.

Einer dieser Fäden war der Wert, den die Puritaner der Kindererziehung beimaßen. „Die Puritaner schrieben der Erziehung eine außerordentliche Bedeutung zu" (Morgan 1944). Obwohl Kinder ihrer Meinung nach sündig und unwissend geboren wurden, konnte ihre Unwissenheit behoben und dem Bösen in ihnen durch gute Erziehung begegnet werden. Es war von größter Bedeutung, daß Kinder lesen lernten (je früher desto besser), um die Bibel lesen zu können. Nur 16 Jahre nach der Landung der ersten Einwanderer am Plymouth Rock und mit einer Bevölkerungszahl von nur ungefähr dreitausend Menschen hatten die Siedler in Neuengland bereits eine Grundschulpflicht eingeführt und die Harvard Universität gegründet.

Ein zweiter Faden in der Geschichte der Kindererziehung war die Bedeutung der Meinungsfreiheit sowie der individuellen Rechte und Freiheiten. Die ersten Siedler waren keine Menschen, die sich willig der Autorität anderer beugten. Sie verfochten leidenschaftlich ihre Unabhängigkeit: Zeichen dafür waren das Verlassen ihrer Heimat, die Einführung lokaler Regierungen und ihre Sozialstruktur, mit der Kernfamilie als Grundlage.

Ein dritter Faden, der von Beginn an erkennbar ist, war die Sorge der Kolonisten um das Wohlergehen ihrer Kinder. Die primäre Funktion der Familie war nicht wirtschaftlicher oder sozialer Natur, sondern das Aufziehen und Sozialisieren der Kinder. Diese Einstellung fand Ausdruck in den Tagebüchern, die diese Eltern führten. Sie beschrieben darin, daß ein wesentlicher Grund für die Auswanderung nach Amerika war, ihre Nachkommen vor der Korruption der Alten Welt zu schützen.

Zusammenfassend läßt sich sagen, daß die Wertvorstellungen und Bestrebungen der frühen Kolonisten die bis heute nachwirkenden Ausgangspunkte für die Früherziehung in diesem Lande sind (vgl. im einzelnen Borstelmann 1983; Cleverley & Phillips 1986; World Almanac 1994).

2. Wandel der Ansichten im achtzehnten Jahrhundert

Im achtzehnten Jahrhundert veränderten sich die Lebensbedingungen in den Kolonien und neue Fäden wurden in das Gewebe der Kleinkindererziehung eingewoben. In vielerlei Hinsicht wurde das Leben leichter. Dies war die Folge eines verbesserten medizinischen Wissens, besserer gesundheitlicher Bedingungen, eines gesteigerten Bevölkerungswachstums, eines sich weiter entwickelnden Interesses an den Naturwissenschaften und an Humanität, der Verringerung von religiösem Fanatismus und einer eher optimistischen Betrachtungsweise der menschlichen Natur. Die Schriften des englischen Philosophen John Locke vom Anfang des Jahrhunderts spiegelten diese optimistische Sichtweise wider und hatten großen Einfluß in den Vereinigten Staaten. Selbst in Häusern mit nur einem Bücherbord fand man John Locke gleich neben der Bibel. Locke ersetzte den Glauben, daß Kinder als Sünder geboren werden, durch die Vorstellung der 'tabula rasa'. Demzufolge sind Kinder bei der Geburt wie ein unbeschriebenes Blatt, auf dem Eltern, ohne bestrafen zu müssen, allein durch vernünftige Belehrungen ihre Botschaften niederschreiben können. Locke hob die Bedeutung der frühen Lebensjahre hervor und verlieh der zeitgenössischen Meinung Ausdruck, daß „die kleinen und fast unmerklichen Verhaltensweisen, mit denen wir den zarten Kleinen begegnen, wichtige und anhaltende Konsequenzen haben." Diese neue Philosophie und die Entwicklungen, die das Leben im achtzehnten Jahrhundert erleichterten, bewirkten eine merkliche Veränderung der elterlichen Erziehungsmethoden. Zunächst waren es die besitzenden Stände dieses Landes, die ihren Kindern gegenüber liebevoller, gefühlvoller und toleranter wurden und sie stärker als gleichberechtigte Individuen betrachteten. Dieser Sinneswandel breitete sich dann auch in England und Europa und in den höheren und niederen Ständen aus.

Im späten achtzehnten Jahrhundert verstärkte die Philosophie Jean-Jacques Rousseaus diese Entwicklung. Der Grundgedanke, der durch alle Werke Rousseaus hindurchgeht, daß der Mensch gut aus den Händen des Schöpfers kommt und erst durch die Gesellschaft verdorben wird, verweist auf die außerordentliche Bedeutung, die Rousseau der richtigen Erziehung beimaß. Kinder haben positive Neigungen und benötigen wenig elterlichen Druck, um die grundsätzlich in jedem Menschen liegende gute Naturanlage auf natürliche Weise werden und reifen zu lassen. Auch wenn man Locke und Rousseau oft als Gegensätze betrachtet, da ihre Ansichten benutzt wurden, um in der sogenannten Anlage-Umwelt-Debatte die Extreme von Erziehung (Locke) und Natur (Rousseau) darzustellen, handelt es sich bis zu einem gewissen Grade um eine akademische und übertriebene Unterscheidung. Ihr unmittelbarer Einfluß darauf, wie Eltern ihre Kinder behandelten, wirkte sich in dieselbe Richtung aus: hin zu einer weniger repressiven und strengen Erziehung.

Zum Ende des achtzehnten Jahrhunderts forderten führende Vertreter der religiösen Erweckungsbewegung, wie zum Beispiel Jonathan Edwards, die Rückkehr zu eher repressiven Erziehungsformen, indem sie betonten, daß Eltern absolute Autorität haben und Kinder absoluten Gehorsam leisten sollten. Mütter, denen es widerstrebte, Strafmaßnahmen zu exerzieren, wurden scharf kritisiert. Gleichwohl wurde Eltern angeraten, ihre absolute Autorität mit Bezeugungen von Güte abzumildern.

Hier also, im achtzehnten Jahrhundert, sehen wir drei weitere wichtige Fäden im historischen Gewebe der Früherziehung: (1) den Einfluß von Experten-Meinungen auf elterliche Anschauungen und Praktiken, (2) die Kritik an Müttern und (3) die Suche nach einer Balance zwischen Strenge und Nachsicht, zwischen Einschränkungen und Liebe im Umgang mit kleinen Kindern. Ebenso wie die Fäden in der vorangegangenen Epoche – Bedeutsamkeit der Erziehung, freier Rede, individueller Rechte und des Wohlergehens der Kinder – erscheinen diese drei Fäden immer wieder und bilden eine beständige Grundstruktur in der historischen Entwicklung der Kleinkinderziehung (vgl. im einzelnen Borstelmann 1983; Cleverley & Phillips 1986; Kessen 1965; World Almanac 1994).

3. Fortschritte im neunzehnten Jahrhundert

Zu Beginn des neunzehnten Jahrhunderts hatten die Vereinigten Staaten eine Tageszeitung, einen Almanach, eine Verfassung, einen Kongreß, die Freiheitsurkunde und eine staatliche Universität (North Carolina). Man hatte für die Unabhängigkeit von Großbritannien gekämpft und sie errungen, und die Bevölkerungszahl war auf fünf Millionen Einwohner angestiegen. Die nächsten 40 Jahre waren von weiterem Wachstum und Wohlstand geprägt: Die Bevölkerungszahl wuchs auf mehr als das Dreifache, das zur Verfügung stehende Land verdoppelte sich, und seine Erkundung dehnte sich immer weiter in den Westen aus. Wachstum, Expansion, Erforschung des Landes sind von außerordentlicher Bedeutung für die amerikanische Geschichte und die Entwicklung der amerikanischen Seele und sollten daher als ein weiterer Faden im historischen Gewebe der Kleinkindpädagogik betrachtet werden. Dieser Faden findet immer wieder Ausdruck in der optimistischen Auffassung amerikanischer Eltern und Erzieher, daß Wachstum – sei es individuelles oder institutionelles Wachstum, wie zum Beispiel die Entstehung neuer Programme und Richtlinien – richtig und nötig ist. Nicht zufällig entstand gewissermaßen als Begleiterscheinung des nationalen Wachstums in der Zeit von 1800 bis 1840 die erste und rasch zunehmende Bewegung einer formellen Kleinkinderziehung, eine Bewegung, die von Sozialreformern ins Leben gerufen wurde, die „nicht eher ruhten, bis jeder Stadtteil in jeder Stadt eine Kleinkindschule hatte." Hier erkennt man einen weiteren Faden im Gewebe, ein Faden, der im ständigen Wechselspiel auftauchte, verschwand und wieder in Erscheinung trat: die Entstehung regelrechter Schulen für Kleinst- und Kleinkinder, von der Geburt bis zum vierten Lebensjahr, 'Schulen', in denen Zwei- und Dreijährige zu Beginn des neunzehnten Jahrhunderts lesen lernten.

Die Bewegung der Kleinkinderziehung spiegelte auch andere allgemeine Elemente in der Erziehung: Eines war die herausragende Bedeutung, die der Gleichberechtigung und der humanen Behandlung aller Bürger, einschließlich der Armen, beigemessen wurde. So waren zum Beispiel die Kleinkindschulen ursprünglich für die Kinder der Armen eingerichtet worden. Ein weiteres Element war der Auftrag zur Sozialreform: Kleinkindschulen sollten nicht nur den Armen nutzen, sondern waren ein Weg zum sozialen Wandel. Noch ein weiteres Element war die Diskrepanz zwischen Armen und Reichen in der Erziehung kleiner Kinder: Während die Kinder der Armen in

Kleinkindschulen aufgenommen wurden, wurde Müttern des Mittelstandes in Elternzeitschriften geraten, wie sie im heimischen Bereich die „kindliche Aufmerksamkeit und die Sinnesempfindungen, insbesondere das Hören und Sehen kultivieren" und wie sie einen „zärtlichen Gefühlsaustausch herbeiführen und direkte Liebesbezeugungen zum Ausdruck bringen" könnten. Den Müttern des Mittelstandes wurde der Status verliehen, die 'Lehrerinnen der Menschheit' zu sein. Für die Armen hielt man es dagegen für das Beste, ihre Kleinkinder zur Schule zu schicken, wo ihre Sinne unmittelbar von Experten geschult werden konnten.

Diese Diskrepanz währte jedoch nicht lange. Schon bald trat ein weiterer Faden in der Einstellung der Amerikaner zur Kindererziehung in Erscheinung. Mütter des Mittelstandes erkannten die Vorteile, die den Kindern der Armen zugute kamen, und bald wurden auch Kinder der Mittelklasse in Kleinkindschulen unterrichtet. Um 1840 gingen daher etwa die Hälfte aller Dreijährigen in Massachusetts, arme und reiche, in Kleinkindschulen.

Im Laufe der nächsten 40 Jahre (1840-1880) setzten sich das Wachstum und die Expansion der Vereinigten Staaten weiterhin fort. Die Bevölkerungszahl wuchs auf 50 Millionen, das Land und die Kommunikationssysteme (Telegraphen und Eisenbahnen) spannten sich von Küste zu Küste, und die industrielle Revolution begann. Es war eine Zeit von großem Enthusiasmus und großer Hoffnung: Gold in Kalifornien, kostenloses Farmland für Siedler im Mittleren Westen (der 'Homestead Act'), die Abschaffung der Sklaverei im Süden und neue Städte und Fabriken im Osten. Diese Veränderungen brachten jedoch auch Probleme mit sich. Eines dieser Probleme war die Entstehung des Proletariats, einer neuen Klasse von Industriearbeitern, die sich, von ländlicher Herkunft entwurzelt und in beengten und übervölkerten Verhältnissen arbeitend und lebend, von der Gesellschaft entfremdete. Die Entstehung von Ghettos und die massenhafte Verelendung wurden zur sozialen Plage. Die Kinder dieser Arbeiter waren ein Anlaß zur Sorge für die Sozialreformer, aus demselben Grund, aus dem die Kinder der Armen das Interesse der Sozialreformer eine Generation früher erregt hatten. Zudem war man davon überzeugt, daß Kinder die Zukunft der Gesellschaft sind. So entstanden Kindertagesstätten und Kinderkrippen, damit die Kinder der arbeitenden Mütter nicht vernachlässigt oder gar in Heime eingewiesen werden mußten. Anders jedoch als in den Kleinkindschulen 40 Jahre zuvor wurde in diesen Einrichtungen nicht das Lesen, sondern das körperliche Wohl der Kinder, Ordnung und gutes Benehmen betont. Es waren nüchterne und gefühllose Stätten, die der protestantischen Arbeitsmoral entsprachen. Letztere wurde sowohl durch die von der Regierung unterstützte Massenerziehung wie auch durch die Bücher von Horatio Algers gefördert. Man wollte damit die Armut überwinden. Es wurde nicht länger als wünschenswert angesehen, kleinen Kindern das Lesen beizubringen, denn ein Experte hatte die Auffassung vertreten, daß ein derart früher Lernzwang zu späterem Wahnsinn führe. Daher enthielt das Curriculum der Tageseinrichtungen keine akademischen Lerninhalte, und die Kleinkindschulen, die eine Generation zuvor so populär waren, schlossen. Die führenden Erziehungsexperten verurteilten die Praxis, Kleinkinder zur Schule zu schicken. Infolgedessen nahm in den Jahren von 1840 bis 1880 die Zahl der Kinder unter fünf Jahren in öffentlichen Schulen ständig ab.

Hier lassen sich somit zwei weitere Fäden in der Kleinkinderziehung erkennen, die im steten Wechselspiel auftauchen und verschwinden. Einer steht für die Auffassung, daß es gut sei, die kindliche Entwicklung durch eine frühzeitige Schulung zu fördern; der andere steht für das Gegenteil, daß kleine Kinder in Ruhe gelassen werden sollten, damit sie sich – nach Gottes Willen – 'natürlich' entwickeln (vgl. im einzelnen Borstelmann 1983; Cleverley & Phillips 1986; Fein & Clarke-Stewart 1973; Kaestle & Vinovski 1978; Kessen 1965; World Almanac 1994).

4. Ansichten zur Zeit der Jahrhundertwende

Während der nächsten 40 Jahre (1880-1920) setzte sich das Wachstum in Industrie und Wirtschaft fort, die Bevölkerung wuchs und ebenso die Anzahl der Tageseinrichtungen für Kinder. Jedoch gab es einen Wandel hinsichtlich ihrer Klientel und ihres Auftrags. Die Kinder waren nun hauptsächlich die von nicht-englischsprachigen Immigranten aus Süd- und Osteuropa, welche das Gros des Bevölkerungszuwachses ausmachten. Die Aufgabe der Tageseinrichtungen war es nun, gefördert durch Erziehungsgremien, die Einwandererkinder im Sinne und in der Lebensweise ihrer neuen Heimat zu erziehen. Zunächst betrachtete man die Einwandererfamilien als unschuldige Opfer ihres Schicksals und gewährte ihnen jede erdenkliche Hilfe. Aber schon bald änderte sich diese Meinung: Die Einstellung den Armen gegenüber wurde kritischer, und die Forderung wurde laut, daß die Armen sich selbst helfen sollten. In diesem Sinne begann man, den Müttern der Einwandererfamilien hauswirtschaftliche Kenntnisse zu vermitteln, und wies sie in die 'rechte' – die amerikanische – Art der Kindererziehung ein. Das Oktroyieren der Werte der amerikanischen Mehrheitsgesellschaft und die Erwartung, daß die Armen für sich selbst sorgen sollten, sind zwei weitere Fäden in der Historie der Kleinkinderziehung in Amerika.

Noch ein anderer Faden, der in den Tageseinrichtungen um 1880 bis 1900 wieder in Erscheinung trat, war die Überzeugung, daß Eltern für ihre Kinder selbst verantwortlich sind. Schließlich spiegelte sich in den Einrichtungen auch der Faden einer getrennten Erziehung für Reiche und Arme. Während die Mütter der Einwandererfamilien einen geradezu formellen Unterricht im Wickeln, Baden und Füttern ihrer Kleinkinder erhielten, beteiligten sich Mütter der Mittelklasse an Studierzirkeln und Gruppen, die sich die Beobachtung und das Studium von Kindern zur Aufgabe machten. Sie lasen und diskutierten die Werke von G. Stanley Hall, John Dewey, Johann Heinrich Pestalozzi und Sigmund Freud und lernten, wie man gute und glückliche

Kinder großzieht. Das Resultat dieser Bewegung war wieder einmal eine Romantisierung von Kindheit, Mutterschaft und Familie. Wieder wurden Mütter als die ersten und wichtigsten Lehrerinnen verehrt, die Familie wurde als Modell aller Erziehung angesehen, und die frühe Kindheit wurde als Zeit immenser Wichtigkeit betrachtet, da alles, was in der oralen, analen und phallischen Phase der Kindesentwicklung durch das Einwirken der Mutter geschah, die Entwicklung der späteren Persönlichkeit bestimmte.

Diese romantischen Vorstellungen kamen besonders deutlich zum Ausdruck auf der ersten Konferenz für Kinder im Weißen Haus im Jahre 1909, deren Fazit es war, daß „das Heim das höchste und beste Gut der Zivilisation ist." Die Romantisierung von Mutterschaft und Heim war so ausgeprägt, daß letztlich sogar die Unterschicht Nutzen davontrug: Im Jahre 1911 wurde ein Gesetz verabschiedet, das bedürftigen Müttern Mutterschaftsgeld zubilligte. Man ging davon aus, daß es besser für Kinder sei, zu Hause von ihren Müttern anstatt in Tagesstätten großgezogen zu werden. Wieder einmal kamen die unterschiedlichen Stränge der Kindererziehung für Arm und Reich zusammen, indem man den Armen ein Privileg der Reichen gewährte. Im Gegensatz dazu hatten fünfzig Jahre zuvor die Reichen die Vergünstigungen der Armen, die Kleinkindschulen, für sich errungen (vgl. im einzelnen Cleverley & Phillips 1986; Fein & Clarke-Stewart 1973; Hiner & Hawes 1985; Kessen 1965; McGreal 1988; Schlossman 1976; World Almanac 1994).

5. Die zwanziger Jahre: Veränderungen für Frauen

Ebenso schnell, wie Mütter diesen romantischen Status erlangt hatten, verloren sie ihn auch wieder oder gaben ihn auf, bedingt durch politische und ökonomische Bedingungen, durch das Einwirken eines neuen 'Experten' für Kindererziehung, John B. Watson, und die sich daraus entwickelnde 'Professionalisierung' der Elternbildung. Der erste Weltkrieg sowie der darauf folgende wirtschaftliche Aufschwung, die wachsende Zahl berufstätiger Frauen und das Wahlrecht für Frauen im Jahr 1920 brachten Frauen vermehrt ins öffentliche Leben und erhöhten ihre Chancen, etwas anderes zu tun, als Kinder großzuziehen. Im gleichen Jahr publizierte Watson seinen höchst einflußreichen Artikel über das klassische Konditionieren des kleinen Albert. Er postulierte, daß Eltern, bewußt oder unbewußt, ihre Kinder von Geburt an konditionieren, mit dem Effekt, daß bis zum dritten Lebensjahr die gesamte emotionale Entwicklung vorgezeichnet sei. Die Eltern hätten zu diesem Zeitpunkt festgelegt, ob ihr Kind sich zu einem glücklichen Menschen entwickeln werde oder zu einem quengeligen, nörgelnden Neurotiker, zu einem herrischen Sklaventreiber oder zu einem Menschen, dessen gesamtes Leben von Furcht bestimmt ist. Das Schädlichste, das Kindern widerfahren könne, sei ein Zuviel an Mutterliebe. Watsons Empfehlungen, wie ein effizienter Haushalt zu führen sei, in dem Kinder nach Zeitplan gefüttert und schlafengelegt werden und in dem durch Schmusen und Küssen keine Zeit verloren geht oder schlechte Gewohnheiten ausgebildet werden, hatten einen großen Einfluß auf amerikanische Eltern. Diese Empfehlungen paßten gut ins Konzept der wachsenden Unabhängigkeit der Frau und spiegelten auch den grundlegenden amerikanischen Glauben an die Veränderbarkeit des Menschen durch Einflüsse im Säuglings- und Kleinkindalter. Die Popularität dieser Empfehlungen illustrierte die Empfänglichkeit amerikanischer Eltern für charismatische und extreme Ansichten augenscheinlicher Experten. Diese drei Faktoren, die wachsende Unabhängigkeit der Frauen, der Glaube an die Änderungsfähigkeit des Menschen und die Aufnahmebereitschaft für Expertenmeinungen, waren drei weitere wichtige und fortlaufende Fäden im Gewebe der frühkindlichen Erziehung in Amerika (vgl. im einzelnen Cleverley & Phillips 1986; Hiner & Hawes 1985; Kessen 1965; Schlossman 1976).

6. Die dreißiger und vierziger Jahre: Nursery Schools

Anscheinend befolgten amerikanische Mütter die Ratschläge Watsons nicht gut genug, denn in den dreißiger Jahren verlor ihre Rolle in der Kindererziehung weiterhin an Bedeutung. Erziehungsexperten, wie zum Beispiel die *National Society for the Study of Education*, forderten ein Reformprogramm mit dem Ziel, entweder den Einfluß der Familie auf das Kind auszuschalten oder die Familie dahin zu bringen, ihre Erziehungsmethoden wissenschaftlichen Erkenntnissen anzupassen. Sowohl Watson als auch Freud wurden zitiert, um zu untermauern, daß Kinder zu abhängig von ihren Eltern oder zu fixiert auf sie seien, und man verwies auf die Strategien dieser Experten, wie dies zu verhindern sei. Die bevorzugte Lösung der Erziehungsexperten war es, nicht darauf zu vertrauen, daß Eltern sich weniger gefühlsbetont verhalten, sondern Kinder ab 18 Monaten von ihren Eltern zu entfernen und in Kindertagesstätten zu geben, wo sie von morgens halb neun bis nachmittags halb fünf nach wissenschaftlichen Prinzipien gefüttert, schlafen gelegt, auf den Topf gesetzt und gefördert werden konnten. Eine zwangsfreie und objektive Handhabung der alltäglichen Pflegefunktionen durch Fachleute erlaubte den Kindern einen freien Ausdruck ihrer natürlichen Triebe und ermöglichte ihnen eine gewisse Loslösung von den Eltern und damit eine Entwicklung frei von neurotischen Konflikten und Ängsten, so die Auffassung.

In dieser Nursery-School-Bewegung treten zwei wichtige Fäden der Früherziehung wieder in Erscheinung: Wer ist zuständig für die Erziehung – Eltern oder Fachleute –, und wie sollen wissenschaftliche Theorien bzw. Expertenmeinungen genutzt werden? Obwohl die Amerikaner sehr empfänglich für Expertenmeinungen sind, haben sie indessen auch eine Tendenz, diese Meinungen, wenn nötig, zu modifizieren, um sie in Übereinstimmung mit grundlegenderen Ansichten zu bringen, wie z. B. mit dem Glauben, daß der Mensch vervollkommnungsfähig sei. Aus diesem Grunde übersahen, modifizierten oder ignorierten die Erzieher in den dreißiger Jahren den pessimistischen und fatalistischen Ton in Freuds Theorie. Vielleicht wurden Kleinkinder in Wien von ihren Müttern neurotisiert, aber mit amerikanischen Babys geschah dies nicht! Im Einklang mit Reifungstheorien bekannter amerikanischer Psychologen, wie z. B. Arnold Gesell und Myrtle McGraw, verhielten sich die Erzieher so, als ob die kindliche Sexualität eher eine subtile Form der biologischen Reifung sei – ein positiver Antrieb zum Wachstum.

Dieses Thema eines positiven Reifungsprozesses behielt seine Popularität auch in den vierziger Jahren, sowohl in den verschiedenen Formen von Kindertagesstätten als auch in der Entwicklungspsychologie, so zum Beispiel in der Forschung von Wayne Dennis (1941), in welcher den Säuglingen Del und Ray während ihres ersten Lebensjahres aller Kontakt vorenthalten wurde, um zu demonstrieren, daß Säuglinge Fähigkeiten entwickeln, ohne daß diese verstärkt werden (vgl. im einzelnen Cleverley & Phillips 1986; Hiner & Hawes 1985; Kessen 1965).

7. Die selbstzufriedenen fünfziger Jahre

In den fünfziger Jahren jedoch wendete sich das Blatt allmählich, der Umwelt und der Mutter wurden – wieder einmal – eine größere Bedeutung zugeschrieben. Rene Spitz (1951) demonstrierte den dramatischen Effekt der Heimunterbringung auf die kindliche Entwicklung und behauptete, daß dies das Resultat der Mutterentbehrung war. Harry Harlow (1958) verwies auf die Bedeutung warmer mütterlicher Zuwendung für junge Affen. Und so war es, nachdem der Krieg zu Ende war und Wohlstand, Konsumgüter und gute Wohngegenden im Überfluß vorhanden waren, für Mütter in Ordnung, zu Hause zu bleiben und ihre Kleinkinder in relativer Selbstzufriedenheit großzuziehen. Es war eine bequeme, zwangfreie Zeit. Die Kleinkindererziehung geschah nach Buch. Aber diesem Buch (Benjamin Spocks *Baby and Child Care* von 1946) mit seinen klaren Geschlechtsrollen, einer nachgiebigen Kindererziehung, einem beruhigenden 'die Mutter weiß es am besten' und 'vertraue deinen Instinkten' war leicht zu folgen (vgl. im einzelnen Cleverley & Phillips 1986; Hiner & Hawes, 1985; Young 1990).

8. Programmatische Bestrebungen in den sechziger Jahren

Die geruhsame Selbstzufriedenheit wurde gegen Ende der fünfziger Jahre erschüttert, als die Russen den Sputnik ins All schickten. Die Bühne war für einen einschneidenden Wechsel vorbereitet, was die Aufgaben der Kindererziehung in diesem Land betraf. In den sechziger Jahren dann trafen eine Reihe von Fäden zusammen mit dem Resultat, daß zum Ende des Jahrzehnts die Früherziehung der Domäne der Mütter wieder entzogen wurde. Zu diesen Fäden, die meisten sind inzwischen geläufig, gehörten die folgenden: (1) der Nationalstolz – das Bedürfnis, dem Rest der Welt voraus zu sein (beim Wettrennen in der Weltraumforschung wie zuvor bei Wachstum, Wohlstand und der Verfügbarkeit von Konsumgütern); (2) die Orientierung an Erziehung als Ansatz zur Lösung für soziale Probleme; (3) der Glaube an Demokratie und Gleichheit – wie er besonders deutlich in der Bürgerrechtsbewegung zum Ausdruck kommt; (4) die Sozialreform als moralischer Imperativ – deutlich im Kampf gegen die Armut; und (5) der Einfluß wissenschaftlicher Theorien und Erkenntnisse – insbesondere die Entdeckung und Popularisierung von Jean Piagets Werk, in dem die Anfänge der kognitiven Entwicklung im Säuglingsalter dargelegt werden, ferner das Werk von Konrad Lorenz, welches die Bedeutung kritischer Perioden in der Entwicklung aufzeigt, der Beleg von bis dahin unbekannten Kompetenzen des Säuglings durch Wissenschaftler wie Robert Fantz (1963) und William Kessen (1967), McVikker Hunts (1961) überzeugende Beweisführung für die Modifizierbarkeit des Intelligenzquotienten durch Umweltfaktoren und Benjamin Blooms (1964) statistischer Beleg der Stabilisierung des Intelligenzquotienten im Alter von vier Jahren. All diese Fäden zusammengenommen legten nahe, daß die frühe Kindheit eine kritische Erziehungsphase sei, insbesondere für die Kinder der Armen (der 'kulturell Deprivierten'). Es entstand eine Bewegung kompensatorischer, auf Intelligenzförderung gerichteter Früherziehung, zunächst für Vorschulkinder mit Programmen wie 'Head-Start' und, trotz wenig enthusiastischer Evaluationsergebnisse dieser Programme, dann auch für Kleinkinder (vgl. im einzelnen Grubb & Lazerson 1982; Garwood, Phillips, Hartmann & Zigler 1989; Hunt 1975; Young 1990).

9. Elternbildung in den siebziger Jahren

Die siebziger Jahre waren ein Jahrzehnt der kindlichen Früherziehung – hauptsächlich – durch die Eltern. Der Beauftragte für Erziehung, Terrell Bell (1975), verbreitete Aussagen wie: „Die Elternbildung ist der Schlüssel für eine effektive Kindererziehung". Und: „Jedes Kind hat ein Anrecht auf pädogogisch kompetente Eltern." Als Folgeerscheinung wurden Programme für arme Eltern, die man jetzt 'sozial benachteiligt' nannte, sowie Ratgeberliteratur für den Mittelstand verbreitet. Diese Bücher und Programme hoben die Bedeutung der frühkindlichen Stimulation und einer engen Mutter-Kind-Bindung hervor.

Es war ein Jahrzehnt, das mit großen Hoffnungen für eine *Great Society* begann und mit Desillusionierung endete: Die Wirtschaft stagnierte, der Watergate-Skandal drang ins Bewußtsein der Öffentlichkeit, es ereignete sich die Beinahe-Katastrophe im Kernkraftwerk Three Mile Island, die ERA[1]-Bewegung erlahmte, und sorgfältig kontrollierte Evaluationsstudien zu den

Auswirkungen der Früherziehungsprogramme warfen Zweifel an ihrer Wirksamkeit auf (z.B. Madden, Levenstein & Levenstein, 1976; Klaus & Kennell, 1976; Kessen, Fein, Clarke-Stewart, & Starr, 1976). Die staatliche Unterstützung für die Früherziehungsprogramme ging zurück, ebenso wie das persönliche Engagement vieler Leute. Dies illustriert ein weiteres Charakteristikum der Früherziehung in Amerika: Man beginnt mit einem übersteigerten Optimismus und Enthusiasmus, verbunden mit unvernünftig hohen Erwartungen, schließt hastige Bewertungen der Kurzzeiteffekte an und wendet sich dann einer anderen Strategie zu. Der Fortbestand des 'Head-Start'-Programms ist eine rühmliche Ausnahme (vgl. im einzelnen Chilman 1980; Grubb & Lazerson 1982; Garwood et al. 1989; Roberts, Wasik, Caso & Ramey 1991; Lomax 1978; Zigler & Berman 1983).

10. Das gegenwärtige Interesse an früher Kindheit

Und so begannen die achtziger Jahre: *Reaganomics*, Rezession und harte Realität. Dies bedeutete für die frühkindliche Erziehung sowie für die Gesellschaft insgesamt eine Anpassung der Erwartungshaltungen – eine Anpassung, die dazu führte, daß man *weniger* von den Armen und *mehr* für die Reichen erwartete. Wissenschaftler beschäftigten sich eher mit biologischen und genetischen Begrenzungen für Entwicklung anstatt mit den Auswirkungen von Armut. Man studierte Kinder mit biologischen Risikofaktoren, Frühgeburten, untergewichtige oder körperlich behinderte Kinder, Kinder von Teenagern oder mißhandelnden Müttern (vgl. z.B. *Infant Health and Development Program* 1990) und weniger die Kinder, die einfach *nur* in Armut lebten.

In den späten achtziger Jahren und dann auch in den Neunzigern wandte man die Rhetorik von den Risikofaktoren auch auf Kleinkinder von voll berufstätigen Müttern an, deren Entwicklung durch die Trennung von der Mutter als gefährdet angesehen wurde. Diese Kinder seien gefährdet, so wurde behauptet, da sie keine angemessene Gelegenheit hätten, eine ausreichende emotionale Bindung zu ihrer Mutter zu entwickeln, und daher Gefahr liefen, emotional fehlentwickelt und in ihrem Sozialverhalten gestört zu sein (13mal höhere Agressivität dieser Kinder).

Hier wird erneut die Ansicht aufgegriffen, daß Kleinkinder von ihren Müttern aufgezogen werden sollten, da eine gute Entwicklung am ehesten durch mütterliche Fürsorge gewährleistet sei. Der Lösungsvorschlag war nun, einen Mutterschaftsurlaub (weniger ein Mutterschaftsgeld) zu gewähren. Es gibt keine Anzeichen dafür, daß die Debatte über die mutmaßlichen Gefahren der außerfamilialen Tagesbetreuung während der neunziger Jahre abflauen wird. Es finden sich nach wie vor lautstarke Gegner, die die Vorstellung der nicht-elterlichen Betreuung von Kleinkindern als abscheulich und unnatürlich empfinden (vgl. z.B. Penelope Leach's Buch *Children first* von

1994[2]), und es gibt dann noch diejenigen, welche die Tagesbetreuung von Kleinkindern als notwendiges Übel unterstützen, weil es Müttern erlaubt, zum finanziellen Überleben ihrer Familie beizutragen. Derzeit setzt sich niemand für das Konzept der Kindertagesstätten als wertvolle Lerngelegenheit für Kleinkinder ein – als Orte, wo kleinen Kindern bereichernde Erfahrungen angeboten werden, die über das hinausgehen oder besser sind als das, was dem durchschnittlichen Kind zu Hause bei der durchschnittlichen Mutter geboten wird. Jedoch vertreten viele die Idee, die Qualität der Tagesbetreuung zu verbessern, um das Lernpotential zu maximieren und die Risiken für die emotionale Entwicklung zu vermindern.

Die Bedenken bezüglich des emotionalen Wohlergehens der Kleinkinder sind himmelweit entfernt von den Fragen des physischen Überlebens und der religiösen Erziehung, welche 300 Jahre zuvor die Diskussion über die Kindererziehung bestimmten. Jedoch spiegeln diese Bedenken die gegenwärtige Verkörperung des Glaubens an die menschliche – oder zumindest die amerikanische – Vervollkommnungsfähigkeit.

Dieser wichtige Faden zeigt sich auch deutlich in einem anderen Trend, dessen Popularität in den achtziger Jahren stark angewachsen ist: die Produktion von 'Super Babys'. Im Einklang mit der erhöhten Anspruchshaltung des wohlhabenden Mittelstandes in den achtziger Jahren kleideten 'Yuppie-Eltern' ihre Kleinkinder in Windelhosen von Calvin Klein und schrieben ihre Kleinen im *Better Baby Institute* ein, wo Leselernkarten und Suzuki-Übungen (Violinspiel) multitalentierte, mehrsprachige Wunderkinder garantierten. Manche besonders eifrige Eltern, die nicht bis zur Geburt des Kindes warten wollten, schrieben sich an der *Prenatal University* ein (Van de Carr & Lehrer 1988), um zu lernen, wie sie ihren Kindern schon im Uterus durch Massage und sanftes Sprechen einen Vorsprung fürs Leben sichern könnten. Dieser Super-Baby-Trend scheint nicht nur eine Konsequenz des amerikanischen Glaubens an die menschliche Fähigkeit zur Vervollkommnung zu sein, sondern auch eine Folgeerscheinung der ausgeprägten amerikanischen Wettbewerbsorientierung, in diesem Fall auf der Ebene der individuellen Leistung anstelle der des nationalen Wettbewerbs.

Der Eifer des Super-Baby-Wahns scheint sich Mitte der neunziger Jahre etwas verringert zu haben, da wieder einmal wirtschaftliche Realitäten und politische Möglichkeiten unsere nationalen Gefühle von Wohlstand und Omnipotenz zurückgeschraubt haben. Auch die Bedenken, die von einigen Experten für Kindesentwicklung bezüglich des frühen akademischen Leistungsdrucks und dessen negativer Folgeerscheinungen auf die kindliche Motivation und Emotionen geäußert wurden, führten dazu, daß der Trend, Kleinkinder zu Wunderkindern zu trainieren, nachgelassen hat (z.B. Elkind, 1981; Hirsh-Pasek, Hyson, & Rescorla 1990). Es gilt nun eher als politisch korrekt (*political correctness* – ein Konzept von immenser Bedeutung in den neunziger Jahren), eine Balance zwischen der Förderung kognitiver Fähigkeiten und der Befriedigung sozial-emotionaler Bedürfnisse zu suchen.

11. Miteinander verflochtene Themen

Trotz seiner Kürze illustriert dieser Versuch, die historischen Fäden im Gewebe der Kleinkindpädagogik in den Vereinigten Staaten über einen Zeitraum von über 370 Jahren zu entwirren, doch einige Hauptthemen. Eines dieser Themen, das sich besonders deutlich in der Geschichte der frühkindlichen Erziehung wiederfindet, ist die durchgängige Sorge der Amerikaner um das Wohlergehen ihrer Kinder – eine Sorge, die sich auf unterschiedliche Weise darstellt. Sie reicht von dem Glauben, daß die Hauptaufgabe der Eltern darin liegt, ihre Kinder von der Sünde zu erretten, bis zu dem Glauben, daß Kinder eine Weiterführung und ein Spiegelbild ihrer Eltern sind.

Ein zweites Thema ist der Glaube, daß Menschen durch richtige Erziehung veränderbar sind und vollkommener werden können. Sowohl Anlage als auch Umwelt können und sollten dieser Auffassung nach einer Entwicklung zur Vollkommenheit hin dienen. Was sich verändert, sind die Definitionen von Vollkommenheit: Mal ist es eine reine Seele, ein andermal gutes Violinspiel. Ebenfalls verändert sich das Verständnis dessen, was benötigt wird, um Perfektion zu erlangen: strenge oder milde Sozialisation, Belehrung oder laissez faire, kognitive Anregung oder Mutterliebe. Und schließlich verändert sich der Zeitpunkt, an dem man beginnen soll, Perfektion zu erreichen: Inzwischen ist man bei der Zeit im Mutterleib angelangt und zuweilen schon davor bei der genetischen Auswahl (z.B. dem *Repository for Germinal Choice*, einer Nobel-Sperma-Bank), und möglicherweise schon bald werden wir bei Eingriffen ins Erbgut sein.

Ein drittes hervorstechendes Thema in der Geschichte der Früherziehung in Amerika ist eine sozialreformerisch orientierte Ethik, ein Produkt altruistischer Menschlichkeit, moralischer Pflicht und sozialen Interesses. Dieser Faden wird oft von einem anderem gekreuzt – dem Eigeninteresse –, z.B. wenn Eltern der Mittelschicht Leistungen fordern, die ursprünglich dazu gedacht waren, den Armen einen Vorsprung zu geben.

Ein viertes Thema betrifft die Autonomie und Autorität der Familie. Dieser Faden kreuzt ebenfalls zeitweilig den Faden der Sozialreform, so zum Beispiel wenn 'Möchtegern-Reformer' in Familien eindringen, die ihrer Meinung nach Hilfe oder eine Reform benötigen, und sich dann, wenn sie ihre Aufdringlichkeit bemerken, zurückziehen. Verbunden mit diesem Faden ist der Glaube, daß Kleinkinder zu ihren Müttern nach Hause gehören, wie auch die gegenteilige Auffassung, daß Kleinkinder besser in Schulen oder Kindertagesstätten von Fachleuten aufgezogen werden. Eine Folgeerscheinung dieser sich kreuzenden Fäden ist, daß Mütter abwechselnd gepriesen oder kritisiert, verehrt oder verurteilt werden.

Noch ein weiterer Faden ist die Empfänglichkeit amerikanischer Eltern für die Ratschläge von 'Experten', angefangen von John Locke bis zu Glen Doman (1984), wobei gilt, je extremer die Versprechungen, desto besser. Dieser Faden reflektiert möglicherweise einen Mangel an Vertrauen in die eigenen Fähigkeiten, vielleicht weil amerikanische Eltern in einer neuen und sich ständig wandelnden Welt leben, in der alte Regeln und Volksweisheiten keinen festen Platz haben. Vielleicht spiegelt sich hier aber auch der Abenteurergeist wider: Amerikaner haben keine Angst, Neues zu probieren, und dem Wandel an sich wird ein hoher Wert beigemessen. Auch mag ein Machtunterschied zwischen den Geschlechtern hier zum Ausdruck kommen: Die Männer geben die Ratschläge, die Mütter versuchen, sie zu befolgen. Dieser Faden kreuzt sich mit jenem, der die Tendenz amerikanischer Eltern und Erzieher repräsentiert, die Meinungen und Theorien von Experten zu modifizieren oder so zu nutzen, daß sie ihre eigenen Pläne sozialer Veränderung unterstützen (z.B. benutzte man Freuds Theorie, um permissive Erziehung zu propagieren, und das Werk von Piaget wurde als Basis für Früherziehung genutzt).

Zwei weitere Themen in der Geschichte der frühkindlichen Erziehung in den Vereinigten Staaten, die mit einer Betonung des sozialen Wandels einhergehen, sind der unverkennbare amerikanische Optimismus und Pragmatismus. Amerikaner glauben nicht nur an die theoretische Möglichkeit der Vervollkommnung, sondern sind davon überzeugt, daß sie Vollkommenheit und den *American Dream* mit *Yankee-know-how* sofort und ohne großen Aufwand verwirklichen können. Die Früherziehung gilt in diesem Zusammenhang als eine schnelle und billige Methode (z.B. als Prävention für jugendliche Delinquenz oder sonderpädagogische Maßnahmen), Versprechungen, die in der Regel nicht erfüllt wurden. Dies hatte zur Folge, daß viele Bemühungen im Bereich der Früherziehung aufgegeben wurden.

Und schließlich der letzte Faden, der die amerikanische Geschichte der Kleinkindererziehung durchzieht, ist der starke Glaube an die Bedeutsamkeit von Freiheit und Individualität. Dieser Glaube ist bei denjenigen zu erkennen, die – häufig sehr gegensätzliche – Ratschläge für Erziehung anbieten: Liberale und Konservative, Männer und Frauen, Großeltern und Kinderlose. Er zeigt sich auch bei den Inhalten dieser Ratschläge, bei denen ein ständiger Kampf um die Balance zwischen den Rechten und Freiheiten der Kinder und denen der Eltern zu erkennen ist. Diese fortwährende Spannung läßt darauf schließen, daß amerikanische Eltern wohl nie ein in sich konsistentes, einheitliches nationales Programm für frühkindliche Erziehung haben werden.

Alle diese Fäden zusammengenommen ergeben ein Gewebe, das in seiner Einzigartigkeit sehr amerikanisch ist. Es ist ein Gewebe mit hoffnungsvollen Bildern und Löchern, das sich ständig verändert und nie ganz fertiggestellt wird, aber auch nie ganz auseinanderfällt. Es ist ein Gewebe, das in jeder neuen Generation mit neuem Enthusiasmus weiterentwickelt wird, indem – auf der Suche nach Vervollkommnung und einer humanen Erziehung für junge Kinder – einige bedeutende neue Fäden mit dem bis dahin Erprobten und Bewährten verwoben werden.

Anmerkungen

1. ERA = Equal Rights Amendment; ein gegen die Diskriminierung von Frauen gerichteter Zusatzartikel zur amerikanischen Verfassung, dessen Verabschiedung 1982 endgültig scheiterte.
2. „Es ist offensichtlich das Beste für Babys, wenigstens die ersten sechs Monate rund um die Uhr mehr oder weniger ausschließlich von der Mutter betreut zu werden ... und Betreuung innerhalb der Familie für wenigstens ein weiteres Jahr oder besser noch für zwei. Finanzielle Einbußen oder berufliche Sanktionen, die Frauen dazu zwingen, ihre Säuglinge, die kaum in der Lage sind, außerhalb des noch blutenden Mutterleibes zu leben, zu verlassen, sind im höchsten Maße barbarisch" (S. 78f.).
„Babys und Kleinkinder benötigen individuelle Betreuung, die beständig von der gleichen vertrauten und liebenden Person erfolgt. Die Bedürfnisse der Allerjüngsten können nur voll befriedigt werden, wenn der größte Teil dieser Betreuung von ihren Müttern abgedeckt wird" (S. 96f.).
„... lebenswichtige kontinuierliche individuelle Zuwendung kann selten in Kinderkrippen sichergestellt werden, egal wie hervorragend die Einrichtung auch sein mag. Babys brauchen in ihrem ersten Lebensjahr eine Hauptbezugsperson; mag dies auch unbequem sein, so ist es doch nicht überraschend. Wir Menschen gebären keinen Wurf von Jungen, sondern in der Regel nur ein einziges Baby. Frauen können höchstens zwei Kinder auf einmal füttern und ohne fremde Hilfe nicht für mehrere Kinder sorgen. ... Kein Training der Welt würde eine Betreuerin in einer Kinderkrippe dazu befähigen, es besser zu machen" (S. 88).
„Der weitverbreitete westliche Kult der Fachleute lehrt, daß 'Experten' und 'ausgebildete Betreuerinnen' es häufig besser machen als Eltern, da Eltern „zu sehr involviert seien, um noch objektiv sein zu können." Jedoch die letzte Eigenschaft, die Säuglinge von einem Erwachsenen, der für sie sorgt, benötigen, ist Objektivität: Eltern zeichnen sich gerade dadurch aus, daß sie ihre Kinder als etwas ganz Besonderes empfinden, und gerade dadurch sind sie etwas Besonderes für ihre Kinder" (S. 78f.).

Literatur

Bell, T.H. (1975): The child's right to have a trained parent. In: Elementary School Guidance and Counseling, 9, S. 271-276.
Bloom, B.S. (1964): Stability and change in human characteristics. New York: Wiley.
Borstelmann, L.J. (1983): Children before psychology: Ideas about children from antiquity to the late 1800s. In: Mussen, P.H. & Kessen, W. (Hrsg.): Handbook of child psychology, Volume 1, History, theory, and methods. New York: Wiley, S. 1-40.
Chilman, C.S. (1980): A brief history of parent education in the United States. Unpublished. University of Wisconsin-Milwaukee: School of Social Welfare.
Cleverley, J. & Phillips, D.C. (1986): Visions of childhood: Influential models from Locke to Spock. New York: Teachers College Press.
Dennis, W. (1941): Infant development under conditions of restricted practice and of minimum social stimulation. In: Genetic Psychology Monographs, 23, S. 143-184.
Doman, G. (1984): How to multiply your baby's intelligence. New York: Doubleday.
Fantz, R.L. (1963): Pattern vision in newborn infants. In: Science, 140, S. 296-297.
Fein, G.G. & Clarke-Stewart, A. (1973): Day care in context. New York: Wiley.

Garwood, S.G., Phillips, D., Hartmann, A. & Zigler, E.F. (1989): As the pendulum swings: Federal agency programs for children. In: American Psychologist, 44, S. 434-440.
Grubb, W.N. & Lazerson, M. (1982): Broken promises. New York: Basic Books.
Harlow, H.F. (1958): The nature of love. In: American Psychologist, 13, S. 373-385.
Hiner, N.R. & Hawes, J.M. (1985): Growing up in America: Children in historical perspective. Urbana: University of Illinois Press.
Hirsh-Pasek, K., Hyson, M.C. & Rescorla, L. (1990): Academic environments in preschool: Do they pressure or challange young children? In: Early Education and Development, 1, S. 401-423.
Hunt, J.M. (1961): Intelligence and experience. New York: Ronald Press.
Hunt, J.M. (1975): Reflections on a decade of early education. In: Wilkerson, D.A. (Hrsg.): Educating children of the poor: 1975-1985. Westport, CT: Mediax.
Infant Health and Development Program (1990): Enhancing the outcomes of low-birth-weight, premature infants. In: JAMA, 263, S. 3035-3042.
Kaestle, C.F. & Vinovskis, M.A. (1978): From apron strings to ABCs: Parents, children, and schooling in nineteenth-century Massachusetts. In: Demos, J. & Boocock, S.S. (Hrsg.): Turning points: Historical and sociological essays on the Family. Supplement to the American Journal of Sociology, 84. Chicago: University of Chicago Press, S. 39-80.
Kessen, W. (1965): The child. New York: Wiley.
Kessen, W. (1967): Sucking and looking: Two congenitally organized response patterns in the human newborn. In: Stevenson, H.W., Hess, E. & Rheingold, H. (Hrsg.): Early behavior: Comparative and developmental approaches. New York: Wiley, S. 147-179.
Kessen, W., Fein, G., Clarke-Stewart, A. & Starr, S. (1976): Variations in home-based infant education: Language, play, and social development. In: Riegel, F.K. & Meacham, J.A. (Hrsg.): The developing individual in a changing world. The Hague: Mouton, S. 507-545.
Klaus, M.H. & Kennell, J.H. (1976): Maternal-infant bonding. St. Louis: C.V. Mosby.
Leach, P. (1994): Children first. What our society must do – and is not doing – for our children today. New York: Knopf.
Lomax, E.M.R. (in collaboration with Kagan, J. & Rosenkrantz, B.G.) (1978): Science and patterns of child care. San Francisco: Freeman.
Madden, J., Levenstein, P. & Levenstein, S. (1976): Longitudinal IQ outcomes of the Mother-Child Home Program. In: Child Development, 47, S. 1015-1025.
McGreal, C.E. (1988): In great-grandma's nursery. In: Infant Mental Health Journal, 9, S. 305-307.
Morgan, E. (1944): The Puritan family. Boston: Public Library.
Roberts, R.N., Wasik, B.H., Caso, G. & Ramey, C.T. (1991): Family support in the home: Programs, policy and social change. In: American Psychologist, 46, S. 131-137.
Schlossman, S.L. (1976): Before Home Start: Notes toward a history of parent education in America 1897-1929. In: Harvard Educational Review, 46, S. 436-467.
Spitz, R. (1951): The psychogenic diseases in infancy. In: Psychoanalytic Study of the Child, 6, S. 255-275.
Spock, B. (1946): Baby and child care. New York: Pocket Books.
Van de Carr, R. & Lehrer, M. (1988): Prenatal University: Commitment to fetal-family bonding and the strengthening of the family unit as an educational institution. In: Pre- and Peri-Natal Psychology Journal, 3, S. 87-102.
World Almanac and Book of Facts (1994): New York: World Almanac.
Young, K.T. (1990): American conceptions of infant development from 1955 to 1984: What the experts are telling parents. In: Child Development, 61, S. 17-28.
Zigler, E. & Berman, W. (1983): Discerning the future of early childhood intervention. In: American Psychologist, 38, S. 894-906.

Egle Becchi

Bilder von Jungen und Mädchen im frühen Kindesalter: Geschichtlich-theoretische Betrachtungen

1. Einleitung

Will man die frühe und allerfrüheste Kindheit, differenziert nach Untersuchungen über Mädchen und Jungen, sowie die 'Bilder', die diese in der modernen Psychologie hinterlassen haben, zum Gegenstand der Forschung machen, bietet sich zunächst eine Suche in den *Psychological Abstracts* unter den Begriffen *early childhood, development* und *gender differences* an. In der letzten Nummer des Stichwortverzeichnisses von 1992 werden diese Begriffe weiter aufgefächert, der erste in die Spezifikationen *infant development* und *neonatal development*, der zweite in *gender identity*, wo auch der Eintrag *girl* zu finden ist. Diesen Unterscheidungen liegt eine wachsende Zahl von entsprechenden Untersuchungen zugrunde. Deutlich wird, daß innerhalb der Lebensphase von null bis sechs Jahren, die traditionell als *early childhood* bezeichnet wird, immer feiner zwischen dem Alter des Neugeborenen und dem ersten Lebensjahr (*infant*) sowie den darauffolgenden Perioden unterschieden wird. Darüber hinaus wird auch der Psychologie des kleinen Mädchens größere Bedeutung beigemessen. Die im Zusammenhang mit den Begriffen dargestellten Untersuchungen zeigen, daß die Vorstellung von 'Kindheit' in der modernen Psychologie sehr reich und differenziert ist und daß die Prozesse des Erkennens, Kommunizierens und Sozialisierens auch in der frühesten Kindheit beobachtet und untersucht werden. Sofern unser Forschungsansatz nicht nur empirisch und kulturanalytisch, sondern auch historisch sein soll, also rekonstruieren will, wie diese Themen in der Vergangenheit behandelt wurden und wie sich bestimmte Vorstellungen im Wissen der Psychologen herausgebildet haben, können die *Psychological Abstracts* keinen Aufschluß geben, weil sie die dafür einschlägigen Begriffe nicht durchgehend enthalten.

1984 findet man den Begriff *infant development* nicht, sondern nur die Begriffe *infants* und *infant vocalization*, was darauf hindeutet, daß für den ersten Lebensabschnitt die Entwicklung globaler betrachtet wird, auch wenn manchmal von Kindern verschiedenen Alters die Rede ist. Der Begriff *infant development* taucht 1974 auf, anders als 1984 fehlt aber der Begriff *gender differences*. Weitere zehn Jahre zurück, 1964, ist weder der Begriff *early childhood development* noch der Begriff *infant development* zu finden, wobei unter letzterer Rubrik jedoch auf *neonate* oder *infancy* verwiesen wird. Weiterhin fehlen die Begriffe *gender differences* und auch das sinnverwandte Verweisstichwort *human sex differences*.

Werden die diachrone Rekonstruktion und der historische Rückblick fortgesetzt, stellt man fest, daß die Bilder von Jungen und Mädchen unter drei Jahren auch in den Handbüchern der Psychologie immer verschwommener werden. Offensichtlich handelte es sich bei ihnen noch nicht um wissenschaftlich genau erfaßte und identifizierte Personen, wenngleich sie in der konkreten institutionellen und privaten Realität eine durchaus reale und anspruchsvolle Präsenz hatten. Zwei in der Psychologie Amerikas und des Alten Kontinents bekannte Textbeispiele scheinen diese Hypothese zu bestätigen: In *Child development and personality* von Mussen, Conger & Kagan (1956) dauert die frühe Kindheit zwei Jahre, und den Geschlechtsdifferenzen wird – außer bei dem Aspekt der Empfindlichkeit des Neugeborenen – keine große Bedeutung beigemessen. Vom zweiten Lebensjahr an bis zum Schuleintritt, also ungefähr bis zum Alter von fünf oder sechs Jahren, sprechen die Autoren ganz allgemein von Vorschulalter; mit dem Schulalter beginnt gewissermaßen eine dritte Kindheit. Nicht zuletzt werden bei der frühen Kindheit vor allem die kognitive und die sprachliche Entwicklung betrachtet, wobei individuelle Unterschiede nur gestreift werden. Im Hinblick auf die 'zweite Kindheit' wird dagegen der Persönlichkeitsentwicklung ein ganzes Kapitel gewidmet, wobei die Geschlechtsdifferenzen – jedoch ausschließlich in ihrer kulturellen Bedeutung – in einem eigenen Paragraphen behandelt werden. Von noch größerer Bedeutung ist ein gleichermaßen bekanntes und verbreitetes Handbuch, das Carmichael (1946) herausgegeben hat. Hier wird der Beginn der menschlichen Entwicklung bis in die fetale Phase vorverlegt und im Vergleich mit derjenigen des Tieres untersucht. Zugleich werden die ersten Lebensjahre in bezug auf spezifische Verhaltensbereiche (physisches und motorisches Wachstum, Lernverhalten) analysiert. Als Beispiel soll der Artikel *Psychological sex differences* von Lewis Terman dienen. Da Terman die Unterschiede bei Jungen und Mädchen erst mit Beginn des Schulalters untersucht, scheint es, als seien die geschlechtsspezifischen Besonderheiten, die diesem Lebensabschnitt vorausgehen, uninteressant.

Die hier gegebenen Hinweise sind möglicherweise sehr allgemein und müßten durch weiterführende Studien, wissenschaftliche Artikel und die Auswertung empirischer Untersuchungen vertieft werden. Sie reichen jedoch aus, um die Vermutung zu begründen, daß das in der empirischen und wissenschaftlichen Psychologie existierende Bild über die frühe Kindheit, als eine verallgemeinerbare und sozial akzeptierte Realität mit einer begrifflichen Unterscheidung von Jungen und Mädchen mit ihren jeweiligen Eigentümlichkeiten, eine Konstruktion unserer Tage ist.

2. Vorstellungen über Jungen und Mädchen in der Psychoanalyse

Dennoch hat es ab Mitte der zwanziger Jahre und außerhalb der (verhaltens-)beobachtenden Forschung immer wieder individuell differenzierte Bilder und Beschreibungen von Jungen und Mädchen sowie Versuche zur theoretischen Erfassung ihrer Eigentümlichkeiten gegeben. Dabei ist vor allem an Sigmund Freud und seine fundamentale Studie über den eineinhalbjährigen (Enkel) Ernst in *Jenseits des Lustprinzips* (1920) und die XXXIII. Vorlesung der *Neue(n) Folge der Vorlesungen zur Einführung in die Psychoanalyse* (1933) zu denken, in der er von der Herausbildung der Weiblichkeit in den ersten vier Lebensjahren spricht. Zu nennen ist weiterhin Melanie Klein (1948), die den Fall ihrer kleinen Patientin Rita beschreibt, die im Alter von zwei Jahren und neun Monaten die Analyse begonnen hatte. Klein entwickelt eine Konzeption der psychischen Entwicklung dieses Mädchens, die sich sowohl hinsichtlich der Konstitution des Über-Ichs als auch der Mechanismen der Wiedergutmachung völlig von der eines Jungen unterscheidet (Klein 1932).

Auf der Grundlage dieses Wissens über die psychische Entwicklung werden die Alters- und Geschlechtsunterschiede nicht nur als Merkmale einzelner realer Subjekte erfaßt, sondern auch sorgfältig als allgemeine Phänomene von ihrem frühesten Auftreten an erklärt. Dieses Wissen stützt sich nicht auf empirische, sondern klinische Daten, die in einem therapeutischen Setting gewonnen wurden, dem vor allem die Vorstellung vom triebhaften Wesen zugrundeliegt. Die Beschreibungen von Freud und Klein, die Jungen und Mädchen betreffen, stellen Beiträge zur Geschichte des Kindheitsbildes und besonders der Geschichte der therapeutischen und pädagogischen Betreuung dar. Durch die von Siegfried Bernfeld (1925) beschriebene Welt des Neugeborenen in seinem Buch *Psychologie des Säuglings* und die von Winnicott (1977) beschriebene Piggle, die mit zwei Jahren und fünf Monaten die Therapie beginnt, wird die Geschichte des Kindheitsbildes ebenfalls wesentlich bereichert. Diese Arbeiten ermöglichen uns, neue Ideen über die frühe Kindheit und die Entwicklung von Jungen und Mädchen auszubilden, die mit dem Zeitpunkt ihrer Geburt lieben und hassen, Wünsche haben, Objekte erforschen, neidisch sind und wiedergutmachen, auch wenn dies unter unterschiedlichen Bedingungen in verschiedenen Lebensphasen und -situationen geschieht.

3. Die Darstellung der frühen Kindheit in der Kinderpsychologie

Die Kinder scheinen in der Psychoanalyse nicht nur bis in die Einzelheiten ihrer triebhaften Aktivitäten erfaßt zu werden, sondern werden auch in den familialen Zusammenhang mit seinen pathogenen bzw. heilenden Beziehungen gestellt. Die ersten psychologischen Arbeiten über kleine Jungen und Mädchen entstehen somit durch die Auseinandersetzung mit Söhnen und Töchtern, hinter denen mehr oder weniger zufriedene Väter und Mütter stehen. Dieses Phänomen spiegelt sich auch in anderen Ansätzen zur Psychologie des Kleinkindes, die sich in Texten vom Ende des neunzehnten und Anfang des zwanzigsten Jahrhunderts finden lassen und den Beginn der Kinderpsychologie auf der Grundlage wissenschaftlicher Beobachtungen bilden. Zu nennen sind hier Tagebücher von Wissenschaftlern und Vätern, die ihre Kinder beobachteten und deren Lebensäußerungen Tag für Tag protokollierten (Taine 1877; Darwin 1877), Studien zur Psyche des Kindes (Preyer 1882) sowie Protokolle und Analysen zum kindlichen Spracherwerb (Stern & Stern 1922). Innerhalb dieser Familien mit überaus aufmerksamen und fürsorglichen Eltern waren die Kinder, die zu Beginn der Beobachtungen wenige Wochen alt waren, nicht nur Adressaten von Gefühlen, sondern auch Beobachtungobjekte.

Verschiedene Kinder, die tagelang über Jahre hinweg mit Liebe und gleichzeitig unvoreingenommener Aufmerksamkeit beobachtet wurden, bevölkern diese Beiträge und machen sie unverzichtbar für die Rekonstruktion eines Bildes über die frühe Kindheit. Das heute noch berühmteste Portrait ist das des kleinen Doddy, des Sohnes von Charles Darwin, der vom siebten Tag an bis zum Alter von drei Jahren und 23 Tagen beobachtet wurde. Beschrieben werden seine Tränenausbrüche, sein Lachen, seine Ängste, sein Wiedererkennen im Spiegel, seine deiktische und verbale Sprache, die ersten Formen eines moralischen Bewußtseins und seine Gedankenassoziationen. Im Hintergrund und oft mit ihm verglichen, taucht in dem *Biographical sketch of an infant* von Darwin (1877) ein nicht näher identifiziertes Schwesterchen auf. Doddy ist einerseits eifersüchtig auf das kleine Mädchen, wenn es vom Vater in den Arm genommen wird – allerdings ist er dies auch, wenn der Vater eine Puppe hätschelt –, andererseits kann er ihr gegenüber aber auch großzügig sein, wenn er ihr zum Beispiel ein Stück Ingwerbrot anbietet, wobei er diese freundliche Geste mit Worten unterstreicht. Dieses vom Wissenschaftler beschriebene Mädchen wird während der frühen Kindheit entweder unter das weibliche Geschlecht subsummiert (die Mädchen werfen bei Wutausbrüchen nicht wie die Jungen mit Gegenständen) oder als kleines Schwesterchen dargestellt, das sich im Unterschied zum Jungen mit einem Jahr noch nicht im Spiegel wiedererkennen kann. Das Mädchen scheint also kein besonderes Subjekt darzustellen, das sich hinsichtlich seines Alters, Namens und Charakters genauer zu bestimmen lohnt. Es bildet für Darwin, ähnlich wie die Tiere für die Menschen, eher einen Vergleichshorizont für das Verhalten von Doddy. Es ist ein Subjekt, von dem der Junge sich unterscheidet und das nur in diesem negativen Vergleich eine partielle Identität gewinnt. Wenige Jahre nach dem Erscheinen seines Aufsatzes enthält das Tagebuch eines anderen Wissenschaftlers und Physiologen, der zwei Jahre lang dreimal täglich seinen Sohn in der Kinderstube beobachtete, eine weitere mögliche Vorstellung über die frühe Kindheit, die als Verflechtung von Vererbung und Einzigartigkeit des Individuums verstanden werden könnte. Der Sohn von Preyer (1882), der kleine Protagonist aus *Die Seele des Kindes* – 'mein Knabe, mein Kind', wie ihn der gelehrte Vater nennt – ist ein Junge, dessen Sinnes-, Willens- und Geistesentwicklung zum Gegenstand der Beobachtung und Analyse wird. In den dichten Protokollen seines Alltags tritt uns der kleine Sohn von Preyer in seiner konkreten Individualität entgegen: Er lacht und schneidet Grimassen, verteilt Küsse und runzelt die Stirn, betet mit gefalteten Händen und schnuppert mit Genuß den Geruch von Kaffee und Kölnisch Wasser, erkundet die Gegenstände, indem er sie in den Mund nimmt und betastet, häufig im faszinierenden Austausch mit dem Vater, der sowohl von zärtlichen Gefühlen als auch von wissenschaftlicher Sachlichkeit geprägt ist. Während Preyer eine Entwicklungsgeschichte seines Sohnes vorlegt, rekonstruieren William und Clara Stern (1922) am Anfang des zwanzigsten Jahrhunderts die Sprachentwicklung ihrer beiden ältesten Kinder Hilda und Günther. Wiedergegeben wird der Alltag von zwei Kindern zwischen sechs und achtundvierzig Monaten, so wie er sich im Dialog mit den Eltern darstellt. Anders als bei Darwin und Preyer, zeichnet sich in den Tagebüchern der Sterns das konkrete und facettenreiche Bild sowohl eines Mädchens als auch das eines Jungen ab, indem die Unterschiede ihres Spracherwerbs, ihrer Verhaltensweisen, ihrer Spiele und Spielzeuge aufgezeigt werden. Alle erwähnten Beschreibungen kleiner Kinder zeugen von der Anstrengung, einen neuen, originellen, detaillierten, zuverlässigen und allgemeinen Begriff der frühen Kindheit auszubilden (Trisciuzzi 1970).

4. Frühe Kindheit und außerfamiliale Betreuung

Am Ende des achtzehnten und zu Beginn des neunzehnten Jahrhunderts wird die frühe Kindheit auch zum Gegenstand außerfamilialer Erziehungsinstitutionen, auch wenn diese für Kinder unter drei Jahren weniger verbreitet waren. Oftmals nahmen die Einrichtungen für ältere Kinder auch die unter dreijährigen auf, wie die englischen *infant schools*, die französischen *salles d'asile* und die italienischen *asili infantili*. Sie dienten hauptsächlich der Beaufsichtigung der Allerkleinsten in angemessenen Räumlichkeiten, mit entsprechendem Personal und Beschäftigungsangeboten. Auch hier bildeten sich Anschauungen über das Kleinkind heraus, in denen die praktische Betreuung, die Gefühle der Familien und Erzieherinnen sowie medizinische Erkenntnisse zusammenflossen. Dieses noch zu analysierende Kindheitsbild entspricht in seinen Erkenntnissen, die im Alltag und durch die praktische Arbeit mit Kindern gewonnen wurden, weder dem Bild der Psychologie noch dem der theoretischen Pädagogik der Romantik, vor allem nicht der deutschen, obwohl sie einen beträchtlichen Einfluß auf eben diese Institutionen hatte (Beller 1992).

Zu nennen ist in diesem Zusammenhang vor allem der *puer ludens* bei Fröbel (1913), der, sobald er das Säuglingsalter durchlaufen hat, vom Sinneswesen zum Kind wird, das anfängt zu sprechen, sein inneres Wesen zu zeigen und damit erziehbar wird. Dieses Kind, von dem in der *Menschenerziehung* die Rede ist und welches ganz in Spiel, Wahrnehmung und Phantasie aufgeht, ist nur einmal ein Mädchen, das in diesem Fall über die Pflanzen und Sterne spricht. Weiterhin ist auch das Kleinkind zu nennen, das von der bäuerlichen Mutter auf natürliche und doch so wirksame Weise gelehrt wird. Diese Erziehung dient Pestalozzi als Paradigma für den Entwurf einer Elementarerziehung (Pestalozzi 1932). Zu erwähnen ist ferner das Kind, von dem Jean Paul Richter (1963) in *Levana* spricht. Es tritt sowohl als Erinnerungsspur im Erwachsenengedächtnis einiger seiner Gestalten als auch als Gegenstand einer Erziehung, in der Gefühle, Spiel und Kreativität eine fundamentale Rolle spielen, in Erscheinung. Unter seinen kindlichen Figuren finden sich vereinzelt auch kleine Mädchen: Im fingierten Bekenntnis der Madame Jacqueline, der von Jean Paul in *Levana* ins Spiel gebrachten Mutter von fünf Kindern, ist zum Beispiel die Rede von Massimiliana, einem eitlen Kindchen, das sich gern im Spiegel betrachtet.

5. Frühe Kindheit und Geschlechterdifferenz

Bei Richter haben die Frau und das Kind dieselbe verspielte Natur, dieselbe Spontaneität, dieselbe Art, sich bietende Gelegenheiten zu ergreifen, und dieselbe Reaktionsschnelligkeit, so daß die Behauptung „fast symbolisch tragen die kleinen Kinder Röckchen" gerechtfertigt erscheint. Daraus resultiert die implizite Behauptung, daß die Frau im Grunde ein Kind sei, keine Altersabstufungen kenne, sondern eine einzige Phase der Lebensalter repräsentiere und wiederhole. Das ist keine neue These. Richter greift eine Idee – wahrscheinlich aristotelischen Ursprungs – wieder auf, die seit Jahrhunderten in den pädagogischen und moralischen Diskursen über die Frau und ihren Lebenslauf fest verwurzelt ist. Den lebhaftesten Ausdruck hat diese Idee bei Rousseau gefunden, den Richter kannte und verehrte, davor jedoch schon in *L'éducation des filles* von Fénelon (1908), den Richter zwar nicht, wohl aber Rousseau gelesen hatte. Rousseau (1975) läßt im fünften Buch des *Émile*, in dem er über die Natur und Erziehung der Frau und über die Kindheit von Sophie spricht, die Begriffe *enfant* und *femme* zusammenfallen und unterscheidet nur selten zwischen *fille* und *petite fille*. Darüber hinaus wird die psychische Entwicklung beim weiblichen *enfant* weitgehend ausgeklammert:

Es besitzt eine Reihe von konstanten Eigenschaften, solange es noch nicht *jeune fille* oder *femme* ist. Das männliche *enfant*, das im Fall des Émile bereits im ersten Lebensjahr und auch in den darauffolgenden Jahren ausführlich beschrieben wird, scheint kein weibliches Pendant zu haben. Während sich der Junge also vom Säugling über den kleinen Jungen zum jungen Mann entwickelt, kommt das Mädchen mit Eigenschaften zur Welt, auf die die Erziehung einwirken muß, die aber von Lebensphase zu Lebensphase die gleichen bleiben.

Was die Dichotomie zwischen Jungen und Mädchen in der ersten Lebensphase betrifft, so ist Rousseau für seine Zeit keine Ausnahme. Außergewöhnlich ist jedoch, was er zu den Phasen der frühen Kindheit sagt. Er konstruiert das Bild eines Säuglings, der sich entwickelt, eines Kindes, das sich nach dem ersten Lebensjahr verändert hat und sich in den folgenden Jahren weiter differenziert. Obwohl sich in der Kultur seiner Epoche eine Kinderheilkunde herausbildete, der das gesunde Wachstum insbesondere des Kleinkindes am Herzen lag (Teysseire 1982), war die Aufmerksamkeit, die dem kleinen Kind entgegengebracht wurde, dennoch sehr gering: Diese Säuglinge und Kleinkinder, von denen die Rede ist, scheinen in einer besonderen Altersspanne zu leben, für die es eigentlich keine Entwicklung gibt. Dieser Lebensabschnitt beginnt mit der Geburt, die wegen der hohen Kindersterblichkeit eine Phase besonderer Gefährdung darstellt, und erstreckt sich über eine für die 'Sünde' besonders anfällige Periode bis zur Taufe. In dieser oft bis zu zwei drei Jahre und darüber hinaus dauernden Lebensphase wird das Kind einer Amme anvertraut, wenn seine Eltern wohlhabend sind. Das heißt, es tritt aus der Familie heraus und hat nicht mehr Anteil an jener Realität, durch die es entstanden ist. In dieser Monotonie und Trübsal der ersten Jahre – ein antikes Bild, das sich bis ins achtzehnte Jahrhundert fortsetzt – werden Mädchen und Jungen nicht nur selten portraitiert, sie tragen auch dieselbe Kleidung. Dort, wo auf Gemälden von Kindern aus Adelshäusern ganz junge Mädchen und Jungen auftauchen, zeichnen sich Unterschiede in der Bekleidung erst nach den ersten Lebensjahren ab (bis zum Beginn des zwanzigsten Jahrhunderts trug auch der über vierjährige Junge noch ein Röckchen). Dabei wird erwachsenenkonforme Kleidung bevorzugt, und nur das Gesicht, sofern es nicht verfrüht gealtert erscheint, ein ebenfalls dargestelltes Tier, eine Frucht, ein Spielzeug und die Größenverhältnisse lassen erkennen, daß es sich um ein kleines Kind handelt. Diese Portraits von Kindern verdeutlichen noch etwas anderes: Handelt es sich um ein sehr frühes Alter, wird dieses verschleiert, so daß die kleinen Mädchen oder Jungen in ein höheres Alter versetzt werden, bis aus ihnen *puellae* oder *pueri senes* werden. Das Jesuskind im Tempel, wenige Tage nach seiner Geburt, und auch die Jungfrau Maria, von der die Apokryphen sagen, daß sie mit drei Jahren zu den Tempelweisen geschickt wurde, sind in dieser Hinsicht äußerst interessante Fälle. In der ikonographischen Tradition bis zum sechzehnten Jahrhundert und darüber hinaus wird das zum Tempel gebrachte Jesuskind nicht mehr als Säugling, sondern als Kleinkind von etwa einem Jahr dargestellt; die Jungfrau ist kein dreijähriges

Kleinkind, das, wie die Evangelisten anmerken, mit außergewöhnlich sicherem Schritt seinem göttlichen Schicksal entgegengeht, sondern ein Mädchen, manchmal eine junge Frau, die schon lange die Schwelle der frühen Kindheit überschritten hat.

6. Geschichtsschreibung der Kindheit

Was steckt hinter diesen Bildern, die uns heute in ihrer Widersprüchlichkeit so verfälscht und erzwungen erscheinen, so unsensibel gegenüber den verschiedenen kindlichen Lebensphasen und den Unterschieden zwischen den Geschlechtern? Ariès (1975), der Pionier auf dem Gebiet einer Geschichte der Kindheit, gibt weder in seiner *Geschichte der Kindheit* noch in anderen Schriften, in denen er das Thema der frühen Kindheit aufgreift, einen erklärenden Hinweis (Enciclopedia 1979). Für ihn entwickelt sich das Verständnis über Kindheit langsam vom Ende des fünfzehnten Jahrhunderts an bis zum Ende des *ancien régime*. Kindheit wird dabei verstanden als Nicht-Erwachsen-Sein und bezieht sich sowohl auf die ganz kleinen, zu Hause aufgezogenen Kinder als auch auf die Kinder, die schon zur Schule gehen. Der Kindheitsbegriff unterscheidet auch nicht zwischen Junge und Mädchen, so als ob es sich um ein einziges Subjekt handelte. Mit größerer Aufmerksamkeit behandelt Lloyd de Mause (1977), der Herausgeber von *Hört Ihr die Kinder weinen*, die Geschichte des Kindes, vielleicht weil er ein Anhänger der angewandten Psychoanalyse ist. Dort finden sich Hinweise sowohl auf die Zeiträume, in denen sich Kindheit vollzieht, als auch auf wesentliche Aspekte der frühen Kindheit, wie zum Beispiel das Stillen, das Abstillen oder die Beziehung des Kindes zur Mutter. In diesem Text geht es, wie auch in anderen Texten mit psychohistorischem Ansatz und wie in verschiedenen Aufsätzen der Zeitschrift *History of Childhood Quarterly: The Journal of Psychohistory*, die de Mause gegründet hat und herausgibt, um das früheste Lebensalter: um den Tod und die schwierige Existenz von Säuglingen, um die Tatsache, daß das Kleinkind für die Eltern oft ein psychologisches Problem darstellt und mit seiner Existenz die dramatischen Beziehungen bestimmt, die dem Autor zufolge mit den Periodisierungen einer Universalgeschichte der Kindheit einhergehen: Projektionsbeziehungen, Verweigerungen, Empathie.

Auf der Grundlage der psychoanalytischen Theorie von Erikson gehen die Psychohistoriker in ihren Interpretationen weitaus stärker auf das Kleinkind von zwei und drei Jahren ein. Aber wieder einmal ist es vor allem ein Sohn oder eine Tochter, wieder einmal ist es nicht ein Junge oder ein Mädchen, sondern ein Kind im allgemeinen. Auf jeden Fall handelt es sich um ein wenig ausgereiftes Thema (Hunt 1970); das *Kind (child)* der Psychohistoriker erweist sich als ebenso abstrakt wie das *Kind (enfant)* bei Ariès: Jungen und Mädchen unterscheiden sich nicht, sind Sohn, Schüler, Wesen also, die spielen und arbeiten. Die Erfindung der Kindheit scheint so viel Mühe zu kosten, daß die Historiker eine weitere Differenzierung vernachlässigen.

Die Geschichtsschreibung der Kindheit, soweit sie bemüht war, Spuren von Kindern in der Vergangenheit zu finden und zu suchen, was die Lebens- und Wachstumsbedingungen von Kindern waren, welches die Orte ihres Seins und Werdens, welches die Unterschiede nicht so sehr von Alter und Geschlecht als vielmehr der sozialen Klasse waren, diese Geschichtsschreibung vernachlässigt die Bilder von Jungen und Mädchen im frühesten Kindesalter; sie hält sie buchstäblich aus der Realität heraus. Außer vereinzelten Hinweisen und jenen Darstellungen der weiblichen Kindheit, die wir eher in neuerer Zeit finden, und außer Rekonstruktionen der Entwicklung, Erziehung und Sozialisation von älteren Mädchen in besonderen Zeiten und unter besonderen Umständen, gibt es keine Hinweise auf kleine Jungen und Mädchen, obwohl das Quellenmaterial – man denke an Ariès – um ikonographische Quellen und die Geschichte der Spiele erweitert wurde. Auch hat man sich nie dem Problem der unterschiedlichen Zusammenfassung der Lebensalter und der Vorwegnahme späterer Entwicklungsstadien gestellt, dem Horror der ersten Lebenszeit, der sich durch Jahrhunderte, Kulturen und Gesellschaften hinzieht. Was letztendlich die Gründe für diese historiographische Nachlässigkeit sind, ist schwer zu sagen. Sicherlich sind es nicht so sehr die Dokumente, die Ariès und die Psychohistoriker benutzt haben, als vielmehr diejenigen, die sie nicht benutzt haben und die weit besser den Weg in das undeutliche Land der frühen Kindheit und seiner Bewohner zu kennzeichnen scheinen.

7. Darstellung der frühen Kindheit in Autobiographien

Diese Dokumente sind aus einem anderen Grund geschichtlich, und gleichwohl haben sie eine historische Bedeutung im traditionellen Sinn: Erzählungen der eigenen kindlichen Vergangenheit, wo Geschichten erzählt werden, die nur der Protagonist selbst rekonstruieren kann, Geschichten um autobiographische Ereignisse, die in der Erinnerung des erzählenden Subjektes versteckt sind. Hier finden wir Zeichen der frühen Kindheit, sowohl der männlichen als auch der weiblichen; es werden Entwicklungslinien aufgezeigt und deutlich gekennzeichnete Personen beschrieben, die in der Vorgeschichte des erzählenden Ichs verwurzelt sind und dessen Spuren und Erlebnisse nachzeichnen.

In den Autobiographien des achtzehnten und neunzehnten Jahrhunderts treffen wir auf ein Heer von Jungen und Mädchen, wir treffen auf ganz kleine, größere und vorpubertäre Mädchen. Es werden zusammenhängende, wenn auch episodenhaft erinnerte Geschichten erzählt. Es sind Episoden, die für diejenigen bedeutsam sind, die sich an sie erinnern, sie rekonstruieren und niederschreiben. Wilhelmine von Preußen, Schwester von Friedrich dem

Großen, geboren 1709, erzählt zum Beispiel von ihrer frühreifen Kindheit und den Zärtlichkeiten von Seiten ihres Großvaters und Königs (Voss 1974). Die große norwegische Schriftstellerin Sigrid Undset, geboren 1882, beschreibt in ihrer Autobiographie ihre allerersten Tast- und Geruchserfahrungen im Alter von fünfzehn Monaten (Undset 1947). Ende des neunzehnten Jahrhunderts und im zwanzigsten Jahrhundert verdichten sich die Autobiographien der Kindheit, sie werden genauer, literarisch ansprechender, und die Autoren und Autorinnen scheinen den Zeichen der frühen Kindheit, den Worten, Erfahrungen, Bewegungen und Umgebungen mehr Aufmerksamkeit zu widmen. Dabei wird klar, daß das Bild der Kindheit in der Zwischenzeit präziser geworden ist, daß Wachstumsperioden definiert worden sind. Albert Schweitzer (1984) erzählt von seinen Ängsten und seinen Tränen, als er noch einen Rock trug; d.h., als er noch nicht vier Jahre alt war. Elias Canetti (1977) schreibt von seinen Farbeindrücken, mit denen er in *Die gerettete Zunge* die Erinnerungen an die große sefardische Familie eröffnet, die um ihn herum lebte. Aber auch Simone de Beauvoir (1958), Nathalie Sarraute (1983) und Francoise Dolto (1986) beschreiben ihre Erinnerungen an die frühe Kindheit als weiblich. In diesen von Männern und Frauen verfaßten Kindheitsbiographien werden Gefühle, Erfahrungen, Erlebnisse wiedergegeben, die uns, außer in unserer eigenen ungeschriebenen Biographie, ansonsten nicht zugänglich wären. Hier, in der relativen *fiction* ihrer eigenen Geschichte, erhalten die Jungen und Mädchen für die erste Zeit ihres Lebens die Bedeutung zurück, die sie sonst nicht hätten, sie werden Persönlichkeiten.

Es handelt sich um besondere Kinder mit Namen und genauer Identität, mit einem gleichermaßen einzigartigen Leben. Sie unterscheiden sich von denen der Entwicklungspsychologie, den Subjekten der Studien über die *early childhood* und der Analysen über Geschlechtsunterschiede. Es handelt sich um Kinder, die das reale, wenn auch mit manchen Merkmalen des Imaginären versehene Pendant der zahlreichen Jungen und Mädchen sind, die uns die Phantasie der Maler und Literaten präsentiert hat. Wie sich in der Malerei des zwanzigsten Jahrhunderts die anonymen Portraits von Jungen und Mädchen in den ersten Lebensjahren häufen – ich denke an Schiele, an Picasso, an viele Fotografien –, so werden die Bücher vieler Autoren durch Kleinkinder beiderlei Geschlechts bevölkert und solche in der frühesten Zeit ihres Lebens portraitiert. Es sind Kindheitsromane, in denen der kleine Protagonist seine Weltanschauung ausdrückt (Hauhofer 1984), fingierte Tagebücher von Kindern am Anfang ihres Wachstums (Moser 1979), Romane, in deren Zentrum ein kleines Geschöpf steht, das wächst und in dieses Wachstum auch die psychische Erfahrung des Vaters miteinbezieht (Handke 1981).

8. Ausblick

Faszinierende und facettenreiche Bilder der Kindheit erscheinen in diesen Büchern und Ikonographien. Die Bilder entstammen der mit der Realität verknüpften literarischen Einbildungskraft, sie wurden geschaffen von Subjekten, die in Autobiographien und Kindheitsromanen von sich selbst erzählen. Andere kleine Jungen und Mädchen finden sich in anderen Texten, die hier nicht in Betracht gezogen wurden, winzige Personen anderer Geschichten, die der *fiction* und der Utopie. Sie reichen von den Hymnen Homers über Platon, den genußsüchtigen und räuberischen Kinderhorden Fouriers bis zu den Kindern aus *Futurum II* von Skinner (1970), Geschichten mit Kindern, die sich von den Gesetzen der irdischen Existenz gelöst haben. Sie alle eröffnen neue, mögliche Ansichten über Kindheit, in der das Kind nicht nur spricht, weil es altersmäßig dazu in der Lage ist, sondern weil es Teil einer unwirklichen Welt ist, in der Verhaltensweisen möglich sind, über die es gewöhnlich nicht verfügt. Gewiß, wenn wir diese Kinder mit dem Kind der wissenschaftlichen Psychologie vergleichen, die beobachtet, Hypothesen aufstellt und diese an der Realität überprüft, so scheinen uns diese Kinder weniger greifbar, wie entrückt in der Fantasie des Autors, reine Produkte der Ideologie. Ihr Verhalten ist nicht überprüfbar, die verschiedenen allgemeinen und spezifischen Dimensionen ihres Wachstums sind nicht analysierbar, die ihnen eigentümlichen Zielsetzungen sind unwahrscheinlich: Sie planen ihre Welt, reden und sprechen von sich mit der Klugheit von *pueri senes et sapientes*, die außerhalb der Zeit sind, sie behandeln die Erwachsenen als ihresgleichen, wenn nicht sogar als Unterlegene – zumindest in ihrer Vorstellung – und zwingen sie zu einer Überprüfung ihres Verhaltens. Eine andere Welt der Kindheit enthüllt sich in diesen Schriften, eine Welt, welche weder in der Gegenwart noch in der Vergangenheit zu liegen scheint. Aber dieses Lösen von der Zeit gestattet eine andere Wertung des kindlichen Lebensalters, besonders da es sich um Bilder von Kleinkindern handelt, wo das früheste Lebensalter weniger gilt und noch weniger Bedeutung hat – und deshalb entweder verschwiegen wird oder, wie in der Vergangenheit, Züge des Erwachsenen bekommt. Es ist eine andere, zweite Kindheit, wo Jungen und Mädchen deutlich unterschiedene und mit gleicher Würde ausgestattete Personen sind.

Alle diese Bilder der künstlerischen Fantasie, kritisch abgewogen und in ihrem ideologischen Gehalt anerkannt, können doch einige Fragen aufwerfen: Welches Bild des Kindes ist in unseren Alltagsvorstellungen des frühesten Lebensalters enthalten, welches Bild in den aktuellen Psychologien? Was für Ideologien stehen hinter den Versuchen der wissenschaftlichen Forschung über *early childhood* und *infant gender behaviour*. Welche Vorstellungen vom Kleinkind, vom Jungen und Mädchen gleichermaßen, sind der erzieherischen Praxis unterlegt – und fordern entsprechend kritische Analysen auch im Bereich der Wissenschaft und der Erziehung des Kleinkindes heraus?

Literatur

Ariès, P. (1975): Geschichte der Kindheit. München: Hanser.
Beller, E.K. (1992): Pädagogische Reformen in Kinderkrippen im 19. und 20. Jahrhundert. In: Beller, E.K. (Hrsg.): Berlin und Pädagogische Reformen. Brennpunkt der individuellen und historischen Entwicklung. Berlin: Colloquium Verlag.
Bernfeld, S. (1925): Die Psychologie des Säuglings. Wien: Springer.
Canetti, E: (1977): Die gerettete Zunge. Geschichte einer Jugend. München: Hanser.
Carmichael, (L.) (Hrsg.) (1946): Manual of Child Psychology. New York: Wiley.
Darwin, C. (1877): A biographical sketch of an infant. Mind 2, (7), S. 285-294.
De Beauvoir, S. (1958): Mémoires d'une fille rangée. Paris: Gallimard.
De Mause, L. (1977): Hört Ihr die Kinder weinen. Frankfurt/Main: Suhrkamp.
Dolto, F. (1986): Enfances. Paris: Seuil
Enciclopedia (1979): Infanzia. Torino: Einaudi, Bd. VII.
Fénelon, F. de (1908): Über Mädchenerziehung. (L'éducation des filles). (Hrsg. von Richards, C.). Bochum: Kamp.
Freud, S. (1920): Jenseits des Lustprinzips. In: Freud, S. (1965-68): Gesammelte Werke. (Hrsg. von Freud, A.). Frankfurt/Main: S. Fischer-Verlag, Bd. VIII.
Freud (1933): Neue Folge der Vorlesungen zur Einführung in die Psychoanalyse. In: Freud, S. (1965-68): Gesammelte Werke. (Hrsg. von Freud, A.). Frankfurt/Main: S. Fischer-Verlag, Bd. XV.
Fröbel, F. (1913): Die Menschenerziehung. Langensalza: Gressler.
Handke, P: (1981): Kindergeschichte. Frankfurt/Main: Suhrkamp.
Hauhofer, M. (1984): Himmel der nirgendwo endet. Düsseldorf: Claassen.
Hunt, D. (1970): Parents and children in history. The psychology of family life in early modern France. New York: Basic Books.
Klein, M: (1932): Die Psychoanalyse des Kindes. Wien: Internationaler Psychoanalytischer Verlag.
Klein, M. (1948): Contributions to Psychoanalysis, 1921-1945. London: Hogarth Press.
Moser, T. (1979): Grammatik der Gefühle. Mutmaßungen über die ersten Lebensjahre. Frankfurt/Main: Suhrkamp.
Mussen, P.H., Conger, J.J. & Kagan, J. (1956): Child development and personality. New York: Harper and Row.
Pestalozzi, J.H. (1932): X. Brief. In: Wie Gertrud ihre Kinder lehrt. In: Pestalozzi, J.H.: Sämtliche Werke. Berlin: De Gruyter, Bd. XIII, S. 310-311.
Preyer, W. (1882): Die Seele des Kindes. Beobachtungen über die geistige Entwicklung des Menschen. Leipzig: Grieben.
Richter, J.P. (1963): Levana oder Erziehlehre. (Hrsg. von Fischer, F.G.). Paderborn: Schöningh.
Rousseau, J.J. (1975): Émile oder über die Erziehung. (Hrsg. von Schmidts, L.). Paderborn: Schöningh, 3. unveränderte Auflage.
Sarraute, N. (1983): Enfance. Paris: Gallimard.
Schweitzer, A. (1984): Souvenir de mon enfance. Paris: Michel.
Skinner, B.F. (1970): Futurum II. Hamburg: Wegner.
Stern, W. & Stern, C. (1922): Die Kindersprache. Eine psychologische und sprachtheoretische Untersuchung. Leipzig: Barth, 2. Aufl.
Taine, H. (1877): The acquisition of language by children. Mind 2, (7), S. 252-259.
Teysseire, F. (1982): Pédiatrie des lumières. Paris: Vrin.
Trisciuzzi, L. (Hrsg.) (1970): La Scoperta Dell'Infanzia. Firenze: Le Monnier.
Undset, S. (1947): Undici anni. Milano: Jandi Sapi.
Voss, U. (Hrsg.) (1974): Kindheiten: gesammelt aus Lebensgeschichten. Köln: Middelhauve.
Winnicott, D.C. (1977): The Piggle. An account of the analytic treatment of a litte girl. London: Hogarth Press.

Michael Lewis

Entwicklung, Geschichte und andere Probleme des Wandels[1]

1. Einleitung: Können wir Entwicklung voraussagen?

Die Entwicklungsforschung ist im Laufe ihrer Geschichte hauptsächlich von einer organismischen Sicht der Veränderung ausgegangen. Diese Sichtweise berücksichtigt, daß sich Dinge nicht nur verändern, sondern daß es sich um eine gerichtete Veränderung handelt. Das Resultat bzw. die letzte Entwicklungsstufe erreicht einen Zustand, der besser ist als der vorhergehende. Es handelt sich somit um einen unidirektionalen Prozeß der Veränderung. Vielleicht noch wichtiger als diese Sichtweise ist die Annahme, daß Ereignisse aus der Vergangenheit Ereignisse in der Zukunft auf eine bestimmte Weise beeinflussen. Diese Annahme findet große Beachtung, da sich die meisten Theorien über Entwicklung damit beschäftigen, wie und auf welche Weise frühere Ereignisse spätere bestimmen.

Dieses Modell, in dem Entwicklung oft als eine kausal verbundene Kette von Ereignissen gesehen wird, erlaubt es, Ereignisse vorherzusagen. Diese Möglichkeit, über relativ lange Zeiträume hinweg Ereignisse vorauszusagen, hat das Interesse und die Aufmerksamkeit von Psychologen in den letzten 100 Jahren auf sich gezogen. Es waren zunächst Mark Baldwin und später Jean Piaget, die diese organismische Sichtweise von Entwicklung populär machten. Aber Piaget sollte nicht allein die Verantwortung für unsere gegenwärtige Überzeugung tragen. Zweifellos war es vor ihm Freud, der in seiner Theorie der Entwicklung einen ähnlichen Prozeß vorgeschlagen hat, wonach frühere Ereignisse spätere bestimmen und der Veränderungsprozeß auf ein Ziel gerichtet ist, in diesem Fall auf die psychosexuelle Anpassung. Eine solche Sicht von Entwicklung, der jahrelange Forschung folgte, hätte eigentlich genügend Beweise dafür erbringen müssen, daß frühere Ereignisse spätere beeinflussen.

Wenn wir jedoch heute 30 Jahre Forschung reflektieren, finden wir wenig Stützung für dieses Modell. Die meisten – ob eher kurz- oder langfristig ausgelegten – Längsschnittstudien finden keine deutliche Beziehung zwischen früheren und späteren Ereignissen. Die Ergebnisse sind enttäuschend. Auch wenn signifikante Beziehungen zwischen früheren und späteren Ereignissen gefunden werden, sind die Korrelationen und aufgeklärten Varianzanteile oft recht klein. Würde man die Durchschnittsergebnisse einer breiten Anzahl von Studien untersuchen, so wäre eine Korrelation von .30 eine gute Schätzung. Bei einer ausreichend großen Stichprobe wäre ein solches Ergebnis signifikant, aber eine Korrelation von .30 oder .40 entspricht nur einer aufgeklärten Varianz von 10 bis 15 %; 85-90 % des Verhaltens zu einem späteren Zeitpunkt können damit nicht aufgrund des Verhaltens zum früheren Zeitpunkt vorausgesagt werden. Noch enttäuschender ist die Tatsache, daß dieser geringe Zusammenhang mit wachsendem Zeitabstand zwischen den Ereignissen noch zurückgeht, ein Ergebnis, daß so gewöhnlich ist, das es ein Simplex-Muster genannt wird.

Man kann die Beziehung von früheren zu späteren Ereignissen in vielen Bereichen betrachten, z.b. im kognitiven, im sozialen, im emotionalen oder im psychopathologischen Bereich. Die Varianz eines Verhaltens zu einem späteren Zeitpunkt kann nur geringfügig durch Variablen zu einem früheren Zeitpunkt erklärt werden. Dieses allgemeine Ergebnis gilt für die gesamte Lebensspanne. Wenn wir unsere Aufmerksamkeit auf die frühe Kindheit oder das Kleinkindalter lenken, finden wir auch dort nur einen geringen Zusammenhang zwischen früheren und späteren Ereignissen. Wir könnten natürlich behaupten, daß Meßprobleme dafür verantwortlich seien; denn wenn wir Verhalten über die Zeit genau messen könnten, hätten wir vielleicht eine größere Chance, mehr Konsistenz aufzuzeigen. An anderer Stelle (Lewis 1996) habe ich versucht, einige dieser Aspekte anzusprechen, aber die entsprechenden methodologischen Schwierigkeiten und meßtechnischen Probleme sind ihrer Natur nach unlösbar. Obwohl die These, daß frühere Ereignisse spätere beeinflussen, zweifellos eine einflußreiche Idee ist, kann sie nicht durch empirische Belege hinreichend gestützt werden und ist immer in Gefahr, zu nicht zufriedenstellenden Ergebnissen zu führen. Ich bin der Ansicht, daß wir nicht in dem Glauben Zuflucht suchen sollten, daß frühere Ereignisse zwar spätere beeinflussen, daß wir dies aber aus meßtechnischen Gründen nicht beweisen können.

Es scheint klar zu sein, daß aufgrund der bisherigen Ergebnisse im günstigsten Fall gesagt werden kann, daß nur sehr wenige Anhaltspunkte für die Annahme existieren, wonach frühere Ereignisse spätere beeinflussen. Wir haben die Wahl: Entweder glauben wir, daß diese Ergebnisse auf meßtechnischen Mängeln beruhen, oder wir geben diese Idee auf. Ich würde vorschlagen, daß wir diese organismische Sicht von Entwicklung nur als eines von wenigstens zwei Modellen sehen.

2. Kontextualismus

William James beschrieb um die Jahrhundertwende eine neue philosophische Richtung, die als Pragmatismus bekannt wurde (James 1950). In diesem Zusammenhang legte er eine Position dar, die Kontextualismus genannt wird. Mit Bezug auf unsere entwicklungsorientierte Sichtweise behauptet der Kontextualismus, daß wir die Bedeutung einer Sache nur dann verstehen können, wenn wir diese als eingebettet in heutige Ereignisse betrachten. Kontextualismus ist nicht geschichtlich; Ereignisse in der Vergangenheit stehen nicht in Zusammenhang mit heutigen Ereignissen. James kam zu dieser Ansicht, weil es für ihn keinen Erkenntnisweg gab, gemäß dem vergangene Ereignisse mit gegenwärtigen verbunden sein könnten. Das Argument, daß man nicht wissen kann, ob Ereignisse in der Vergangenheit mit gegenwärtigen Ereignissen verbunden sind, ist ein Argument gegen eine geschichtliche Vorstellung. In seinen Ausführungen über die Merkmale des Geistes sagt James (1950, S. 462f.): „Der Geist mag seine Zustände und seine Bedeutungsgehalte zu verschiedenen Zeiten ändern; er mag eine Konzeption fallen lassen und eine andere aufnehmen; aber von der fallengelassenen Konzeption kann man in keiner einsehbaren Weise behaupten, daß sie sich in ihre Nachfolgerin verwandelt hat." Für James treten die Gedanken oder Eigentümlichkeiten des Geistes im Kontext des Augenblicks auf. Wenn sich der Kontext ändert, so verändert sich auch der Gedanke. James' Position kommt unserer Vorstellung von Entwicklung als Veränderung sehr nahe. James' pragmatische Position, in der Kontextualismus eine zentrale Rolle spielt, benötigt weder die Vorstellung von Fortschritt noch die Idee einer linearen kausalen Beziehung, wonach frühere Ereignisse mit einer gewissen Wahrscheinlichkeit spätere Ereignisse verursachen. James' Position kann im Hinblick auf Fortschritt und kausale Beziehungen zwischen Ereignisabfolgen am ehesten als ein Glaube betrachtet werden, wonach Geschichte einfach eine Sammlung von Fakten ist, die nicht notwendigerweise zusammenhängen müssen. Eine solche Sicht stellt auch die Idee in Frage, daß es eine Ordnung oder Sequenz als objektive Realität gibt; das heißt, daß es etwas unabhängig von uns gibt, auf das wir uns zu bewegen.

In gewisser Weise können wir hier sehen, wie verschiedenartig diese Sichtweise von der Baldwins und Piagets ist. Besonders Piaget dachte sich Entwicklung nicht nur als eine Abfolge kausal verbundener Veränderungen (und damit Entwicklung als eine geschichtliche Thematik), sondern als eine Abfolge, deren Reihenfolge festgelegt ist. Das Kind gelangt zu dieser Ordnung durch basale Prozesse, die im Erbgut angelegt sind. Somit sind die Abfolge des Erwerbs und das Wesen der Intelligenz vorgegebene, vom Kind selbst unabhängige Eigentümlichkeiten, auch wenn die Umwelt erforderlich ist, damit das Kind Intelligenz erwerben kann.

Weil James die geschichtliche Perspektive nicht akzeptierte, glaubte er auch nicht an einen Endzustand oder ein endgültiges Niveau im Entwicklungsprozeß. Er hatte ein Interesse am Selbst und stellte sich das Selbst als ein aktiv konstruierendes Agens vor. Deshalb schlug er eine Art teleologischer Theorie des Geistes vor. Seiner Meinung nach verleiht der Geist unserer Existenz Substanz und wird durch unsere Absichten bestimmt. Unsere Ziele, Träume und Wünsche erzeugen Geist, und umgekehrt erzeugt unser Geist diese Ziele, Wünsche und Träume. Für James würde eine Entwicklungstheorie also folgende wichtige Merkmale haben:

1) Ein aktives Selbst, eines, das fähig ist zu denken, zu planen, Ziele und Wünsche zu haben.
2) Diese Ziele und Wünsche sind am besten innerhalb eines im Hier und Jetzt angesiedelten Bedeutungssystems zu verstehen; damit liegt die Betonung auf dem Kontext.
3) Frühere Ereignisse bestimmen nicht notwendigerweise spätere Ereignisse; es gibt also keine Notwendigkeit, Entwicklung als einen unidirektionalen, gebundenen Prozeß zu sehen.
4) Es ist nicht notwendig, Fortschritt als ein grundlegendes Merkmal des Entwicklungsprozesses zu postulieren. Mit anderen Worten, es gibt keinen Endpunkt im Entwicklungsprozeß, keinen Endzustand, der zu erreichen ist. Die Idee des Fortschritts ist somit unnötig.

Diese Jamesianische Sicht, die vor fast hundert Jahren formuliert wurde, wird in späteren Denkansätzen wieder aufgegriffen. Neuere Sichtweisen nehmen die Idee auf, daß die Menschen ein Selbst haben, das eine zentrale Rolle in ihrem Leben und in ihrer Entwicklung spielt. Diese Sicht verwandelt die Vorstellung, daß vergangene Ereignisse auf heutige Ereignisse einwirken, in die Vorstellung, daß die Gegenwart die Vergangenheit rekonstruiert. Diese Idee beruht auf Anti-Historizismus. Es ist die Idee, daß unsere Geschichte nicht real, sondern eine Konstruktion ist. In der Konstruktion braucht nicht viel von dem, was zur Konstruktion führte, enthalten zu sein. Noch wichtiger ist der Gedanke, daß es unmöglich ist, überhaupt zu bestimmen, wie der tatsächliche Vorgang in der Vergangenheit ausgesehen hat.

Vergegenwärtigen wir uns, daß dieses anti-geschichtliche Argument eine Parallele in unserer veränderten Vorstellung von Gedächtnis hat. Bis vor kurzem haben wir Gedächtnis als eine Fotografie, eine genaue Repräsentation betrachtet, die jedes Detail des Geschehens festhält. Solch eine Sichtweise des Gedächtnisses – als Fotografie – unterstützt die Idee, daß Geschichte wie eine reale Sache auch festgehalten werden kann. Eine neuere Sichtweise von Gedächtnis legt jedoch nahe, daß es eher eine Rekonstruktion als eine Fotografie ist. Diese Konstruktion kann eine starke Nähe zu dem aufweisen, was geschah, muß es aber nicht. Darüber hinaus kann die konstruierte Erinnerung selbst, über die Zeit hinweg, komplizierten Veränderungen und Transformationen unterliegen. Insofern ist es möglich, daß die gegenwärtige Erinnerung an ein Ereignis keinerlei Ähnlichkeit mit dem tatsächlichen Ereignis hat. Das Argument, daß wir, im Gegensatz zu unseren Erinnerungen an die Vergangenheit, irgendwie bestimmen können, was wirklich geschah, entspricht dem historizistischen Argument, daß es da tatsächlich etwas in der Vergangenheit gibt, das gemessen werden kann und das bestimmt, was in der Zukunft geschieht. Der Kontrast zwischen der Erinnerung als Fotografie und der als Konstruktion ist parallel zu dem Kontrast zwischen Historizismus und Kontextualismus zu sehen. Wenn wir das Modell der Erinnerung als Fotografie ablehnen, dann müssen wir das Gleiche für den Historizismus tun!

Schauen Sie von dem auf, was Sie gerade lesen, und sehen Sie sich im Raum um. Sie sehen viele Dinge, wenn Sie den Raum betrachten. An was werden Sie sich erinnern können? Von dem Standpunkt ausgehend, daß die Erinnerung eine Fotografie ist, würden manche denken, daß Sie sich an alles erinnern könnten, was Sie gesehen haben. Auf der anderen Seite scheint es aber klar zu sein, daß alles, was wir wahrnehmen und woran wir uns erinnern können, auf unseren Bedürfnissen beruht, entweder antizipierten zukünftigen Bedürfnissen oder gegenwärtigen Bedürfnissen. Mit anderen Worten bedeutet das, daß das Gedächtnis kontextuell und pragmatisch ist. Dies ist in der Tat die Position, die James vertrat, daß Gedächtnis oder Geschichte mit den Zielen und Wünschen zu tun haben, die man zum Zeitpunkt des Erinnerns hat. Der Zeitpunkt des Erinnerns kann dabei sowohl der Zeitpunkt sein, an dem man das Ereignis zuerst erfährt, als auch jeder Zeitpunkt in der Zukunft, an dem man sich an dieses Ereignis erinnert. Wenn somit Erinnerung von dem Sinngehalt abhängt, den man zu einem bestimmten Zeitpunkt benötigt, dann müßte sich die Erinnerung, abhängig vom Kontext des Zeitpunktes, verändern. In diesem Sinne ist die von James vorgeschlagene Teleologie des Geistes schlüssig, nämlich daß der Geist, in diesem Fall die Erinnerungen, um Bedürfnisse konstruiert sind und diese wiederum Funktionen unseres Geistes sind. Diese kontextuelle Weltsicht von James wurde von Pepper mit einem „absoluten Idealismus ohne ein Absolutes" verglichen (Pepper 1942, S. 147).

Eine kontextuelle Weltsicht hat eine Veränderung des Zeitbegriffs zur Folge. Nach James ist Ordnung nicht der Natur inhärent, sondern wird durch uns erzeugt, um die Welt nach den Prinzipien von Wissenschaft und Logik zu verstehen. Pepper nimmt diesen Punkt auf, indem er sagt: „Für den Kontextualisten ist die Dimension 'Zeit' der mechanistischen Theorien ein konzeptuelles Schema, nützlich um Ereignisse zu kontrollieren und zu ordnen, aber nicht kategorial oder in diesem Sinne real" (Pepper 1942, S. 240). Die Idee, daß sich Zeit verändert, paßt zu Erkenntnissen aus der Physik und eröffnet uns große Möglichkeiten, Gedächtnis und Entwicklung zu verstehen.

Die neue Sichtweise von Entwicklung bedeutet im Hinblick auf Geschichte dann nicht mehr, daß Vergangenes in die Gegenwart hinein wirkt, sondern daß in der Gegenwart Vergangenes rekonstruiert wird. Indem wir Geschichte nicht als etwas betrachten, das sich tatsächlich in der Vergangenheit ereignet hat, sondern als eine Konstruktion dessen, was wir glauben, das sich ereignet hat, lassen wir die Möglichkeit zu, daß unsere *tatsächliche* Geschichte relativ wenig Einfluß auf unsere Entwicklung hat. Gegenwärtiges Verhalten ist vielmehr von dem beeinflußt, was wir für unsere Geschichte halten. Menschliche Wesen haben die Fähigkeit, die Vergangenheit im Lichte der Gegenwart zu verändern.

Wie wir sehen können, stimmt die Sichtweise einer rückwärtigen Konstruktion von Realität nicht mit unserem gegenwärtigen Verständnis von Entwicklung als eines unidirektional verlaufenden Prozesses von früheren auf spätere Ereignisse überein. Zu dieser Sichtweise gehört ein aktiver Geist, ein Ich mit Gefühlen, Gedanken und Erinnerungen, die wichtige Bestimmungsstücke des Lebensweges sind. Es ist keine mechanistische Sichtweise, bei der Ereignisse auf unidirektionale Weise Menschen beeinflussen, sondern eine Sichtweise, bei der Menschen ihr eigenes Leben hervorbringen und in ihm handeln, indem sie ihre Erinnerungen mit einbeziehen und ihre Zukunft durch Ziele, Wünsche und Bedürfnisse, die sie in der Gegenwart haben, gestalten. Wie Jerome Bruner angedeutet hat, konstruieren wir eine Geschichte nicht nur, um unsere Vergangenheit zu erklären, sondern um zu erklären, wer wir jetzt sind. In dieser Geschichte gibt es Teile kleinerer Geschichten oder Ereignisse, die wir selektiv aus einem größeren Bestand von Ereignissen ausgewählt haben, um die gewünschte Geschichte oder Erzählung zu kreieren. Die Ereignisse können dabei historisch korrekt bzw. nicht korrekt sein. Die Erzählung erklärt uns selbst, wie wir sind, wie wir sein möchten oder wie wir in Zukunft sein wollen. „Es ist ein Bericht von einem Erzähler im Hier und Jetzt über einen Protagonisten mit gleichem Namen, der im Dort und Damals existierte" (Bruner 1990, S. 21).

3. Das ist Ihr Leben

Während ich mit diesem Problem beschäftigt war, begann ich darüber nachzudenken, wie solch eine These über Entwicklung und Geschichte überprüft werden könnte. Dabei hatte ich einen Einfall, den man 'Das-ist-Ihr-Leben-Experiment' nennen könnte. Wie die Fernsehsendung gleichen Namens, würde ich eine Person auswählen und dann viele wichtige Personen aus ihrer Vergangenheit ausfindig machen. Ohne Wissen der Person würde ich alle dazu bringen zu sagen, daß sich diese Person früher in ihrem Leben in einer bestimmten Weise verhalten hat, auch wenn dies nicht der Realität entspricht. Zum Beispiel würde jeder versuchen, diese Person davon zu überzeugen, daß sie ein sehr lustiges Kind gewesen sei und gerne Witze erzählt hätte. Angenommen, die Person würde diese erfundene Geschichte als wahr akzeptieren, dann würde sich die Frage stellen, ob ihr zukünftiges Verhalten durch diese Vorstellung über die Vergangenheit beeinflußt würde. Mit anderen Worten, würde sie mehr Witze erzählen oder mehr über die Witze anderer lachen, wenn sie glaubte, daß die Geschichten über ihre Vergangenheit wahr sind? Wenn ja, dann hätten wir einen Beweis dafür, daß die erfundene Geschichte, im Gegensatz zur Realität der Vergangenheit, die Zukunft stärker beeinflußt. Solch ein Beweis würde die Idee unterstützen, daß das, was tatsächlich geschah, nicht so relevant ist wie das, was als geschehen angenommen wurde. Natürlich habe ich diese Studie nicht ausgeführt.

Aber die Arbeit anderer in bezug auf das persönliche Gedächtnis und die Rolle der persönlichen Geschichte ist fast am gleichen Punkt angelangt. Ich war besonders bewegt von der Autobiographie des Psychologen Lloyd Morgan und über sein Interesse am Gedächtnis. Er schrieb zum Beispiel, daß „jeder autobiographische Entwurf ... die Geschichte eines Selbst in der Vergangenheit ist, gelesen im Lichte des jeweiligen Selbst in der Gegenwart. Es gibt viel an ergänzenden Folgerungen – oft falsche Folgerungen –, in welchen ein 'Es muß so gewesen sein' in ein 'Es war so' verkleidet wird" (Morgan 1961, S. 237f.).

Vor kurzem hat Michael Ross einen Überblick über die Mechanismen gegeben, denen Beziehungen der persönlichen Geschichte unterliegen (Ross 1989). Er geht von der These aus, daß Menschen bei der Konstruktion ihrer Geschichte zunächst von ihrem gegenwärtigen Status ausgehen; sie fragen sich, wie sie jetzt sind, und benutzen diese Information dazu, um die Vergangenheit zu bestimmen. Menschen tun dies, weil „die Gegenwart allgemein hervorstechender und verfügbarer ist als der frühere Status einer Person" (Ross 1989, S. 342). Der nächste Schritt in diesem Prozeß der Rekonstruktion ist die Festlegung, wie stabil das gegenwärtige Selbst ist. Dabei wird die Aufmerksamkeit, die der Mensch seinem gegenwärtigen Selbst widmet, durch die Bedeutung gerechtfertigt, die es für den Menschen hat.

Die in solch eine Theorie eingebetteten Ideen haben viel mit zwei Thesen gemeinsam, die ich hier diskutiert habe:
1) Das Gedächtnis oder die Erinnerung sind Konstrukte unseres Lebens, die real bzw. nicht real sein können; das heißt, sie mögen oder mögen auch nicht das widerspiegeln, was tatsächlich geschehen ist, falls wir letzteres messen könnten.
2) Konstruktionen über Vergangenes stehen in Beziehung zu unserer Gegenwart.

Solche Überlegungen werden durch verschiedene Studien unterstützt. In einer Untersuchung wurde den Untersuchungsteilnehmern ein Video von einem medizinischen Experten vorgespielt, der darin berichtete, daß starke körperliche Betätigung, wie Joggen, eher schädlich als nützlich sei. Etwa eine Woche vor dieser Vorführung wurden die Teilnehmer gebeten, den Umfang ihrer körperlichen Betätigung aufzuschreiben. Nachdem sie die falsche Information erhalten hatten, wurden sie gefragt, wieviel Sport sie treiben, besonders wie oft sie joggen würden. Die Berichte der Teilnehmer über den Umfang der sportlichen Betätigung stimmten nicht mit ihren Notizen überein. Teilnehmer, die die negative Information erhalten hatten, änderten ihre Erinnerung über ihre sportliche Betätigung in der Weise, daß sie über weniger Betätigung berichteten, als ihre Aufzeichnungen besagten.

Für eine andere Studie gewannen Ross und seine Mitarbeiter die Unterstützung von Studenten. Dieses Mal hatte die negative Information mit dem Zähneputzen zu tun. Teilnehmer, die ihre Einstellung zum Zähneputzen aufgrund der negativen Nachricht geändert hatten, putzten in ihrer Erinnerung ihre Zähne seltener als Teilnehmer, deren Einstellung sich durch die Information nicht geändert hatte. Wie Ross ausführt, „gibt es offensichtlich eine Analogie zwischen solchen Ergebnissen und der Neuschreibung von Geschichte, die in (politischen) Regimen auftritt, um vergangene Ereignisse mit gegenwärtigen Sichtweisen kompatibler zu machen" (Ross 1989, S. 346). Diese Labormanipulationen mögen uns unwirklich erscheinen. Wir können uns aber auch auf natürlich auftretende Situations- und Verhaltensänderungen beziehen. Dabei ist eine Studie von besonderem Interesse, die an der University of Michigan in der Zeit von 1952 bis 1972 von Reiter (1980) durchgeführt wurde. In dieser Studie wurde die Erinnerung von Afroamerikanern und Juden darüber erhoben, welche Partei sie in den Wahljahren 1920, 1924, 1929 und 1932 gewählt hatten. Wie bekannt, waren die meisten Afroamerikaner und Juden in dieser Zeit Republikaner, weil es die Partei Lincolns war, und sie wurden keine Demokraten bis zu Roosevelt und dem New Deal 1930. Indem man ihre Parteibindung dreißig Jahre zuvor erfragte, wollte man herausfinden, ob ihre gegenwärtige Parteibindung die Aussagen über ihre frühere Bindung beeinflußte. Die große Mehrheit der befragten Afroamerikaner und Juden gab an, Mitglieder der Demokratischen Partei gewesen zu sein, d.h. sie gingen bei ihren Erinnerungen davon aus, daß ihre frühere Parteibindung der heutigen entsprochen haben muß.

Studien über den Mißbrauch von Drogen finden die gleiche Art der Beeinflussung. High-school-Schüler wurden gebeten, ihren Gebrauch von Tabak, Marijuhana und Alkohol in den letzten zweieinhalb Jahren anzugeben. Die Daten ergaben wiederum, daß der gegenwärtige Status ihre Berichte über das frühere Verhalten verfälschte. Die Teilnehmer, die jetzt eine Droge nahmen, berichteten, daß sie diese Droge zweieinhalb Jahre zuvor auch genommen hätten, selbst wenn dies nicht den Tatsachen entsprach, während Teilnehmer, die berichteten, daß sie jetzt keine Drogen nähmen, eher aussagten, daß sie auch zuvor keine genommen hätten (Collins, Graham, Hansen & Johnson 1985).

Ross (1989) berichtet von einer höchst interessanten Studie über Menstruationsbeschwerden. Die Studie legt nahe, daß manche Frauen unbeabsichtigt ihre Erinnerungen so verändern, daß sie ihre Theorie über extreme Menstruationsbeschwerden unterstützen. Das heißt natürlich nicht, daß diese Frauen keine Menstruationsbeschwerden hätten, im Gegenteil. Dennoch stellte sich heraus, daß die Erinnerungen der Teilnehmerinnen, die zuvor gebeten woren waren, Tagebuch über ihre Menstruationsbeschwerden zu führen, von ihren gegenwärtigen Menstruationsbeschwerden beeinflußt waren. Die Erinnerung an schwere menstruelle Symptome war stark vom gegenwärtigen affektiven und physiologischen Zustand der Frauen beeinflußt. Ross' Daten implizieren auch, daß eine verzerrte Erinnerung dazu beitragen kann, daß übertriebene Annahmen über den Einfluß der Menstruation beibehalten werden. Wenn dies zutrifft, dann haben wir in der Tat ein Maß dafür, wie sich James die Funktion des Geistes vorgestellt hat; der Geist bzw. das Gedächtnis dient dazu, unserer Existenz, die durch unsere Ziele bestimmt wird, Substanz zu verleihen. Mit anderen Worten bedeutet das, daß unser Glaube über unseren gegenwärtigen Zustand unseren gegenwärtigen Glauben über die Vergangenheit beeinflußt, und umgekehrt, daß un-

ser Glaube über die Vergangenheit der Gegenwart Bedeutung verleiht.
Solche Studien aus der Sozialpsychologie sind beeindruckend und unterstützen unsere Annahme, daß unser gegenwärtiger Glaube und Status unsere Erinnerungen über Ereignisse in der Vergangenheit beeinflußt und daß es wenig Übereinstimmung zwischen dem tatsächlichen Ereignis und der Erinnerung daran gibt. Besonders relevant für unsere Vorstellung von Entwicklung ist eine Untersuchung, die von Yarrow, Campell & Burton (1970) durchgeführt wurde, in der sie die Erinnerungen der Mutter und die des Kindes an ihre frühere Beziehung untersuchten. In dieser Studie sammelten sie sogenannte Basisdaten, die erhoben worden waren, als die Kinder noch klein waren, und die aus Beobachtungen, Tests, Beurteilungen und Berichten zur Mutter-Kind-Beziehung bestanden. Yarrow und ihre Mitarbeiter fanden heraus, daß es zwischen den späteren Erinnerungen der Kinder an die Beziehung zur Mutter und ihrer tatsächlichen damaligen Beziehung wenig allgemeine Übereinstimmung gab. Die mütterliche Erinnerung an die frühere Beziehung war nicht besser. Wichtig aber war der Umstand, daß die mütterliche und kindliche Erinnerung an ihre frühere Beziehung von der gegenwärtigen Beziehung zwischen Mutter und Kind abhing. Die Autoren stellen im Hinblick auf die Mutter fest: „Mütter, die angenehme und belohnende Erfahrungen beim Großziehen ihrer Kinder hatten, Mütter, die feindselige Gefühle zu ihren Kindern hatten, und Mütter, die besonders stressreiche Lebenssituationen hatten, mögen nicht gleichermaßen fähig sein, über ihr eigenes Erziehungsverhalten oder das Verhalten ihrer Kinder zu berichten" (Yarrow, Campell & Burton 1970, S. 41). Das Ausmaß von Wärme oder emotionaler Distanz in der *gegenwärtigen* Beziehung verschob die *Erinnerung* an die Vergangenheit in Richtung des gegenwärtigen Status. „Gruppen, in denen die gegenwärtigen Beziehungen als 'kühl' beurteilt wurden, tendierten in der Erinnerung dazu, die früheren Beziehungen in eine unvorteilhafte Richtung zu verschieben; und Gruppen, in denen die Beziehungen als 'warm' beurteilt wurden, tendierten in ihrer Erinnerung dazu, die Glückseligkeit früherer Zeiten zu verstärken" (Yarrow, Campell & Burton 1970, S. 48). Die Erinnerungen der Mütter an die Persönlichkeit der Kinder im Vorschulalter waren so strukturiert, daß sie mit der Wahrnehmung der gegenwärtigen Persönlichkeit des Kindes übereinstimmten. Wenn z.B. die Kinder jetzt als schüchtern bezeichnet wurden, tendierten die Mütter dazu, sich an sie – im Gegensatz zu den tatsächlichen gesammelten Daten – als schüchterne Kinder zu erinnern. Wenn andererseits Kinder jetzt als kontaktfreudig beschrieben wurden, wurden sie in der Erinnerung auch früher als kontaktfreudig beurteilt. Dies trat nicht nur bei den Dimensionen Schüchternheit und Kontaktfreude auf, sondern auch bei den Dimensionen 'kindliche Reaktion auf Autorität' und 'Unabhängigkeit'. Das Gleiche traf für die Kinder zu. Wenn sie sich jetzt als schüchtern beurteilten, waren sie auch der Ansicht, daß sie früher schüchtern waren.

Solche Ergebnisse unterstützen unsere Annahme dahingehend, daß das Gedächtnis von gegenwärtigen Umständen beeinflußt wird.

4. Erinnerungen an die Vergangenheit

Diese Ergebnisse beinhalten wichtige Implikationen für Längsschnittstudien. In solchen Studien sammeln wir Daten aus der Vergangenheit und versuchen, diese mit etwas in der Zukunft zu verknüpfen. Die Kohärenz zwischen Vergangenheit, Gegenwart und Zukunft ist oft minimal. Ein Grund dafür ist vielleicht, daß vergangene Ereignisse für die Vorhersage der Zukunft weniger wichtig sind als unsere *Vorstellungen* über vergangene Ereignisse. Wenn dies der Fall wäre, dann wäre es wichtig, nicht nur zu untersuchen, was in der Vergangenheit geschah, sondern auch, was die Leute in der Gegenwart über die Vergangenheit denken. Wenn wir glauben, daß gutes Verhalten der Mutter die spätere Entwicklung des Kindes beeinflußt, und wir dazu Daten über das mütterliche Verhalten dem Kind gegenüber in der Vergangenheit erheben, können wir nicht vorherzusagen, ob gute Elternschaft in der Vergangenheit künftiges Verhalten beeinflußt, solange wir nicht wissen, was die Kinder über ihre vergangenen Erfahrungen denken.

In dem Versuch, die Beziehung zwischen der frühen Interaktion des Kindes mit seinen Eltern und seiner späteren Entwicklung zu verstehen, warf John Bowlby die faszinierende Möglichkeit auf, daß ein Kind ein *working model* oder eine Erinnerung an die Beziehung zu seiner Mutter in sich trägt (Bowlby 1980; vgl. auch Bretherton 1990). Er glaubte, daß dieses *working model* der Beziehung mit dem korrespondieren müßte, was in der Vergangenheit geschehen ist, aber auch, daß es durch spätere Erfahrungen verändert werden kann. Wir können hier sehen, daß die Vorstellung eines *working models* viel gemeinsam hat mit der neuen Sicht über die Funktion von Erinnerung. Es sollten für 'working-model-Erinnerungen' die gleichen Regeln gelten wie für alle Erinnerungen, über die wir gesprochen haben.

Eine Mutter, die ein *working model* einer sicheren Bindung an ihre eigene Mutter hat, verhält sich voraussichtlich auf solche Weise, daß sie eine sichere Bindung mit ihrem eigenen Kind entwickelt. Unbekannt bleibt, ob das *working model* der Mutter hinsichtlich ihrer Bindungsbeziehung zu ihrer Mutter irgendeine Ähnlichkeit mit der tatsächlichen Beziehung hat. Auf der anderen Seite kann es gut sein, daß die frühere Beziehung der Mutter zu ihrer eigenen Mutter die Basis ihres *working models* ist und damit ein früheres Ereignis ihr jetziges Verhalten ihrem Kind gegenüber beeinflußt. Auf der anderen Seite ist es möglich, daß die *working models* Erwachsener keine Ähnlichkeit mit den tatsächlichen Beziehungen zu ihren Müttern haben. Wenn dies der Fall wäre, dann hätten wir ein Beispiel dafür, daß unsere Erinnerungen an Ereignisse aus der Vergangenheit das heutige Verhalten beeinflussen, unabhängig davon, was tatsächlich geschehen ist. Wenn wir das berücksichtigen, was wir über Gedächtnis und Erinnerung wissen, ist es unwahrscheinlich, daß die Erinnerung an frühere Ereignisse stark mit dem übereinstimmt, was tatsächlich geschehen ist.

Um diese Frage nach der Beziehung zwischen der Erinnerung, dem tatsächlichen Geschehen und dem gegenwärtigen Zustand zu untersuchen, analysierte ich Daten aus einer Längsschnittstudie über Kinder von ihrer frühen Kindheit bis zum Alter von dreizehn Jahren. Ich wollte feststellen, ob die Erinnerungen der Teenager an ihre frühe Kindheit irgendeine Ähnlichkeit mit ihrer gegenwärtigen Kindheit hatten. Dementsprechend wurden Daten über ihr gegenwärtiges und vergangenes Leben gesammelt, um festzustellen, ob der gegenwärtige Status die Erinnerungen der Teenager beeinflußt. Besonders interessiert war ich an den Erinnerungen der Teenager an ihr frühes Familienleben, weil ich dadurch Informationen darüber erhielt, wie ihre frühe Kindheit für sie ausgesehen hatte. Diese Informationen verglich ich mit den Beobachtungen, die ich dreizehn Jahre zuvor gemacht hatte. Damit wollte ich herausfinden, ob die Erinnerungen der Teenager eine Ähnlichkeit mit den in ihrer Kindheit beobachteten Situationen hatten oder ob ihr gegenwärtiger Status diese Erinnerungen beeinflußte. Zusätzlich wollte ich herausfinden, ob das, was in ihrer frühen Kindheit geschehen war, ihren gegenwärtigen Status beeinflußte. Ich nahm, als ein Maß für die frühkindliche Situation, die Eltern-Kind-Bindung, die in unserem Labor gemessen worden war, als die Kinder ein Jahr alt waren. Ich wählte das Bindungsverhalten als Repräsentant der früheren sozial-emotionalen Beziehung zwischen Kind und Mutter, da es in diesem Bereich zahlreiche Studien gibt, die die Bedeutung des Bindungsverhaltens als Indikator für frühkindliche Anpassung belegen. Einhundert Kinder nahmen im Alter von einem Jahr und von dreizehn Jahren an der Untersuchung teil. Nachdem ich den Teenagern einen Dreißig-Sekunden-Clip gezeigt hatte, bei dem sie als Kleinkinder zusammen mit ihren Müttern im Labor beim Spiel zu sehen waren, interviewte ich sie und bat sie, ihre frühe Kindheit zu beschreiben. Daraus erhielt ich das Maß, das etwas über ihre Erinnerungen aussagt. Leider reden Dreizehnjährige nicht sehr viel, besonders nicht Erwachsenen gegenüber; aber dennoch konnte ich aus ihren Antworten fünf Kategorien bilden: sehr positive Erinnerung an ihre Kindheit, positive Erinnerung, eine gemischte Erinnerung mit positiven und negativen Aussagen, eine negative Erinnerung ohne positive Aussagen und schließlich eine 'Weiß-nicht-oder-kann-mich-nicht-erinnern-Kategorie'. Um ein Bild von ihrem gegenwärtigen Leben zu gewinnen, bat ich sie und ihre Lehrer, eine allgemein übliche 'Anpassungsskala' auszufüllen, die die emotionale Anpassung der Teenager mißt. Damit hatte ich drei Maße: die Bindungsbeziehung der einjährigen Kinder zu ihren Müttern, die Erinnerung der Teenager, als sie dreizehn waren, und ein Maß ihrer gegenwärtigen Anpassung, welches mit Hilfe der Informationen von ihren Lehrern und ihnen selbst gebildet wurde.

Die Ergebnisse waren recht einfach. Erstens, die Erinnerungen der Teenager an ihre frühe Kindheit hatten absolut keine Ähnlichkeit mit der tatsächlichen Situation in ihrer Kindheit. Das galt sowohl für die Gesamtgruppe der Kinder als auch für die Kinder, die entweder über ihre frühe Kindheit sehr positiv oder sehr negativ berichtet hatten. Man könnte meinen, daß Kinder, die ihre frühe Kindheit sehr negativ beschreiben, auch eine negative Kindheit gehabt haben. Die Ergebnisse bestätigen diese Annahme jedoch nicht.

Zweitens stand die gegenwärtige emotionale Anpassung der Teenager, gleichgültig ob nach den Angaben der Lehrer oder nach dem Eigenbericht, in keiner Beziehung zu ihrer frühkindlichen Situation. Dies unterstützt unser allgemeines Ergebnis von einer Diskontinuität. Frühere Ereignisse, dies bezieht sich zumindest auf die frühe Bindungsbeziehung, beeinflussen nicht die spätere Anpassung. Ich fand, daß etwa 20 % der Teenager in gewissen Hinsichten leicht psychopathologisch waren. Somit gab es, wie in vielen anderen Untersuchungen mit Teenagern auch, Hinweise für eine geringe Anpassung; aber diese Anpassung hing nicht mit ihren frühen Bindungsbeziehungen mit ihren Müttern zusammen. Mit anderen Worten, man konnte von der Bedeutung, die die Bindungsbeziehung für ein einjähriges Kind hatte, nicht ableiten, welche Bedeutung sie für den Teenager haben würde, weder hinsichtlich seiner Erinnerungen an diese Beziehung noch hinsichtlich seiner gegenwärtigen Anpassung. Wenn wir die Berichte der Teenager über ihre Kindheit als *working model* ihrer Bindung betrachten, wären wir zu dem Schluß gezwungen, daß ihre Erinnerungen keine Ähnlichkeit mit ihrer tatsächlichen Bindungsbeziehung haben. Wenn die Bindungsklassifikation, ein häufig erwähntes Merkmal für die frühkindliche Anpassung, keine Beziehung zum Teenagerverhalten hat, sollte die Möglichkeit bezweifelt werden, daß frühere Ereignisse spätere beeinflussen!

Drittens, was ich jedoch fand, war eine Beziehung zwischen der gegenwärtigen Lebensanpassung und der Erinnerung an die Vergangenheit. Teenager, die jetzt positive und gesunde Anpassungsmuster hatten, hatten positive Erinnerungen an ihre Vergangenheit, während Teenager, die negative und fehlangepaßte Anpassungsmuster aufwiesen, negative Erinnerungen hatten. Darüber hinaus ließen sich keinerlei komplexe Effekte identifizieren, wonach etwa die Vergangenheit die gegenwärtige Lebensanpassung beeinflußt und diese umgekehrt die Art der Erinnerungen an die Vergangenheit bewirkt.

Solche Ergebnisse unterstützen weder die Vorstellung eines prädiktiven, noch die eines unidirektionalen Entwicklungsprozesses. Das, was diese Studie zusammen mit der von Yarrow et al. und ähnlichen anderen jedoch nahelegt, ist, daß der gegenwärtige Status unsere Erinnerung an die Vergangenheit beeinflußt. Dies sollte nicht überraschen. Die Kinder in meiner Studie unterscheiden sich nicht von den Erwachsenen in älteren Studien, die sich auf die gleiche Weise verhielten: Erinnerungen an die Vergangenheit werden durch den gegenwärtigen Status und Glauben beeinflußt und bestimmt.

Diese Ergebnisse sind in keiner Weise problematisch für die Untersuchung von Kindheitserinnerungen. Es gibt keinen Grund dafür anzunehmen, daß jede Erinnerung genau mit dem tatsächlichen Ereignis übereinstimmt. Erinnerungen sind Bestandteile des Prozesses, der in allen Repräsentationen enthalten ist. Dies schließt alle Verzerrungen mit ein, die stattfinden, wenn die anfängliche Erinnerung gebildet und durch spätere Ereignisse beeinflußt wird. Einige neuere Forschungen, die sich mit den Lernprozessen und dem Erinnerungsvermögen beschäftigen, zeigen tendenziell auf, wie Kinder Vergangenheit und neue Erfahrungen integrieren und wie Erinnerungen verändert werden. Diese Arbeiten zeigen, daß das Gedächtnis nicht statisch ist und sehr wohl von nachfolgenden Ereignissen beeinflußt werden kann (Rovee-Collie, Early & Stafford 1989).

Diese Studien enthalten Anhaltspunkte dafür, daß die gegenwärtige Erfahrung einer schon existierenden Erinnerung hinzugefügt und in sie eingebettet werden kann. Wir können die Auswirkungen dieses Prozesses in alltäglichen Erfahrungen sehen. Ein Kind erinnert sich daran, wie es, als es noch sehr klein war, zum Strand ging und von einer Welle erfaßt wurde. Als seine Eltern über den Strand sprechen, erwähnen sie, daß das Kind einen roten Badeanzug trug. Das Kind 'erinnert' sich danach daran, daß es in einem roten Badeanzug zum Strand ging und von einer Welle erfaßt wurde. Wie sich herausstellt, trug das Kind keinen roten Badeanzug, aber das spielt keine Rolle; denn die Aussage der Eltern ist in das Erinnerungsschema des Kindes eingebaut worden. Erinnerungen sind offen für Modifikationen durch nachfolgende Ereignisse. Menschliche Erinnerungen sind fähig zu systematischen und gesetzmäßigen Veränderungen, die ein Teil nachfolgender Erfahrungen sind. Heute wissen wir, daß dies bei so einschneidenden Ereignissen wie sexuellem Mißbrauch und anderen bedeutsamen emotionalen Ereignissen zutrifft (Goodman & Clarke-Stewart 1991).

Diese Ergebnisse legen nahe, daß sowohl im alltäglichen Leben als auch im Labor Veränderungen im Gedächtnis stattfinden und daß diese Veränderungen abhängig sind von den Bedingungen, die nach dem Ereignis herrschen. Somit kehren wir in einem gewissen Sinn zurück zu dem Kontexargument von William James, daß das Gedächtnis, wie alle anderen Prozesse des menschlichen Geistes, dazu dient, der Welt, wie sie ist, und dem Selbst Bedeutung zu verleihen. Die Bedeutung hängt von der Nützlichkeit im Hier und Jetzt oder der angenommenen Nützlichkeit für die Zukunft ab.

Wir können die Bindungsdaten für eine allgemeine Sichtweise von Entwicklung verwenden. Erstens wissen wir, daß die Bindungs-*working models* Erwachsener, das heißt ihre konstruierten Erinnerungen über die Vergangenheit, sich in ihrem gegenwärtigen Verhalten ihren eigenen Kindern gegenüber widerspiegeln. Eine Frau, die ein sicheres Bindungs-*working-model* von ihrer Beziehung zu ihrer Mutter in Erinnerung hat, wird eher eine sichere Bindungsbeziehung mit ihrem eigenen Kind entwickeln. Zweitens haben wir jetzt Anhaltspunkte dafür, daß dieses *working model* wenig Ähnlichkeit mit den tatsächlichen Ereignissen in der Kindheit hat. Es ist in der Realität eher mit dem gegenwärtigen Status der Person verbunden. Wenn wir diese beiden Informationen verbinden, so können wir sehen, daß die Ereignisse aus der frühen Kindheit kaum etwas mit den Vorstellungen gemeinsam haben, die Menschen über ihre Beziehung zu ihren Eltern haben, und daß Ereignisse, die früher geschehen sind, nicht das gegenwärtige Verhalten der Menschen ihren eigenen Kindern gegenüber beeinflussen. Wenn dies zutrifft, dann muß die Idee, daß Entwicklung eine geschichtliche Realität ist, in Frage gestellt werden. Allgemein gesprochen heißt das, wenn Vergangenes wenig Bedeutung für die Zukunft hat und wenn Erinnerungen auf dem gegenwärtigen Zustand basieren, dann kann die Vorstellung von Entwicklung als unidirektional gebundenem Prozeß, in dem frühere Ereignisse spätere Ereignisse bedingen, nicht zutreffen. Stattdessen müssen wir die These in Erwägung ziehen, daß es für das Verständnis, wie wir unser Leben konstruieren und somit, wie wir unsere eigene Entwicklung beeinflussen, wichtig ist, wie wir uns zu den jeweiligen Zeitpunkten sehen.

5. Persönliche Erzählungen und Identität

Geschichte erlaubt uns zu rekonstruieren, wie unser Leben sich entwickelt hat, aber sie erlaubt uns nicht eine Vorhersage seines Verlaufs. Dies bedeutet, daß es schwierig sein dürfte zu zeigen, daß frühere Ereignisse einen Einfluß auf spätere Ereignisse haben. Das ist deshalb der Fall, weil das Selbst und seine Konstruktion der Realität die Kette der Ereignisse zwischen Vergangenheit und Gegenwart unterbricht. Menschen schreiben ihrem Verhalten in der Vergangenheit wie in der Gegenwart Bedeutungen zu. Die Aufgabe des Selbst ist es, eine Erzählung zu konstruieren, die es erlaubt, Ereignisse, die jetzt auftreten, zu erklären. Diese Erklärung kann es erfordern, daß wir unsere Vergangenheit rekonstruieren, um sie an das, was jetzt ist, anzupassen. Das Bedürfnis, der Gegenwart Bedeutung zu verleihen, wird zum Endpunkt von Entwicklung. Entwicklungsprozesse dienen der pragmatischen Funktion, uns an die Gegenwart anzupassen. Mehr noch, weil wir konstruierende Organismen sind, sind wir fähig, eine dauerhafte Vorstellung über uns selbst zu haben, und wir haben ein Bedürfnis nach Bedeutungen, die diese Vorstellungen enthalten.

Der Erhalt unserer Identität ist notwendig für unsere Anpassung. Wie könnten wir in einer Welt existieren, in der wir nicht wissen, wer wir sind? Um unsere Identität zu erhalten, müssen wir unsere Geschichte so rekonstruieren, daß sie mit dem übereinstimmt, was wir jetzt sind und wie wir in Zukunft sein möchten. Indem Menschen ihre Geschichte schaffen (sogar Historiker tun dies), schaffen sie Geschichten, die kontinuierlich sind und dadurch formiert werden, daß die tatsächlichen Diskontinuitäten verknüpft werden. Lebenserzählungen sind kontinuierlich, weil sie das Produkt eines menschlichen Begriffs von Kausalität sind, nach dem frühere Ereignisse spätere beeinflussen. Obwohl kontinuierlich und gerichtet, haben Erzählungen auch ein retrospektives Element und sind offensichtlich dazu angelegt, Diskontinuitäten zu eliminieren. Mit anderen Worten, unsere Vorstellung von einer guten Geschichte erfordert, daß die Teile zusammenpassen, sich berühren und ein Ereignis in das andere übergeht. Der Sinn unserer persönlichen Lebensgeschichten ist es zu erklären, wie wir von einem Punkt zum anderen gelangt sind. Es sind ihrem Wesen nach Versuche der Kontinuität. Es sind Versuche der Kontinuität, weil es unsere Natur ist, von uns selbst als einer

Einheit zu denken, auch wenn wir widerstreitende Teile in uns haben mögen. Obwohl diese Teile schwer vereinbar sein können, ist die Geschichte, die wir von uns selbst machen, eine Geschichte, in der die getrennten Teile irgendwie zusammenkommen und ein einziges Ich bilden – eine Persönlichkeit, die wir verstehen können. Diese Anforderung und Notwendigkeit basiert auf dem Bedürfnis, unsere Identität zu erhalten. Falls es ein starkes psychologisches Erfordernis gibt, unsere Identität zu unterstreichen, dann besteht die Notwendigkeit der Erzählung darin zu zeigen, daß wir authentisch sind, und falls wir es nicht sind, wie es dazu gekommen ist. Dies erfordert, daß wir eine Erzählung konstruieren, die als eines ihrer Hauptmerkmale die Kontinuität hat. Eine solche muß natürlich nicht gegeben sein. Wir könnten möglicherweise mit der Vorstellung leben, daß das, was wir sind, nur wenig Ähnlichkeit mit dem hat, was wir waren. Aber wenn das so ist, brauchen wir eine gute Erklärung für die Veränderung. Sonst würde unsere Sichtweise von uns selbst verletzt werden, wonach wir eine Geschichte haben, deren Teile in einen linearen Fortschritt passen.

Auf welche Weise gelingt es Menschen, über sich als die Person zu reden, die sie vor drei Jahren waren? Es gibt keine Möglichkeit zu sagen, daß sie dieselben sind, denn sie sehen nicht so aus, handeln, denken oder fühlen nicht so wie diese andere Person. Ihre Erinnerung hilft ihnen, sich selbst in der früheren Person wiederzufinden. Wie können sie das tun? Nach Nozick (1981) können wir dieses Problem vielleicht verstehen, wenn wir statt einer Person ein Ruderboot als Beispiel verwenden. Stellen wir uns vor, wir haben ein Ruderboot aus Holz, und wir ersetzen jedes Jahr ein Brett in dem Ruderboot durch ein neues Brett. Nach 50 Jahren ist keines der ursprünglichen Bretter des Ruderbootes mehr vorhanden, und doch haben wir zu keiner Zeit in der Ereignisabfolge gesagt, daß es nicht 'dasselbe Ruderboot' ist. Wir würden in diesem Falle aber auch nicht denken, daß kein kontinuierlicher Wandel des Bootes stattgefunden hätte. Wenn wir jedoch alle Bretter auf einmal ersetzt hätten, würden wir sagen 'dies ist nicht dasselbe Ruderboot', auch wäre der Wandel nicht kontinuierlich. Da die Teile des Ruderbootes langsam durch neue ersetzt worden sind, waren wir bereit anzunehmen, daß ein kontinuierlicher Prozeß der Veränderung die Identität des Bootes nicht verändert hat. Jedoch, wenn wir die Bretter zu schnell austauschen, sehen wir, daß weder die Identität noch die Kontinuität erhalten werden können. In der gleichen Weise sind Menschen bereit anzunehmen, daß die Veränderungen, die bei ihnen über 50 Jahre auftreten, kontinuierlich sind und deshalb ihre Identität nicht verändern.

Wegen der sachlichen Notwendigkeit der Anpassung im Hier und Jetzt werden die Geschichten der Menschen so oft neu geschrieben, wie es für die Erhaltung der Identität notwendig ist. Sie werden neu geschrieben, um den Dingen um sich herum Bedeutung zu geben. Anstatt die passiven Entwicklungsmodelle zu akzeptieren, in denen Kräfte auf die Menschen durch Biologie (von innen) oder durch soziale Kontrolle (von außen) einwirken, brauchen wir ein Modell der Entwicklung, welches die Bedeutung, die ein Mensch

Ereignissen gibt, in den Mittelpunkt stellt. Bedeutung für Menschen bezieht sich dabei nicht nur darauf, wie sie die Vergangenheit rekonstruieren, sondern auch auf ihr Verständnis, wie die Vergangenheit die Zukunft beeinflußt oder nicht. Denken und Planen – der aktive Geist ist fähig, Bedürfnisse zu haben, Ziele zu setzen und Pläne zu machen, diese Ziele zu erreichen. Diese Ziele unterliegen offensichtlich Veränderungen. Menschen sind fähig, den Ablauf und auch die gesamte Laufbahn ihres Lebens auf der Grundlage der Ziele, die sie zu erreichen suchen, zu verändern – eher als aufgrund der Ereignisse, die in der Vergangenheit auftraten. Und in der Tat, Menschen verändern vergangene Ereignisse, um eine bessere Möglichkeit dafür zu haben, ihre zukünftigen Ziele zu erreichen.

6. Eine Gegenüberstellung organismischer und kontextueller Modelle

Eingewoben in die organismische Sichtweise von Entwicklung ist die Vorstellung einer absoluten Wahrheit, einer Geschichte, die wirklich existiert – Ereignisse, die wirklich geschahen, Einflüsse, die wirklich auftraten. William James (1950) spricht die Vorstellung über die Wahrheit an und behauptet, daß Wahrheit keine statische Eigenschaft von etwas ist, sondern daß 'Wahrheit' einer Idee widerfährt – sie wird wahr, sie wird wahr gemacht durch Ereignisse. Der Nutzen von Geschichte ist, Wahrheiten zu erzeugen. Diese und weniger die früheren Ereignisse sind geeignet, spätere Ereignisse zu verursachen. Menschen erinnern sich in der Gegenwart an ihre Vergangenheit, um ihre eigene Wahrheit zu finden und daran festzuhalten.

Wie steht dies nun mit dem Problem der Entwicklung in Zusammenhang? Rekapitulieren wir: Das traditionelle organismische Modell von Entwicklung beruht auf mehreren Grundsätzen:

Erstens: Es gibt Fortschritt und einen Endpunkt von Entwicklung.

Zweitens: Frühere Ereignisse bedingen spätere Ereignisse. Ich habe versucht zu zeigen, daß dies zwar wahr sein kann, daß es eine gewisse empirische Stützung für diese Auffassung gibt, daß aber die Längsschnittdaten in den letzten 50 Jahren zu bemerkenswert mageren Ergebnissen geführt haben, wenn es um die gemeinsame Varianz zwischen früheren und späteren Ereignissen ging.

Drittens: Menschen sind relativ passiv gegenüber den Kräften, die sowohl von innen als auch von außen auf sie einwirken. Diese Kräfte bestimmen, was über frühere Ereignisse gedacht wird, und dadurch sind es diese Kräfte, die nachfolgende Ereignisse bestimmen.

Wie ich gesagt habe, lehne ich dieses organismische Modell von Entwicklung zugunsten eines kontextualistischen Modells ab, welches auf folgenden Grundsätzen beruht:

Erstens: Es gibt keinen Endpunkt. Fortschritt ist nur eine Idee.

Zweitens: Es ist unwahrscheinlich, daß frühere Ereignisse eine starke Beziehung zu späteren Ereignissen haben. Dies ist besonders dann der Fall, wenn die früheren Ereignisse, die untersucht werden, nicht mit den Bedürfnissen und Plänen der Individuen zusammenhängen, wie sie jetzt oder in der Zukunft existieren. Wir können die Beziehung zwischen früheren und späteren Ereignissen nur verstehen, wenn wir unsere eher traditionelle Sichtweise der Zeit verändern und annehmen, daß unsere gegenwärtigen Bedürfnisse und Wünsche das beeinflussen, was wir über unsere Vergangenheit annehmen.

Drittens: Die Pragmatik gegenwärtiger Anpassung bestimmt, wie sich Menschen verhalten.

Vielleicht ist es der beste Weg, Kontextualismus und traditionellere Entwicklungsmodelle gegenüberzustellen, indem man beide auf ein Entwicklungsproblem anwendet. Nehmen wir folgendes Beispiel. Ein Kind wächst bei einer depressiven Mutter auf. Der Zustand des Kindes im Alter von einem Jahr ist durch die seelische Verfassung der Mutter beeinflußt. Wie in den meisten Studien können wir fragen: 'Wie wird dieses Kind im Schulalter sein?' Angenommen, das Kind zeigt eine geringe Anpassung an die Schule, könnte man behaupten, daß das frühere Entwicklungsmuster des Kindes seine spätere Entwicklung beeinflußt hat. Im organismischen Modell wird angenommen, daß frühere Ereignisse in dem Kind so etwas wie eine Eigenschaft erzeugen, die auf sein Verhalten in späteren Jahren einwirkt. Tatsächlich ist dies genau der Schluß, der bei der Verwendung des organismischen Modells gezogen wird. Betrachten wir, wie diese Ergebnisse durch das kontextuelle Modell erklärt werden können. Wir behaupten, daß der Kontext, in dem das Kind im Alter von einem Jahr aufwuchs, seine gegenwärtige Anpassung beeinflußte, weil es eine Interaktion zwischen dem Kind und seiner Umwelt gab. Dies ist ein kontextuelles Ergebnis, da das Verhalten des einjährigen Kindes als Anpassung an seine depressive Mutter verstanden werden kann. Die Vorhersage, wie das kindliche Verhalten sein wird, wenn es sechs Jahre sein wird, ist nicht kontextuell. Dazu ist es notwendig, den Kontext des sechsjährigen Kindes dahingehend zu untersuchen, wie die gegenwärtige Beziehung zwischen dem Kind und seiner Mutter aussieht. Wenn das Kind früher, aufgrund des Kontextes schlechter Mutterschaft, eine geringe Anpassung zeigte, wieso sollte es nicht dabei bleiben, wenn sich die Mutter nicht geändert hat? Das kontextuelle Modell sagt, daß der Status des Kindes zu jedem Zeitpunkt von der Umwelt beeinflußt wird. Mit anderen Worten, ein organismisches Modell verlangt von uns anzunehmen, daß die Eigenschaft der Fehlanpassung im Kind angesiedelt ist und daß es diese früher entwickelte Eigenschaft ist, die die spätere Fehlanpassung in der Schule produziert. Was wäre, wenn die Mutter im Schulalter des Kindes nicht mehr depressiv wäre? Für ein solches Kind hätte sich der gegenwärtige Kontext verändert. Unter solchen Bedingungen wäre es wahrscheinlich, daß das Kind mit sechs Jahren keine Fehlanpassung zeigt. Denn die Anpassung ändert sich in dem Maße, wie sich der Kontext verändert. Mit anderen Worten: Wird späteres Verhalten durch Eigenschaften bedingt, die durch Anpassung erzeugt wurden, oder wird späteres Verhalten durch die spätere Anpassung bedingt? Obwohl wir uns der Bedeutung des Kontextes bei der Entstehung früherer Effekte bewußt sind, beziehen wir ihn im organismischen Modell nicht ein, wenn wir auf das Ergebnis schauen. Mit einem organismischen Ansatz nehmen wir an, daß frühere Ereignisse spätere Ereignisse bedingen, anstatt zu prüfen, ob die beobachteten Effekte nicht mit gleicher Wahrscheinlichkeit durch gegenwärtige Ereignisse erzeugt werden. Die wenigen Studien, die Daten bereitstellen, mit denen alternative Modelle getestet werden können, unterstützen mit ihren Ergebnissen die Annahme, daß der gegenwärtige Status genauso wichtig ist, wenn nicht sogar wichtiger als frühere Bedingungen. Das heißt, entwicklungsmäßige Kontinuität, von der wir annehmen, daß sie im Kind angesiedelt ist, mag ebenso in dem Kontext angesiedelt sein, an den sich das Kind anpaßt. Dennoch ist die entwicklungspsychologische Literatur reichlich mit Beispielen versehen, in denen das organismische Modell gegenüber dem kontextuellen bevorzugt wird.

Sollte sich der Kontext verändern, haben frühere Ereignisse möglicherweise wenig Einfluß auf späteres Verhalten. Die Frage ist dann nicht, wie sich eine Person entwickelt, sondern wie sich der Kontext, an den sich ein Organismus anpaßt, über die Zeit verändert. Statt einer festgefügten Entwicklung auf der Basis eines von innen kommenden Ordnungsprinzips, das eine Person zu einem Endpunkt treibt, mögen es die Kontexte sein, die sich verschieben und verändern – manchmal in festgefügter Weise, oft aber ordnungswidrig und chaotisch – und den Wandel bewirken. Zufallsbegegnungen und unvermeidbare Unfälle können jeden Entwicklungsfortschritt radikal verändern. Ich übernehme die Vorstellung von William James (1950), daß Geschichte nicht Fortschritt, sondern einfach eine Sammlung unzusammenhängender Fakten ist. Die Frage ist dann nicht mehr, wie schreiten wir fort, sondern: Was wird morgen anders sein? Was wird das Leben als nächstes bringen? Was als nächstes kommt, können Zufallsbegegnungen und unvermeidbare Unfälle sein, Veränderungen im Kontext, die nicht vorhersagbar und erkennbar sind, bevor sie auftreten. Bedeutet das, daß wir als Wissenschaftler, die sich mit Entwicklung befassen, wenig zu tun haben?

Meine Analyse erfordert, daß wir das organismische Modell zugunsten eines kontextuell-pragmatischen Modells ernsthaft in Frage stellen. Der kontextuelle Ansatz erfordert, Verhalten so zu verstehen, daß es erzeugt wird, um einer Person bei ihrer gegenwärtigen Anpassung zu helfen. Ein solcher Ansatz spiegelt die pragmatische Aufgabe der Person wider, sich an ihre gegenwärtige Aufgabe anzupassen. Zufallsbegegnungen und unvermeidbare Unfälle in der Entwicklung und in der Abfolge von Entwicklung sind keine isolierten Ereignisse, sondern der Inhalt unseres Lebens. Sie sind, wie James sagt, eine Sammlung ungeordneter Fakten. Zufallsereignisse – weniger wichtige, wie z.B. die Nicht-Zulassung zu einem bestimmten Kurs in der Schule, oder wichtige, wie z.B. eine schwere Krankheit – bedeuten, daß Kontinuität und Vorhersagbarkeit selbst auf Gruppenebene schwierig sind, und dies mag noch stärker für die Individualebene gelten (Elder 1986). Wenn wir die Bedeutung von Zufallsereignissen und Diskontinuität als Entwicklungsfaktoren nicht anerkennen, werden wir von dem Ausmaß unserer Erkenntnisse enttäuscht bleiben. Albert Bandura (1982) hat über Zufallsereignisse geschrieben: „Entwicklungstheorie muß (die) Faktoren benennen, die einzelne Lebenswege prägen und verändern, wenn sie eine adäquate Erklärung menschlichen Verhaltens liefern will." Der Umstand, daß es Zufallsereignisse gibt, legt für mich – in Verbindung mit entsprechenden Erkenntnissen in der Physik und Evolutionsbiologie – nahe, daß eine Entwicklungstheorie, die auf der Annahme beruht, daß das früher Geschehene eine direkte Beziehung zu dem hat, was später geschieht, nicht mit leichter Hand unterstützt werden kann. Vielleicht ist jenseits der jamesianischen Sicht des pragmatischen Kontextualismus auch eine Kantsche Sicht erforderlich; nämlich die, daß Menschen Vorstellungen davon haben, was sie wollen und tun sollten, um die Ziele, die sie haben, zu erreichen. Jede dieser Ideen und Handlungen und jedes dieser Bedürfnisse und Ziele können verändert werden. Die Wahlmöglichkeiten sind, zum Teil jedenfalls, die Umwelten, die Menschen erzeugen. Ereignisse, die wir gern grundlegende Wahrheiten nennen, sind Anlässe, bei denen „unbestimmte Möglichkeiten in bestimmte Wirklichkeiten transformiert werden" (Whitehead 1978), eine grundlegende Prämisse der Quantenmechanik, die auch auf menschliches Leben angewandt werden muß. Ein kontextueller Ansatz erlaubt uns zu rekonstruieren, wie Leben fortschreitet, aber er erlaubt uns nicht, Leben vorherzusagen. Wie für Historiker oder Evolutionstheoretiker mag unsere Stärke eher darin liegen, wie wir unsere Geschichten konstruieren, und weniger, wie solche Geschichten über die Zeit verbunden sind.

Anmerkung

1. Dieser Beitrag basiert auf einem Kapitel aus dem Buch *Altering fate*, das bei Guilford Press, NY, 1996 erscheinen wird.

Literatur

Bandura, A. (1982): The psychology of chance encounters and life paths. In: American Psychologist, 37, S. 747-755.
Bowlby, J. (1980): Attachment and loss: Loss, sadness and depression. New York: Basic Books.
Bretherton, I. (1990): Open communication and internal working models: Their role in the development of attachment relationships. In: Thompson, R.A. (Hrsg.): Nebraska symposium on motivation: Socioemotional development. Lincoln, NE: University of Nebraska Press, S. 57-113.
Bruner, J. (1990): Acts of meaning. Cambridge, MA: Harvard University Press.
Collins, L.M., Graham, J.W., Hansen, W.B. & Johnson, C.A. (1985): Agreement between retrospective accounts of substance use and earlier reported substance use. In: Applied Psychological Measurement, 9, S. 301-309.
Elder, G.H., Jr. (1986): Military times and turning points in men's lives. In: Developmental Psychology, 22, S. 233-245.
Goodman, G.S. & Clarke-Stewart, A. (1991): Suggestibility in children's testimony: Implications for sexual abuse investigations. In: Doris, J. (Hrsg.): The suggestibility of children's recollections: Implications for eyewitness testimony. Washington D.C.: American Psychological Association, S. 92-105.
James, W. (1950): Principles of psychology. New York: Dover Publications Inc. (Ursprünglich veröffentlicht 1890).
Lewis, M. (1996): Altering fate. New York, NY: Guilford Press.
Morgan, C.L. (1961): C. Lloyd Morgan. In: Murchinson, C. (Hrsg.): A history of psychology in autobiography. New York: Russel & Russel, S. 237-264 (Ursprünglich veröffentlicht 1932).
Nozick, N. (1981): Philosophical explanation. Cambridge, MA: Belkings Press.
Pepper, S.C. (1942): World hypotheses. Berkley, CA: University of California Press.
Reiter, H.L. (1980): The perils of partisan recall. In: Public Opinion Quarterly, 44, S. 385-388.
Ross, M. (1989): Relation of implicit theories of the construction of personal histories. In: Psychological Review, 96 (2), S. 341-357.
Rovee-Collie, C., Early, L. & Stafford, S. (1989): Ontogeny of early event memory: III. Attentional determinants of retrieval at 2 and 3 months. In: Infant Behavior and Development, 12 (2), S. 147-161.
Whitehead, A.N. (1978): Process and reality: An essay in cosmology. New York: Free Press (Ursprünglich veröffentlicht 1929).
Yarrow, M.R., Campell, J.D. & Burton, R.V. (1970): Recollections of childhood: A study of the retrospective method. In: Monographs of the Society for Research in Child Development, 35 (5). Chicago, IL: University of Chicago Press.

ND. Kleinkinderziehung in Tageseinrichtungen

Greta G. Fein

Die Eingewöhnung von Kleinkindern in der Tagesstätte[1]

1. Einleitung

Mütter und Erzieherinnen beschreiben die ersten Wochen in der Betreuungseinrichtung als außerordentlich belastend für Säuglinge und Kleinkinder (Ainslee & Anderson 1984). Die Kinder müssen sich ohne ihre Mütter in einer neuen Umgebung zurechtfinden, die durch unbekannte Abläufe und Personen gekennzeichnet ist. Während bei den meisten Kindern Kummerreaktionen darüber offensichtlich sind, zeigt sich eine Erholung davon weniger deutlich. Die Kummerreaktionen können bei zunehmender Vertrautheit mit der Einrichtung abnehmen, können aber auch weiter bestehen bleiben oder ihre Ausdrucksform verändern (Ainsworth 1973; Bowlby 1969; Fein, Gariboldi & Boni 1993; Hofer 1987). Neuere Untersuchungen lassen vermuten, daß die offenen Kummerreaktionen allmählich abnehmen (Fein et al. 1993; Field, Gewirtz, Cohen, Garcia, Greenberg & Collins 1984). Die Möglichkeit, daß sich die Ausdrucksformen des Kummers ändern, wurde aber bei Kindern nicht systematisch untersucht, obwohl dies für die Bewertung des Wohlbefindens des Kleinkindes in der Tagesstätte nötig wäre.

Die Vorstellung, daß sich die Ausdrucksformen des kindlichen Kummers ändern können, geht direkt auf Bowlby (1969) zurück. Bowlby beschreibt das Verhalten des Kindes während der Abwesenheit der Mutter. Es verläuft in drei Phasen und beginnt mit dem Protest des Kindes, sobald die Mutter weggeht:

„Ein zwischen 15 und 30 Monate altes Kind, das in einer Einrichtung betreut wird, zeigt gewöhnlich eine vorhersagbare Folge von Verhaltensweisen ... Wir nennen diese Phasen: Protest, Verzweiflung, Gleichgültigkeit ...
Die erste Phase, die des Protestes, kann sofort oder auch verzögert beginnen; sie kann nur wenige Stunden, eine Woche oder länger dauern. Während dieser Phase scheint das kleine Kind auf das Äußerste über den Verlust der Mutter bekümmert zu sein ..." (Bowlby 1969, S. 27).

Systematische Beobachtungen unterstützen diese Einschätzung. Wenn Kleinkinder zum ersten Mal in eine neue Betreuungseinrichtung kommen, ist ihr offensichtlicher Kummer eine vorherrschende Reaktion (Fein et al. 1993; Field et al. 1984; Schaffer & Callendar 1959). Was geschieht danach? In einem früheren Artikel haben meine Mitarbeiter und ich gezeigt, daß die

Kummerreaktion in einer Betreuungseinrichtung im Laufe der ersten sechs Monate deutlich abnimmt: Die kleinen Kinder weinen weniger, lächeln häufiger, sprechen mehr, spielen und beschäftigen sich häufiger mit den Gleichaltrigen.

Bowlby (1969) beschrieb jedoch zwei weitere Kummerreaktionen, die Kleinkinder nach der Phase des Protestes zeigen. Eine Form, die Verzweiflung, ist gekennzeichnet durch negative Gefühle, durch Teilnahmslosigkeit, Selbstbeschwichtigung und sozialen Rückzug.

„Während dieser Phase der Verzweiflung, die dem Protest folgt, ist das Kind offensichtlich noch überwiegend mit der nicht anwesenden Mutter beschäftigt, obwohl sein Verhalten zunehmende Hoffnungslosigkeit vermuten läßt. Die körperlichen Bewegungen nehmen ab oder hören auf, das Schreien wird monoton oder kommt in regelmäßigen Abständen. Es zieht sich in sich selbst zurück, ist untätig, nimmt keinen Kontakt zu Personen seiner Umgebung auf und scheint sich in einem Zustand tiefen Kummers zu befinden. Es ist eine ruhige Phase, die manchmal irrtümlicherweise als Anzeichen für ein Nachlassen des Kummers gehalten wird" (Bowlby 1969, S. 27).

Verhaltensweisen, die mit dieser Ausdrucksform in Zusammenhang stehen, wurden zum einen bei Tieren beobachtet, die von ihren Müttern getrennt worden waren (Hofer 1987), und zum anderen bei hospitalisierten Kindern im Säuglingsalter (Schaffer & Callendar 1959), nicht jedoch bei Kleinkindern, die in Dauerpflege untergebracht waren (Tizard & Tizard 1971). Es gibt erstaunlich wenige Beobachtungen dieser Art bei Kleinkindern in Tagesbetreuung.

Die zweite Ausdrucksform ist die Gleichgültigkeit. Sie folgt der Verzweiflung. Sie ist durch scheinbar emotionale Entspannung gekennzeichnet, wie dem Spiel mit Gegenständen und einem positiven Gefühlsausdruck. Diese Anzeichen sind jedoch irreführend, weil das Kind gleichzeitig den sozialen Kontakt mit Erwachsenen und anderen Kindern meidet.

„Weil das Kind mehr Interesse für seine Umgebung zeigt, wird diese Phase der Gleichgültigkeit, die früher oder später den Phasen des Protestes und der Verzweiflung folgt, oft als Zeichen der Erholung begrüßt ... Wenn jedoch die Mutter das Kind besucht, ist es offensichtlich, daß nicht alles in Ordnung ist ... Nicht nur, daß es seine Mutter nicht begrüßt, es scheint sie kaum zu kennen; weit davon entfernt, sich an sie zu klammern, bleibt es distanziert und apathisch; statt Tränen, läßt das ein lustloses Wegdrehen beobachten.
Wird der Aufenthalt im Krankenhaus oder Kinderheim verlängert und macht das Kind, wie das in solchen Fällen üblich ist, die Erfahrung von zeitlich begrenzten Beziehungen zu einer Anzahl von Krankenschwestern, die es nacheinander wieder verlassen, ... dann wird es sich nach einiger Zeit so verhalten, als ob weder die Beziehung zur Mutter noch zu anderen Menschen eine Bedeutung für es hat ... Es wird sich mehr und mehr auf sich selbst zurückziehen, und, anstatt seine Wünsche und Gefühle anderen Menschen gegenüber auszudrücken, wird es sich verstärkt mit materiellen Dingen wie Süßigkeiten, Spielsachen und Essen beschäftigen ... Es wird den Eindruck machen, als ob es vergnügt sei und sich seiner ungewöhnlichen Umgebung angepaßt hätte, offenbar zufrieden und ohne Angst vor Menschen. Diese Geselligkeit ist jedoch nur oberflächlich; es scheint sich nicht länger um irgend jemanden zu kümmern" (Bowlby 1969, S. 28).

Für Bowlby spiegelt die Gleichgültigkeit eine Unterbrechung der Mutter-Kind-Beziehung, ein Mißtrauen allen sozialen Beziehungen gegenüber und eine langfristige Beeinträchtigung der sozialen Beziehungsfähigkeit wider. Die Möglichkeit, daß auch eine tägliche Trennung von der Mutter diese Verhaltensweisen verursachen kann, hat die Bedenken von Bindungstheoretikern über die außerfamiliale Betreuung von Kleinkindern angeheizt (Ainsworth 1973; Sroufe 1988). Das Konzept der Gleichgültigkeit wurde als *Vermeidungsverhalten* in die Bindungskategorien von Ainsworth eingebaut und hat so über Bowlbys frühere Vermutungen hinaus intellektuell überlebt (Main 1983). Jedoch wurde die Gleichgültigkeit bei den von ihren Müttern getrennten Kindern – im Gegensatz zur Verzweiflung – bisher nicht systematisch untersucht.

Es wird allgemein davon ausgegangen, daß in einer qualitativ guten Betreuungseinrichtung kleine Kinder die Gelegenheit haben, mit sensiblen und responsiven Erwachsenen zu interagieren. Kleine Kinder bauen warmherzige Beziehungen zu stabilen und interaktionsbereiten Erwachsenen auf (Anderson, Nagle, Roberts & Smith 1981; Cummings 1980; Farran, Burchinal, Hutaff & Ramey 1984; Howes, Rodning, Galluzzo & Myers 1988; Rubenstein & Howes 1979). Allerdings gibt es bisher wenige Informationen darüber, wie die Erzieherinnen zunächst auf den kindlichen Kummer während der Eingewöhnungszeit reagieren und wie sich diese Reaktionen mit der Zeit verändern. Wir gehen davon aus, daß Erzieherinnen unterstützend auf den akuten Kummer reagieren, den manche Kinder bei ihrem Eintritt in die Betreuungseinrichtung zeigen. Je trauriger das Kind ist, desto mehr wird es von der Erzieherin getröstet werden.

Daneben gehen Erzieherinnen auch im Spiel mit Kleinkindern um. Wir erwarten, daß die Erzieherinnen bei der Aufnahme in die Einrichtung mit solchen Kindern im Spiel interagieren, die zu positiven Reaktionen bereit scheinen, und daß sie diejenigen Kinder vernachlässigen, die still und ausdrucksarm sind. Wenn das zutrifft, bedeutet es, daß ausdrucksarme Kinder, d.h. solche, die weder schreien noch lächeln, nur wenig Aufmerksamkeit von der Erzieherin erhalten. So betrachtet, hängen die Erfahrungen eines Kindes, die es am Anfang in der Einrichtung macht, zum Teil davon ab, wie die Erzieherin auf die Verhaltensweisen des Kindes reagiert, die Ausdruck seiner Erfahrungen in der neuen Umgebung sind. Damit stellt sich die Frage, ob diese angesprochenen Reaktionen der Erzieherinnen tatsächlich vorkommen und ob sie sich im Laufe der Zeit verändern. Um diese Fragen zu überprüfen, untersuchten wir Veränderungen in den Verhaltensstrategien der Erzieherinnen auf den kindlichen Gefühlsausdruck während der ersten sechs Betreuungsmonate des Kindes.

Zusammenfassend gesagt, gingen wir davon aus, daß der Übergang von der Familienbetreuung zur Tagesbetreuung für manche Kinder schwieriger ist als für andere. Zunächst untersuchten wir, wie die Maße zum kindlichen Gefühlsausdruck mit dem Verhalten der Erzieherinnen in Zusammenhang stehen. Dann identifizierten wir Verhaltensweisen ähnlich den von Bowlby beschriebenen, um der Frage nachzugehen, ob diese Muster nach sechs Monaten Betreuung auftreten und ob sie durch das Verhalten des Kindes oder der Erzieherin bei Eintritt in die Tagesstätte vorausgesagt werden können. Speziell gingen wir der Frage nach, ob die Kinder, die zu Beginn der Eingewöhnung mehr Kummer zeigten, sechs Monate später Anzeichen von Verzweiflung und Gleichgültigkeit erkennen lassen. Abschließend haben wir den Einfluß des Verhaltens der Erzieherinnen auf diese Verhaltensweisen untersucht.

2. Die Untersuchung

2.1. Die Stichprobe

Einige neuere Untersuchungen zur Tagesbetreuung von Kindern wurden auch außerhalb der USA durchgeführt, hauptsächlich weil die Betreuungseinrichtungen, die den Eltern in diesen Ländern zur Verfügung stehen, die methodischen Probleme verringern, die anderenfalls die Validität der Untersuchungen beeinträchtigen. In Schweden (Lamb, Hwang, Bookstein, Broberg, Hult & Frodi 1988) und in Bermuda (McCartney 1984) hatten die Forscher Zugang zu umfangreichen und repräsentativen Stichproben von Eltern und allen Tagesbetreuungsmöglichkeiten der Kommune. Die meisten Eltern, die um Mitarbeit gebeten wurden, gaben ihre Zustimmung. Unter diesen Bedingungen konnte eine Verzerrung der Stichprobe durch Selektivität, wie sie in den meisten amerikanischen Untersuchungen gegeben ist, verringert werden. Lamb et al. (1988) hatten auch Zugang zu Wartelisten und waren so in der Lage, die Kinder auch vor Beginn der Betreuung zu untersuchen.

Unsere Studie wurde in Italien durchgeführt, wo viele Kommunen, besonders im Norden des Landes, staatlich geförderte, lokal kontrollierte und wohnungsnahe Betreuungseinrichtungen für Kinder unter drei Jahren unterhalten. Die an dieser Studie beteiligte Kommune (90.000 Einwohner) unterstützt sieben Einrichtungen für Kleinkinder mit einer Ganztagsbetreuung für 320 Kinder, deren Mütter berufstätig sind. Die Säuglingsgruppen bestehen aus sechs bis sieben Kindern mit einem Erzieher-Kind-Schlüssel von 1:3. Die Kleinkindergruppen haben 15 bis 17 Kinder; der Erzieher-Kind-Schlüssel beträgt 1:7. Zusätzlich beschäftigt jede Einrichtung eine Köchin und zwei bis drei Hausgehilfinnen, die sich, wenn nötig, an der Kinderbetreuung beteiligen. Obwohl manche Kleinkinder, deren Eltern berufstätig sind, von den Großeltern betreut werden, sind 'Tagesmütter' unbekannt, und von einem Babysitter wird selten Gebrauch gemacht. Die Krippen stellen die vorherrschende familienergänzende Betreuungsform für Säuglinge und Kleinkinder dar.

Wie Lamb et al. (1988), hatten wir Zugang zu den Wartelisten aller Einrichtungen. Dieser Rahmen verschaffte uns eine große Stichprobe vollständiger Familien mit unterschiedlichem sozio-ökonomischen Hintergrund, die ihre Kinder in einer relativ guten und stabilen Betreuungsform untergebracht hatten. Da wir Zugang zu den Wartelisten hatten und 91 % der angesprochenen Eltern bereit waren, sich an der Untersuchung zu beteiligen, konnten wir eine repräsentative Stichprobe von Kleinkindern vor dem Eintritt in die Einrichtung und während der ersten sechs Monate, die sie dort verbrachten, untersuchen.

Die teilnehmenden 99 Familien wurden für die Studie rekrutiert, kurz nachdem sie sich angemeldet hatten und ihre Namen auf der Warteliste erschienen waren. Beim Eintritt in die Tagesbetreuung lag das mittlere Alter der 99 Kinder bei 10,8 Monaten, 46 Kinder waren Jungen. Diese Zwei-Eltern-Familien repräsentierten ein breites Spektrum an Berufen, angefangen vom ungelernten Arbeiter bis hin zum Arzt, und auch unterschiedliche Bildungsniveaus, angefangen vom Hauptschulbesuch bis hin zu einer nach-universitären medizinischen Fachausbildung. Die Mütter waren im Durchschnitt 31 Jahre alt ($x = 30.6$, $s = 4.4$) und hatten die Schule durchschnittlich 14 Jahre lang besucht ($x = 14.0$, $s = 4.5$). Die Väter waren älter, im Durchschnitt 33 Jahre alt ($x = 33.2$, $s = 4.2$), und hatten die Schule ebenfalls durchschnittlich 14 Jahre besucht ($x = 14.2$, $s = 4.9$). Rund 55 % der Kinder waren Erstgeborene und 35 % Zweitgeborene; 82 % der Geschwister hatten ebenfalls eine Krippe besucht. Die meisten Eltern waren in Italien geboren und bei 80 % von ihnen lag der Geburtsort nicht weiter als eine Tagesreise von ihrem jetzigen Wohnort entfernt. Die Familien wohnten innerhalb eines Umkreises von 1,1 km von der Betreuungseinrichtung ihres Kindes.

2.2. Datenerhebung und Instrumente

Mütter, die ihre Kinder im Mai und Juni anmeldeten, erhielten einen Brief von der Kommune, in dem die Untersuchung beschrieben wurde und sie zur Teilnahme eingeladen wurden. Die Mütter wurden zu Hause aufgesucht, es wurden demographische Daten erhoben, und es wurde den Müttern gezeigt, wie die anderen Datenerhebungsinstrumente auszufüllen waren.

In der Woche vor dem offiziellen Eintritt besuchten die Kinder zusammen mit ihren Müttern die Einrichtung und hielten sich dort jeden Tag etwas länger auf. Die Vollzeitbetreuung begann erst, wenn die Erzieherin und die Mutter gemeinsam der Meinung waren, daß das Kind dafür bereit sei; dies war gewöhnlich in der zweiten Woche der Fall. Die Eingewöhnungsdaten wurden im Laufe der ersten zwei Wochen Vollzeitbetreuung ohne Anwesenheit der Mutter erhoben.

Verhaltensbeobachtungen:

Die Beobachtung der Kinder erfolgte zu drei Zeitpunkten: Während der ersten beiden Wochen Vollzeitbetreuung ohne Anwesenheit der Mutter (Phase 1), dann nach drei Monaten (Phase 2) und noch einmal nach sechs Monaten (Phase 3). Die Beobachtungen fanden in der Zeit zwischen 9 und 12 Uhr statt, wenn das Kind wach war und nicht gerade gefüttert oder gewickelt wurde. Die Kinder wurden an zwei Tagen für je 40 Minuten beobachtet.

Greta G. Fein

Beobachtet wurde jeweils eine Minute, dann wurde eine Minute kodiert. Das Beobachtungsinstrument bestand aus 19 Verhaltenskategorien, die von McGrew (1972), Rubenstein & Howes (1979) und Feldbaum, Christenson & O'Neal (1980) übernommen worden waren. Jedes Verhalten wurde auf einer 7-Punkte-Skala eingestuft, entsprechend seiner Häufigkeit während des einminütigen Beobachtungsintervalls (z.b. bedeutete eine 1, daß das Verhalten gar nicht auftrat, eine 4, daß das Verhalten in etwa 50 % der Zeit gezeigt wurde, eine 7, daß das Verhalten sich über das gesamte einminütige Beobachtungsintervall erstreckte). Dieses Vorgehen ergab 40 Bewertungen für jede Verhaltenskategorie. Die Mittelwerte aus den jeweils 40 Bewertungen wurden als Verhaltensmaße des Kindes genommen. Die erforderliche Beobachterübereinstimmung wurde zu Beginn dadurch erzielt, daß drei Beobachter sechs nicht an der Untersuchung beteiligte Kinder über 100 einmütige Beobachtungseinheiten simultan beobachteten. Von Übereinstimmung wurde ausgegangen, wenn alle drei Beobachter denselben Skalenpunkt vergaben bzw. wenn zwei Beobachter übereinstimmten und der dritte nur einen Skalenpunkt abwich. Die Kappa-Koeffizienten lagen zwischen .78 und .92 mit einem Mittelwert von .90. Zuverlässigkeitsprüfungen zwischen jeweils zwei Beobachtern in Drei-Monats-Abständen ergaben vergleichbare Werte.

Um die Anzahl der Analysen zu reduzieren, wurden die beobachteten Verhaltensweisen folgendermaßen zusammengefaßt:

Spielniveau:

Die zusammengesetzte Variable errechnete sich aus *Schemaspiel* minus *Erkundungsspiel*. *Schemaspiel* wurde kodiert, wenn das Kind eine ausgeprägte sensomotorische Aktivität zeigte (Klopfen, Schieben, Ziehen oder Schütteln). *Erkundungsspiel* wurde kodiert, wenn das Kind einen unspezifischen passiven Kontakt mit Objekten zeigte (Betasten, Anstoßen, Hantieren, Aufheben, Niederlegen oder einfaches Anschauen).

Unbeweglichkeit/Selbsttröstung:

Diese Variable wurde gebildet, indem die Anzahl der Verhaltenseinheiten von Bewegungslosigkeit, Lutschen und automanipulativen Tätigkeiten von denen starker motorischer Aktivität abgezogen wurden. Ein negativer Wert bedeutet demnach, daß motorisches Gehemmtsein und Selbsttröstung überwiegen. *Starke motorische Aktivität* wurde definiert als kräftige Bewegung der Glieder. *Unbeweglichkeit* bedeutete geringe Körperbewegung, *Lutschen* bedeutete Saugen, Kauen oder andere Mundbewegungen an einem Gegenstand, etwa einem Spielzeug oder einem Schnuller; unter *Automanipulation* wurden selbststimulierende Aktivitäten, wie Daumenlutschen, den eigenen Körper, die eigene Kleidung, das eigene Haar beklopfen oder manipulieren, verstanden.

Negativer Gefühlsausdruck:

Diese Variable wurde als Summenwert der Einzelvariablen, starke negative Gefühle (Weinen, Schreien) und schwache negative Gefühle (traurig ausschauen, Stirnrunzeln), gebildet.

Positiver Gefühlsausdruck:
Diese Variable ist der Summenwert für Lächeln, Lachen und Vokalisieren.
Zuwendung des Erwachsenen:
Diese Variable wurde gebildet als Summe der Durchschnittswerte für drei Kontaktformen des Erwachsenen mit dem Kind: *Körperkontakt* (Erwachsener und Kind berühren sich körperlich), *Erwachsener als Hilfsquelle* (das Kind sucht und erhält Unterstützung oder Zuwendung vom Erwachsenen) und *Nähe* (Kind und Erwachsener sind nicht mehr als einen Meter voneinander entfernt).

Andere Maße für soziale Interaktion waren:
Interaktion mit Erwachsenen:
Dieses Verhalten wurde kodiert, wenn das Kind oder der Erwachsene einen Kontakt eröffnete und der andere darauf einging.

Zwei weitere Variablen für das Verhalten des Erwachsenen und die Reaktion des Kindes darauf waren: der Erwachsene initiiert einen Kontakt mit dem Kind (Anzahl der Beobachtungseinheiten, in denen der Erwachsene einen Kontakt initiiert), und das Kind vermeidet den Kontakt mit dem Erwachsenen (Anzahl der Kontakt-Initiativen des Erwachsenen, die vom Kind ignoriert oder zurückgewiesen werden). Diese Variablen wurden den zuvor schon erwähnten zusammengesetzten Variablen nicht hinzuaddiert, da sie ein besonderes theoretisches Interesse beinhalten.
Interaktionen mit Gleichaltrigen:
Diese Variable steht für positive Kind-Kind-Kontakte; das Beobachtungskind oder ein anderes Kind der Gruppe initiiert einen Kontakt, und das jeweils andere Kind geht darauf ein. Es wurden auch Variablen für das Initiieren von Gleichaltrigenkontakten und das Vermeiden von Gleichaltrigenkontakten gebildet.

3. Ergebnisse

Die Ergebnisse werden in zwei Teilen vorgestellt. Zuerst berichte ich über die phasenspezifischen Korrelationen in den Phasen 1 bis 3, die zwischen dem affektiven Verhalten des Kindes und den sozialen Bemühungen von Erzieherinnen und Gleichaltrigen festgestellt wurden. Danach stelle ich die Ergebnisse der Regressionsanalysen für zwei Eingewöhnungsmuster vor, die nach sechs Monaten Gruppenbetreuung zu finden waren. Alle Analysen wurden mit Residualvariablen gerechnet, aus denen die Effekte für Alter, Geschlecht sowie die Wechselwirkung von Alter und Geschlecht auspartialisiert waren.

3.1. Zusammenhänge der Verhaltensweisen während der drei Beobachtungsphasen

Die Tabelle 1 zeigt für die drei Phasen die Korrelationen für die affektiven Verhaltensweisen des Kindes sowie sein Spielniveau. Beim Eintritt in die Betreuungseinrichtung waren die Interkorrelationen zwischen Unbeweglichkeit/Selbsttröstung, positivem und negativem Gefühlsausdruck beträchtlich, aber keine dieser Variablen korrelierte mit dem Spielniveau. Es lassen sich deutlich Babys unterscheiden, die offenen Kummer verbunden mit motorischer Unbeweglichkeit und wenig positivem Gefühlsausdruck zeigen, von solchen, die wenig Kummer, körperliche Aktivität und deutlich positive Gefühle zum Ausdruck bringen. Nach drei Monaten Betreuung hat sich dieses Muster nicht verändert; der Unterschied besteht weiter zwischen Säug-

Tabelle 1: Phasenspezifische Korrelationen der kindlichen Verhaltensvariablen

	Verhaltensvariablen		
	1	2	3
Phase 1:			
1. Spielniveau	—		
2. Unbeweglichkeit/Selbsttröstung	-.16	—	
3. Positiver Gefühlsausdruck	-.02	-.43***	—
4. Negativer Gefühlsausdruck	.09	.27**	-.35***
Phase 2:			
1. Spielniveau	—		
2. Unbeweglichkeit/Selbsttröstung	-.05	—	
3. Positiver Gefühlausdruck	.06	-.34***	—
4. Negativer Gefühlsausdruck	.13	.27**	-.24*
Phase 3:			
1. Spielniveau	—		
2. Unbeweglichkeit/Selbsttröstung	-.33**	—	
3. Positiver Gefühlsausdruck	.22*	-.26**	—
4. Negativer Gefühlsausdruck	-.35***	.22*	-.05

* p ≤ .05; ** p ≤ .01; *** p ≤ .001

lingen, die fröhlich sind, und solchen, die es nicht sind. Jedoch zeigt sich nach sechs Monaten eine wesentliche Veränderung dieses Korrelationsmusters.

Die affektiven Variablen korrelieren jetzt mit dem Spielniveau. Kinder mit durchgängig hohem Spielniveau zeigen weniger selbsttröstende Verhaltensweisen, mehr positive und weniger negative Gefühle. Darüber hinaus ist die Veränderung der Korrelationen von Phase 1 zu Phase 3 signifikant für die Beziehung Spielniveau/positiver Gefühlsausdruck (rs = -.02 in Phase 1 und .22 in Phase 3, $z > 1.96$, $p < .05$) und für die Beziehung Spielniveau/ negativer Gefühlsaudruck (rs = .09 in Phase 1 und -.35 in Phase 3, $z > 3.60$, $p < .001$). Eine weitere Veränderung zwischen 1. und 3. Phase läßt vermuten, daß eine Veränderung des kindlichen Gefühlsausdrucks stattgefunden hat. In der 1. Phase war die Korrelation zwischen positivem und negativem Gefühlsausdruck signifikant negativ (-.35); diese Korrelation ist in der 3. Phase nicht mehr vorhanden (-.05), eine Veränderung, die ebenfalls signifikant ist ($z > 2.57$, $p < .01$): Einige Kinder drücken positive, andere negative Gefühle, manche positive und negative Gefühle aus und wieder andere keines von beiden. Wichtiger allerdings erscheint die Tatsache, daß das Spiel ein Teil des kindlichen Ausdruckssystems geworden ist.

Tabelle 2 läßt sich entnehmen, in welcher Beziehung die kindlichen Affektvariablen zu den sozialen Verhaltensweisen der Erzieherinnen und Gleichaltrigen stehen. Auch hier zeigen die Daten wesentliche Veränderungen im Korrelationsmuster während der ersten sechs Monate. Ins Auge fällt, daß sich die Veränderung nur für zwei Korrelationen ergibt, die sich auf die Interaktion mit Gleichaltrigen beziehen: In Phase 1 sind die Kinder weniger bereit, mit den Kindern Kontakt aufzunehmen, die körperlich unbeweglich und in sich zurückgezogen sind (rs = -.30 für Interaktion mit Gleichaltrigen und -.32 für Initiierung von Gleichaltrigenkontakten). In Phase 3 hat sich die das Verhältnis für die Variable Initiierung von Gleichaltrigenkontakten umgekehrt (.23) und ist nicht mehr signifikant für die Variable Interaktion mit Gleichaltrigen (jeweils: $z > 3.30$, $p < .001$). Nun interagieren die anderen Kinder auch mit den weniger beweglichen Kindern.

Allerdings gibt es die deutlichsten Veränderungen bei den Korrelationen zwischen dem Verhalten der Erwachsenen und dem kindlichen Gefühlsausdruck. Diese Veränderungen werden in Tabelle 3 neben den Korrelationen dargestellt, die während der sechs Monate stabil blieben. Durchweg interagieren die Erwachsenenen zu Beginn der Betreuung im Spiel mit den Kindern, die positive Gefühle zeigen (aber sie halten sie nicht im Arm oder wenden sich ihnen besonders zu), und sie trösten diejenigen Kinder, die Kummer zeigen (aber mit diesen interagieren sie nicht im Spiel). Tatsächlich unterscheidet sich die Korrelation zwischen dem Verhalten des Erwachsenen und dem kindlichen Gefühlsausdruck (positiv versus negativ) zu Beginn der Betreuung signifikant, was auf sehr geradlinige Verhaltensmuster der Erzieherinnen hinweist: Sie spielen mit fröhlichen Kindern (aber trösten sie nicht), und trösten die Kinder, die traurig sind (spielen aber nicht mit ihnen).

Tabelle 2: *Phasenspezifische Korrelationen für soziale Interaktionen, kindliches Verhalten und kindlichen Gefühlsausdruck*

	kindliches Verhalten und Gefühlsausdruck			
	Spielniveau	Unbeweglichkeit/ Selbsttröstung	positiver Gefühlsausdruck	negativer Gefühlsausdruck
Phase 1:				
Interaktion m. Gleichaltrigen	-.07	-.30**	.26*	.01
Initiiert Gl.-kontakte	-.05	-.32**	.17	-.28*
Interaktion mit Erw.	.11	-.10	.34***	-.19
Erw. initiiert Kontakt	.13	.10	-.02	.24*
Zuwendung des Erw.	.14	.23*	-.24*	.47***
Phase 2:				
Interaktion m. Gleichaltrigen	-.10	-.12	.10	-.07
Initiiert Gl.-kontakte	-.07	.04	.04	.05
Interaktion mit Erw.	.12	.25*	.34***	.10
Erw. initiiert Kontakt	.12	.29**	.25*	.20*
Zuwendung des Erw.	.15	.34***	.01	.41***
Phase 3:				
Interaktion m. Gleichaltrigen	-.18	.08	.33**	.01
Initiiert Gl.-kontakte	-.22*	.23*	.29**	.21*
Interaktion mit Erw.	-.05	.05	.44***	.22*
Erw. initiiert Kontakt	-.20*	.09	.39***	.30**
Zuwendung des Erw.	-.16	.13	.20*	.32**

* $p \leq .05$; ** $p \leq .01$; *** $p \leq .001$

Dieses Vorgehen der Erzieherinnen unterliegt einer leichten Veränderung während der ersten sechs Betreuungsmonate. Nach sechs Monaten hängt das Verhalten der Erzieherinnen nicht mehr so stark davon ab, ob das Kind einen positiven oder negativen Gefühlsausdruck zeigt. Vielmehr achten die Erzieherinnen jetzt mehr auf die Kinder, die überhaupt ein stärkeres Ausdrucksverhalten zeigen, gleichgültig ob es sich um positive oder negative Gefühlsäußerungen handelt, und reagieren darauf mit Umgang im Spiel und mit Körperkontakt. In der 3. Phase erhalten die Kinder, die leise, ausdrucksarm und mit Spielzeug beschäftigt sind, die geringste Aufmerksamkeit von den Erzieherinnen.

Tabelle 3: Veränderungen der Korrelationen zwischen Erzieherinnen- und Kindverhalten über die drei Phasen hinweg

	Phase 1	Phase 2	Phase 3	p (1 vs 3)
Korrelat:				
Interaktion mit Erw. u.				
neg. Gefühlsausdruck	-.19	.10	.22*	< .01
pos. Gefühlsausdruck	.34**	.34**	.44***	ns
Erw. initiiert Kontakt u.				
neg. Gefühlsausdruck	.24*	.20*	.22*	ns
pos. Gefühlsausdruck	-.02	.25*	.39***	< .01
Spielniveau	.13	.12	-.20*	< .05
Zuwendung des Erw. u.				
neg. Gefühlsausdruck	.47***	.41***	.32**	ns
pos. Gefühlsausdruck	-.24*	.01	.20*	< .01
Interaktion mit Erw. u.				
Zuwendung	.32**	.52***	.80***	< .001
Interaktion m.				
Gleichaltrigen u.				
Unbeweglichkeit/				
Selbsttröstung	-.30**	-.12	.08	< .01
Initiiert Gl.-kontakte u.				
Unbeweglichkeit/				
Selbsttröstung	-.32	.04	.23*	< .001
positiver u.				
neg. Gefühlsausdruck	-.35**	-.24*	-.05	< .05

* p ≤ .05; ** p ≤ .01; *** p ≤ .001

3.2. Bedingungen für die Eingewöhnung nach sechs Monaten

Hohe Werte im Spielverhalten, verbunden mit niedrigen Werten im sozialen Verhalten entsprechen dem von Bowlby (1969) beschriebenen Erscheinungsbild der Gleichgültigkeit. Der Ausdruck von negativen Gefühlen sowie Unbeweglichkeit/Selbsttröstung und soziale Zurückgezogenheit könnten bedeuten, daß das Kind verzweifelt ist (Bowlby 1969; Hofer 1987). Auf der Basis dieser Vorstellungen und der Korrelationswerte, die sich in Phase 3 ergeben haben, konstruierte ich zwei zusammengesetzte Variablen, um die Kinder herauszufinden, deren Verhalten zu dem Modell von Verzweiflung und Gleichgültigkeit paßt. Die zusammengesetzte Variable *Verzweiflung* wurde dadurch gebildet, daß zunächst alle Ausgangsvariablen standardisiert wurden; dann wurde ein Summenwert für *negativen Gefühlsausdruck* und *Unbeweglichkeit/Selbsttröstung* gebildet, von dem die Werte für *Erwachsener initiiert Kontakt* und *Kind initiiert Kontakt* abgezogen wurden. Die Variable *Gleichgültigkeit* wurde gebildet, indem die Werte für *Erwachsener initiiert Kontakt* und *Kind initiiert Kontakt* von der Summe der Werte für *Spielniveau* und *positiven Gefühlsausdruck* abgezogen wurde.

Prädiktoren waren Variablen der Kinder aus Phase 1 (Spielniveau, Unbeweglichkeit/Selbsttröstung und positiver Gefühlsausdruck) und Variablen der Erwachsenen (Interaktion mit Erwachsenen und Zuwendung des Erwachsenen).

Die Variable *negativer Gefühlsausdruck* wurde wegen der (bei Eintritt in die Einrichtung) hohen Korrelation mit den Variablen *positiver Gefühlsausdruck* und *Zuwendung des Erwachsenen* nicht in diese Analysen einbezogen. Um die Prädiktoren für *Verzweiflung* und *Gleichgültigkeit* nach sechsmonatiger Betreuungszeit herauszufinden, wurde eine multiple Regressionsanalyse durchgeführt. Die Variablen der Kinder wurden im ersten, die der Erwachsenen im zweiten Analyseschritt eingeführt. Die Ergebnisse der letztlichen Regressionsgleichung sind in Tabelle 4 aufgeführt.

Die Verhaltensweisen des Kindes bei Eintritt in die Einrichtung erklären 26 % Varianz der Variablen *Verzweiflung* in der 3. Phase. Kleinkinder, die nach sechs Monaten deprimiert und zurückgezogen sind, haben sich beim Eintritt relativ unbeweglich und selbsttröstend verhalten und wenig positive Gefühle gezeigt. Wenn die drei Kindvariablen als erste in die Regression aufgenommen werden, werden bereits 23 % Varianz aufgeklärt, und dieselben Prädiktoren sind signifikant. Für diese Variable ist das Verhalten der Erzieherinnen weniger wichtig als die Besonderheiten des Kindes.

Tabelle 4 zeigt ebenfalls das Ergebnis der multiplen Regression für die Variable *Gleichgültigkeit*. Auch hier ist die Unbeweglichkeit/Selbsttröstung ein besonderer Prädiktor. Allerdings klärten die im ersten Schritt eingeführten Verhaltensweisen des Kindes nur 5 % Varianz auf. Nachdem die Variablen über das Interaktionsverhalten der Erwachsenen in die Regression eingeführt wurden, erhöhte sich die multiple Korrelation um 7.6 % auf insge-

Tabelle 4: Multiple Regressionen: Vorhersage von Verzweiflung bzw. Gleichgültigkeit in der 3. Phase aufgrund der Verhaltensweisen in Phase 1

	Verzweiflung			Gleichgültigkeit		
	r	SRK	p	r	SRK	p
Spielniveau	.10	.16	.08	.06	.15	.13
Unbeweglichkeit/ Selbsttröstung	.37	.28	.01	.17	.28	.01
pos. Gefühlsausdruck	-.41	-.26	.02	.01	.11	.36
Interaktion mit Erw.	-.26	-.14	.19	-.17	-.13	.25
Zuwendung des Erw.	.05	-.06	.58	-.19	-.21	.07
F-Wert		5.49	.00		2.59	.03
FG		5/93			5/93	
R		.51			.35	
R^2		.26			.12	

samt 12.3 %. Die liebevolle Zuwendung des Erwachsenen mindert nach sechs Monaten tendenziell die Gleichgültigkeit des Kindes, auch wenn dieser Effekt nur annähernd signifikant ist. Generell haben die eher gleichgültigen Kinder zu Beginn der Gruppenbetreuung weniger soziale Kontakte mit den Erzieherinnen. Deshalb zeigen Kinder, die nach sechs Monaten Gruppenbetreuung sozial gleichgültig erscheinen, ähnliche Verhaltensweisen bereits beim Eintritt in die Gruppenbetreuung. Sie sind unbeweglich, selbsttröstend und erhalten wenig Aufmerksamkeit von den Erwachsenen.

4. Zusammenfassung und Ausblick

Andere Untersuchungen haben gezeigt, daß sich sowohl das Verhalten des Kindes als auch das des Erwachsenen während der ersten sechs Monate der Gruppenbetreuung verändert (Fein et al. 1993).

In dieser Studie haben wir gezeigt, daß sich die Beziehungen zwischen den Variablen ebenfalls verändern. Eine Variable wie Spielniveau zeigt bei Krippeneintritt keine systematische Beziehung mit dem affektiven Verhalten des Kindes, wird aber sechs Monate später Teil eines kindlichen Verhaltensmusters, bei dem sich der positive Gefühlsausdruck mit einem geringen sozialen Engagement paart.

Die Verhaltensweisen der Erzieherinnen verändern sich ebenfalls und zwar dahingehend, daß ausdrucksstarke Kinder mehr und verschiedene Formen von Beachtung finden, während ausdrucksarme Kinder überhaupt wenig Aufmerksamkeit erhalten. Die meisten dieser Veränderungen sind nach drei Monaten noch nicht wahrzunehmen, sondern treten erst nach sechs Monaten Gruppenbetreuung auf. Diese Daten belegen nicht, ob weitere Veränderungen nach sechs Monaten stattfinden; aber dies mag der Fall sein. In gewisser Weise hängt die Bedeutung einer bestimmten Variablen davon ab, wie lange ein Kind bereits in der Einrichtung betreut wurde. Daraus folgt, daß Querschnittsuntersuchungen, die sich mit der Betreuung von Kleinkindern in Einrichtungen befassen, die Dauer dieser Betreuung in Betracht ziehen müssen, besonders wenn es um die emotionale und soziale Anpassung des Kindes geht.

Diese Studie untersuchte des weiteren, welche Eingewöhnungsmuster nach sechsmonatiger Gruppenbetreuung bei den einzelnen Kindern anzutreffen sind. Wenn institutionell dauerhaft untergebrachte Kinder des regelmäßigen Kontaktes mit einer stabilen Bezugsperson beraubt werden, zeigen sie Kummerreaktionen, die sich in drei aufeinanderfolgenden Phasen ausdrücken: Protest, gefolgt von Verzweiflung und Gleichgültigkeit (Bowlby 1969). Tiere, die man von ihrer Mutter trennte, zeigten unmittelbar nach der Trennung Kummerreaktionen; die Phase der Verzweiflung tritt erst langsam ein, wenn die Trennung anhält (Hofer 1987). Hospitalisierte Kleinkinder protestieren zunächst auch, wenn sie von der Mutter getrennt werden; wenn diese Trennung andauert, sind sie häufig niedergeschlagen und ziehen sich auf sich selbst zurück (Schaffer & Callendar 1959; Spitz 1946). Im Gegensatz dazu, wurde über die von Bowlby (1969) beschriebene Phase der Gleichgültigkeit in Untersuchungen über Kinder, die sich in einem Krankenhaus bzw. einem Heim aufhielten, nichts gefunden, soweit es sich nicht um eine völlig deprivierte Umgebung handelte (Schaffer & Callendar 1959; Tizard & Tizard 1971).

Ist es möglich, daß man bei Kleinkindern, die in Kindertagesstätten betreut werden, Verhaltensweisen findet, die denen von Verzweiflung und Gleichgültigkeit ähnlich sind? Nach unserer Untersuchung lautet die Antwort: ja, auch wenn diese Verhaltensweisen weniger extrem und dramatisch sind, wie ursprünglich von Bowlby beschrieben. Aber ist die Trennung von der Mutter notwendigerweise der Grund dafür? Vielleicht ist eine komplexere Analyse erforderlich. Jedenfalls müssen zwei andere Erklärungen bedacht werden. Eine Erklärung könnte sein, daß manche Kinder eine Prädisposition für bestimmte Anpassungsschwierigkeiten haben. Diese Schwierigkeiten könnten auch in einer qualitativ guten Gruppenbetreuung mit sensiblen und responsiven Erzieherinnen auftreten und sogar dann, wenn das Kind zu Hause von seiner Mutter betreut wird. Die andere Erklärung könnte sein, daß Erzieherinnen nicht in der Lage sind, bestimmten Kindern die Wärme und

Zuwendung entgegenzubringen, die sie benötigen. Auch sensible Erzieherinnen könnten gerade die Kinder vernachlässigen, die besonderer Aufmerksamkeit bedürfen. Beide Erklärungen gehen davon aus, daß das Kind schon ein bestimmtes Temperament in die Gruppenbetreuung mitbringt.

Unsere Ergebnisse legen den Schluß nahe, daß eine sinnvolle Erklärung davon abhängt, ob die vom Kind gezeigten Verhaltensweisen dem Verhaltensmuster Verzweiflung oder Gleichgültigkeit ähnlich sind. Kleinkinder, die nach sechs Monaten Tagesbetreuung Verhaltensweisen zeigten, die dem Verhaltensmuster Verzweiflung ähnelten, waren zu Beginn der Betreuung unbeweglich, auf sich selbst bezogen und lächelten nie. Für dieses Verhaltensmuster war das Verhalten der Erzieherinnen zu Beginn nicht von Bedeutung. Kinder, die sich so verhalten, könnten aufgrund ihres Temperaments zu gehemmten, furchtsamen Reaktionen in neuen Situationen neigen. Verhaltensweisen der Erzieherinnen, die in dieser Untersuchung nicht erfaßt wurden, könnten zu einer Beeinflussung dieses Musters beitragen. Jedoch ist denkbar, daß diese Kinder auch unabhängig von der Gruppenbetreuung zu Rückzug und Niedergeschlagenheit neigen (Broberg, Lamb & Hwang 1990).

Kinder, die nach sechsmonatiger Gruppenbetreuung auf Gegenstände orientiert schienen und dabei zwar fröhlich waren, aber ohne soziale Kontakte blieben, waren ebenfalls zunächst gehemmt und auf sich selbst bezogen. Diese der Gleichgültigkeit ähnlichen Verhaltensweisen erwiesen sich jedoch als vom Verhalten der Erzieherinnen abhängig. Denn diese Kinder erhielten bemerkenswert weniger Aufmerksamkeit von den Erzieherinnen bei Beginn der Betreuung. Es ist möglich, daß sich diese Kinder aufgrund des Desinteresses der Erzieherin dem Spielzeug zuwenden. Die Ursache für die nach sechs Monaten auftretende Gleichgültigkeit kann somit ebenfalls im Temperament des Kindes liegen, wobei die unterschiedlichen Auswirkungen dann stark von der Responsivität der Erzieherin beeinflußt würden.

Einige Forscher behaupten, daß Kinder, die im Laufe des ersten Lebensjahres in eine außerfamiliale Tagesbetreuung kommen, besonders anfällig für spätere soziale und emotionale Schwierigkeiten sind (Ainsworth 1973; Belsky 1988). Waren einige unserer Kinder derart gefährdet? Unsere Daten deuten darauf hin, daß einige Kinder, die in die Einrichtung kommen, schon Dispositionen mitbringen, die Entwicklungschancen verringern. Diese Kinder könnten zu empfindlich sein, um in diesem frühen Alter in Gruppen betreut zu werden, obwohl es andererseits auch möglich ist, daß die Form der Betreuung weniger wichtig ist als die Qualität der zwischenmenschlichen Beziehungen, die von den Erzieherinnen aufgebaut werden. Gut ausgebildete und sozial kompetente Erzieherinnen können auch den Kummer beeinflussen, den sehr empfindliche Kinder erfahren, wenn sie in eine Betreuungseinrichtung kommen. Gehemmte und sich selbst tröstende Kinder könnten besonders verletzlich sein, weil sie leicht zu übersehen sind. Eine der zukünftigen Forschungsaufgaben liegt darin, die Verhaltensstrategien der Erzieherinnen für einen konstruktiven Umgang mit den speziellen Dispositionen zu untersuchen, die Kinder in eine Tagesbetreuung mitbringen.

Anmerkung

1. Diese Untersuchung wurde von der Spencer Foundation gefördert. Wir danken Egle Becchi und Anna Bondioli für ihre Beteiligung am Entwurf und an der Durchführung dieser Untersuchung. Ebenso danken wir Patricia Rovati, den Erzieherinnen und den Eltern für ihre liebevolle Unterstützung und Ermutigung.

Literatur

Ainslee, R.C. & Anderson, C.W. (1984): Day care children's relationships to their mothers and caregivers. In: Ainslee, R.C. (Hrsg.): The child and the day care setting. New York: Praeger, S. 98-133.
Ainsworth, M.D.S. (1973): The development of mother-infant attachment. In: Caldwell, B.M. & Ricciuti, H.N. (Hrsg.): Child development and social policy, Vol. 3. Chicago: University of Chicago Press, S. 1-94.
Anderson, C.W., Nagle, R.J., Roberts, W.A. & Smith, J.W. (1981): Attachment to substitute caregivers as a function of center quality and caregiver involvement. In: Child Development, 52, S. 53-61.
Belsky, J. (1988): The 'effects' of infant day care reconsidered. In: Early Childhood Research Quarterly, 3, S. 227-334.
Bowlby, J. (1969): Attachment and loss: Vol. 1. Attachment. New York: Basic Books (deutsche Übersetzung: Bowlby, J. (1975): Bindung. Eine Analyse der Mutter-Kind-Beziehung. München: Kindler).
Broberg, A., Lamb, M.E. & Hwang, P. (1990): Inhibition: Its stability and correlates in sixteen- to forty-month-old children. In: Child Development, 61, S. 1153-1163.
Cummings, E.M. (1980): Caregiver stability and day care. In: Developmental Psychology, 16, S. 31-37.
Farran, D.C., Burchinal, M., Hutaff, S.E. & Ramey, C.T. (1984): Allegiances or attachments: Relationships among infants and their day care teachers. In: Ainslee, R.C. (Hrsg.): The child and the day care setting. New York: Praeger, S. 133-158.
Fein, G.G., Gariboldi, A. & Boni, R. (1993): The adjustment of infants and toddlers to group care: The first six months. In: Early Childhood Research Quarterly, 8, S. 1-14.
Feldbaum, C., Christenson, T. E. & O'Neal, E.C. (1980): An observational study of the assimilation of the newcomer to the preschool. In: Child Development, 51, S. 497-507.
Field, T., Gewirtz, J.L., Cohen, D., Garcia, R.,Greenberg, R. & Collins, K. (1984): Leavetakings and reunions of infants, toddlers, preschoolers and their parents. In: Child Development, 55, S. 628-635.
Hofer, M.A. (1987): Early social relationships: A psychobiologist's view. In: Child Development, 58, S. 633-647.
Howes, C., Rodning, C., Galluzzo, D.C. & Myers, L. (1988): Attachment and child care: Relationships with mother and caregiver. In: Early Childhood Research Quarterly, 3, S. 403-416.
Lamb, M.E., Hwang, P., Bookstein, F.L., Broberg, A., Hult, G. & Frodi, M. (1988): Determinants of competence in Swedish preschoolers. In: Developmental Psycholoy, 24, S. 58-70.
Main, M. (1983): Analysis of a peculiar form of reunion behavior seen in some day care children: Its history and sequels in children who are home reared. In: Webb, R.A. (Hrsg.): Social development in childhood: Day care programs and research. Baltimore, MD.: The Johns Hopkins Press, S. 33-78.

McCartney, K. (1984): Effect of quality day care environment on children's language development. In: Developmental Psychology, 20, S. 244-260.

McGrew, W.C. (1972): Aspects of social development in nursery school children with emphasis on introduction to the group. In: Blurton Jones, N. (Hrsg.): Ethological studies of child behavior. London: Cambridge University Press, S. 129-156.

Rubenstein, J.L. & Howes, C. (1979): Caregiver and infant behavior in day care and in homes. In: Developmental Psychology, 15, S. 1-24.

Schaffer, H.R. & Callendar, W.M. (1959): Psychological effects of hospitalization in infancy. In: Pediatrics, 24, S. 528-539.

Spitz, R. (1946): Anaclitic depression. In: Psychoanalytic Study of the Child, 2, S. 313-342.

Sroufe, A. (1988): A developmental perspective on day care. In: Early Childhood Research Quarterly, 3, S. 283-291.

Tizard, J. & Tizard, B. (1971): The social development of two-year-old children in residential nurseries. In: Schaffer, H.R. (Hrsg.): The origins of human relations. London: Academic Press, S. 147-161.

Hellgard Rauh und Ute Ziegenhain

Krippenerfahrung und Bindungsentwicklung[1]

1. Sozial-emotionale Bindung, frühkindliche Belastungserfahrung und Krippe

In den ersten Lebensjahren entwickeln Kinder nicht nur motorische, kognitive und soziale Kompetenzen, sondern sie begegnen Grundsituationen des Lebens zum erstenmal. Solche Grundsituationen sind, relativ zu den begrenzten Kompetenzen des Kindes, nicht nur Herausforderungen, sondern meist auch Überforderungssituationen; das Kind bedarf daher der Hilfe und Unterstützung zumindest eines Erwachsenen, zu dem es ein tiefes Vertrauen hat.

Der Eintritt kleiner Kinder in die Krippe stellt eine solche Grundsituation dar, in der das Setting Familie durch ein weiteres Setting erweitert wird. Der Krippenbesuch soll hier im übrigen für die vielfältigen Weisen mehr oder minder geregelter Formen der Mitbetreuung und außerfamilialen Betreuung kleiner Kinder stehen, wie stundenweiser Unterbringung bei den Großeltern, Verwandten und Freunden oder Tagesmüttern. Die Krippe kann in diesem Zusammenhang als relativ standardisierter Prototyp für regelmäßige außerfamiliale Betreuung betrachtet und untersucht werden. Die erste regelhafte Erweiterung des Lebensraumes sehr kleiner Kinder, oder Erweiterung des Mikrosystems der engeren Familie durch ein weiteres Mikrosystem zu einem Mesosystem (Bronfenbrenner 1989), ist für die Kinder mit hoher Anforderung und Belastung verbunden.

Seit vielen Jahren gibt es eine heftige sozialpolitische Diskussion um die möglichen Spätwirkungen außerfamilialer Tagesbetreuung von Kleinkindern, speziell des Krippenbesuchs (Pechstein 1990), und eine wachsende Forschungsliteratur (Beller 1989; Belsky & Steinberg 1978; Scarr & Eisenberg 1993; Vaughn, Deane & Waters 1985). Wurden, vor allem bei Forschungen in den USA, die Spätfolgen zunächst auf der kognitiven Ebene gesucht (Beller 1987), so lag der Schwerpunkt der Argumentation in Schweden und Frankreich überwiegend im Bereich des Sozialverhaltens und der sozialen Kompetenz (Rauh 1994). In letzter Zeit verlegte sich das Interesse zunehmend auf die sozial-emotionale Entwicklung der Kinder, besonders auf die Qualität der sich entwickelnden emotionalen Bindungsbeziehung zur Mutter (Beller 1989; Belsky 1988; Lamb & Sternberg 1989). Damit näherte sich die Diskussion, wenn auch in wesentlich subtilerer Form, wieder den ursprünglich psychoanalytisch orientierten Themen an. Diese Schwerpunktverlagerung der Argumentation von kognitiven zu eher emotionalen Aspekten spiegelt zudem den allgemeinen Trend in der Entwicklungspsychologie wider, Entwicklung – statt weitgehend unter dem Aspekt der Entwicklungsaufgabe (Havighurst 1972; Oerter 1986) und des Problemlösens (Silbereisen & Kastner 1987) – nun unter dem Aspekt von Stress und Belastungsregulation und -verarbeitung (Lazarus & Folkman 1984) zu sehen. Entsprechend wandelte sich in der Sicht der Forscher die Rolle des erwachsenen Partners des Kindes vom *Mediator* (Carew 1977) – d.h. vom didaktischen Vermittler zwischen dem Kind und den Anforderungen der Umwelt – zum *Moderator* (Bornstein 1992) von Stress und Belastung – d.h. zum Regulator von Erregung und Emotionen sowie zur Orientierungshilfe bei der Bewertung einer Situation. Auch die neuere Bindungsforschung und die Diskussion um die mögliche Beeinträchtigung der Bindungsbeziehung zur primären Bezugsperson, der Mutter, durch frühen Krippenbesuch kann unter dieser Perspektive betrachtet werden. Die Bindungstypen nach Ainsworth (Ainsworth, Blehar, Waters & Wall 1978), nach Main (Main & Solomon 1990) und, für das Vorschulalter, nach Crittenden (1992) reflektieren demnach auch die unterschiedlichen Kompetenzen der Kinder, Erwachsene als sozial-emotionale 'Ressourcen' zu nutzen, Kompetenzen, die sie im Verlauf des ersten Lebensjahres in der intensiven Interaktion mit den sie betreuenden Erwachsenen erworben haben. Dabei ist die Sicherheit des Kindes in seiner sozial-emotionalen Bindung sowohl von der Sensitivität des betreuenden Erwachsenen als auch von seiner zuverlässigen Verfügbarkeit abhängig. In diesen Merkmalen sind Erwachsene allerdings unterschiedlich kompetent und geschickt, und Kinder sind ihrerseits unterschiedlich belastbar und belastungsresistent (Rauh 1989).

Im folgenden wird anhand der Daten aus dem Forschungsprojekt 'Frühkindliche Anpassung' (Rauh 1987; Rauh, Ziegenhain & Müller 1994) untersucht, in welcher Beziehung die Bindungsqualität des Kindes zur Mutter und zur Krippenerfahrung des Kindes steht. Dabei wird zwischen der Krippen*eintritts*erfahrung, also dem Loslösungs- und Eingewöhnungsprozeß, und der eigentlichen Krippenerfahrung nach mehrmonatigem Aufenthalt (Erziehungsklima und emotionales Befinden im Mikrosetting Krippe) unterschieden. Ein Teil der Kinder kam vor, ein Teil nach der erstmaligen Erfassung der Bindungsqualität in die Krippe, so daß sich natürliche Kontrollgruppen für die Bedeutung des Alters bei Krippeneintritt und die Vorerfahrungen der Kinder im familialen Mikrosetting ergaben. Je nach Aspekt der Fragerichtung lassen sich daher vorläufige Antworten auf die folgenden Fragen finden:

1) Welche Bedeutung haben früher/später Krippeneintritt bzw. Art der Krippeneintrittserfahrung für die Entwicklung der Bindungsbeziehung zur Mutter?
2) Welche Bedeutung haben die Bindungsbeziehung zur Mutter bzw. die konkreten Krippenerfahrungen (Alter bei Krippeneintritt, Erzieherverhalten) für das emotionale Befinden der Kinder in der Krippe jenseits der Eingewöhnungsphase?

Die Antworten sind jedoch noch als tentativ zu betrachten, da das Forschungsmaterial noch nicht vollständig ausgewertet ist.

2. Stichprobe

In der Längsschnittstudie zum 'Anpassungsverhalten von Säuglingen und Kleinkindern an neue Situationen' (Rauh, Ziegenhain & Müller 1994) wurden 76 Kinder, die innerhalb des ersten Lebensjahres in die Krippe kommen sollten, von der Geburt bis zum zweiten Lebensjahr in ihrer sozial-emotionalen und kognitiven Entwicklung und ihrer Reaktion auf den Krippeneintritt untersucht. Die Kinder wurden 1989/1990 geboren und stammen alle aus Berlin (West). Dabei ist anzumerken, daß damals über 20 % der West-Berliner Eltern kleiner Kinder die Möglichkeit der Krippenbetreuung (meist städtische Krippen mit pädagogischem Betreuungsauftrag, häufig als Kindertagesstätte räumlich und organisatorisch kombiniert mit einem Kindergarten) in Anspruch nahmen. Die Projektfamilien wurden vor der Geburt des Kindes größtenteils über die Anmeldelisten der Krippen rekrutiert. Teilnahmevoraussetzung war die ernsthafte Absicht der Eltern, ihr Kind bereits im ersten Lebensjahr in die Krippe zu geben. Bei 59 der 76 Kinder wurde der geplante Krippenbesuch bis zum 18. Lebensmonat tatsächlich realisiert, allerdings zu sehr unterschiedlichen Zeitpunkten und häufiger bei Mädchen (fast alle) als bei Jungen (etwas mehr als die Hälfte). Bei 34 (von 36) Kindern mit Krippeneintritt vor dem 12. Lebensmonat und bei 20 (von 23) Kindern mit Krippeneintritt zwischen dem 12. und 18. Lebensmonat konnte der Krippeneintritt ausführlich dokumentiert werden; von 5 Krippenkindern fehlen jedoch detaillierte Informationen zur Eingewöhnung in die Krippe, was die Datenanalysen auf insgesamt 54 Kinder mit Krippenerfahrung reduziert.

Tabelle 1 gibt einen Überblick über die soziodemographischen Charakteristika der Gesamtstichprobe und der beiden Teilstichproben mit früh oder spät beginnender Krippenerfahrung. Da das realisierte Eintrittsalter von vielen, möglicherweise auch für unsere Fragestellung wesentlichen soziodemographischen Merkmalen beeinflußt sein könnte, wurde zur Gruppe der Kinder mit sehr frühem Krippeneintritt (zwischen zwei und vier Monaten) eine nach soziodemographischen Merkmalen parallelisierte Gruppe von Kindern mit Krippeneintritt unmittelbar nach 12 Monaten zugeordnet (*parallelisierte Teilgruppen*).

Bei 35 bzw. 33 der Kinder mit Krippenerfahrung (21 Mädchen, 14 Jungen; 22 Kinder mit Krippeneintritt vor und 13 mit Krippeneintritt nach 12 Monaten) konnte im Alter von 18 Monaten das Verhalten der Kinder und der Erzieherinnen an einem ganzen Krippentag beobachtet werden. Die Auswertungen für diesen Teilaspekt der Studie beziehen sich daher auf diese reduzierte Gruppe.

Tabelle 1: *Soziodemographische Daten der Gesamtstichprobe und der Teilstichproben*

Soziodemographische Merkmale		Gesamte Stichprobe (n = 76)*	Krippeneintritt mit Krippenbesuch (n = 54)		parallelisierte Krippen-Strichproben	
			vor 12 Mon. (n = 34)	nach 12 Mon. (n = 20)	mit 2-5 Mon. (n = 11)	nach 12 Mon. (n = 11)
Geschlecht	Mädchen	35	15	15	6	6
	Jungen	41	19	5	5	5
Erziehungsverantwortung	gemeinsam	67	29	20	8	10
	allein	9	5	–	3	1
Schulbildung der Mutter	Hauptschule	12	9	1	2	–
	Realschule	34	12	11	3	5
	Gymnasium	30	13	8	6	6
Geschwisterrang	erstgeboren	42	16	12	10	5
	spätergeb.	34	18	8	1	6

* Für ein Kind der Stichprobe liegt ein vollständiger Datensatz nur bis zum 1. Lebensjahr vor.

3. Variablen, Instrumente und Methoden

Zur Erfassung der Qualität der emotionalen Beziehung zur Hauptbezugsperson in der Familie, der Mutter, haben wir im Alter von 12 und von 21 Monaten die *Bindungsqualität* im Fremde-Situations-Test (F-S-T) nach Ainsworth (Ainsworth, Blehar, Waters & Wall 1978) erhoben und sowohl nach den Kriterien von Ainsworth als auch denen nach Main (Main & Solomon 1990) ausgewertet, bei den 21monatigen Kindern zusätzlich auch nach den Kriterien von Crittenden (1991). Diese drei Auswertungsmethoden beruhen auf den gleichen theoretischen Konzepten, erfassen aber, in der Abfolge Ainsworth < Main < Crittenden, immer genauer Anzeichen unsicheren Verhaltens der Kinder. Das System von Crittenden, das für das Vorschulalter entwickelt wurde, berücksichtigt zudem die mit der Entwicklung zunehmende Kompetenz der Kinder, Vertrauen und Unsicherheit auch symbolisch (z.B. sprachlich) auszudrücken. Für die Teilgruppe der Kinder mit Krippeneintritt nach dem 12. Lebensmonat lag die erste F-S-T-Erhebung vor jeglicher Krippenerfahrung. Somit können im Alter von 12 Monaten Kinder mit und ohne Krippenerfahrung in ihrem Bindungsverhalten verglichen werden. Im Alter von 21 Monaten war die Mehrzahl der Projektkinder in der Krippe und hatte schon mehrere Monate Krippenerfahrung.

Für diese beiden parallelisierten Teilgruppen stehen auch die Auswertungen zur *mütterlichen Sensitivität* zur Verfügung. Diese wurde anhand von

20minütigen Videoaufnahmen der Mutter-Kind-Interaktion mit dem dreimonatigen und dem zwölfmonatigen Kind in der häuslichen Umgebung (Wickeln und Spielen) unter Anwendung der neunstufigen *Sensitivitätsskala* von Ainsworth (Ainsworth, Bell, & Stayton 1974; Grossmann 1977) beurteilt, die für die Zwecke unserer Analysen jedoch dichotomisiert wurde (1-5 = niedrig, 6-9 = hoch). Bei der Erhebung mit drei Monaten lag die Erfassung der mütterlichen Sensitivität bei allen Kindern vor jeglicher Krippenerfahrung, bei der Erhebung mit 12 Monaten gilt dies nur für die Kinder mit Krippeneintritt nach 12 Monaten.

In Hinblick auf die Krippenerfahrung der Kinder wurde zwischen *Krippeneintritt* (Eintrittsalter und Modus der Eingewöhnung) und *Krippenerleben* (Erzieherverhalten und emotionalem Befinden) unterschieden.

Das Eintrittsalter war in Berlin nur sehr begrenzt von den Eltern beeinflußbar, und der Eintritt fand meist zwischen August und Oktober statt, wenn durch den Schuljahresbeginn entsprechend Kindergartenplätze frei geworden waren. Die Eltern konnten daher bestenfalls entscheiden, ob sie einen sehr frühen Krippeneintritt, eventuell schon mit drei Monaten, wahrnehmen oder den geplanten Krippenbesuch ihres Kindes um ein volles Jahr verschieben wollten. In unserer Stichprobe haben alleinerziehende Mütter mit akademischer Ausbildung und Mütter mit niedriger Bildung, letztere, insbesondere wenn es ihr zweites Kind war, häufiger einen sehr frühen Krippeneintritt gewählt und Eltern von Einzelkindern, bei denen beide Elternteile eine gute Bildung und Ausbildung hatten, eher einen sehr späten Krippeneintritt (nach 18 Monaten), insbesondere wenn ihr Kind ein Junge war. Für das Krippeneintrittsalter zwischen 6 und 14 Monaten ließen sich keine soziodemographisch charakteristischen Präferenzen erkennen.

Der *Eintrittsmodus* wurde jeweils zwischen Krippe und Eltern ausgehandelt, war aber nach unseren Analysen kaum von soziodemographischen Charakteristika der Familien oder der Bindungsbeziehung zwischen Mutter und Kind beeinflußt (Rottmann & Ziegenhain 1988). Als *sanfter Eingewöhnungsmodus* wurde definiert, wenn das Kind zumindest während der ersten drei Tage weniger als vier Stunden täglich in der Krippe blieb *und* wenn die Mutter mindestens in der ersten Woche (fast) die ganze Zeit über mit in der Gruppe war. Als *abrupter Eingewöhnungsmodus* wurde definiert, wenn das Kind bereits in den ersten drei Tagen mindestens vier Stunden in der Einrichtung verbrachte und wenn die Mutter überhaupt nicht bzw. maximal drei bis vier Tage jeweils höchstens zwei Stunden mit anwesend war.

Das *Krippenerleben* wurde erfaßt, als die Kinder 18 Monate alt waren und zwischen 3 und 15 Monate Krippenerfahrung hatten.

Die *Qualität des Erzieherverhaltens* bzw. das Erziehungsklima in der Krippe erfaßten wir mit Hilfe von Bellers *Erzieher-Ratings* (Beller 1983), bei denen eine Beobachterin nach einem vollen Krippentag Beobachtungszeit ihren Eindruck auf 27 fünfstufigen Ratingskalen wiedergibt.

Am gleichen Tage und durch die gleiche Beobachterin wurde das *emotionale Befinden der Projektkinder* in der Krippe mit Hilfe der Emotions-Skalen (Lewis & Michalson 1983) eingeschätzt. Diese Skalen erfassen in einer Art Event-Recording die emotionalen Reaktionen der Kinder auf unterschiedliche alltägliche Krippensituationen (z.b. beim Eintreffen in der Krippe, beim Weggehen der Mutter, in der Interaktion mit vertrauten und unvertrauten Kindern, in der Interaktion mit der Erzieherin oder die Reaktion auf einen fremden Erwachsenen, aber auch bei Ermahnungen der Erwachsenen oder bei Angriffen seitens der Gleichaltrigen bzw. wenn ein Spielzeug zerbricht). Das Ausdrucksgeschehen über die verschiedenen Situationen hinweg wird anschließend aggregiert und den Gefühlen Angst (fear), Wut (anger), Affiliation (soziale Zuwendung, aber auch Scheu), Fröhlichkeit (happiness) und Kompetenz zugeordnet. Es wird somit erfaßt, in wie vielen verschiedenen Arten von Situationen ein Kind die genannten Gefühle zeigte und welches sein maximaler Gefühlsausdruck in diesen fünf Gefühlsbereichen war.

Wegen der reduzierten Stichprobe ist es uns jedoch nur in tentativer Weise möglich zu überprüfen, inwieweit das emotionale Befinden der Kinder in der Krippe nach der Eingewöhnungsphase eher vom aktuellen Erziehungsklima in der Krippe abhängt oder (direkt bzw. indirekt über das Erzieherverhalten) von der im ersten Lebensjahr entwickelten emotionalen Bindungssicherheit zur Mutter, ob die Dauer der Krippenerfahrung von Einfluß ist und ob das emotionale Verhalten der Kinder in der Krippe im Alter von 18 Monaten ihr emotionales Bindungsverhalten mit 21 Monaten ankündigt.

4. Ergebnisse

4.1. Krippeneintrittserfahrung und Bindungsqualität

Im Alter von 12 Monaten gab es zwischen Kindern mit und ohne bisheriger Krippenerfahrung keine Unterschiede in der Bindungsqualität (Tabelle 2); auch eine feinere Unterteilung in Krippeneintrittsaltersgruppen veränderte diesen Befund nicht.

Im Alter von 21 Monaten traten dann allerdings Unterschiede auf, jedoch nur nach dem Klassifikationssystem von Ainsworth, nicht dem von Main: Die nun als bindungsunsicher eingestuften Kinder waren meistens vor 12 Monaten in die Krippe gekommen. Unter Berücksichtigung der für Unsicherheitsmerkmale sehr sensiblen Klassifikation von Crittenden fällt auf, daß 7 der insgesamt nur 13 als eindeutig bindungssicher beurteilten Kinder selbst mit 21 Monaten noch nicht in der Krippe waren. Es bleibt daher zu überprüfen, ob die vorgefundenen Unterschiede allein auf die Krippenerlebnisse des Kindes zurückzuführen sind.

Tabelle 2: Bindungsqualität nach Ainsworth und Main mit 12 und 21 Monaten

Klassifikation		gesamte Stichprobe		Krippen eintritt vor 12 M.		Krippen eintritt nach 12 M.		ohne Krippen eintritt		Krippen-eintritt 2-5 M	Krippen eintritt nach 12 M
		Ainsw.	Main	Ainsw.	Main	Ainsw.	Main	Ainsw.	Main	Main	Main
mit 12 Monaten	B	45	29	19	10	10	7	12	8	3	4
	A	19	12	7	4	8	6	4	2	–	4
	C	7	5	6	4	1	1	–	–	1	–
	D	–	30	–	16	–	6	–	7	7	3
	U	5	–	2	–	1	–	1	–	–	–
		n = 76		n = 34		n = 20		n 0 17		n = 11	n = 11
mit 21 Monaten	B	56	39	21	16	16	10	15	9	7	6
	A	8	2	6	2	–	–	2	–	1	–
	C	6	2	5	1	1	1	–	–	–	1
	D	–	29	–	13	–	8	–	8	3	3
	U	5	3	1	1	3	1	–	–	–	1
		n = 75		n = 33		n = 20		n 0 17		n = 11	n = 11

Tabelle 3: Sichere Bindungsqualität nach Ainsworth und Main mit 12 und 21 Monaten je nach Krippeneintrittsalter (KEA) in Prozent

	Gesamt		G e s a m t				parallelisierte Teilgruppe		18 Mon. (Krippe)	
KEA vor/ nach 12 Mon.	mit und ohne		vor		nach		ohne		früh	nach	vor und nach
Klassifikation	Ains. %	Main %	Ains. %	Main %	Ains. %	Main %	Ains. %	Main %	Main %	Main %	Ains %	Main %
mit 12 Mon.	59,2	48,3	55,9	29,4	50	35	70,6	47,1	27,3	36,4	54,3	34,3
n	n = 76		n = 34		n = 20		n = 17		n = 11	n = 11	35
mit 21 Mon.	74,7	52	63,6	48,5	80	50	88,2	52,9	63,6	54,5	65,7	48,6
n	n = 75		n = 33		n = 20		n = 17		n = 11	n = 11	n = 35

Ob die Kinder einen sanften, einen abrupten oder noch gar keinen Krippeneintritt erlebt hatten (Eingewöhnungsmodus), wirkte sich mit 12 Monaten ebenfalls nicht in statistisch bedeutsamer Weise aus. Dieses Bild ändert sich aber für die Bindungsqualität mit 21 Monaten. Kinder mit sanftem Eingewöhnungsmodus hatten häufiger eine sichere und Kinder mit einem abrupten Eingewöhnungsmodus häufiger eine unsichere Bindung, zumal wenn sie nach Main klassifiziert worden waren. Diese Beziehung zwischen Krippeneintrittserfahrung und Bindungssicherheit gilt jedoch nur für die Kinder, die nach 12 Monaten in die Krippe kamen (Tabelle 4). Der Vergleich mit den zwei parallelisierten Gruppen bestätigt diesen Befund.

Tabelle 4: Bindungsqualität (Main: sicher/unsicher) je nach Krippeneintrittsalter und Art der Eingewöhnung

	Alle Kinder mit Krippeneintritt				Parallelisierte Teilgruppen			
	Krippeneintritt vor 12 Mon. (n = 34)		Krippeneintritt nach 12 Mon. (n = 20)		Krippeneintritt mit 2-5 Mon. (n = 11)		Krippeneintritt nach 12 Mon. (n = 11)	
Bindung	Eingewöhnungsmodus		Eingewöhnungsmodus		Eingewöhnungsmodus		Eingewöhnungsmodus	
	Mutter	Kind	Mutter	Kind	Mutter	Kind	Mutter	Kind
mit 12 Mon.	n. S.	n. S.	n. S.	n. S.	n. S.	n. S.	n. S.	n. S.
mit 21 Mon.	n. S.	n. S.	$chi^2 = 5.49$ $p = .02$	$chi^2 = 8.57$ $p = .003$	n. S.	n. S.	n. S.	$chi^2 = 4.95$ $p = .03$

Die obigen Ergebnisse lassen sich nicht daraus erklären, daß Mütter von später sicher gebundenen Kindern generell einen sanften Eingewöhnungsmodus gewählt hätten! Vielmehr erlangen Kinder offenbar erst gegen Ende des ersten Lebensjahres die entwicklungsmäßigen Voraussetzungen, ihre emotionalen Erfahrungen mit dem Krippeneintritt auf ihre Mütter beziehen zu können.

4.2. Einfluß der mütterlichen Sensitivität

Die Analysen zum Einfluß der mütterlichen Sensitivität auf die Bindungsqualität von Kindern mit frühem und relativ spätem Krippeneintritt wurden vorerst nur für die soziodemographisch parallelisierten Teilstichproben durchgeführt.

Tabelle 5: Einfluß von mütterlicher Sensitivität und Eingewöhnungsqualität auf die Qualität der Bindung mit 21 Monaten (Ergebnisse der Prädiktionsanalysen)

Modelle	beide Altersgruppen (n = 22)	Krippeneintritt 2-5 Monate (n = 11)	Krippeneintritt nach 12 Monaten (n = 11)
Sensitivität → Bindung	Del = .147 * p = .23	Del = .353 p = .09	Del = .0 p = .59
Sensitivität und Modi → Bindung	Del = .391 p = .03	Del = .362 p = .08	Del = .453 p = .07
kombiniert	Del = .421 p = .03		

* Del = .147 heißt: 14,7% Fehlerreduktion durch das Modell gegenüber einem Zufallsmodell

Der in Tabelle 5 dargestellten Prädiktionsanalyse (Eye & Brandtstädter 1988) liegen die mütterlichen Sensitivitätswerte (dichotomisiert) im Alter des Kindes mit drei Monaten und ihre Prädiktion auf die Bindungsqualität mit 21 Monaten (nach Main) zugrunde. Die Prädiktionsanalyse überprüft über den Prüfwert DEL, um wieviel besser als eine Zufallsverteilungsannahme (übliche Chi^2-Berechnung) eine theoretisch begründete Verteilungsannahme (Modell) den empirischen Daten entspricht. Die Annahme, daß mütterliche Sensitivität sichere Bindung prädiziert, verbesserte die Vorhersage gegenüber dem Zufallsmodell um 35 %, wegen der kleinen Stichprobe aber nur als Trend und nur in der Gruppe mit sehr frühem Krippeneintritt. Für die Kinder mit spätem Krippeneintritt verbesserte sich die Vorhersage sofort deutlich (Fehlerreduktion von 45 %), wenn zusätzlich zur Sensitivität der Eintrittsmodus berücksichtigt wurde.

Beide Modellannahmen kann man nun in ein gemeinsames Modell integrieren, das für die Kinder mit frühem Krippeneintritt als alleinigen bedeutsamen Prädiktor für ihre Bindungsqualität mit 21 Monaten den Einfluß von mütterlicher Sensitivität annimmt, für die Kinder mit Krippeneintritt jenseits des ersten Lebensjahres dagegen den gemeinsamen Einfluß von mütterlicher Sensitivität und Eingewöhnungsmodus in die Krippe hypostasiert. Dieses Modell stimmte mit den empirischen Befunden am besten überein und reduzierte die Fehlklassifikationen gegenüber einer Zufallsverteilung signifikant um 42 %. (Tabelle 5, untere Zeile).

4.3. Wohlbefinden in der Krippe

Tabelle 6 gibt im linken Teil einen Überblick über die von den Kindern gezeigten Intensitätsgrade der Gefühle, wie sie mit den Emotionsskalen von Lewis und Michalson (1983) erfaßt wurden. Insgesamt drückte die Mehrzahl der Kinder mindestens einmal am Beobachtungtag die jeweiligen Gefühle in maximaler Intensität aus, insbesondere die positiven Gefühle. Die rechte Hälfte der Tabelle gibt die über die Situationen und die Kinder gemittelten Gefühlsintensitätsgrade wieder, die, außer bei den Kompetenzgefühlen, deutlich zu den niedrigeren und mittleren Intensitätsgraden tendieren.

Im Vergleich zu den etwa gleichaltrigen amerikanischen Krippenkindern in der Studie von Lewis und Michalson (1983) zeigten unsere Kinder deutlich weniger Angst, aber etwa gleich viel Wut und Kompetenzgefühle; sie waren etwas fröhlicher, zeigten aber deutlich weniger Gefühle der sozialen Zuwendung oder Scheu.

Tabelle 6: Maximaler Gefühlsausdruck und Mittlerer Gefühlsscore in der Krippe mit 18 Monaten (Emotions-Skalen nach Lewis & Michalson) (n = 35)

	Maximaler Ausdruck (Rating)					Mittlere Ausdrucksintensität		
Emotion	1	2	3	4	5	Mittelwert	Streuung	Median
Fear	1	8	8	2	15	1.75	.12	2.0
Anger	3	1	2	9	20	2.95	.19	3.2
Affiliation	-	2	6	12	15	1.89	.12	1.90
Happiness	-	-	4	4	27	2.71	.14	2.60
Competence	-	1	1	4	29	3.41	.14	3.50

Zur Überprüfung der Beziehungen zwischen dem Gefühlsausdruck der Kinder in der Krippe (Intensität und mittlerer Emotionsausdruck, dichotomisiert am vollzahligen Median) und dem Geschlecht der Kinder, der Dauer der Krippenerfahrung und der Bindungsqualität der Kinder (sicher/unsicher) mit 12 und mit 21 Monaten wurde eine Vielzahl von Vierfelder-Chi-Quadraten gerechnet, die wegen der z.T. geringen Fallzahlen aber mit Vorsicht zu interpretieren sind.

Es gab keine geschlechtsspezifischen Unterschiede im Gefühlsausdruck der Kinder, mit einer Ausnahme: Mädchen, vor allem solche mit frühem Krippeneintritt, zeigten häufiger Gefühle der sozialen Zuwendung, Anhänglichkeit oder Scheu (Affiliation) und entsprachen damit dem sozialen Stereotyp.

Das Krippeneintrittsalter ließ sich nur beim Ausdruck von Kompetenzgefühlen als Einfluß statistisch sichern. Die wenigen Kinder (n = 6), die ihrer Leistungsfreude nicht irgendwann einmal maximalen Ausdruck verliehen, und 14 der 17 Kinder mit insgesamt geringerer Leistungsfreude über die Situationen hinweg waren alle vor ihrem 12. Monat in die Krippe gekommen.

Die Bindungsqualität mit 12 Monaten zeigte nur relativ wenige signifikante Beziehungen zum Gefühlsausdruck der Kinder mit 18 Monaten in der Krippe, und nur in bezug auf happiness und competence: Bis auf ein Kind zeigten alle sicher gebundenen Kinder maximalen Ausdruck von Fröhlichkeit, und sie gehörten auch insgesamt gesehen zu den fröhlicheren Kindern (Main-Klassif.: $Chi^2 = 10.28$, df = 1, p < .001). Allerdings tendierten sie eher dazu, ihrer Leistungsfreude gemäßigten Ausdruck zu geben ($Chi^2 = 3.54$, df = 1, p = .06). Faßt man die Verhaltenstendenzen über die übrigen Gefühlsäußerungen zusammen, dann lassen sich die nach Ainsworth oder Main sicher gebundenen Kinder nicht nur als fröhlicher und sozial aufgeschlossener beschreiben; bei negativen Gefühlsäußerungen von Furcht oder Ärger stimmte auch ihre generelle Gefühlsrichtung (mittlerer Gefühlsausdruck) mit ihrem maximalen Ausdruck überein. Dies ist erwähnenswert, da unsicher gebundene Kinder bei ihren negativen Gefühlen, Furcht und Ärger, eine interessante Gegenläufigkeit zeigten: Bei insgesamt höherem Furchtniveau drückten sie ihre Furcht seltener maximal aus und bei insgesamt niedrigerem Ärgerniveau ihren Ärger mitunter aber maximal.

Zum Bindungsniveau mit 21 Monaten gab es etwas vielfältigere Beziehungen, die vor allem durch die Kinder mit späterem Krippeneintritt bestimmt wurden. Kinder, die nach Ainsworth, Main bzw. Crittenden mit 21 Monaten sicher gebunden waren, wirkten überwiegend fröhlich und gaben ihrer Freude und ihrer Kompetenz auch maximalen Ausdruck, während sie im maximalen Ausdruck von sozialer Zuwendung, aber auch von Furcht, etwas zurückhaltender waren. Kinder mit unsicherer Bindung zeigten häufiger Anzeichen von Furcht und etwas seltener von Ärger oder Kompetenzgefühlen, steigerten sich in den meisten Gefühlen aber mindestens einmal auch zum Maximum. Dies spricht für größere Ausdrucksschwankungen bei den unsicheren Kindern.

Diese Ergebnisse bestätigen und differenzieren die Befunde von Rottmann und Ziegenhain (1988), denen zufolge sich sichere Bindung zur Mutter mit 12 Monaten nach der Eingewöhnungsphase vor allem in größerer Fröhlichkeit, emotionaler Ausgeglichenheit und sozialem Zuwendungsinteresse ausdrückt, Unsicherheit dagegen in weniger heiterer und ausgeglichener Stimmungslage, stärkerer Zuwendung zu Spielgegenständen als zu Gleichaltrigen und, je nach Richtung der unsicheren Bindung, stärkerer emotionaler Abhängigkeit von der Erzieherin. Die Beziehungen zwischen Bindungsqualität und emotionalem Befinden in der Krippe sind aber nicht sehr ausgeprägt und sprechen dafür, daß dies für die Kinder zwei unterscheidbare sozioemotionale Settings sind.

4.4. Erzieherverhalten und Erziehungsklima in der Krippe

Die von uns in 33 Krippen durchgeführten Erzieher-Ratings nach Beller (Beller 1983) geben ein durchaus positives Bild vom Verhalten der Krippenerzieherinnen in unserer Stichprobe. Kindern mit längerer oder kürzerer Krippenerfahrung gegenüber verhielten sie sich dabei wenig unterschiedlich. Mit relativ neuen Kindern waren sie allerdings in manchem nachsichtiger als mit den schon länger anwesenden Kindern, die sie mit etwas mehr Strenge forderten.

Die Bindungssicherheit der Kinder mit 12 Monaten schien das Erzieherverhalten wenig beeinflußt zu haben (Chi^2-Berechnungen auf der Basis dichotomisierter Daten). Noch geringer waren die Beziehungen zwischen dem Erzieherverhalten und der Qualität der Bindung zur Mutter mit 21 Monaten.

Die fünf Kinder allerdings, die nach allen drei Klassifikationssystemen, einschließlich dem von Crittenden, und zu beiden Erhebungszeiten als sicher gebunden klassifiziert worden waren, erhielten in etwa der Hälfte der Erziehermerkmale deutlich positivere Zuwendung. Diese Kinder fielen offensichtlich auch in der Krippe als besonders angenehme Kinder auf.

Viel auffallender sind dagegen die Beziehungen zwischen dem Verhalten der Erzieherinnen (Erzieher-Ratings nach Beller) und dem emotionalen Befinden der Kinder in der Krippe (Lewis-Michalson-Skalen, s. Tabelle 7). Die engsten Beziehungen zum Erzieherverhalten ergaben sich mit der Intensität des Ärgerausdrucks und der Fröhlichkeit der Kinder sowie dem mittleren Ausdruck von Furcht und sozialer Zuwendung. Bei den Kompetenzgefühlen korrelierten beide Aspekte, maximaler und durchschnittlicher Ausdruck, mit dem Erzieherverhalten, interessanterweise aber eher die emotionale als die didaktisch-intellektuelle Lenkung. Obgleich die Korrelationswerte insgesamt sehr mäßig sind, deuten sie doch an, daß das Verhalten der Erzieherinnen und das emotionale Befinden der Kinder in der Krippe deutlich aufeinander bezogen waren.

Tabelle 7: Erzieherverhalten und emotionale Befindlichkeit von Krippenkindern in der Krippe (Alter um 18 Monate) (Produkt-Moment-Korrelationen, n = 33)

Beller-Ratings	Lewis-Michalson-Skalen								
	Fear		Anger		Affiliation		Happiness		Competence
	Max	Mean	Max	Mean	Max	Mean	Max	Mean	Max	Mean
1 Erleichert Situation			.27		.32					
2a) Erweitert: benennt			.29							
2b) Erweitert: führt weiter		.22	.24				.22			
3 Übt Druck aus			.20			.27	.23			
4 Greift ein		.27	.49	.23		.32	.21	.26		
5 Demonstriert Handhabung						.22		.25		
6 Fordert Nachahmung		.22	.58	.34			.34			
7 Erlaubt Änderung		.37	.40			.21	.25			
8 Schließt sich kindl. Aktivität an				.33						
9 Lobt		.25			.26	.22		.21		
10 Tadelt persönlich		.21			.38		.25			
11a) Korrigiert sachlich		.23			.48	.31		.27		
11b) Korrigiert emotional		.47	.30	.39			.38			
12 Ist geduldig		.22			.38	.28		.25	.37	
13 Ist engagiert		.36		.28	.22	.27				
14 Legt Wert auf Fertigstellung			.45	.32			.36	.24	.30	
15 Legt Wert auf Freude an Aktivität			.31			.43	.42	.34	.47	
16 Ermöglicht Materialauswahl		.24	.46			.30	.30	.21	.22	
17 Spricht zum Kind			.24		.30		.22			
18 Reagiert sensibel		.31				.29		.26	.23	
19 Ist responsiv		.34	.29			.30	.27	.22	.23	
20 Hat Körperkontakt			.52	.24				.29	.40	
20a) Positiver Körperkontakt				.28			.34		.32	.35
20b) Negativer Körperkontakt			.24			.26	.20		.34	
21 Lenkt gar nicht					.37					
22 Lenkt Autonomie gewährend	.21	.22			.31	.35		.34	.31	
23 Lenkt kontrollierend					.26		.32	.40	.35	.29

Anm.: Alle Items der Beller-Skalen wurden für die Berechnungen so umgepolt, daß eine positive Korrelation jeweils positives Erzieherinnenverhalten mit dem jeweiligen Ausmaß an Emotionsausdruck des Kindes meint.
Nur Korrelationen ab .20 sind aufgeführt. Korrelationen ab .29 sind mit p < .05 signifikant, Korrelationen ab .40 mit p < .01.

5. Diskussion

Die hier vorgestellten Ergebnisse aus der Längsschnittstudie 'Frühkindliche Anpassung' (Rauh, Ziegenhain & Müller 1994) bei Kleinkindern, deren Eltern für sie einen frühen Krippenbesuch vorgesehen hatten, differenzieren einige der bisherigen Forschungsbefunde zur Frage der langanhaltenden emotionalen Belastung durch Krippenbesuch. Kontrolliert man die Einstellung der Eltern zu Kleinkinderziehung und Krippenbesuch, wie in unserem Falle, in dem alle Eltern den Krippenbesuch vorsahen, aber nicht immer in der geplanten Weise realisieren konnten, dann scheint Krippenerfahrung für sich genommen die emotionale Beziehung der Kleinkinder zu ihren Müttern nicht wesentlich zu beeinflussen. Wie bei Kindern ohne Krippenerfahrung auch, ist die Sensitivität der Mutter, ihre Feinfühligkeit mit dem noch sehr kleinen Baby, der wesentliche Prädiktor für eine später sichere Bindung (Rauh, Ziegenhain & Müller 1995), was sich auch bereits an den frühen Belastungsreaktionen des Kleinkindes, sogar schon im Alter von drei Monaten, ablesen läßt (Rauh, Dillmann, Müller, Ziegenhain 1995).

Die emotionale Beziehung des Kindes zur Mutter kann aber durch die Art der Trennungserfahrungen getrübt werden, allerdings in Abhängigkeit vom kognitiven Entwicklungsstand des Kindes. Während Kinder, die deutlich vor dem ersten Lebensjahr in die Krippe kommen, offenbar noch keine bzw. nur sehr eingeschränkte Erwartungen an ihre Bindungsperson haben und daher eine etwaige negative Krippeneintritts- oder abrupte Trennungserfahrungen noch nicht auf ihre Bindungsperson beziehen, ist bei Kindern, die jenseits des ersten Lebensjahres in die Krippe kommen, die Bindungsbeziehung mit ihren Müttern und damit eine Vorstellung von ihrer emotionalen Verfügbarkeit schon weitgehend entwickelt. Wenn diese Kinder abrupt in einer Einrichtung betreut werden (oder analoge Bezugspersonenwechsel erleben), scheinen sie dies ihren Müttern anzulasten.

Sie können ihre Erfahrungen beim Krippeneintritt offenbar vor dem Hintergrund ihrer bisherigen Bindungserfahrungen 'bewerten' und reagieren bei einer abrupten und überfordernden Eingewöhnung zutiefst enttäuscht, mit entsprechenden Konsequenzen für die Bindungsqualität (Rottmann & Ziegenhain 1988; Rauh, Ziegenhain & Müller, in Druck; Ziegenhain, Rauh & Müller, in Druck).

Das emotionale Befinden der Kinder im Setting Krippe ist dagegen wesentlich durch krippenimmanente Faktoren bestimmt. Zwar gab es auch in dieser Studie – wie in der von Rottmann & Ziegenhain (1988) – Hinweise darauf, daß Kinder, die mit 12 Monaten als sicher gebunden klassifiziert werden konnten, nach der eigentlichen Eingewöhnungsphase in der Krippe eher fröhlich und sozial aufgeschlossen und in ihrem negativen Emotionsausdruck nicht allzu extrem waren, unsicher gebundene Kinder dagegen in ihrer Stimmungslage nicht ganz so positiv, dafür aber extremer. Auch gab es Hinweise, daß Kinder, die nach allen Kriterien und sehr stabil sicher gebunden waren, besonders viel positive Zuwendung seitens der Erzieherinnen auslösen konnten. Insgesamt aber scheint für die kleinen Kinder das Setting Krippe eine vom Setting Familie in vielen Hinsichten unterschiedliche Welt zu sein, mit ihren eigenen kognitiven, aber auch emotionalen Erfahrungen. Es bleibt daher weiter zu prüfen, ab wann und wie die Kinder diese beiden Mikrowelten aufeinander beziehen und wie diese sich gegenseitig beeinflussen. Jedenfalls ist, außer bei extremen emotionalen Erlebnissen, auf der Basis unserer Befunde nicht davon auszugehen, daß sich Krippenerfahrungen unmittelbar auf die Beziehungen zu Familienmitgliedern auswirken, und möglicherweise umgekehrt auch nur begrenzt. Dies hätte auch einen sehr guten entwicklungspsychologischen Sinn und gibt Kindern, die in der einen oder anderen Mikrowelt ungünstige Erfahrungen machen, eine Chance.

Anmerkung

1. Das in diesem Beitrag berichtete Projekt wurde durch eine Sachmittelbeihilfe der Deutschen Forschungsgemeinschaft an die Erstautorin (Ra 373/5-1 bis 5-3) unterstützt. Wir danken Bernd Müller für seine Unterstützung bei der statistischen Auswertung.

Literatur

Ainsworth, M.D.S., Bell, S.M. & Stayton, D.J. (1974): Infant-mother attachment and social development: Socialization as a product of reciprocal responsiveness to signals. In: Richards, P.M. (Hrsg.): The integration of a child into a social world. London: Cambridge University Press, S. 99-135.
Ainsworth, M.D.S., Blehar, M.C., Waters, E. & Wall, S. (1978): Patterns of attachment: A psychological study of the Strange Situation. Hillsdale, N.J.: Erlbaum.
Beller, E.K. (1983): Beobachtungsdimensionen von Betreuerverhalten in Krippen. Vortrag auf der 34. Arbeitstagung der Deutschen Gesellschaft für Erziehungswissenschaft. Landshut. (unveröff.)
Beller, E.K. (1987): Intervention in der frühen Kindheit. In: Oerter, R. & Montada, L. (Hrsg.): Entwicklungspsychologie. Ein Lehrbuch. 2. Auflage. München,Weinheim: Psychologie Verlags Union, S. 789-813.
Beller, E.K. (1989): Sollen Kinder mit zwei Jahren in den Kindergarten? In: Psychomed, 1, S. 120-123.
Belsky, J. (1988): The 'effects' of infant day care reconsidered. In: Early Childhood Research Quarterly, 3, S. 235-272.
Belsky, J. & Steinberg, L. (1978): The effects of day care: A critical review. In: Child Development, 49, S. 929-949.
Bornstein, M.H. (1992): (mündliche Bemerkung).
Bronfenbrenner, U. (1989, engl. 1979): Die Ökologie der menschlichen Entwicklung. Natürliche und geplante Experimente. Frankfurt/Main: Fischer Taschenbuch Verlag.

Carew, J.V. (1977): Die Vorhersage der Intelligenz auf der Grundlage kindlicher Alltagserfahrungen. In: Grossmann, K.E. (Hrsg.): Entwicklung der Lernfähigkeit in der sozialen Umwelt. München: Kindler, S. 108-144.

Crittenden, P.M. (1991): The Miami Preschool Attachment Classification System. Unpublished Coding Manual. University of Miami.

Crittenden, P.M. (1992): Quality of attachment in the preschool years. In: Development and Psychopathology, 4, S. 409-441.

Eye, A. von & Brandtstädter, J (1988): Evaluating developmental hypotheses using statement calculus and nonparametric statistics. In: Baltes, P.B., Featherman, D.L. & Lerner, R.M. (Hrsg.): Life-span development and behavior, Vol. 8. Hillsdale, N.J.: Erlbaum, S. 61-97.

Grossmann, K.E. (1977): Skalen zur Erfassung mütterlichen Verhaltens von Mary D.S. Ainsworth. In: Grossmann, K.E. (Hrsg.): Entwicklung der Lernfähigkeit in der sozialen Umwelt. München: Kindler, S. 96-107.

Havighurst, R.J. (1972): Developmental task and education. New York: Davis McKay, 3. Auflage.

Lamb, M.E. & Sternberg, K.J. (1989): Tagesbetreuung. In: Keller, H. (Hrsg.): Handbuch der Kleinkindforschung. Berlin: Springer, S. 587-608.

Lazarus, R.S. & Folkman, S. (1984): Stress, appraisal and coping. New York: Springer.

Lewis, M. & Michalson, L. (1983): Children's emotions and moods. Developmental theory and measurement. New York & London: Plenum Press.

Main, M. & Solomon, J. (1990): Procedures for identifying infants as disorganized/disoriented during the Ainsworth Strange Situation. In: Greenberg, M.T., Cicchetti, D. & Cummings, M.E. (Hrsg.): Attachment in the preschool years. Chicago: University at Chicago Press, S. 121-160.

Oerter, R. (1986): Developmental task through the life-span. A new approach to an old concept. In: Featherman, D.L. & Lerner, R.M. (Hrsg.): Life-span development and behavior. New York: Academic Press, Bd. Vol. 7, S. 233-271.

Pechstein, J. (1990): Elternnähe oder Krippen? Grundbedürfnisse des Kindes. Zur Information der Abgeordneten des Deutschen Bundestages, der DDR-Volkskammer und der Bundesländer. Neuwied: Strüder.

Rauh, H. (1987): Anpassungsleistungen von Kleinkindern an neue Settings im ersten Lebensjahr (Projektantrag). Freie Universität Berlin: Institut für Psychologie im Fachbereich Erziehungs- und Unterrichtswissenschaften.

Rauh, H. (1989): The meaning of risk and protective factors in infancy. In: European Journal of Psychology of Education, 4, S. 161-174.

Rauh, H. (1994): Interaction and development: Francophone, anglophone, and germanophone perspectives? In: Vyt, A., Bloch, H. & Bornstein, M.H. (Hrsg.): Early child development in the French tradition. Contributions from current research. Hillsdale, NJ: Erlbaum, S. 337-349.

Rauh, H., Dillmann, I., Müller, B. & Ziegenhain, U. (1995): Anfänge der Persönlichkeitsentwicklung in der frühen Kindheit. In: Kruse, A. und Schmitz-Scherzer, R. (Hrsg.): Psychologie der Lebensalter. Darmstadt: Steinkopff, S. 107-122.

Rauh, H. & Ziegenhain, U. (1992): Anpassungsleistungen von Kleinkindern an neue Settings im ersten Lebensjahr. Vorläufiger Ergebnisbericht. Berlin: Freie Universität Berlin.

Rauh, H., Ziegenhain, U. & Müller, B. (1994): Anpassungsleistungen von Kleinkindern an neue Settings im ersten Lebensjahr. Abschlußbericht an die DFG. Freie Universität Berlin: Institut für Psychologie im Fachbereich Erziehungs- und Unterrichtswissenschaften.

Rauh, H., Ziegenhain, U. & Müller, B. (in Druck): Stability and change in infant-mother attachment in the second year of life: Relations to parenting quality and varying degrees of day care experience. In: Crittenden, P. (Hrsg.): Relations among maternal roles: A cross-cultural, cross-contextual, and developmental perspective.

Rottmann, U. & Ziegenhain, U. (1988): Bindungsbeziehung und außerfamiliale Tagesbetreuung im frühen Kleinkindalter. Die Eingewöhnung einjähriger Kinder in die Krippe. Unveröffentlichte Dissertation. Freie Universität Berlin.

Scarr, S. & Eisenberg, M. (1993): Child Care Research: Issues, perspectives, and results. In: Annual Review of Psychology, 44, S. 613-644.
Silbereisen, R. K. & Kastner, P. (1987): Jugend und Problemverhalten: Entwicklungspsychologische Perspektiven. In: Oerter, R. & Montada, L. (Hrsg.): Entwicklungspsychologie. Ein Lehrbuch. München, Weinheim: Psychologie Verlags Union, S. 882-919.
Vaughn, B.E., Deane, K.E. & Waters, E. (1985): The impact of out-of-home care on child-mother attachment quality. Another look at some enduring questions. In: Bretherton, I. & Waters, E. (Hrsg.): Growing points in attachment theory and research. Monographs of the Society for Research in Child Development, 50, 1-2, Serial No. 209.
Ziegenhain, U., Rauh, H., & Müller, B. (in Druck): Emotionale Anpassung von Kleinkindern an die Krippenbetreuung. Vorgesehen zur Veröffentlichung. In: Ahnert, L. & Keller, H. (Hrsg.): Tagesbetreuung für Kinder unter 3 – Theorien, Tatsachen. Göttingen: Hogrefe.

Holger Weßels

Verhaltensaspekte von Betreuerinnen und Kindern in Tageseinrichtungen für Kinder unter drei Jahren[1]

1. Einleitung

Die Kontroverse über mögliche positive oder negative Effekte außerhäuslicher Betreuung von Kleinkindern (für eine Übersicht vgl. z.b. Lamb & Sternberg 1989, 1990; Beller 1992b) hat in den letzten Jahren auch die wissenschaftliche Diskussion zur Kinderbetreuung wesentlich geprägt. Angesichts der sozialen Realität in den meisten westlichen Industrienationen mag es jedoch durchaus sein, daß diese Diskussion am Kern des Problems vorbei geht: Im westlichen Teil der Bundesrepublik sind 25 % der Mütter von Kindern unter drei Jahren berufstätig oder in Ausbildung (Krombholz 1991; zur Betreuungssituation von Kindern in den alten Bundesländern vgl. auch Tietze & Roßbach 1991) und arrangieren zwangsläufig eine Betreuung für ihre Kinder, in den neuen Bundesländern dürfte der Anteil eher noch höher liegen. In den USA sind es je nach Altersstufe bis 50 % der Kinder unter drei Jahren, deren Mütter berufstätig sind, und die Kinder sind demzufolge in der ein oder anderen Weise in einer außerhäuslichen Betreuung untergebracht. Somit bezieht sich ein wichtiger Aspekt wissenschaftlicher Forschung auf die Qualität außerhäuslicher Betreuung. Zahlreiche Arbeiten (u.a. Howes & Hamilton 1993; Howes, Philips & Whitebrook 1992; Hwang, Lamb & Broberg 1989; Lamb, Hwang, Bookstein, Broberg, Hult & Frodi 1988) zeigen, daß die Qualität der Betreuung einen wichtigen Einfluß auf die Entwicklung der Kinder in ihrer jeweiligen Betreuungsumgebung hat. Bei der Erfassung von Qualitätsmerkmalen der Betreuung lassen sich strukturelle Aspekte, wie der Betreuer-Kind-Schlüssel, Personalfluktuation, angemessene Räumlichkeiten oder die Ausstattung mit altersangemessenem Spielzeug, von prozeßorientierten Aspekten unterscheiden. Hierbei werden neben Merkmalen eines sensitiven Umgangs der Betreuerinnen mit den Kindern zumeist auch die Angemessenheit und Kreativität angebotener Aktivitäten in Form von Rating Skalen erfaßt (vgl. z.B. Harms & Clifford 1983).

Im Gegensatz zu solchen Beurteilungen gibt es nur vergleichsweise wenige Arbeiten, die sich mit dem Verhalten der Betreuerinnen in alltäglichen Situationen und seinen möglichen Bedingungsfaktoren befassen. In der deutschsprachigen Literatur bedeutsam sind vor allem die Arbeiten von Tausch und Tausch (1973; Neubauer 1980; Popp 1983), die jedoch im Kindergarten bzw. in der Schule durchgeführt wurden und sich hauptsächlich auf eine Kategorisierung des Erziehungsstils der Betreuerinnen in demokratisch, laissez faire und autoritär sowie die Auswirkungen dieser Stilunterschiede auf die Entwicklung der Kinder konzentrieren. Daneben gibt es vor allem in der amerikanischen Forschung einige Studien, die das Betreuerverhalten und seine Bedingungsfaktoren thematisiert haben. Howes (1983) zeigte zum Beispiel, daß Betreuerinnen mit kleineren Gruppen, kürzeren Arbeitszeiten und weniger Hausarbeitspflichten bessere soziale Stimulation boten, mehr positiven Affekt ausdrückten, responsiver und weniger restriktiv und negativ waren. Tzelepis, Giblin & Agronow (1983) zeigten zudem, daß möglicherweise schon die schlichte Interaktionshäufigkeit von Betreuerinnen mit den Kindern in der Gruppe einen Einfluß auf das Gruppengeschehen haben kann: In einer Einrichtung mit relativ wenigen Interaktionen der Betreuerinnen entwickelten auch die Kinder geringere Interaktionshäufigkeiten untereinander, während in einer Einrichtung mit relativ mehr Erwachsenen-Kind-Interaktionen auch die Kinder untereinander mehr Kontakt hatten. Mit einem Forschungsansatz, der gezielt auf den Einfluß kindlichen Verhaltens auf das Verhalten der Betreuerinnen gerichtet war (vgl. Bell 1968, 1977; Lerner & Bush-Rossnagel 1981; Lytton 1990), konnten Wittmer und Honig (1988) zeigen, daß Betreuerverhalten nicht allein von der Betreuerin und ihrer Ausbildung, ihrer Berufssituation und anderen Merkmalen abhängt, sondern auch durch die zu betreuenden Kinder geprägt wird. In ihrer Untersuchung zeigen sie, daß Betreuerinnen auf die negativen Verhaltensweisen von Jungen aus sozial schwachen Schichten ebenfalls mit negativen Verhaltensweisen reagierten, was wiederum negative Reaktionen auf seiten der Kinder förderte.

Zum Teil im Anschluß an diese Ergebnisse, zum Teil in ihrer Ergänzung soll in dem vorliegenden Beitrag der Versuch unternommen werden, das Betreuerverhalten in einer alltäglichen Krippensituation, dem Wickeln, zunächst auf seine generellen Merkmale hin zu untersuchen. Der Ansatz, eine alltägliche Situation in der Krippe auszuwählen und auf Verhaltensmuster in dieser Situation hin zu untersuchen, unterscheidet sich nicht unwesentlich von Ansätzen, wie sie üblicherweise verwendet werden. Während in vielen anderen Studien Betreuerverhalten im Hinblick auf bestimmte, zuvor festgelegte Aspekte der Betreuer-Kind-Interaktion hin untersucht wird, wird hier ein eher naturalistischer Ansatz verwendet mit einer zunächst breiten Beschreibung des Verhaltens. In einem ersten Analyseschritt werden die Verhaltensweisen dann zu Verhaltensmustern verdichtet. In einem zweiten Schritt soll dann versucht werden, zwei potentielle Bedingungsfaktoren des aktuellen Verhaltens der Betreuerinnen auf ihre Bedeutung hin zu untersuchen: das Verhalten der Kinder und die Erziehungseinstellungen der Betreuerinnen. Das Verhalten der Kinder als Merkmal zur Analyse des Betreuerverhaltens zu verwenden, ist unter theoretischen Gesichtspunkten eine logische Konsequenz der Tatsache, daß die Handlungen zweier Interaktionspartner immer gegenseitig aufeinander bezogen sind. Trotz der allgemeinen Anerkennung dieser Prämisse ist eine konsequente Umsetzung in die empirische Praxis bisher allerdings nur teilweise zu erkennen. Noch immer überwiegt das Denkmodell einseitiger, kausal gerichter Wirkungspfade vom Erwachsenen auf das Kind. Die erste Hypothese, die hier getestet werden soll, besagt, daß zwischen dem Verhalten der Betreuerin und dem des Kindes ein direkter, situationsgebundener Zusammenhang besteht.

Dies heißt allerdings nicht, daß solche situativen Aspekte die einzigen Einflußfaktoren auf das Verhalten der Betreuerinnen darstellen. Es ist relativ leicht vorstellbar, daß zwei Betreuerinnen in der ansonsten gleichen Situation sehr unterschiedlich reagieren, z.b. wenn sich zwei Kinder über den Besitz eines Spielzeugs streiten. Was an dieser Stelle bedeutsam wird, läßt sich am ehesten mit dem Begriff Erziehungseinstellungen fassen, längerfristigen Grundüberzeugungen, die situationsunabhängig sind und sich auf „die Einstellung des Erziehers zu seinem gesellschaftlichen Auftrag, die Einstellung gegenüber gesellschaftlichen oder selbstgewählten Erziehungszielen, aber auch die Einstellung gegenüber Erziehungsverhaltensweisen, wie sie die Gesellschaft anbietet, der Erzieher sie bei seiner Umgebung beobachtet oder sie im Zuge seiner eigenen Sozialisation erfahren hat" (Baumgärtel 1984, S. 23), beziehen. Eine ausführliche Diskussion der umfangreichen Literatur zu Erziehungseinstellungen und ihren Auswirkungen auf die kindliche Entwicklung muß hier aus Platzgründen unterbleiben (vgl. hierzu z.B. Sigel, McGillicuddy-DeLisi & Goodnow 1992), sie ist jedoch für den hier verfolgten Zweck auch nicht zwingend notwendig. Anhand der vorgelegten Untersuchung soll statt dessen überprüft werden, ob zwischen den situativen Aspekten, die sich hauptsächlich im Verhalten der Kinder widerspiegeln, und den Erziehungseinstellungen der Betreuerinnen in dem Sinne ein Zusammenhang besteht, daß bestimmte Erziehungseinstellungen in bestimmten Situationen verhaltensrelevant werden. Angesprochen ist damit die sogenannte *belief-behavior connection* (Sigel 1992), deren Focus die erheblichen Unterschiede zwischen Erziehungseinstellungen auf der einen und tatsächlich beobachtbarem Verhalten auf der anderen Seite sind. Die zweite Hypothese, die in dieser Untersuchung überprüft werden soll, besagt somit, daß nicht nur die Erziehungseinstellungen der Betreuerinnen mit dem beobachteten Betreuerverhalten zusammenhängen, sondern das Zusammenspiel von Erziehungseinstellungen einerseits und Interaktionssituation andererseits bedeutsam zur Vorhersage oder Erklärung des aktuellen Betreuerverhaltens ist.

2. Methode

2.1. Stichprobe

Die hier vorgestellte Untersuchung ist Teil des umfassenderen Projekts 'Familie und Krippe', das unter anderem die pädagogische Fortbildung der Betreuerinnen in den 32 städtischen Kinderkrippen der Landeshauptstadt München mittels des 'Berliner Modells der Kleinkindpädagogik' (Beller & Stahnke 1985) zum Ziel hatte. Das längsschnittliche Projekt wurde von Dezember 1987 bis August 1992 in München durchgeführt, ein ausführlicher Bericht über den Krippenteil des Projekts liegt inzwischen vor (Beller 1992a; siehe auch Hirschauer 1991, 1992). Die Stichprobe besteht aus 68 der insgesamt 267 Betreuerinnen, die zum Zeitpunkt der Untersuchung in den 32 städtischen Kinderkrippen der Landeshauptstadt München tätig waren. Etwa 12 % der Betreuerinnen in der Stichprobe hatten eine Ausbildung als Kinderkrankenschwester, etwa 28 % eine Ausbildung als Kinderpflegerin und etwa 60 % eine Ausbildung als Erzieherin. Damit sind die Erzieherinnen, im Vergleich zur Gesamtgruppe der Betreuerinnen (vgl. Weßels 1988) überrepräsentiert. Das durchschnittliche Alter der Betreuerinnen zu Beginn des Projektes war ca. 32 Jahre (s = 8.6), wobei deutliche Unterschiede in den drei Ausbildungskategorien festzustellen waren: Erzieherinnen waren mit durchschnittlich 29 Jahren (s = 6.2) deutlich jünger als die beiden anderen Ausbildungsgruppen mit 36 (Kinderpflegerin) und 42 (Kinderkrankenschwester) Jahren.

2.2. Instrumente und Datenerhebung

Durch Verhaltensbeobachtungen wurden insgesamt 19 Verhaltensweisen der Betreuerinnen und neun Verhaltensweisen der Kinder erfaßt (vgl. auch Beller & Kuckartz 1984). Typische Items, die das Verhalten der Betreuerinnen beschreiben, sind 'die Betreuerin ist visuell und verbal kindorientiert', 'die Betreuerin regt zur Beteiligung an', 'die Betreuerin ist bedürfnisorientiert' oder 'die Betreuerin lenkt autonomiegewährend'. Typische Verhaltensweisen der Kinder sind 'das Kind drückt Lust aus', 'das Kind vokalisiert sozial' oder 'das Kind ist aggressiv'. Die Beobachtungen wurden von trainierten Studentinnen der Münchener Universitäten durchgeführt. Um eine gewisse Balance für besondere Tageseinflüsse zu schaffen, wurden die Beobachtungen an zwei Tagen, die nicht mehr als eine Woche auseinanderliegen sollten, durchgeführt. Zur Durchführung der Beobachtungen, die im Zeitstichprobenverfahren erfolgten, hatten die Studentinnen einen Zeitgeber, der den Beginn und das Ende einer jeweils 30-sekündigen Beobachtungsperiode signalisierte. Nach jeder Beobachtungssequenz folgte eine Zeitsequenz zum Notieren der Beobachtungen. Für alle Beobachtungskategorien wurde festgehalten, ob sie im gegebenen Zeitintervall auftraten oder nicht, so daß sich insgesamt 29 dichotome Verhaltensitems ergaben. Alle hier analysierten Beobachtungen wurden in der Wickelsituation als einer der Standardsituationen des Krippenalltag durchgeführt.

Neben den Beobachtungen wurde von den pädagogischen Mitarbeiterinnen des Projekts ein Fragebogeninterview mit der Betreuerin geführt, das Informationen zu Ausbildung, Berufserfahrung, Fortbildungsaktivitäten sowie zu strukturellen Aspekten des Krippenalltags beinhaltete. Die pädagogischen Mitarbeiterinnen des Projekts baten zudem eine Teilstichprobe, einen Fragebogen zu Erziehungseinstellungen auszufüllen (*ideas about parenthood*, deutsche Übersetzung E.K. Beller). Dieser Fragebogen enthält insgesamt 46 Fragen, die aus den Arbeiten von Baumrind (1971), Block (1984) und Cohler et al. (1971) zusammengestellt wurden (siehe Cowan et al. 1985) und elterliche Erziehungseinstellungen auf ursprünglich drei Skalen messen: autoritäre Kontrolle (*authoritarian control*), Kindzentriertheit (*child centeredness*) und Permissivität (*permissiveness-protectiveness*). Da in dieser Untersuchung der Fragebogen von professionellen Betreuerinnen (anstatt wie das Original von Eltern) ausgefüllt wurde, konnten diese Faktoren jedoch nicht a priori angenommen werden. Deshalb wurden die Items einer Hauptkomponentenanalyse mit Varimax-Rotation unterzogen, die auf der Basis des Scree-Tests (Bortz 1985) vier Faktoren ergab, die den Faktoren aus der Familienforschung nur teilweise ähneln. Der erste dieser Faktoren (restriktiv) drückt eine restriktive Haltung gegenüber dem Kind und geringes Vertrauen in seine Kompetenzen aus und kommt dem *authoritarian control*-Faktor (Baumrind 1971) am nächsten. Für den Faktor typisch sind geringe Zustimmung zu Aussagen wie 'ich würde nicht darauf bestehen, daß das Kind Speisen ißt, die es nicht mag', 'ich will versuchen, dem Kind so wenig vorzuschreiben wie möglich' und 'ich sehe es gerne, wenn ein Kind eigene Meinungen ausdrückt', gepaart mit hoher Zustimmung zu Aussagen wie 'ein Kind sollte bestraft werden, wenn es ein Spielzeug kaputt macht', 'man sollte Wut und Ärger des Kindes im Griff haben' oder 'ein Säugling kann nicht mitteilen, was ihm fehlt'. Insgesamt laden neun Items auf diesem Faktor, Cronbachs α war .77. Der zweite Faktor (emotionale Distanz, = .63) umfaßt acht Items und drückt ein relativ hohes Maß an emotionaler Distanz gegenüber dem Kind aus. Auf diesem Faktor paart sich hohe Zustimmung zu Aussagen wie 'selbst die besten Eltern sind angeekelt beim Wickeln ihres Kindes' und 'junge Eltern sind angeekelt, wenn sie das erste Mal die Genitalien ihres Kindes waschen' mit hohe Zustimmung zu Aussagen wie 'es gibt eine besondere Bindung zwischen Mutter und Kind' oder 'die Neugier eines Kindes zu ermutigen, ist eine Freude'. Der dritte Faktor (traditionelles Familienbild, α = .67) umfaßt insgesamt sieben Items und reflektiert am ehesten eine traditionelle Familienvorstellung. So laden hier z.B. die Items 'Väter haben ein besondere Fähigkeit, Söhne zu erziehen' sowie eine ablehnende Haltung zu der Aussage 'es ist gut für eine Mutter zu arbeiten, wenn sie eine gute Betreuung für ihr Kind hat' ein Faktum, das angesichts der Tatsache, daß die

Antworten von Krippenbetreuerinnen stammen, besondere Aufmerksamkeit verdient. Der vierte Faktor schließlich umfaßt insgesamt acht Items ($\alpha = .62$), die sich als 'traditionell kindorientiert' zusammenfassen lassen. Hier findet sich Zustimmung zu Aussagen wie 'Kinder unter einem Jahr fühlen, daß ihre Eltern nicht für sie da sind, wenn die Eltern gleichzeitig noch andere Dinge tun', 'Babys sollten aufgenommen werden, wenn sie sich unwohl fühlen, damit sie sich der Liebe ihrer Eltern sicher sind' und 'Stillen ist befriedigender für ein Kind, als mit der Flasche gefüttert zu werden'.

3. Datenanalyse und Ergebnisse

Zur Reduktion des Informationsumfangs aus den Beobachtungsdaten wurde eine zweistufige Prozedur verwendet, die ausführlich in Weßels & Eye (in Druck) beschrieben ist. Hierbei wird im ersten Schritt mittels *Latent Class Analyse* (Lazarsfeld 1950, 1968; Rost 1988, 1990; vgl. auch Rindskopf 1990) eine Klassifikation der einzelnen Beobachtungseinheiten erzeugt. Dieser Ansatz weist den Vorteil auf, daß er nicht nur die bivariaten Beziehungen der Variablen untereinander berücksichtigt, sondern auch simultane Beziehungen mehrerer Variablen untereinander. Während dieser Schritt noch auf den einzelnen Beobachtungen basiert, von denen für jede teilnehmende Betreuerin etwa 30 vorliegen, werden im zweiten Schritt des Verfahrens die Ergebnisse von der Ebene der einzelnen Beobachtungen auf die Ebene der individuellen Untersuchungsteilnehmerinnen transformiert. Hierfür wurde die mittlere Wahrscheinlichkeit berechnet, mit der eine Betreuerin die einzelnen Verhaltensmuster verwendet. Dieser Wert gibt die Präferenz an, mit der eine Betreuerin jedes der ermittelten Verhaltensmuster wählt. Aufgrund der unvorteilhaften mathematischen Eigenschaften solcher 'roher' Wahrscheinlichkeitswerte wurden diese Parameter vor den weiteren Analysen einer Logit-Transformation unterzogen.

3.1. Betreuerverhalten

Die *Latent Class Analyse* für das Betreuerverhalten in der Wickelsituation ergab fünf latente Verhaltensmuster, die in Tabelle 1 wiedergegeben sind.

In der ersten Zeile von Tabelle 1 sind die sogenannten 'Klassengrößenparameter' wiedergegeben. Diese Werte geben den prozentualen Anteil von Beobachtungen an, der dieser Klasse zugeordnet wurde, d.h. die erste Klasse umfaßt z.B. 10,1 % aller Beobachtungen. Im unteren Teil der Tabelle sind die bedingten Wahrscheinlichkeiten angegeben, mit denen ein Verhalten auftritt, vorausgesetzt die Beobachtung fällt in die jeweilige Klasse bzw. das jeweilige Beobachtungsmuster. Für die erste Klasse heißt das zum Beispiel, daß das Betreuerverhalten 'lächelt, lobt allgemein' *innerhalb* dieser Klasse mit einer Wahrscheinlichkeit von .51 (oder 51 %) auftritt. Das heißt allerdings nicht, daß dieses Verhalten im Gesamtpool der Beobachtungen so häufig ist. Das Betreuerverhalten 'behindert die Aktivität des Kindes' in der vorletzten Zeile von Tabelle 1 tritt z.B. insgesamt in nur etwa 4% der Beobachtungseinheiten auf. In der vierten Klasse jedoch ist dieses Verhalten mit einer Wahrscheinlichkeit von .223 (22,3 %) sehr viel häufiger und macht somit ein konstituierendes Merkmal dieses Verhaltensmusters aus.

Tabelle 1: Klassengößenparameter und klassenspezifische Auftrittswahrscheinlichkeiten der Latent Class Analyse des Betreuerverhaltens

	I	II	III	IV	V
Klassengröße in %	10.1%	21.9%	10.8%	18.1%	39.0%
lächelt, lobt allgemein	0.507	0.419	0.134	0.196	0.549
hat positiven Körperkontakt	0.089	0.185	0.010	0.076	0.258
ist ärgerlich, beschämt	0.006	0.006	0.044	0.084	0.003
ist visuell und verbal kindorientiert	0.982	0.995	0.661	0.989	0.995
regt an zur Beteiligung	0.414	0.799	0.080	0.238	0.228
lobt aktivitätsrelevant	0.168	0.504	0.000	0.107	0.149
paßt sich dem Tempo des Kindes an	0.746	0.993	0.121	0.384	0.910
erleichtert/unterstützt Aktivität des Kindes	0.249	0.823	0.015	0.114	0.103
spricht Kind mit Namen an	0.636	0.791	0.371	0.665	0.645
fragt, ob Kind Hilfe möchte	0.053	0.088	0.000	0.011	0.008
benennt/beschreibt die Aktivität/Gefühle des Kindes	0.698	0.920	0.329	0.822	0.775
schlägt vor, korrigiert sachlich	0.130	0.477	0.020	0.285	0.174
wiederholt Laute, reagiert prompt	0.131	0.918	0.075	0.759	0.958
ist bedürfnisorientiert	0.000	0.966	0.013	0.519	0.998
ist indifferent	0.012	0.149	0.278	0.063	0.119
lenkt autonomiegewährend, ist prozeßorientiert	0.860	0.976	0.062	0.177	0.999
kontrolliert	0.251	0.084	0.709	0.800	0.097
behindert die Aktivtät des Kindes	0.000	0.009	0.055	0.223	0.000
setzt und erklärt Grenze	0.000	0.040	0.015	0.044	0.012

I : kindorientiert ohne Stimulation
III: indifferent/kontrollierend
V: responsiv
II: kindorientiert mit Stimulation
IV: ärgerlich/kontrollierend

Die erste der fünf in Tabelle 1 dargestellten Klassen könnte am ehesten als 'kindorientiert ohne Stimulation' bezeichnet werden. Dieses Verhaltensmuster weist relativ hohe Wahrscheinlichkeiten für visuelle und verbale Orientierung zum Kind und allgemeines Loben sowie mittlere Wahrscheinlichkeiten für z.B. aktivitätsrelevantes Loben auf. Auffällig ist jedoch neben dem Fehlen eindeutig negativer Verhaltensweisen, wie Schimpfen/Beschämen oder Behinderung der kindlichen Aktivität, auch das gänzliche Fehlen von bedürfnisorientiertem Verhalten. Die vergleichsweise geringe Wahrscheinlichkeit für das Item 'wiederholt Laute, reagiert prompt' scheint zudem anzudeuten, daß hier die Betreuerin die Initiative hat, während kindliche Aktivität nur begrenzt angeregt und erforderlichenfalls kontrolliert wird.

Die Orientierung auf die Bedürfnisse des Kindes, gepaart mit einem hohen Maß an Anregung und dem Ermöglichen/Erleichtern kindlicher Aktivität, findet sich dagegen im zweiten Verhaltensmuster, das als Stimulation/ Anregung bezeichnet werden kann. Das dritte Verhaltensmuster ist einerseits durch ein deutlich geringeres Maß an Kindorientierung und andererseits durch relativ indifferentes und kontrollierendes Verhalten gekennzeichnet. Anregung kindlicher Aktivität fehlt hier ebenso wie ein Eingehen auf das Kind, so daß die Bezeichnung 'indifferent/ kontrollierend' dieses Verhaltensmuster am ehesten beschreibt. In der vierten Klasse ist die Betreuerin offenbar über das Kind verärgert, wie die – verglichen mit den anderen Mustern – hohen Wahrscheinlichkeiten für die Beobachtungskategorien 'schimpft, beschämt', 'kontrolliert' und 'behindert die Aktivität des Kindes' andeuten. Obwohl in solchen Situationen auch reaktive und generell positive Verhaltensweisen beobachtet werden, scheint doch ein negatives emotionales Klima zu überwiegen, so daß 'ärgerlich/kontrollierend' als Bezeichnung dieses Musters angemessen erscheint. Das letzte der fünf Verhaltensmuster schließlich ist im wesentlichen von einem reaktiven, responsiven Verhalten der Betreuerin geprägt. Hohe Wahrscheinlichkeiten für Kategorien wie 'reagiert prompt', 'ist bedürfnisorientiert' oder 'lenkt autonomiegewährend, ist prozeßorientiert' gehen hier einher mit eher moderaten Auftrittswahrscheinlichkeiten für stimulative Items wie 'erleichtert/unterstützt Aktivitäten des Kindes' oder 'fragt, ob Kind Hilfe möchte'.

3.2. Kindverhalten

Für die Analyse des Kindverhaltens in den Beobachtungssituationen ergab die *Latent Class Analyse* vier unterschiedliche Verhaltensmuster (vgl. Tabelle 2).

Die erste identifizierte Verhaltensklasse in dieser Analyse ist mit nur 2,7 % der Beobachtungen sehr klein. Das hervorstechendste Merkmal dieses Musters ist, daß das Kind hier relativ häufig Unlust ausdrückt und aggressiv ist. Die gleichzeitig im Vergleich zu den anderen Klassen höhere Wahrscheinlichkeit für ängstliches Verhalten kann man möglicherweise als eine Folge der Aggression und der nachfolgenden Reaktion der Betreuerin interpretieren.

Tabelle 2: Klassengrößenparameter und klassenspezifische Auftrittswahrscheinlichkeiten der Latent Class Analyse des Kindverhaltens

	Unlust und Aggression	Lust und Kooperation	Ablenkung	Routine
Klassengröße	2.7%	29.3%	26.4%	41.7%
drückt Lust aus	0.107	0.585	0.063	0.168
drückt Unlust aus	0.787	0.016	0.167	0.053
reagiert/hört zu	0.937	1.000	0.692	0.959
vokalisiert sozial	0.803	0.902	0.193	0.173
beteiligt sich	1.000	0.976	0.078	0.923
ist zielgerichtet	0.689	0.975	0.004	0.873
kooperiert	0.126	0.227	0.011	0.003
ist aggressiv	0.464	0.030	0.005	0.000
ist ängstlich	0.178	0.006	0.034	0.000

Das zweite Verhaltensmuster der Kinder ist geprägt durch ein relativ hohes Maß an Kooperation, durch soziale Vokalisation und den Ausdruck von Lust, was darauf schließen läßt, daß die Situation, im Gegensatz zu dem ersten Verhaltensmuster, als positiv empfunden wird. In Muster drei ist das Kind offenbar abgelenkt, es beschäftigt sich mit anderen Dingen als dem Wickeln, vokalisiert deutlich weniger als in den anderen drei Mustern und beteiligt sich insgesamt nicht oder kaum an der Situation. Das vierte Muster schließlich scheint am ehesten die alltägliche Routine widerzuspiegeln. Hier beteiligt sich das Kind gewöhnlich am Prozeß, es ist jedoch nicht besonders zielorientiert in seinem Verhalten und drückt weder Lust noch Unlust in größerem Umfang aus.

3.3. Zusammenhänge zwischen Betreuer- und Kindverhalten

Für die nachfolgenden Analysen wurden, wie bereits erwähnt, Präferenzwerte, mit denen die Betreuerinnen bestimmte Verhaltensmuster benutzen, verwendet. Diese Präferenzwerte basieren auf den Wahrscheinlichkeiten, mit denen eine einzelne Beobachtungseinheit den verschiedenen Klassen zugeordnet wird. Der Mittelwert dieser Wahrscheinlichkeiten für eine bestimmte

Betreuerin ist somit ein Maß für die Wahrscheinlichkeit, mit der die Betreuerin dieses Verhaltensmuster insgesamt wählt. Die Korrelationen dieser Werte mit den entsprechenden Werten des Kindverhaltens sind in Tabelle 3 wiedergegeben.

Tabelle 3: Korrelationen zwischen Betreuer- und Kindverhaltensmustern

	Unlust und Aggression	Lust und Kooperation	Ablenkung	Routine
kindorientiert ohne Stimulation	-.04	-.37*	.19	.26
kindorientiert mit Stimulation	.04	.67**	-.50**	-.37
indifferent/ kontrollierend	-.04	-.42**	.35*	.14
ärgerlich/ kontrollierend	.50**	-.13	.21	-.15
responsiv	-.34*	.06	-.15	.20

** p < .01
* p < .05

Wie erwartet finden sich deutliche Zusammenhänge zwischen den Verhaltensmustern der Betreuerinnen und der Kinder. Relativ höhere Werte für 'Unlust und Aggression' auf seiten der Kinder gehen einher mit einer höheren Wahrscheinlichkeit für ärgerlich/kontrollierendes Verhalten auf seiten der Betreuerin (r = .50, p < .01) und geringeren Wahrscheinlichkeiten für Responsivität (r = -.34, p < .05). Lust und Kooperation auf seiten des Kindes korrelieren hingegen positiv mit kindorientiertem und stimulierendem Verhalten der Betreuerin (r = .67, p < .01) und negativ sowohl mit kindorientiertem Verhalten ohne Stimulation (r = -.37, p < .05) als auch indifferent/kontrollierendem Verhalten (r = -.42, p < .01). Abgelenktes Kindverhalten korreliert dagegen negativ mit Stimulation durch die Betreuerin (r = -.50, p < .01), aber positiv mit indifferent/kontrollierendem Verhalten auf seiten der Betreuerin (r = .35, p < .05). Das als 'Routine' bezeichnete Verhaltensmuster der Kinder schließlich korrespondiert negativ mit kindorientierter Stimulation durch die Betreuerin (r = -.37, p < .05).

3.4. Zum Einfluß der Erziehungseinstellungen

Zur Evaluation des Einflusses der Erziehungseinstellungen wurden zwei Analysen durchgeführt. Zunächst wurden die Verhaltenspräferenzen der Betreuerinnen mit den vier Einstellungsskalen korreliert, um den 'Haupteffekt' der Erziehungseinstellungen zu erfassen. Im nächsten Schritt wurden dann die Werte auf den Einstellungsskalen mit den Werten für die Verhaltensmuster der Kinder multipliziert und auf diese Weise ein Maß für die Interaktion zwischen situationsabhängigen (Kindverhalten) und situationsunabhängigen (Erziehungseinstellungen) Maßen erzeugt. Alle drei Maße (Kindverhalten, Erziehungseinstellungen und die Interaktion zwischen beiden) wurden dann in hierarchischen Regressionsanalysen verwendet. Dabei wurden zunächst die Haupteffekte und Interaktionen bestimmt, die eigenständige Varianzanteile im Betreuerverhalten aufklären. Daran anschließend wurden die signifikanten 'Haupteffekte' zuerst in die hierarchische Regressionsgleichung eingeführt; im zweiten Schritt wurde untersucht, ob Interaktionseffekte zusätzlich zu den 'Haupteffekten' signifikante Varianzanteile des Betreuerverhaltens aufklärten.

Für das Verhaltensmuster 'kindorientiert ohne Stimulation' ergab diese Prozedur signifikante Haupteffekte für das Kindverhaltensmuster 'Lust und Kooperation' ($t = -3.50$, $p < .001$) und die Einstellungsskala 'emotionale Distanz' ($t = 3.40$, $p < .002$) sowie einen signifikanten Interaktionseffekt für die Interaktion zwischen dem Kindverhalten 'Lust und Kooperation' und der Einstellungsskala 'traditionelles Familienbild'. Diese Interaktion ($t = 2.84$, $p < .007$, Veränderung in $R^2 = .14$) besagt somit, daß eine höhere Wahrscheinlichkeit für das Kindverhaltensmuster 'Lust und Kooperation' insgesamt eine negative Beziehung mit dem Verhaltensmuster 'kindorientiert ohne Stimulation' aufweist. Wenn die Betreuerin allerdings einem traditionellen Familienbild anhängt, dann ist diese Beziehung genau anders herum: In diesem Falle präferiert die Betreuerin offenbar das Verhaltensmuster 'kindorientiert ohne Stimulation', auch wenn das Kind Lust ausdrückt und kooperiert. Daneben präferieren Betreuerinnen, die relativ höhere Werte auf der Skala 'emotionale Distanz' aufweisen, dieses Muster ebenfalls. Insgesamt ergab sich für die Analyse ein R^2 von .40.

Für das zweite Verhaltensmuster der Betreuerinnen 'kindorientiert mit Stimulation' ergab sich nur ein einziger signifikanter Prädiktor, und zwar das Kindverhaltensmuster 'Lust und Kooperation', welches das Betreuerverhalten positiv vorhersagte ($t = 5.67$, $p < .001$, $R^2 = .45$). 'Indifferent/kontrollierendes' Verhalten der Betreuerinnen wurde negativ vorhergesagt durch das Kindverhalten 'Lust und Kooperation' ($t = -3.14$, $p < .003$) und positiv durch die Einstellungsskala 'emotionale Distanz' ($t = 3.83$, $p < .001$). Darüber hinaus erklärte hier ebenfalls die Interaktion zwischen 'Lust und Kooperation' auf seiten des Kindes und einem traditionellen Familienbild auf seiten der Betreuerin einen eigenständigen Varianzanteil (Veränderung von $R^2 = .010$, $t = 2.42$, $p < .02$), was hier ebenfalls indiziert, daß für Betreuerinnen mit einem traditionellen Familienbild die Beziehung zwischen 'Lust und Kooperation' und 'indifferent/kontrollierendem' Verhalten nicht in dem Sinne besteht wie für die anderen Betreuerinnen (das R^2 für die gesamte Analyse war .43).

'Ärgerlich/kontrollierendes' Verhalten der Betreuerinnen wurde vorhergesagt durch 'unlustig/aggressives' Verhalten ($t = 4.63$, $p < .003$) auf seiten der Kinder und durch die Interaktion zwischen 'abgelenktem' Kindverhalten und 'restriktiven' Erziehungseinstellungen der Betreuerinnen ($t = 4.15$, $p < .001$, Veränderung in R^2 .28), was darauf hindeutet, daß Betreuerinnen mit 'restriktiven' Erziehungseinstellungen auf dieses Kindverhalten mit verstärkter Kontrolle, eventuell sogar ärgerlichem Verhalten reagieren (R^2 für die gesamte Analyse war .44). Das letzte Betreuerverhalten schließlich, 'responsiv', wurde negativ durch das Kindverhalten 'Unlust/Aggression' ($t = -3.95$, $p < .001$) sowie ebenfalls negativ durch die Einstellungsskala 'emotionale Distanz' ($t = -3.44$, $p < .002$) vorhergesagt. Darüber hinaus war hier die Interaktion zwischen 'abgelenktem' Kindverhalten und 'emotional distanzierter' Erziehungseinstellung ebenfalls ein negativer Prädiktor ($t = -.37$, $p < .03$, Veränderung in $R^2 = .09$), der in diesem Falle darauf verweist, daß Betreuerinnen mit emotional distanzierter Erziehungseinstellung auf abgelenktes oder unkonzentriertes Kindverhalten mit geringerer Wahrscheinlichkeit für responsives Verhalten reagieren (R^2 für die Gesamtanalyse war .36).

4. Diskussion

Mit der vorliegenden Untersuchung wurden zwei Hauptziele verfolgt. Erstens sollte versucht werden, alltägliche Interaktionen von Betreuerinnen und Kindern zu klassifizieren und miteinander in Beziehung zu setzen. Die zugrunde liegende Hypothese hierbei war, daß das Betreuerverhalten zu einem erheblichen Teil von situativen Aspekten abhängt und die Vernachlässigung dieser Aspekte nach Möglichkeit zu vermeiden ist. Die hier vorgelegten Ergebnisse bestätigen diesen Ansatz. Angesichts der Tatsache, daß die Verhaltensmerkmale der Kinder und Betreuerinnen zunächst getrennt, ohne Bezug aufeinander, klassifiziert wurden, ist dieses Ergebnis positiv zu werten, zeigt es jedoch, daß der empirische Nachweis des Zusammenhangs zwischen dem Verhalten von Betreuerinnen und Kindern auch auf der Basis unabhängiger Einzelanalysen zu eindeutigen Ergebnissen führt.

Der interessantere Aspekt der vorliegenden Untersuchung ist der Versuch, Betreuerverhalten sowohl auf der Basis situationsspezifischer als auch situationsunspezifischer Merkmale zu erklären bzw. vorherzusagen. Dabei wurde die Hypothese zugrunde gelegt, daß nicht nur die 'Haupteffekte' des Kindverhaltens und der Erziehungseinstellungen relevant sein würden, sondern daß das Zusammenspiel zwischen beiden einen zusätzlichen Erklärungsgehalt für das Verhalten der Betreuerinnen hat. Auch diese Hypothese konnte im wesentlichen bestätigt werden. Für vier der fünf analysierten Verhaltensmuster der Betreuerinnen wurde eine signifikante Interaktion zwischen den beiden Variablenblöcken gefunden, wobei die aufgeklärten Varianzanteile zwischen etwa 9 % und 25 % variierten, wenn man die Veränderung in R^2 als einen groben Indikator der Varianzaufklärung nimmt. In zwei Analysen erwies sich dabei, daß die Interaktion zwischen Erziehungseinstellungen und Kindverhalten die Haupteffekte qualifizierte: Während 'Lust und Kooperation' auf seiten des Kindes in der Regel mit geringeren Wahrscheinlichkeiten für 'kindorientiertes Verhalten ohne Stimulation' und 'indifferent/kontrollierendes' Verhalten korrespondierten, war dies bei Betreuerinnen, die über ein eher traditionelles Familienbild verfügten, nicht oder nicht in gleichem Umfang der Fall. Daneben ergab sich, daß eher restriktive Erziehungseinstellungen, gepaart mit abgelenktem Verhalten auf seiten der Kinder, ärgerlich/kontrollierendes Betreuerverhalten hervorrufen, während abgelenktes Kindverhalten, gepaart mit emotionaler Distanz auf seiten der Betreuerin, einen Rückgang responsiven Betreuerverhaltens hervorzurufen scheint. Diese beiden Interaktionen deuten darauf hin, daß in der Tat bestimmte Erziehungseinstellungen möglicherweise nur situationsspezifisch verhaltensrelevant werden: Beide Erziehungseinstellungen sind mit den Betreuerverhaltensweisen über die gesamte Stichprobe unkorreliert.

Auch wenn die beiden wesentlichen Hypothesen der Untersuchung somit durch empirische Evidenz untermauert werden konnten, sind einige problematische Aspekte der vorliegenden Studie nicht zu übersehen. Auch wenn die Betreuerinnen in dieser Untersuchung einen beträchtlichen Teil der Betreuerinnen in den städtischen Kinderkrippen Münchens repräsentieren, ist die Stichprobe doch relativ klein, so daß vor voreiligen Generalisierungen zu warnen ist. Insbesondere die Faktorenanalyse der Erziehungseinstellungen ist vor diesem Hintergrund als replikationsbedürftig anzusehen, zumal die Faktorenstruktur, die bei der Konstruktion des Instruments zugrunde gelegt wurde, in dieser Stichprobe nicht gefunden wurde. Der Grund hierfür mag allerdings ebenso gut in der Unterschiedlichkeit der Stichproben liegen: Während das Instrument für die Arbeit mit Eltern entwickelt wurde, waren die Antwortenden in dieser Stichprobe professionelle Betreuerinnen. Bedauerlicherweise gibt es bis heute kaum systematische Untersuchungen – und Instrumente – zur Erfassung der Erziehungseinstellungen speziell von professionellen Betreuerinnen. Die Tatsache, daß die Faktorenstruktur des Elternfragebogens nur teilweise repliziert werden konnte, kann so auch als ein möglicher Hinweis darauf gewertet werden, daß die Entwicklung eines solchen Instruments dringend erforderlich ist, da die (nicht nur hier vorgenomme) Übertragung von Instrumenten aus der Familienforschung methodisch zumindest problematisch ist.

Daneben ist zu bedenken, daß mit den Erziehungseinstellungen nur eine potentiell bedeutsame, situationsunabhängige Dimension zur Vorhersage des Betreuerverhaltens untersucht wurde. Die konkrete Ausstattung des Arbeitsplatzes, insbesondere unter Sicherheitsgesichtspunkten (siehe Howes 1983), und die Berufszufriedenheit der Betreuerinnen sind nur zwei potentielle Einflußfaktoren, deren Bedeutung und Zusammenwirken bisher kaum erforscht sind. Insofern versteht sich die vorliegende Arbeit nur als der potentielle Anfangspunkt weiterer Arbeiten, die es hoffentlich ermöglichen, Aus- und Fortbildungscurricula für Betreuerinnen an ihrem Arbeitsplatz Krippe so zu entwickeln, daß dieser eine positive Umwelt für Betreuerinnen und Kinder darstellt.

Anmerkung

1. Die in diesem Kapitel vorgestellten Ergebnisse entstammen dem Projekt 'Familie und Krippe', das unter der Leitung von E.K. Beller durchgeführt wurde. Die Landeshauptstadt München, das Bayerische Staatsministerium für Arbeit, Familie und Sozialordnung und der Bundesminister für Familie und Senioren haben dieses Projekt durch ihre finanzielle Förderung ermöglicht. Danken möchte ich den Mittelgebern, den Betreuerinnen, Eltern und Kindern für ihre Teilnahme an der Studie, Liz Keimeleder, Erika Haas und Rita Seitz für ihre Mitarbeit bei der Erhebung, Eingabe und Vorbereitung der Daten, Mark Einig für die Mitarbeit bei der Datenauswertung sowie Susanne Viernickel für ihre Kommentare und Anregungen zur Überarbeitung dieses Beitrags.

Literatur

Baumrind, D. (1971): Current patterns of parental authority. In: Developmental Psychology, Vol. 4, No. 1, Part 2, S. 1-103.
Baumgärtel, F. (1984): Die Diagnostik elterlicher Erziehungsaspekte: Hierarchie, Genese, und Qualität deutschsprachiger Instrumente. In: Zeitschrift für personenzentrierte Psychologie und Psychotherapie, 3, S. 19-37.
Bell, R.Q. (1968): A reinterpretation of the direction of effects in studies of socialization. In: Psychological Review, 75, S. 81-95.
Bell, R.Q. (1977): Socialization findings re-examined. In: Bell, R.Q. & Harper, R.V. (Hrsg.): Child effects on adults. Hillsdale, NJ: Erlbaum, S. 53-84.
Beller, E.K. (1992a): Modellprojekt Frühförderung von Kleinstkindern durch Unterstützung junger Familien bei der Erziehungsaufgabe und durch pädagogische Qualifizierung von Krippen. Abschlußbericht Projektteil B: Pädagogische Qualifizierung von Krippen. Sozialreferat der Landeshauptstadt München, Orleansplatz 11, 81667 München.
Beller, E.K. (1992b): Pädagogische Reformen in Kinderkrippen im neunzehnten und zwanzigsten Jahrhundert. In: Beller, E.K. (Hrsg.): Berlin und pädagogische Reformen: Brennpunkte der individuellen und historischen Entwicklung. Berlin: Colloquium, S. 2-42.
Beller, E.K. & Kuckartz, U. (1984): Beobachtungsdimensionen von Erzieherverhalten in Krippen. In: Ingenkamp, K.H. (Hrsg.): Sozial-emotionales Verhalten in Lehr-und Lernsituationen. Landau: Erziehungswissenschaftliche Hochschule Rheinland-Pfalz, S. 277-290.

Beller, E.K. & Stahnke, M. (1985): Ein Modell für die berufliche Weiterbildung von Krippenmitarbeitern und Krippenbetreuern. In: Bayerischer Wohlfahrtsdienst, 37, S. 42-46.
Block, J.H. (1984): Sex role identity and ego development. San Francisco, CA: Jossey-Bass.
Bortz, J. (1985): Lehrbuch der Statistik. Für Sozialwissenschaftler. 2. Auflage. Berlin: Springer.
Cohler, B.J., Grunebaum, H.U., Weiss, J.L. & Moran, D.L. (1971): The child care attitudes of two generations of mothers. In: Merrill-Palmer Quarterly, 17, S. 3-17.
Cowan, C.P., Cowan, P.A., Heming, G., Garret, E., Coysh, W.S., Curtis-Boles, H. & Boles, A.J. (1985): Transitions to parenthood. His, hers, and theirs. In: Journal of Family Issues, 6, S. 451-481.
Harms, T. & Clifford, R.M. (1983): Assessing preschool environments with the Early Childhood Environment Rating Scale. In: Studies in Educational Evaluation, 8, S. 261-269.
Hirschauer, P. (1991): Modellprojekt Frühförderung von Kleinstkindern. In: Bayerischer Wohlfahrtsdienst, 43, S. 98-101.
Hirschauer, P. (1992): Modellprojekt Familie und Krippe. In: Sozialmagazin, 3, S. 48-50.
Howes, C. (1983): Caregiver behavior in center and family daycare. In: Journal of Applied Developmental Psychology, 4, S. 99-107.
Howes, C. & Hamilton, C.E. (1993): The changing experiences of child care: Changes in teachers and teacher-child-relationships and children's social competence with peers. In: Early Childhood Research Quarterly, 8, S. 15-32.
Howes, C., Philips, D.A. & Whitebrook, M. (1992): Thresholds of quality in child care centers and children's social and emotional development. In: Child Development, 63, S. 449-460.
Hwang, P., Lamb, M.E. & Broberg, A. (1989): The development of social and intellectual competences in Swedish preschoolers raised at home and in out-of-home care facilities. In: Kreppner, K. & Lerner, R.M. (Hrsg.): Family systems and Life-span-development. Hillsdale, NJ: Erlbaum. S. 105-125.
Krombholz, H. (1991): Arbeit und Familie: Geschlechtsspezifische Unterschiede in der Erwerbstätigkeit und die Aufteilung der Erwerbstätigkeit in der Partnerschaft. In: Bertram, H. (Hrsg.): Die Familie in Westdeutschland. Stabilität und Wandel familialer Lebensformen. Opladen: Leske & Budrich, S. 193-234.
Lamb, M.E. & Sternberg, K. (1989): Tagesbetreuung. In: Keller, H. (Hrsg.): Handbuch der Kleinkindforschung, S. 587-608.
Lamb, M.E. & Sternberg, K. (1990): Do we really know how daycare affects children? In: Journal of Applied Developmental Psychology, 11, S. 351-379.
Lamb, M.E., Hwang, P., Bookstein, F.L., Broberg, A., Hult, G. & Frodi, M. (1988): Determinants of social competence in Swedish preschoolers. In: Developmental Psychology, 24, S. 58-70.
Lazarsfeld, P.F. (1950): Logical and mathematical foundations of latent structure analysis. In: Stouffer, S.A., Guttman, L., Suchman, E.A., Lazarsfeld, P.F., Star, S.A. & Clausen, J.A. (Hrsg.): Studies in social psychology in World War II. Vol. IV. Princeton, NJ.: Princeton University Press.
Lazarsfeld, P.F. (1968): Latent structure analysis. Boston: Houghton Mifflin Co.
Lerner, R.M. & Bush-Rossnagel, N.A. (1981): Individuals as producers of their development: Conceptual and empirical bases. In: Lerner, R.M. & Bush-Rossnagel, N.A. (Hrsg.): Individuals as producers of their development. A life-span perspective. New York: Academic, S. 1-36.
Lytton, H. (1990): Child and parent effects in boys' conduct disorder: A reinterpretation. In: Developmental Psychology, 26, S. 683-697.
Neubauer, E.C. (1980): Erziehungsstrategien von Kindergärtnerinnen zur Bewältigung sozialer Konflikte bei Vorschulkindern. In: Psychologie in Erziehung und Unterricht, 27, S. 257-266.
Popp, M. (1983): Bedeutung des Erzieherverhaltens. Bad Salzdethfurth: Franzbecker.

Rindskopf, D. (1990): Testing developmental models using Latent Class Analysis. In: Eye, A. von (Hrsg.): Statistical methods in longitudinal research. Vol. 2. New York: Academic, S. 443-470.
Rost, J. (1988): Qualitative und quantitative probabilistische Testtheorie. Stuttgart: Huber.
Rost, J. (1990): LACORD. Latent class analysis for ordinal variables. User manual. Kiel: Institut für die Pädagogik der Naturwissenschaften (IPN).
Sigel, I.E. (1992): The belief-behavior connection: A resolvable dilemma? In: Sigel, I.E, McGillicuddy-DeLisi, A.V. & Goodnow, J.J. (Hrsg): Parental belief systems: The psychological consequences for children. 2. Auflage. Hillsdale, NJ: Erlbaum, S. 433-456.
Sigel, I.E., McGillicuddy-DeLisi, A.V. & Goodnow, J.J. (Hrsg.) (1992): Parental belief systems: The psychological consequences for children. 2. Auflage. Hillsdale, NJ: Erlbaum.
Tausch, R. & Tausch, A. (1973): Erziehungspsychologie. 7. Auflage. Göttingen: Hogrefe.
Tietze, W. & Roßbach, H.-G. (1991): Die Betreuung von Kindern im vorschulischen Alter. In: Zeitschrift für Pädagogik, 37, S. 555-579.
Tzelepis, A., Giblin, P.T., & Agronow, S.J. (1983): Effects of adult-caregiver's behaviors on the activities, social interactions, and investments of nascent preschool day-care groups. In: Journal of Applied Developmental Psychology, 4, S. 201-216.
Weßels, H. (1988): Zur Entwicklung der Münchener Kinderkrippen 1984-87. Ergebnisse einer längsschnittlichen Auswertung der Berichte an die Regierung von Oberbayern. In: Beller, E.K., Stahnke, M. & Weßels, H.: Projekt Familie und Krippe. Erster Zwischenbericht. Unveröffentlichtes Manuskript. Berlin/München.
Weßels, H. & Eye, A. von (in Druck): Using Latent Class Analysis to detect behavioral patterns in systems of observational variables. In: Mowbray, C. & Luke, D. (Hrsg.): Innovative methodologies for longitudinal evaluations of human service problems. Evaluation and Program Planning.
Wittmer, D.S. & Honig, A.S. (1988): Teacher re-creation of negative interactions with toddlers. In: Early Child Development and Care, 33, S. 77-88.

Mira Stambak

Lernen durch Kommunikation

1. Förderung für alle Kinder

Ich möchte in diesem Beitrag der Frage nachgehen: Ist es möglich, Schulversagen, Analphabetismus und sozialen Ausschluß zu überwinden? Kann das Erziehungswesen (Tagesstätten, Schulen) so organisiert werden, daß *alle* Kinder ihre Fähigkeiten entwickeln und aktiv am Lernprozeß teilnehmen können?

Auf der Grundlage von Untersuchungen, die von CRESAS und IEDPE[1] durchgeführt wurden, ist meine Antwort: Ja; es ist tatsächlich möglich, *allen* Kindern zu helfen, in der Schule erfolgreich zu sein. Dazu muß die pädagogische Praxis an den Lernprozeß der Kinder, ihre Art, Entdeckungen zu machen und Wissen aufzubauen, angepaßt werden. Die Forschungen von CRESAS und IEDPE zielen darauf ab, die Erziehungsumwelt zu verbessern, anstatt die Gründe für Verhaltensprobleme beim einzelnen Kind zu suchen. Kinder, die unter bestimmten Bedingungen teilnahmslos, passiv und nicht empfänglich sind, können unter anderen Bedingungen neugierig, erfindungsreich, aktiv und kommunikativ sein (CRESAS 1981, 1987).

Sogar Kinder, die von Psychologen als 'mental geschädigt' bezeichnet wurden, können unter bestimmten Bedingungen Lern- und Denkfähigkeiten unter Beweis stellen, die vergleichbar mit denen guter Schüler sind. Der Begriff Erziehungsumwelt wird hier natürlich weit gefaßt und schließt nicht nur die materielle Umgebung und die Erziehungsmethoden mit ein, sondern bezieht sich auch und hauptsächlich auf interindividuelle Beziehungen zwischen allen Beteiligten, Kinder, Lehrer und anderes Personal eingeschlossen.

Der zentrale Ansatz unserer Untersuchungen ist eine Methode, die wir 'Aktionsforschung' nennen. Ihre zentralen Merkmale lauten folgendermaßen:

- Die Forschung wird – in der mehrfachen Bedeutung des Wortes – 'innerhalb' der Einrichtungen durchgeführt.
- Die Forscher arbeiten mit den Erzieherinnen und den Lehrern zusammen: Gemeinsam planen wir ein innovatives Projekt; gemeinsam präzizieren wir die Ziele, die wir erreichen möchten; gemeinsam beobachten und analysieren wir das Verhalten der Kinder.

– Die Forschung erstreckt sich über einen langen Zeitraum, manchmal über mehrere Jahre.

Mit dieser Arbeitsform haben wir zum einen viel über den Lernprozeß bei Kindern gelernt, wie Kinder ihr Wissen entwickeln und konsolidieren und wie sie ihren Erkenntnisprozeß und ihre Denkfähigkeiten strukturieren. Und zum anderen haben wir etwas über den pädagogischen Ansatz von Lehrern und Erzieherinnen erfahren, wie sie Erziehungspraxis gestalten, um die Entwicklung der Potentiale *aller* Kinder, für die sie verantwortlich sind, zu begünstigen.

2. Der Lernprozeß

Wir wissen seit Piaget und Wallon über die aktive Rolle des Kindes Bescheid: Das Kind selbst ist das organisierende Zentrum und der Urheber seiner Aktivitäten. Wir wissen auch, daß Wallon und Wygotski in ihren Arbeiten auf das soziale Wesen des Menschen abzielten, auf die Wichtigkeit der Beziehung des Menschen zu anderen. Der Schwerpunkt dieses theoretischen Ansatzes ist die zwischenmenschliche Beziehung, die ein primäres Bedürfnis des Menschen darstellt.

Die Forscher von CRESAS uns IEDPE stimmen mit diesem theoretischen Ansatz überein. Aus unserer Sicht sind soziale Interaktion und Kommunikation für die kognitive und soziale Entwicklung des Kindes von fundamentaler Bedeutung. Wir stimmen mit den Forschern überein, die betonen, daß Lernen durch Kommunikation der Weg des Menschen ist.

Unsere Studien umfassen Kinder im Alter von vier Monaten bis zu acht Jahren.

In diesem Beitrag geht es um Kinder, die in Kinderkrippen (crèches) betreut werden. Dies sind in Frankreich öffentliche Einrichtungen, in denen Kinder von vier Monaten bis zu vier Jahren den Tag verbringen. Unser Hauptaugenmerk liegt auf den Beziehungen, die *unter Kindern* bestehen. Schon früh beobachteten wir, daß kleine Kinder spontan Zweier- oder Dreiergruppen bildeten, daß sie erfolgreich kommunizierten und daß sie gemeinsam und auf harmonische Weise Aktivitäten ausführten. Diese Beobachtung widerspricht der allgemeinen Annahme, daß Beziehungen unter Gleichaltrigen in einem frühen Altersstadium eher selten, kurzlebig und häufgig aggressiv sind. Vor diesem Hintergrund beschlossen wir, die Gleichaltrigenbeziehungen bei jungen Kindern genauer zu untersuchen.

Wir beobachteten Kinder in verschiedenen Spielsituationen, in denen sie Aktivitäten ihrer Wahl nachgehen konnten. Diese Situationen enthielten jedoch auch ein experimentelles Element, indem den Kindern nur bestimmte Objekte zur Verfügung gestellt wurden. Für die Untersuchung sozialer Interaktionen zwischen Kindern von 9 bis 24 Monaten wurden zwei Situationen ausgewählt: In der einen Situation wurden den Kindern kleine bekannte Objekte und Spielsachen zur Verfügung gestellt, in der anderen Situation wurden die gewöhnlichen Objekte aus dem Spielzimmer entfernt und durch große rechteckige und zylinderförmige Kartons ersetzt. In diesen Situationen wurden Gruppen beobachtet, die aus vier bis acht Kindern bestanden. In beiden Situationen verhielten sich die Kinder aufmerksam zueinander und waren gewillt, etwas gemeinsam zu machen. Es gelang ihnen, verschiedene Spiele durchzuführen und gelegentlich auftretende Probleme zu lösen. Dabei waren sie manchmal fröhlich, manchmal aber auch sehr ernst. In allen unseren Beobachtungen nahmen alle Kinder an einer gemeinsamen Aktivität teil. Auch wenn dies in unterschiedlicher Weise geschah, war während der gesamten Beobachtungsperiode nicht eines der Kinder von anderen Kindern isoliert.

Für Kinder zwischen zwei und vier Jahren wurde eine systematische Studie durchgeführt, bei der die Kinder Vorführungen mit Marionetten selbst gestalten mußten. Die Erzieherinnen eines Kindergartens überließen den Kindern ein Marionettentheater und arbeiteten Marionetten um, so daß sie von der Größe her passend für kleine Kinder waren. Zwei Kinder mußten hinter den Vorhang gehen und eine Vorführung für die anderen Kinder ihrer Gruppe und für die erwachsenen Leiter der Gruppe improvisieren.

Alle Erwachsenen (Forscher, Erzieherinnen, Eltern), die einer der von den Kindern inszenierten Vorführungen beiwohnten, waren von den schauspielerischen Fähigkeiten der Kinder überrascht. Die Szenen waren gut konstruiert, die Themen variierten, und viele schauspielerische Mittel wurden eingesetzt, so daß die Vorführungen für das Publikum wirklich unterhaltsam waren. Die Qualität der Inszenierungen war um so bemerkenswerter, da die Kinder gemeinsam improvisieren mußten: Tatsächlich agierten sie gleichzeitig als Theaterautoren und Marionettenspieler. Im Vergleich mit dem freien Spiel stellt sich die 'Marionettensituation' als höchst komplex dar und bringt viele Zwänge mit sich. Die Kinder müssen eine vereinbarte Aufgabe unter vorgegebenen Rahmenbedingungen mit dem Ziel bewältigen, das Publikum zu unterhalten.

In unseren sehr zahlreichen Beobachtungen konnten wir feststellen, daß diese kleinen Kinder gemeinsame Projekte aufbauen konnten: Jedem fällt eine Aufgabe zu, die gemeinsam ausgearbeitet wurde und deren Ergebnis ein zusammenhängendes Ganzes ist. Gemeinsame Aktivitäten treten wesentlich häufiger auf als Einzelaktivitäten. So haben wir eine Fülle an Material, um den *interaktiven Prozeß* bei Kindern zu analysieren. Bei diesen gemeinsamen Aktivitäten beobachten wir, daß die Kinder sich anstrengen, um die Welt, in der sie leben, zu verstehen: Sie erkennen Probleme und benutzen alle ihnen zur Verfügung stehenden Mittel, um diese gemeinsam zu lösen. Sie sind in der Lage, sich für längere Zeit auf bestimmte Aktivitäten zu konzentrieren. Sie haben interessante Ideen, stellen ernsthafte Fragen und setzen intensiv die Suche nach Antworten fort. Mehr noch, sie haben viel Spaß dabei.

Die Kinder drücken ihr Bedürfnis nach Kommunikation mit Gleichaltrigen deutlich aus. Bei ihrem Austausch untereinander kann man ihre beträchtlichen Anstrengungen beobachten, Mitteilungen so zu überbringen, daß andere sie verstehen können. Bevor sie sprechen können, wird diese Kommunikation durch Blicke, Gesten, Haltungen und Vokalisierungen zum Ausdruck gebracht: Vom Beginn des zweiten Jahres an, werden dann einige 'Worte' hinzugefügt. Ihre Austauschsequenzen bilden ein zusammenhängendes Ganzes, in dem sich starke und entspanntere Momente abwechseln.

Auch läßt sich die affektive Harmonie, die im Austausch zwischen den Gleichaltrigen entsteht, beobachten. Es können zwar Konflikte auftreten, weil Ideen und Wünsche der Partner nicht immer den eigenen entsprechen, aber diese sind konstruktiv, da sie zu einem Bewußtsein über Widersprüche führen. Da der Wunsch, etwas zusammen zu machen, bleibt, gelingt es den Kindern gewöhnlich, die Hindernisse zu überwinden, indem z.B. eine Pause eingelegt wird, um die kontroverse Angelegenheit zu umgehen, oder indem das Anfangsprojekt verändert wird.

Es wurde uns im Laufe unserer Untersuchungen immer klarer, daß die Analyse *des Prozesses der interaktiven Konstruktion* für uns von zentraler Bedeutung war.

Die Kernfrage, die wir zu beantworten hatten, war: Kann die Analyse des interaktiven Prozesses die Hypothese stützen, daß Kommunikation und soziale Interaktion den Erwerb von Wissen und die soziale und kognitive Entwicklung des Kindes fördern?

So mußten wir die schrittweise Ausarbeitung der gemeinsamen Aktivitäten bei den Kindern untersuchen, ihre progressive Organisation, kurz, den gesamten interaktiven Prozeß.

Um zu verstehen, wie eine Episode entsteht und wie sie beendet wird, müssen zunächst einige Punkte geklärt werden. Wir müssen herausfinden, wie es zu dem Anfangskontakt zwischen den Partnern kommt. Deshalb analysierten wir, wie die Kinder eine Übereinstimmung über einen Inhalt, ein Thema erreichen. Dazu mußten wir herausfinden:
– Wie entsteht der erste Vorschlag?
– Wie kommt es zu dem Thema, das die ganze Sequenz hervorbringt?
– Wird der Vorschlag von den Partnern sofort verstanden, oder sind weitere Erklärungen erforderlich?
– Wie passen die Absichten eines Kindes mit denen eines anderen zusammen?
– Entstehen Spannungen oder Konflikte?
– Wenn ja, wie werden sie überwunden?

Kurz, wir mußten den *Verhandlungsprozeß zwischen den Partnern* analysieren, um zu verstehen, wie sie zu einer Übereinstimmung gelangen.

Nach dieser Anfangsphase mußten wir untersuchen, wie die Partner sich bei der Entwicklung des Themas und der Konstruktion einer Sequenz engagierten. Haben sie komplementäre Rollen? Welcher Art ist die gegenseitige Anpassung?

Kurz, wir hatten die verschiedenen Verfahren, die Kinder anwenden, um den Partnern ihre Absichten klarzumachen, detailliert zu untersuchen. Was

können wir über den übergreifenden *interaktiven Prozeß* sagen?
  Zuerst wollen wir eine kurze Sequenz vorstellen, die veranschaulicht, wie Kinder eine Übereinstimmung über das Thema ihrer Interaktion, in diesem Fall ein 'Guck-Guck'-Spiel, erreichen.
  Zwei Kleinkinder interagieren miteinander: Celine (17 Monate) und Leila (14 Monate). Die Sequenz findet um einen großen Karton herum statt, der an einer Seite offen ist. Die beiden Klappen an der offenen Seite können geöffnet oder geschlossen werden:
  Die Interaktion beginnt mit dem Vorschlag von Celine, ein 'Guck-Guck'-Spiel zu spielen. Sie sitzt in dem großen Karton.

Celine	Leila
lehnt ihren Körper gegen die Kartonwand, dann streckt sie ihren Kopf aus dem Karton (wiederholt dies dreimal).	tummelt sich vor dem Karton, bemerkt Celine, kommt näher, sieht sie an und geht weg.

  Wir können feststellen, daß Celine mit Hilfe einfacher Mittel versucht zu signalisieren, daß man diesen Karton nutzen kann, um zu spielen: nicht gesehen werden (nicht sehen) bzw. gesehen werden (sehen). Sie wiederholt ihre Handlungen dreimal und ist damit sehr beharrlich in ihrem Versuch, einen Partner zu finden. Leila geht vorbei und bemerkt Celine, versteht aber nicht, daß sie ein Spiel vorschlägt und geht weg. Dann verändert Celine ihr Verhalten, um Leila zu zeigen, was sie möchte:

CELINE	LEILA
schließt die zwei Klappen des Kartons von innen, öffnet die Klappen und schließt sie wieder.	bemerkt die geschlossenen Klappen, bewegt sich auf sie zu, dann öffnet sie eine Klappe, wobei sie Laute von sich gibt, hockt sich vor die zweite Klappe, dann öffnet und schließt sie die Klappen von außen.

  Nun ist die Mitteilung klar: Leila ist einverstanden, das 'Guck-Guck'-Spiel zu spielen: Von außen öffnet und schließt sie die Klappen.
  Diese kurze Sequenz veranschaulicht den Beginn eines interaktiven Prozesses, der anhand vieler Beispiele beobachtet und analysiert werden kann.
  Nach einem ersten Kontakt unter Partnern, schlägt einer von ihnen ein Thema vor, dessen Inhalt mehr oder weniger deutlich ist. Der Partner ver-

steht es entweder ganz oder nur teilweise und handelt entsprechend. Dieses Verhalten ruft eine Reaktion des anderen Kindes hervor und so weiter. Auf diese Weise konstruieren die Kinder ein dialogartiges Muster, in welchem jeder Partner sich anpaßt und seine Aktivität entsprechend dem Verhalten des anderen Kindes modifiziert.

Die Unterschiedlichkeit und Effektivität der Wege und Mittel, die von diesen sehr kleinen Kindern erfunden werden, um den Partnern gegenüber ihre Absichten und Erwartungen klarzumachen, sind wirklich überraschend: In Situationen, in denen Übereinstimmung herrscht, aber auch bei Widersprüchen, Mißverständnissen oder Meinungsverschiedenheiten, interagieren die Kinder auf gut angepaßte und geschickte Weise. Sie berücksichtigen die Absichten ihrer Partner und zeigen damit eine ausgeprägte soziale Kompetenz.

Was ist das zugrundeliegende Organisationsprinzip für diese Interaktionen? Eine detaillierte Analyse der Vorgehensweisen, die Kinder anwenden, um Mißverständnisse und Streitigkeiten zu überwinden, verdeutlicht die kindlichen Lernprozesse und läßt ihre *Wege der Entdeckung*, so der Titel von Bärbel Inhelders jüngstem Buch (Inhelder & Cellerier 1992), klar hervortreten.

Noch bevor die Kinder sprechen können, verfügen sie über Möglichkeiten, ihre Ideen und Absichten deutlich auszudrücken. Sie verwenden deutliche Gesten, um dem Gegenüber ein besonders überzeugendes Element nahezubringen; oder sie wiederholen eine Idee auf eine andere Weise, indem sie ihre Handlungen variieren, um so mehr Informationen zur Verfügung zu stellen.

Sobald Kinder in der Lage sind zu sprechen, beginnen sie, ihre Standpunkte zu erklären und zu rechtfertigen. Sie geben Gründe für ihre Nicht-Übereinstimmungen, benutzen Argumente, die über das Hier und Jetzt hinausgehen, und machen Gebrauch von vorher erworbenem Wissen.

Aus unserer Sicht tragen diese interaktiven Prozesse zur kognitiven Entwicklung des Kindes bei und erweitern seine Fähigkeit, das Lernen zu lernen, indem sie bei den unmittelbar ablaufenden Aktivitäten manches Mal einhalten und sich auch mal davon distanzieren müssen: Die Partner betrachten das Objekt der Erkenntnis von anderen Standpunkten aus; sie nehmen die Wirklichkeit, in der sie handeln, in Verbindung mit Problemen wahr, über die sie vorher nie nachgedacht haben. Sie stellen Verbindungen zwischen Wissenseinheiten her, die früher unverbunden waren.

Die Distanzierung von der unmittelbaren Handlungssituation bringt die Möglichkeit der kognitiven Dezentralisierung mit sich, was wiederum zur Abstrahierung und Reflexion führt. So konsolidiert sich durch Konfrontation und Diskussion unter den Partnern etwas, was vorher nur in unklarer Weise gewußt wurde: Konzepte werden verdeutlicht, bestimmtes Wissen wird strukturiert, und Entdeckungen ebnen den Weg für neue Fragen.

3. Die Arbeit der Erzieherinnen

Zu Beginn meines Beitrags habe ich geschrieben, daß unsere Erkenntnisse durch die Arbeit in der Kinderkrippe gewonnen wurden, indem 'natürliche Situationen' beobachtet wurden und Forschung in Zusammenarbeit mit Erzieherinnen betrieben wurde.

Wenn wir uns vergegenwärtigen, wie sich die Krippen, in denen wir gearbeitet haben, während dieses Prozesses entwickelt haben, dann können wir feststellen, daß die hauptsächlichen Veränderungen die Beziehungen zwischen den beteiligten Personengruppen betreffen:

- Die Interaktionen zwischen den Forschern und Erzieherinnen wurden zunehmend symmetrischer: Es wurde uns immer deutlicher, daß beide Seiten etwas von Kindern und Erziehung verstehen und davon profitieren, wenn sie miteinander diskutieren.
- Die Beziehungen zwischen Eltern und Erzieherinnen entwickelten sich mehr und mehr auf ein Verhältnis wechselseitiger Ergänzung hin, wodurch es weniger Rivalität und Konflikte gab.
- Die Beziehungen unter den Erzieherinnen verbesserten sich: Sie wurden ein besseres Team, Projekte wurden gemeinsam statt individuell durchgeführt; gemeinsam gelangten die Erzieherinnen zu einer Art Selbstanalyse ihrer Praktiken, und gemeinsam bewerteten sie die Ergebnisse; Entscheidungen wurden gemeinsam getroffen. In diesem Prozeß bemerkten die Erzieherinnen, daß sie mehr Freude an der Arbeit hatten und daß sie ihre beruflichen Fähigkeiten erweiterten.
- Die deutlichste Veränderung betraf die Beziehungen zwischen *Erwachsenen* und *Kindern*. Wir verstanden zunehmend, daß der pädagogische Ansatz die Eigentätigkeit des Kindes berücksichtigen muß und daß die pädagogische Praxis eine Beziehungsgrundlage braucht, die das Kind in seinem Recht als eigenständige Person anerkennt. Uns wurde immer klarer, daß wir bei unserer Arbeit berücksichtigen müssen, daß Kinder sehr viel Eigeninitiative entwickeln, daß sie sich viele Fragen stellen und selbst Antworten darauf finden möchten. Wir erkannten auch, daß diese Initiativen durch Interaktion und Kommunikation mit Erwachsenen, aber auch mit Gleichaltrigen in kooperativem Spiel gefördert werden.

Wenn die Eigeninitiative der Kinder so ernst genommen wird, was bedeutet das dann für die Rolle der Erzieherinnen? Wir wissen, daß Kinder das Recht haben müssen, ihren Standpunkt auszudrücken und Fragen zu stellen. Erwachsene müssen sich in die Beschäftigungen und die Welt der Kinder einfügen. Durch derartige symmetrische Interaktionen wird Kindern bewußt, daß die Erwachsenen eine bestimmte Erwartung haben und daß sie ihre Bedürfnisse und Wünsche berücksichtigen; dadurch fühlen sich Kinder ermutigt. Auf diese Weise bauen Erwachsene Vertrauensbeziehungen auf und, wenn Schwierigkeiten aufkommen, entscheiden sie nicht einfach, sondern bemühen sich um Verständnis.

4. Schlußbemerkungen

Ich muß auf folgendes besonders hinweisen: Dieser innovative Prozeß hat keine lineare Entwicklung. Es treten viele Schwierigkeiten auf, und es gibt Momente der Entmutigung. Aber befindet man sich erst einmal auf diesem Weg, möchte niemand auf den alten Weg zurückkommen; denn das Hauptmerkmal dieses neues Weges ist die zunehmende Freude der Erwachsenen an ihrer Arbeit.

Wir bestehen auch auf diesem neuen Weg, weil wir überzeugt sind, daß durch unsere Arbeit Toleranz und Demokratie gefördert werden.

Anmerkung

1. CRESAS: Centre de Recherche de l'Education spécialisée et de l'Adaption Scolaire; IEDPE: Institut Européen pour le Développement des Potentialités de tous les Enfants.

Literatur

Breaute, M. (Hrsg.) (1987): Au jardin d'enfants, des enfants marionettistes. Paris: L'Harmattan-INRP.
CRESAS (1981): L'échec scolaire n'est pas une fatalité. Paris: Editions Sociales Françaises.
CRESAS (1987): On n'apprend pas tout seul. Paris: Editions Sociales Françaises.
CRESAS (1991): Naissance d'une pédagogie interactive. Paris: Editions Sociales Françaises.
CRESAS (1991): Accueillir à la crèche, a l'école. Paris: L'Harmattan-INRP.
Inhelder, B. & Cellerier, G. (1992): Le cheminement des découvertes de l'enfant. Neuchatel: Delachaux-Niestlé.
Sinclair, H. & Stambak, M. (1989): Infants and objects. New York: Academic Press.
Stambak, M., Barriere, M., Bonica, L., Maisonnet, R., Musatti, T., Rayna, S. & Verba, M. (1983): Les bébés entre eux. Paris: Presses Universitaires de France.
Stambak, M. & Sinclair, H. (1990): Les jeux de fiction entre enfants de trois ans. Paris: Presses Universitaires de France.
Stambak, M. & Sinclair, H. (1993): Pretend play among 3 year olds. Hillsdale, NJ: Laurence Erlbaum Associates.

Ronald Lally

Die Auswirkungen von Regelungen und Praktiken in der Kleinkindbetreuung auf die frühkindliche Identitätsentwicklung

1. Einleitung

Die Identitätsentwicklung eines Kleinkindes wird entscheidend durch die Personen beeinflußt, von denen es betreut wird. Deshalb sollte der Rolle, die die Betreuungspersonen bei der frühkindlichen Identitätsentwicklung spielen, eine besondere Aufmerksamkeit gewidmet werden. Dieser Beitrag stellt die Besonderheit des Kleinkindalters für die menschliche Identitätsentwicklung heraus und beschreibt übliche Regelungen und Praktiken der Kinderbetreuung, die diesen Prozeß behindern oder unterstützen.

Die Umstände, unter denen sehr kleine Kinder betreut werden, haben sich in den letzten 40 Jahren drastisch verändert. In den fünfziger und sechziger Jahren wurden die meisten Kinder während ihrer ersten Lebensjahre innerhalb der Familie betreut und kamen gewöhnlich erst mit drei, vier oder fünf Jahren in eine Einrichtung. Die Kinder, die in einer Einrichtung betreut wurden, verbrachten dort meist nur einen geringen Teil des Tages. In den neunziger Jahren hat sich diese Situation verändert. Kleinkinder werden in zunehmendem Umfang außerhalb der Familie in Gruppen betreut, und dies für eine lange Zeit am Tag. Sechs Monate alte Kinder sind in solchen Gruppen heute keine Seltenheit, und selbst fünf oder sechs Wochen alte Säuglinge können dort angetroffen werden. Der National Daycare Survey (1991) in den USA ergab, daß 23 % der Kinder unter einem Jahr, 33 % der einjährigen, 38 % der zweijährigen und 50 % der dreijährigen Kinder außerhalb ihrer Familien bei lizenzierten oder nicht-lizenzierten Tagesmüttern oder in Einrichtungen betreut werden. Noch nie haben Kinder so viel Zeit ohne die Anwesenheit eines Familienmitgliedes verbracht und in einer Phase, in der sich ihr Selbst entwickelt, so viel von professionellen Erzieherinnen imitiert und aufgenommen.

Dem explosionsartigen Anstieg der Anzahl von Kleinkindern, die außerhalb der Familie betreut werden, ist viel Aufmerksamkeit gewidmet worden. In den letzten Jahren wurde viel über die Notwendigkeit einer qualitativ guten Betreuung für Kleinkinder geschrieben. Aspekte wie Gruppengröße, Erzieher-Kind-Schlüssel, angemessene Umgebung, Trennung von der Mutter, die Beziehung zwischen Erzieherin und Kind sowie Management-Strategien wurden thematisiert, dies alles in der Hoffnung, die frühen Erfahrungen der Kinder zu verbessern. Überraschend wenig Aufmerksamkeit ist dagegen dem Einfluß gewidmet worden, den die Betreuung von Kindern auf ihre Identitätsentwicklung hat. Dies hat in der Mehrzahl der Einrichtungen zu Regelungen und Praktiken geführt, die im günstigsten Fall den Prozeß des Identitätsaufbaus indirekt unterstützen, im ungünstigen Fall Umwelt-, Erfahrungs- und Entwicklungshindernisse errichten, die die Bildung eines soliden Selbst gefährden. Warum ist die Rolle der Erzieherin für die Identitätsbildung des Kindes nicht ein Schlüsselthema im Ausbildungsprogramm für Erzieherinnen? Warum werden pädagogische Programme nicht im Hinblick darauf entwickelt, wie sie die Identitätsentwicklung der Kinder beeinflussen?

Es gibt zwei Gründe dafür, warum der frühkindlichen Identitätsentwicklung bisher so wenig Aufmerksamkeit gewidmet wurde. Der erste Grund ist, daß die meisten pädagogischen Programme von Leuten aufgrund ihrer Erfahrungen mit älteren Vorschulkindern entwickelt wurden. Diese Programme beruhen daher auf Vorstellungen, die der Entwicklung von Kleinkindern nicht gerecht werden. Drei- und vierjährige Kinder, die schon eine vorläufige Definition ihres Selbst vorgenommen haben, mit der sie operieren, sind z.B. in der Lage zu sagen 'Ich mag keine Erdnußbutter' oder 'Ich möchte mit Fingerfarbe malen'. Die mit den älteren Vorschulkindern gemachten Erfahrungen werden wie selbstverständlich auf die Betreuungspraxis von Kleinkindern übertragen, mit der Folge, daß die Gruppen jahrgangsweise voranschreiten und die Betonung auf Lernen liegt, sei es aufgrund eigener Erfahrung oder aufgrund von Anregungen durch die Erzieherin. In diesem Modell wird eine Beziehung zwischen zwei Individuen, der Erzieherin und dem Kind, vorausgesetzt. Von der Erzieherin wird erwartet, daß sie jedem Kind eine sichere, gesunde und interessante Umwelt bietet, daß sie eine günstige sozial-emotionale, physische und intellektuelle Entwicklung jedes einzelnen Kindes ermöglicht und daß sie mit der Gruppe umgehen kann. Dieser Ansatz geht weit in seinen Bemühungen um eine qualitativ gute Betreuung von Kleinkindern, aber er geht nicht weit genug. Er berücksichtigt zwar die Bedeutung, die die Erzieherin bei Interaktionen mit dem Kind hat, kaum aber ihre Bedeutung bei der *Identitätsentwicklung des Individuums*. Die Tatsache, daß Kinder durch Imitation und die Übernahme von Verhaltensweisen der Erzieherin lernen, wird so gut wie nie angesprochen. Ebensowenig werden Überlegungen darüber angestellt, welchen Einfluß die in der Gruppenbetreuung üblichen Praktiken auf die sich herausbildende Identität des Kleinkindes haben, wie z.B. der Wechsel der 12 Monate alten Kinder von der 'Liege'- in die 'Krabbel'-Gruppe und der damit verbundene Wechsel der Erzieherinnen.

Einfach ausgedrückt bedeutet das, daß die wichtige Unterscheidung zwischen Betreuung von Kindern im Kleinkind- und im Vorschulalter bisher ignoriert wurde. Kinder im Vorschulalter (Kindergartenkinder) haben schon ein einigermaßen entwickeltes Identitätsgefühl mit Vorlieben und Abneigungen, Einstellungen und Neigungen. Kleinkinder befinden sich dagegen in

einer Phase, in der sich ein vorläufiges Identitätsgefühl erst aufbauen muß. Kleinkinder bekommen von den Erzieherinnen Vorstellungen darüber vermittelt,
- wie Menschen zu verschiedenen Zeiten und in verschiedenen Situationen handeln und damit, wie das Kind sich verhalten sollte,
- wie Menschen sich ihnen und anderen gegenüber verhalten und damit, wie die Kinder und andere behandelt werden sollten und
- wie Gefühle ausgedrückt werden sollten und damit, wie die Kinder fühlen sollten.

Diese Eindrücke werden vom Kleinkind verarbeitet und oft in sein sich entwickelndes Selbst einbezogen. Es ist dieser alltägliche Einfluß der Erzieherin auf die kindliche Identitätsentwicklung, der in pädagogischen Programmen für Kleinkinder so oft übersehen wird. Es passiert eben mehr als eine liebevolle Pflege und Lernen im Spielen. Das Kind erfährt Werte und Überzeugungen und nimmt sie in sich auf.

Psychologisch gesprochen ist das Kleinkind noch kein Individuum, sondern es befindet sich auf dem Weg dorthin. Margaret Mahler (1985) hebt diesen Punkt hervor, indem sie die Betreuungsperson während der ersten sechs Lebensmonate des Kindes als 'äußere Hälfte des kindlichen Selbst' bezeichnet. Das bedeutet, daß die Erzieherin von Kleinkindern eine andere Rolle und Verantwortung übernehmen muß als die Kindergartenerzieherin. Sie würde den Kindern einen schlechten Dienst erweisen, wenn sie ihren Einfluß, den sie auf die Identitätsentwicklung von Kleinkindern hat, mit dem Einfluß gleich setzen würde, den sie auf die Identitätsentwicklung von drei, vier oder fünf Jahre alten Kindern hat. Sie würde die Tatsache ignorieren, daß wichtige Aspekte ihres Handelns wahrgenommen, interpretiert und in die aktuelle Definition des Selbst aufgenommen werden. Diese Erkenntnis hat einschneidende Konsequenzen für die Praxis.

Der zweite Grund, warum die Identitätsentwicklung von Kleinkindern nicht als ein wichtiger Aspekt für die frühkindliche Entwicklung betrachtet wurde, ist sehr beunruhigend. Zumindest in der amerikanischen Gesellschaft wird die Betreuung von Kleinkindern nicht als Beruf angesehen, sondern als eine Tätigkeit, die jeder ausüben kann, die bis vor kurzem unentgeltlich im Rahmen der Familie geleistet wurde und die keine Ausbildung erfordert. Säuglinge werden von vielen Eltern, Politikern und Entscheidungträgern als Wesen betrachtet, die keine Kompetenzen besitzen und deshalb nur ein sicheres 'baby-sitting' benötigen, während die Eltern ihrem Beruf nachgehen. Von diesem Standpunkt aus betrachtet, sind eine sorgfältige Auswahl von Erzieherinnen, ihre Ausbildung und Regelungen für das Feld unnötig. Warnungen aus dem Praxisfeld über die Gefahren qualitativ unzureichender Betreuung für die Gesellschaft bleiben ebenso unbeachtet wie der Rat, daß man wegen der grundlegenden Bedürfnisse des Kleinkindes angemessene Modelle ihrer Betreuung finden sollte. Dieser Mangel an öffentlicher Aufmerksamkeit gegenüber den ersten drei Lebensjahren ist so bedenklich geworden, daß die Carnegie Corporation of New York kürzlich eine wichtige nationale

Initiative gestartet hat, um das, was sie die 'schleichende Krise der Kleinkindvernachlässigung' nennt, in das öffentliche Bewußtsein zu bringen (Carnegie 1994). Hier wird berichtet, daß mehr als 54% der Mütter innerhalb eines Jahres nach der Geburt des Kindes auf ihren Arbeitsplatz zurückkehren, daß hohe Betreuungsqualität selten ist und daß viele Kleinkinder fünfunddreißig Stunden und mehr pro Woche in einer Betreuungssituation verbringen müssen, die unter dem Standard liegt. Der Aufbau der kindlichen Identität wird nicht angesprochen, weil man sich der frühen Kindheit als ganzes kaum widmet.

2. Forschungshinweise zur Übernahme von Verhaltensweisen der Erzieherinnen beim Aufbau des kindlichen Selbst

Sorce, Emde, Campos & Klinnert (1985) haben mit einem Experiment, in dem Kindern die Gefahr herunterzufallen vorgetäuscht und eine sehr fremdartig aussehende Puppe gezeigt wurde, demonstriert, daß 12 Monate alte Kinder zu ihren Betreuungspersonen schauen, um sich zu vergewissern, ob sie neue Objekte und Erfahrungen fürchten sollten oder nicht. In ihrer Studie filmten sie Kleinkinder und ihre Mütter, während die Kinder folgende neue Aufgaben bewältigen mußten: (1) Die Kinder mußten sich über eine Plexiglasscheibe, die rund 1/2 Meter über dem Boden aufgehängt war, auf ihre Mutter zu bewegen bzw. wurden (2) mit einem für sie neuen Objekt konfrontiert, einer schrecklich aussehenden Puppe.

Ein Teil der Mütter wurde gebeten, zu lächeln und sich so zu verhalten, als ob alles in Ordnung sei, ein anderer Teil sollte sich so verhalten, als ob die Situation gefährlich sei. Die Kinder schauten ihre Mütter ratsuchend an und zeigten durch ihr Verhalten, daß sie den Hinweis ihrer Mutter annahmen, auch wenn sie sich ursprünglich gegenteilig verhalten wollten. Diese Studie zeigt, daß die Betreuungsperson einen starken Einfluß darauf hat, ob Kinder auf bestimmte Handlungen oder Objekte ängstlich reagieren oder nicht.

Daniel Stern (1985) fertigte über einen Zeitraum von zwei Jahren Videoaufnahmen von Kleinkindern und ihren Müttern in normalen Alltagssituationen an. Er fand heraus, daß so etwas Einfaches wie die Reaktion der Mutter auf den Gesichtsausdruck des Kindes einen Einfluß auf die emotionale Entwicklung des Kindes haben kann. Dabei sind jedoch nicht ein oder zwei Reaktionen der Mutter ausschlaggebend, sondern ihre übliche Reaktionsweise auf Blicke sowie all die anderen scheinbar unwichtigen Kontakte mit dem Kind. Nehmen wir die kindliche Willensbildung als Beispiel. Wenn ein Säugling den Blickkontakt abbricht, bedeutet das meistens, daß er von dem Kontakt genug hat. Sucht die Betreuungsperson den weiteren Blickkontakt und erzwingt damit den Kontakt zum Kind, kann sie ihm unwissentlich vermitteln, daß ihr Wille wichtiger ist als der seine und daß sie – und nicht das Kind – das Recht hat, Macht auszuüben.

Stern glaubt, daß diese kleinen alltäglichen Interaktionen des Gebens und Nehmens zwischen Betreuungspersonen und Kleinkindern einen Einfluß auf die Beziehungen zu anderen Menschen im späteren Leben haben. Er folgert aus seinen Ergebnissen, daß frühe Interaktionen den Rahmen dafür abstecken, was das Kind von seinen späteren Beziehungen erwartet. Deshalb sollte nach seiner Auffassung bei der Auswahl der Erzieherinnen und ihrer Ausbildung ihre 'Abstimmungsfähigkeit' auf das Kind eine große Rolle spielen. 'Abstimmungsfähigkeit' der Betreuungsperson kann bedeuten, auf die Freude des Kindes oder den Ton seiner Stimme in derselben Weise zu reagieren, oder auch, das Kind in respektvoller Weise allein zu lassen. Die Betreuungsperson drückt damit aus: 'Ich habe ein Gespür für deine Gefühle, Bedürfnisse und Mitteilungen und weiß, wie ich mich weiter zu verhalten habe'. Wenn das Kind spürt, daß andere Menschen seine Gefühle teilen können bzw. werden, kann es ein positiveres Selbst entwickeln. Sterns Forschung enthält die bedeutende Botschaft, daß 'kleine Dinge viel bedeuten' und daß die Betreuungspersonen auch in scheinbar unbedeutenden Interaktionen das Verhalten des Kleinkindes beeinflussen, jedenfalls dann, wenn sie sich einigermaßen beständig verhalten.

Michael Lewis (1985) hat mit seiner Forschung über den Ausdruck von Verlegenheit gezeigt, daß das 20 Monate alte Kind beginnt, Anzeichen eines differenzierten Selbst zu zeigen. Ein Selbst, das beeinflußt ist von den Regeln anderer und das fähig ist, Scham, Schuld, und ansatzweise Verantwortung für persönliche Handlungen zu fühlen. Wenn das Kind zu diesem Zeitpunkt seiner Entwicklung von einer unsensiblen oder sich dieser entstehenden kognitiven und emotionalen Konstrukte nicht bewußten Person betreut wird, könnte viel von dem fehlen, was entscheidend ist für die kindliche Entwicklung eines gesunden Identitätsgefühls, nämlich eine feinfühlige und respektvolle Interpretation sozialer Grenzen durch die Betreuungsperson, gepaart mit einer begeisterten Ermutigung für Initiativen des Kindes. Betreuungspersonen sollten zumindest so ausgebildet werden, daß sie sich des Wachstums eines kindlichen Verantwortungsgefühls bewußt sind, so daß sie es nicht entwerten oder ignorieren.

Mosier & Rogoff (1994) haben gezeigt, daß Kleinkinder ihre eigene Stärke bzw. Ohnmacht einzuschätzen lernen, und zwar durch ihren Erfolg oder Mißerfolg, ihre Betreuungspersonen als Instrumente zum Erreichen ihrer eigenen Ziele zu benutzen. Dieses Geben und Nehmen zwischen Erzieherin und Kind ist nicht nur ein kognitives Ereignis, das zu einem besseren Verständnis des Kindes von Mittel-Zweck-Relationen führt, sondern eine wichtige Komponente der Entwicklung des Selbst. Kleinkinder, die es mit Betreuungspersonen zu tun haben, welche sich als 'Werkzeuge' der Kinder benutzen lassen, lernen, daß sie stark genug sind, andere Menschen Dinge für sich erledigen zu lassen, und können daher abwarten, daß Dinge für sie getan werden.

Howes und Rubinstein (1985) fanden in einer Untersuchung über Arbeitsbedingungen in Betreuungseinrichtungen (Erzieher-Kind-Schlüssel, Sicherheit, usw.), daß die räumlichen Bedingungen und der Erzieher-Kind-Schlüssel nicht nur die traditionellen Definitionen von Betreuungsqualität beeinflussen, sondern auch die Beziehung zwischen Kind und Erzieherin. Wenn die Umgebung sicher und die Anzahl der zu betreuenden Kinder klein war, lächelten die Erzieherinnen die Kinder mehr an und waren viel eher bereit, sie explorieren zu lassen. Es gab weniger 'nein'- und 'laß das'-Aussagen und mehr positiv ermunternden Austausch. Die Autoren zeigten, daß Regulierungen im Hinblick auf Sicherheit und Anzahl der Kinder einen eigenständigen Einfluß auf die Qualität der emotionalen Botschaften der Erzieherin zum Kind hatten. Ebenso wurden Äußerungen der Erzieherinnen über angemessenes und unangemessenes Verhalten der Kinder, die natürlich für den Aufbau des Selbst wichtig sind, von solchen Regulierungen in den Betreuungseinrichtungen beeinflußt.

Die zuvor vorgestellten Forschungsergebnisse lassen vermuten, daß Säuglinge und Kleinkinder viel von ihren Betreuungspersonen lernen und in ihr Selbst aufnehmen. Dazu gehört:
– Wovor man Angst haben muß.
– Welche der eigenen Verhaltensweisen für angemessen gehalten werden.
– Wie die eigenen Signale aufgenommen werden und wie darauf reagiert wird.
– Wie erfolgreich man ist, daß die Bedürfnisse, die man hat, von anderen befriedigt werden.
– Welche Gefühle und in welcher Intensität man uneingeschränkt zeigen kann.
– Welches Interesse einem entgegen gebracht wird.

3. Grundsätze in der Fremdbetreuung von Kleinkindern unter dem Gesichtspunkt frühkindlicher Identitätsentwicklung

Wenn man die Identitätsentwicklung berücksichtigt, erscheint die Planung einer Gruppenbetreuung für Säuglinge und Kleinkinder in einem neuem Licht. Manche Regelungen und Praxisempfehlungen erscheinen in dieser Perspektive dann als recht vernünftig, andere nicht. Betrachten wir Regelungen und Praktiken der Kinderbetreuung unter dem Gesichtspunkt ihres Einflusses auf die Identitätsentwicklung. Hierzu mag eine kurze Übersicht über die Loslösungs- und Individuationstheorie von Margaret Mahler (1985) und über die Stufen der emotionalen Entwicklung von Stanley Greenspan (1990) hilfreich sein (vgl. Kasten).

Der Loslösungs- und Individuationsprozeß nach Margaret Mahler

I. Vorläufer des Loslösungs- und Individuationsprozesses (von der Geburt bis zum 3. Monat)

Erste Lebenswochen: Das Kind sucht und stellt eine Verbindung mit der Mutter her und stellt sich auf den Rhythmus der Mutter ein.
Nachfolgende Wochen: Das Kind ist mit dem Prozeß der wechselseitigen Anpassung und Reziprozität beschäftigt. Mahler nimmt an, daß das Kind eine 'symbiotische Einheit mit der Mutter' bildet (es ist unfähig, zwischen sich und der Mutter zu unterscheiden, es besteht ein Gefühl der Einheit).

II. Differenzierung – psychologisches Schlüpfen (4. bis 9. Monat)

Die Differenzierung beginnt erst richtig um den 4./5. Monat. Zu diesem Zeitpunkt beginnt sich die Aufmerksamkeit des Kindes auch in Anwesenheit der Mutter auf andere Dinge, Objekte und andere Menschen zu richten. Mit fünf Monaten fängt das sogenannte Bindungsverhalten an. Das Kind hat eine bevorzugte Bindung zur Mutter oder zu einer anderen wichtigen Betreuungsperson entwickelt. Erkundende Körperbewegungen helfen dem Kind, seine Körpergrenzen zu erkennen. Mit sechs Monaten erkundet das Kind beides, was Mutter und was Nicht-Mutter ist. Dieses Erforschen und vergleichende Abtasten hilft dem Kind, seine Vorstellungen über die Mutter zu schärfen. Aufgrund besserer Bewegungsmöglichkeiten und eines intensiven Interesses an der Umwelt beginnt das Kind mit sieben bzw. acht Monaten, sich von der Mutter wegzubewegen. Das Kind kann sich selbst aufsetzen und alleine fortbewegen. Das Kind ist vollständig 'geschlüpft'. Es zeigt jetzt Angst vor Fremden, weil es anfängt, vertraute Personen wie z.b. die Mutter von Fremden zu unterscheiden. Durch diese Unterscheidung kommt es zu einer Intensivierung der Bindungsbeziehung. Mit acht/neun Monaten zeigt das Kind Kummer, wenn die Mutter nicht anwesend ist. Es wird angenommen, daß das Kind ein Bild von der nicht anwesenden Mutter in sich trägt oder daß es auch in Anwesenheit der Mutter Erinnerungen an angenehme bzw. zufriedene Gefühlszustände hat. Dies ist ein klares Zeichen für eine beginnende Differenzierung. Es existiert ein Selbst, das als getrennt von der Mutter erlebt wird.

III. Üben: Das Kind entfernt sich von der Mutter, ist aber nicht allein (10. bis 15. Monat)

Mit etwa zehn Monaten ist das Kind fasziniert von seinen Fähigkeiten zu stehen, sich von der Mutter wegzubewegen, allein zu spielen und Eigenschaften von Menschen und Objekten zu erforschen. Das Kind sucht aus der Distanz Kontakt mit der Mutter. Der Blickkontakt mit der Mutter ist wichtig für das Kind, weil es ihm sein fortgesetztes Interesse an der Außenwelt erleichtert und ihm die emotionale Stärke für die Trennung gibt. Wenn das Kind zu lange von der Mutter getrennt ist, wird es zu ihr zurückkehren. Mahler nennt dieses Verhalten 'emotionales Auftanken'. Es ist wichtig, diesem Verlangen immer dann Aufmerksamkeit zu schenken, wenn das Kind danach verlangt. Denn um seine Umwelt ohne große Angst und Sorge erkunden zu können, muß das Kind sich der Anwesenheit der Mutter sicher sein, damit sie es tröstet, wenn es müde wird, Beulen und blaue Flecken lindert sowie bei Gefahr eingreift. Übungen dieser Art, die mit Beulen und blauen Flecken einhergehen und aus relativ langen Perioden der Alleinbeschäftigung bestehen, schärfen das Gefühl des Kindes für ein Selbst und seine Individualität. Der aufrechte Gang mit etwa 12 bis 15 Monaten verstärkt das kindliche Gefühl des Getrenntseins. Auch wenn es lange Perioden gibt, in denen das Kind unabhängig von der Mutter seine gewonnenen Fähigkeiten übt und sich über die zunehmenden Fortbewegungsmöglichkeiten freut, scheint es die Mutter noch immer als einen Teil seines Selbst zu betrachten. Kurze Trennungsperioden von der Mutter werden toleriert, und der Kontakt zu und das Interesse an anderen ist ebenfalls zu beobachten. Das Kind entwickelt in diesem Alter eine Kompetenz, den Verlust zu bewältigen. In diesem Alter ist Spiel eine wirksame Ablenkung.

IV. Wiederannäherung: Das Kind wendet sich an die Mutter und will Dinge gemeinsam tun (16. bis 24. Monat +)

In dem Ausmaß, wie die intellektuellen und motorischen Kompetenzen des Kleinkindes wachsen, wächst auch sein Bewußtsein darüber, daß es ein von der Mutter getrenntes Wesen ist. Dieses Bewußtsein verstärkt sein Bedürfnis danach, mit der Mutter alle Objekte, neuen Fähigkeiten und Erfahrungen zu teilen. Mit 16 Monaten zeigt das Kind seiner Mutter fast alle interessanten Gegenstände. Wenn das Kind älter ist, will es ihr diese Gegenstände nicht nur zeigen, sondern auch mit ihr zusammen damit spielen. Das gemeinsame Spiel mit seiner Mutter, anderen Erwachsenen und anderen Kindern gibt dem Kind die Gelegenheit, seine weitere Individuierung zu klären. Dies geschieht häufig dadurch, daß Dinge auf 'meine

Weise' gemacht werden, was zu Auseinandersetzungen über Eigentum und Besitz führt. Während der Wiederannäherungsphase kommt es oft zu Konflikten zwischen beginnender Autonomie und dem Bedürfnis nach Hilfe und Teilhabe. Ungeduld und Frustration über die Bemühungen der Mutter sind oft ein Teil dieser Teilhabe. Das Kind will auf fast magische Weise, daß die Mutter die von ihm nicht allein geschafften Aufgaben in seinem Sinne 'gut macht', und diesen Versuchen können kindliche Gefühle der Hilflosigkeit und Wut folgen. Das verstärkte Bewußtsein des Kindes darüber, ein von der Mutter getrenntes Wesen zu sein, ist immer wieder auch gekoppelt mit einem Gefühl der Verletzlichkeit. In diesem Stadium ist es oft sehr hilfreich, wenn die Mutter die konfusen und sich zum Teil widersprechenden Botschaften des Kindes akzeptiert. Mit etwa 24 Monaten scheint das Kind mehr und mehr Befriedigung darin zu finden, Dinge alleine oder mit anderen zu tun. Es versteht klar 'Ich habe den Turm gebaut', ist stolz darauf und freut sich über Lob. In diesem Stadium entwickelt das Kind allmählich ein Bewußtsein über seinen Entwicklungsstand und ist sich der Ähnlichkeiten und Unterschiede zu kleineren Kindern bewußt. Durch die Fähigkeit, in Symbolen zu denken, kann das zwei Jahre alte Kind die Mutter während ihrer Abwesenheit durch ein inneres Bild ersetzen; zugleich hat es eine Gewißheit darüber, daß sie immer wieder zurückkehrt. Das Kind hat sich ein Bild der Mutter einverleibt.

Stufen der emotionalen Entwicklung nach Stanley Greenspan

Stufe I: Regulierung und Interesse an der Welt (ab null Monate)

Auf der ersten Stufe, bis zum 4. Monat etwa, entwickeln Säuglinge ein visuelles Interesse an ihrer Umgebung, ein Interesse an Geräuschen, Gerüchen und Bewegungen. Sie lernen außerdem, sich selbst zu beruhigen. Wir können sogar schon in den ersten Lebenswochen eine unterschiedliche Reaktion der Kinder auf die Betreuung feststellen. Einige Säuglinge sind z.B. besonders empfindsam. Außerdem unterscheiden sich Säuglinge in ihrer Fähigkeit, Botschaften zu verstehen, die sie über ihre Sinne aufnehmen. Die Fähigkeit, Geräusche der Betreuungsperson zu verstehen, die in den ersten zwei bis drei Monaten des Lebens erworben wird, variiert von Säugling zu Säugling. Es ist sehr wichtig für die Betreuungsperson, daß sie diese individuellen Differenzen wahrnimmt, weil hierin die Basis dafür liegt, daß sich ein Interesse des Säuglings an der Umwelt entwickelt. Finden Sie heraus, wie jeder Säugling auf seine besondere

Weise mit Sinneswahrnehmungen umgeht, wie er Informationen aufnimmt und auf sie reagiert und welche Wege er findet, seine Schritte zu organisieren, um sich selbst zu beruhigen oder zu besänftigen, und handeln Sie dann entsprechend. Was Sie am Anfang tun ist wichtig.

Stufe II: Sich verlieben (ab vier Monate)

Mit vier Monaten befindet sich das Kind auf der zweiten Stufe der emotionalen Entwicklung, einer Stufe, auf der das Kind für eine liebevolle Beziehung gewonnen werden sollte. Säuglinge unterscheiden sich ebenfalls darin, wie sie sich auf dieser Stufe verhalten. Es gibt eher passive, zurückhaltende Säuglinge, denen die menschliche Welt angepriesen werden muß, und solche, die sich begierig ausstrecken und ihre Betreuungsperson umarmen. Betreuungspersonen, die keine Angst davor haben, zurückgestoßen zu werden, die den Mangel an kindlichem Interesse nicht als einen persönlichen Angriff sehen, können dem Säugling einen guten Dienst erweisen. Sie können viele verschiedene Werbestrategien ausprobieren, indem Sie bei dem Kind einfühlsam ablesen, was es will bzw. nicht will. Gesichtsausdruck, Haltepositionen, Arten des Berührens, des Drückens und Geräusche können dazu verwendet werden, um Ihre Rolle 'im Prozeß des Sichverliebens' zu spielen.

Stufe III: Zielgerichtete Kommunikation (ab acht Monate)

Mit acht Monaten muß der Säugling Erfahrungen machen, die ihm zeigen, daß seine Signale verstanden werden. Abhängigkeit (Ausstrecken der Arme), bestimmen zu wollen, Neugier und sogar Aggression sind jetzt Teil eines Musters von Geben und Nehmen, Ursache und Wirkung, wobei Betreuungsperson und Säugling sich wechselseitig 'lesen' und einander antworten. Manchmal können der Erkundungsdrang und der Grad der Erregung, die durch neue und unterschiedliche Erfahrungen erzeugt werden, die Betreuungsperson dazu verleiten, das Kind zu stark zu stimulieren. Erfahrene Betreuungspersonen sind deshalb ständig damit beschäftigt, die Signale des Kindes zu lesen. Sie wissen, wann sie mehr bzw. weniger mit dem Kind tun sollten. Indem sie das Kind weder über- noch unterstimulieren, zeigen die Betreuungspersonen, wie eine zweckmäßige Kommunikation gestaltet werden sollte. Indem sie die Botschaften des Kindes respektieren, bilden sie zugleich ein Modell für das Kind, das zeigt, wie man andere respektiert.

Stufe IV: Der Beginn eines komplexen Empfindens des eigenen Selbst (ab 10 Monate)

Mit 10 bis 18 Monaten brauchen Kleinkinder die Bewunderung für ihre neu erworbenen Fähigkeiten. Sie organisieren diese Fähigkeiten in Schemata, wenn sie etwas tun oder sich ereignen lassen wollen. Sie sind erfinderisch und zeigen Initiative. Indem wir das Kind, das solche komplexen Handlungen ausführt, anerkennen, tragen wir zur Entwicklung des kindlichen Identitätsgefühls bei. Wir gestalten neue Wege für das Kind, mit deren Hilfe es weiter wachsen kann, wenn wir an den komplexen Spielen des Kindes teilnehmen und es so intellektuell erweitern. In diesem Stadium der Entwicklung findet häufig Imitation statt, und das 'Tu-als-ob'-Spiel beginnt. Indem wir dieses Spiel erlauben und daran teilnehmen, helfen wir den Kindern dabei, daß sie sich selber als komplex organisierte Personen wahrnehmen.

Stufe V: Erkundung von Gefühlen (ab 18 Monate)

Mit 18 bis 24 Monaten sind Kinder fähig, innere Bilder zu erzeugen. Ihre 'Tu-als-ob'-Spiele sind ein Zeichen dafür. Auf dieser Stufe können Betreuungspersonen den Kindern sehr helfen, ihren Gefühlen Ausdruck zu verleihen, statt sie nur auszuleben. Das 'Tu-als-ob'-Spiel ist dazu wunderbar geeignet, weil dort die Kinder mit Hilfe von Worten und Gesten versuchen können, ihre Gefühle zu charakterisieren. Betreuungspersonen können kleinen Kindern durch 'Tu-als-ob'-Spiele einen sicheren Weg dazu eröffnen, ihre Neugier über Sexualität, Aggression, Ablehnung und Trennung auszudrücken. Diese Möglichkeit, Gefühle auszudrücken, ist für das Kind eine Erleichterung, kann aber manchmal recht unbequem für Erwachsene sein. Wenn Sie Schwierigkeiten damit haben, Kinder ihre Gefühle in Worte fassen zu lassen, wenden Sie sich an eine andere Betreuungsperson und bitten Sie um Hilfe. Vielleicht haben Sie kein Problem damit, wenn Kinder Wettbewerb und Ärger im Spiel erkunden, aber bei Spielen, die Nähe und Trennung thematisieren, merken Sie, daß Sie Schwierigkeiten haben. Indem Sie um Hilfe bei Ihren 'heißen Eisen' und 'schwarzen Flecken' bitten, eröffnen Sie dem Kind zusätzliche emotionale Bereiche, die es erforschen kann.

> **Stufe VI: Emotionales Denken (ab 30 Monate)**
>
> Wenn Kinder etwa 30 Monate alt sind, bringt es ihre emotionale Entwicklung mit sich, daß sie zwischen 'Tu-als-ob' und Realität unterscheiden können. Kleine Kinder entwickeln die Fähigkeit, über ihre Gefühle nachzudenken, statt sie nur in 'Tu-als-ob'-Spielen auszuleben. In dieser Phase des emotionalen Denkens ist es wichtig, Grenzen zu setzen und auf Disziplin zu achten. Dies muß jedoch so geschehen, daß es immer eine Balance zwischen Grenzen setzen auf der einen Seite und Empathie und dem Interesse daran, was das Kind fühlt, auf der anderen Seite gibt. Auch hier muß die Betreuungsperson auf sich selbst schauen. Einige von uns, die sehr nachsichtig sind, sind gut bei 'Tu-als-ob'-Spielen, aber schwach, wenn es darum geht, Grenzen zu setzen; andere von uns, die sehr viel Wert auf Recht und Ordnung legen, können gut Grenzen setzen, sind aber bei 'Tu-als-ob'-Spielen, und wenn es um Empathie geht, nicht so gut.

Die zu untersuchenden Grundsätze sind: Zuordnung einer primären Betreuungsperson, Kontinuität der Betreuung, Gruppengröße, responsive Lernangebote, kulturelle Kontinuität und Gebrauch der Sprache, die zu Hause gesprochen wird.

3.1. Grundsatz I: Zuordnung einer primären Betreuungsperson

Von den ersten Wochen an ist es für ein Kind entscheidend, Verbindung nur mit wenigen speziellen Betreuungspersonen zu haben, damit es wechselseitige Abstimmung, durch Vorlieben geprägte Beziehungen, die Unterscheidung von geliebten und vertrauten Personen von anderen wie auch die Unterscheidung des eigenen Selbst von geliebten und von sonstigen Personen entwickeln kann.

Wenn man den Loslösungs- und Individuationsprozeß als eine wichtige Komponente der Betreuungserfahrung betrachtet, ist es sehr plausibel, die Anzahl der Erzieherinnen, mit denen das Kind jeden Tag interagieren muß, zu begrenzen und die Erfahrungen so zu strukturieren, daß das Kind auf einfache Weise eine enge Beziehung mit einem bekannten und vertrauten Erwachsenen bilden kann. Dies gelingt am besten, wenn jedem Kind eine primäre Betreuungsperson zugeordnet wird. Häufig kann sich keine enge und sichere Beziehung zwischen der Erzieherin und dem Kind entwickeln, sei es, weil die Erzieherinnen oft ihren Arbeitsplatz wechseln, teilzeitbeschäftigt sind, auf ehrenamtlicher Basis arbeiten, sei es, weil in zu großen Teams gearbeitet wird. Das Kind muß sich in solch einer Betreuung immer wieder darum bemühen, zunächst tragende Beziehungen überhaupt aufzubauen, statt sich auf sie stützen zu können und sie zu nutzen, die Welt zu verstehen und einen Platz in ihr zu finden. Wie gut kann sich ein Kind auf den Rhythmus einer Erzieherin einstellen, wenn von dem Kind erwartet wird, daß es sich auf eine große Zahl von Erzieherinnen einstellen soll? Wenn die 'sichere und feste Basis' eines Kindes von einer Erzieherin zur anderen wechselt, kommt irgendwann der Punkt, an welchem dem Kind die sichere und feste Basis fehlt, von der aus es etwas riskiert und die Welt erkundet. Wie stark kann sich ein Kind fühlen, etwas zu erkunden, wenn es keine sichere Basis hat, von der aus es erkunden kann? Dies sind die Fragen, von denen man bei Regelungen und Praxisempfehlungen ausgehen sollte. Über diese Fragen läßt sich klären, wie Teamarbeit aussehen sollte und wie die primäre Betreuung durch eine Person zu verstehen ist. Aber was geschieht, wenn die primäre Betreuungsperson krank ist oder die Einrichtung verläßt? Würde sich angesichts der emotionalen Arbeit, die ein Kind in unserem Verständnis aufbringen muß, diese Situation nicht traumatisch auf das Kind auswirken, wenn die Betreuung ausschließlich von einer Erzieherin geleistet wird? Vor diesem Hintergrund ist Teamarbeit unbedingt erforderlich. Aber das Erzieherinnenteam sollte klein gehalten werden, um den Beziehungstyp zwischen Erzieherin und Kind zu fördern, der es dem Kind ermöglicht, den Loslösungs- und Individuationsprozeß bestmöglichst zu steuern. Das Konzept einer primären Betreuung nutzt dem Kind jedoch nur dann, wenn von dieser Betreuung nicht erwartet wird, daß sie ausschließlich ist. Im Hinblick auf die sich herausbildende Identität des Kindes ist es entscheidend, daß es auch andere Beziehungen gibt, auf die das Kind zurückgreifen kann, wenn die primäre Betreuungsperson ausfällt. Auf diese Weise gibt es eine sekundäre Bindung, und das Kind fühlt sich nicht im Stich gelassen. Diese Definition von primärer Betreuung ist ein gutes Beispiel dafür, wie Entscheidungen über pädagogische Vorgehensweisen durch den Bezug auf die kindliche Identitätsentwicklung als Anker besser begründet werden können. Statt ein starres Programm zu entwerfen – Teambetreuung versus Einzelbetreuung –, wird der Einfluß, den die Entscheidung auf das Kind hat, dafür genutzt, um die primäre Betreuung zu definieren. Die Definition eines pädagogischen Konzepts primärer Betreuung und auch die Betreuungspraxis selbst profitieren davon, welche Aufmerksamkeit der Identitätsentwicklung gewidmet wird.

3.2. Grundsatz II: Kontinuität der Betreuung

Es sollte nicht nur die Zuordnung von Betreuungspersonen überprüft werden, sondern auch die gängige Praxis des Gruppenwechsels von Kleinkindern im Hinblick auf ihre Identitätsentwicklung in Frage gestellt werden. Wenn ein Kleinkind starke Bande zu einer Erzieherin braucht, um sich hinreichend sicher für eigenständige Erkundigungen zu fühlen, stellt sich die Frage, warum es in diesem Alter überhaupt Wechsel der Erzieherinnen gibt. Warum können Kinder in den ersten 36 Lebensmonaten nicht bei derselben Erzieherin bleiben? Würde das nicht sicherstellen, daß die Botschaften eines

Kindes wahrgenommen und verstanden werden und daß es Klarheit gibt, wo Situationsdefinitionen erforderlich sind, so daß das Kind am Ende des Kleinkindalters in der Lage ist, seine Identität von der der Erzieherin zu unterscheiden und sich gleichzeitig auf Verhaltenszüge der Erzieherin, die es als verläßlich erfahren hat, zurückfallen lassen kann? Warum müssen Bindungen zerstört werden? Welche Botschaften werden dem Kind damit über die Beständigkeit von Beziehungen vermittelt? Wenn man es zuläßt, daß Kleinkinder die Gruppe zwei- bis dreimal wechseln müssen, widerspricht das dem, was Mahler und Greenspan über kindliche Bedürfnisse gesagt haben. Warum sollte man nicht stattdessen Regelungen und eine Praxis entwickeln, die es Kindern und Erzieherinnen ermöglichen, in einer vertrauten Umgebung zusammenzubleiben, so daß das Kind das nötige emotionale Klima für seine Identitätsentwicklung hat, statt wiederholt neue Beziehungen eingehen zu müssen? Es ist allgemein üblich, daß Säuglinge, Krabbler und ältere Kleinkinder in andere Gruppen wechseln müssen, wenn sie das entsprechende Alter erreicht haben. Aber diese Praxis beruht auf der Logik von Ökonomie und Personaleinsatz und entspricht nicht dem, was für das Kind am besten ist. Der Wechsel von Kindern in andere Gruppen und zu anderen Erzieherinnen während der Kleinkindphase ist durch die unterschiedlichen Erzieher-Kind-Schlüssel und die damit variierenden Kosten motiviert. Dies bedeutet aber, den Wagen vor das Pferd zu spannen.

3.3. Grundsatz III: Betreuung in kleinen Gruppen

Wenn Gruppen zu groß werden, leidet die Intimität zwischen Erzieherin und Kind. Es ist in den Vereinigten Staaten viel über den Erzieher-Kind-Schlüssel gesagt worden, aber der Gesamtgröße der Gruppe hat man bisher wenig Aufmerksamkeit geschenkt. Doch indem die Gruppen klein gehalten werden, werden der persönliche Kontakt zwischen den Kindern, ein ruhiges Erkunden und die Aufmerksamkeit der Erzieherin gegenüber jedem einzelnen Kind gefördert. Im Gegensatz dazu steigen der Lärmpegel, die Reizstimulierung und das allgemeine Durcheinander, wenn die Anzahl der Kinder in der Gruppe wächst. Diese Situation, daß man eine große Anzahl von Kleinkindern in einer Gruppe betreut, wiederholt sich in ganz Amerika. Warum ist das so? Weil das Kleinkind nicht hinreichend vom Kind im Kindergartenalter unterschieden wird und diese Unterscheidung eine andere Behandlung rechtfertigen würde. Das Bewußtsein über die Wichtigkeit, daß Kleinkinder für ihre Entwicklung eine starke Beziehung mit ihren Betreuungspersonen brauchen, daß ihr sich entwickelndes Selbst von denen, die um sie herum sind, gehört und verstanden werden muß, daß sie sich genügend geschützt fühlen und dadurch ermutigt werden, ihre Umgebung zu erkunden – all dies führt zu der Schlußfolgerung, daß kleine Gruppen für Kleinkinder besser sind als große. Weil eine kleinere Gruppe besser gehandhabt werden kann, kann die Erzieherin auf die Bedürfnisse und Interessen jedes Kindes eingehen. Anstelle des Durcheinanders bei zu vielen Kindern bietet die kleine Gruppe eine angenehme Atmosphäre und ein Gefühl der Zugehörigkeit zu jedem in der Gruppe.

Mahlers Hinweis, daß Kinder durch Krabbeln und Laufen ihre Unabhängigkeit üben, aber dabei in Sichtweite eines vertrauten Erwachsenen bleiben, und Greenspans Hinweis zur zielgerichteten Kommunikation gehen davon aus, daß 1) der vertraute Erwachsene fähig ist, die Signale des Kindes aus der Entfernung wahrzunehmen, 2) Blickkontakt herstellt und eine emotionale Unterstützung aus der Distanz gewährt und 3) verfügbar ist, wenn das Kind zum 'emotionalen Auftanken' zurückkehren muß. Diese Bedürfnisse des Kindes können nur schwer in großen Gruppen befriedigt werden.

3.4. Grundsatz IV: Responsivität statt intellektueller Stimulierung als pädagogisches Programm

Vertreter traditioneller Sichtweisen kindlicher Entwicklung haben vorgeschlagen, Säuglinge und Kleinkinder so zu stimulieren, daß ihr geistiges Wachstum und ihre geistige Entwicklung gefördert werden. In dieser Sichtweise von Entwicklung haben Erwachsene den Schlüssel dafür in der Hand, wie man relativ hilflosen Kleinkindern beibringt, wie sie Informationen über die Welt erhalten und organisieren sollen. Ausgehend von diesem Ansatz sind zahllose pädagogische Spielzeuge und Materialien entwickelt worden, Babys bestimmte Dinge beizubringen. Aber welche Botschaften enthält dieser Ansatz für das sich entwickelnde Selbst des Kindes? Eine Botschaft könnte z.B. sein: 'Du weißt nicht, woran Du interessiert bist oder welche Dinge Du tun mußt. Du brauchst Erwachsene, die Dir zeigen, wie man denkt bzw. über was man denkt'.

Zunehmend erkennen Experten auf dem Gebiet früher Entwicklung und Betreuung, welche Bedeutung die freie Wahl von Lernmöglichkeiten und selbstgesteuerte Erfahrungen für die Entwicklung des Kleinkindes haben. Kinder können damit die Welt in ihren eigenen Begriffen erfahren. Das ist emotional und intellektuell gesund. Statt dem Kind bestimmte Dinge beizubringen, geht es darum, es bei seinem natürlichen Interesse am Lernen zu unterstützen. Dies wird durch enge und responsive Beziehungen des Kindes mit der Erzieherin ermöglicht, durch sichere, interessante und entwicklungsgemäße Umgebungen sowie dadurch, daß dem Kind Zeit zum ungestörten Erkunden gegeben und mit ihm in einer Weise umgegangen wird, die emotional und intellektuell seine Entdeckungen und sein Lernen unterstützt.

Die Rolle der Erzieherin als Förderer des kindlichen Lernens läßt sich dann am besten verstehen, wenn man den dem Kind eigenen Drang, zu erkunden und sein eigenes Lernen zu lenken, in Betracht zieht. Dieses Betreuungsmodell betrachtet Kinder als Individuen, die von Geburt an fähig und motiviert sind zu lernen. Von Geburt an besitzen sie die Fähigkeit, Informationen aus der visuellen Umwelt, aus Geräuschen und Gerüchen aufzuneh-

men, sie zu speichern, zu sortieren und diese Informationen dazu zu nutzen, um die Welt um sich herum genauer zu erkunden. Dieser Erkundungsdrang beginnt im Augenblick der Geburt.
Responsives Verhalten beginnt mit der Beobachtung des Kleinkindes und nutzt die so gewonnenen Informationen, um Interaktionen zu steuern. Botschaften über angemessenes bzw. unangemessenes Verhalten, die das Kind auf diese Weise erhält, optimieren die kindliche Initiative und minimieren die durch Erwachsene gesteuerte Aktivität. Damit wird den Kleinkindern dabei geholfen,
– Wissen über die physischen Eigenschaften von Objekten zu sammeln, indem sie sie in den Mund nehmen, mit ihnen klopfen und sie schütteln;
– diese Objekte in Beziehungen zu setzen und zu kategorisieren, wenn sie z.B. die Fähigkeit entwickeln, ein Spielzeug zu erkennen und darauf zu warten, daß es ein klapperndes Geräusch macht;
– ein Verständnis dafür zu entwickeln, wem sie bei der Erfüllung ihrer Bedürfnisse vertrauen und auf wen sie sich verlassen können;
– sich über die allgemeinen Spielregeln bewußt zu werden, um mit den anderen zurechtzukommen, wenn ihr Versuch, einem anderen Kind ein Spielzeug wegzunehmen, von diesem zurückgewiesen wird;
– ihre motorischen und sprachlichen Fähigkeiten zu entwickeln, wenn sie ihren Körper als Werkzeuge benutzen, um die Welt um sich herum zu erforschen bzw. mit ihr zu kommunizieren.
Wenn die Erzieherin diese Bestrebungen respektiert, respektiert sie das Kind und belehrt es indirekt. Das Selbst des Kindes wird durch die Erzieherin unterstützt, wenn sie für eine Spielzeugauswahl sorgt, die dem Niveau des Kindes entspricht. Indem die Erzieherin Situationen mit Worten Ausdruck verleiht, lindert sie Frustrationen des Kindes und unterstützt es, wenn es sich mit neuen Aufgaben abmüht. Sie benennt Objekte, Geräusche und Gefühle des Kindes und lenkt seine ersten Interaktionen mit anderen. Wenn eine Erzieherin darauf vertraut, daß Kinder durch diesen responsiven Ansatz lernen, gibt sie ihnen die Kontrolle über ihr eigenes Lernen. Bei Responsivität geht es um mehr als um intellektuell anregende Spiele und Aufgaben. Es geht auch darum, wie das Kind über sich als Lernender denkt.

3.5. Grundsatz V: Kulturelle Kontinuität und gemeinsame Sprache

Die Kultur ist das Fundament jeder Identitätsentwicklung. Durch die Aneignung einer Kultur erlangen Kinder ein Gefühl der Zugehörigkeit, eine Vorstellung über ihre persönliche Geschichte und Gewißheit darüber, wer sie sind und woher sie kommen. Was geschieht aber, wenn Säuglinge und Kleinkinder von Erzieherinnen einer anderen Kultur betreut werden, besonders dann, wenn deren Kultur die dominierende ist? Dann ist die Herkunft des Kindes auf subtile Weise oder auch ganz eklatant in Frage gestellt. Dies geschieht oft mit den besten Absichten. Wege, Dinge anders zu machen, werden oft als merkwürdig angesehen. Ein Kind kann hin- und hergerissen sein zwischen den Erwartungen seines Elternhauses – 'bring nicht immer alles in Unordnung' – und den Erwartungen seiner Erzieherin – 'möglichst alles zu berühren und anzufühlen'. Situationen wie z.b. das Füttern, Schlafen, Wickeln sind häufig der Anlaß von Konflikten zwischen Eltern und Erzieherinnen, bei denen das Kind die Rolle des verwirrten Dritten spielt. Was also sollte getan werden, wenn man davon ausgeht, daß der Schlüssel zur Identitätsentwicklung in den Wurzeln von Familie und Kultur liegt? Als Wichtigstes, die Betreuungserfahrung sollte mit der kulturellen Erfahrung zu Hause in Einklang gebracht werden. Deshalb sollten häusliche Gewohnheiten in die Betreuungspraxis mit einbezogen werden. Um diese zu erfahren, sollte mit Eltern gesprochen werden; so können eventuelle Vorlieben aufgedeckt werden. Die Erfahrungen in der Betreuungseinrichtung sollten dem Kind ein Gefühl der Verbundenheit mit seinem Elternhaus vermitteln und, was noch wichtiger ist, daß sein Elternhaus respektiert und geschätzt wird. Die Erzieherinnen sollten die Kultur der Familien widerspiegeln, und es sollten Bilder und Objekte aus der häuslichen Umgebung in der Einrichtung zu finden sein. Diese Verbindungen zwischen Elternhaus und Betreuungseinrichtung sind wichtig für das Kleinkind. Wenn die Erzieherinnen denselben kulturellen Hintergrund wie die betreuten Kinder und ihre Familien haben, haben es die Kinder leicht, ihre eigenen kulturellen Werte und Überzeugungen in ihr sich herausbildendes Selbst einzubeziehen. Wenn sie dagegen von Erzieherinnen betreut werden, die der Kultur des Kindes entweder ignorant oder ablehnend gegenüberstehen, wird das Kind die Botschaft aufnehmen, daß bei ihm zu Hause etwas falsch läuft. Das kann dazu führen, daß das Kind allmählich anfängt, seine eigene kulturelle Identität abzulehnen. Dies trifft besonders dann zu, wenn Erzieherinnen und Familien nicht dieselbe Sprache sprechen. Eine offensichtliche Schwierigkeit besteht darin, daß der Erzieherin sowohl direkte als auch subtile Mitteilungen des Kindes entgehen können. Dies bedroht direkt die Selbsteinschätzung des Kindes: 'Ich kann mich nicht verständlich machen'; 'Ich strenge mich vergeblich an zu kommunizieren'. Ebenfalls schädlich sind subtile Botschaften, daß bei ihm zu Hause die falsche Sprache gesprochen wird: 'Nicht agua, Wasser', 'Wir sagen tschüß'. Lily Wong-Fillmore (1990) fand in einer Studie über Kinder aus Sprachminoritäten, die Betreuungseinrichtungen besucht hatten, daß die große Mehrheit dieser Kinder mit 10 Jahren ihre Muttersprache verloren hatte. Viele lehnten ihre Kultur völlig ab, und manche konnten mit ihren eigenen Eltern nicht mehr kommunizieren, weil sie sich nicht mehr in einer gemeinsamen Sprache ausdrücken konnten. Wong-Fillmore beschreibt Kinder, die eine Identitätskrise erleiden, weil sie zwischen den Ansprüchen der Familie und einer dominanten außerfamilialen Kultur hin- und hergerissen werden.

Von Wong-Fillmore und anderen (Far West Laboratory 1990) wird daher empfohlen, daß in Betreuungseinrichtungen für Kleinkinder die Muttersprache gesprochen wird und die Kultur mit dem Familienleben übereinstimmt. Dies kann dadurch erreicht werden, daß Personal beschäftigt und gefördert wird, das demselben Kulturkreis angehört wie die zu betreuenden Kinder.

4. Schlußfolgerungen

Die außerfamiliale Kleinkindbetreuung könnte verbessert werden, wenn man den Aspekten der Identitätsentwicklung nur ein wenig mehr Aufmerksamkeit schenken würde. Viele der allgemeinen Fehler, die die heutige Kleinkindbetreuung plagen, würden kraß zu Tage treten, wenn sich Strategien und Entscheidungen in der Kleinkindbetreuung an diesem auf das Kind bezogenen Punkt orientieren würden. Zu oft wird das Kind als letztes Glied in einem Kalkül mit den sonstigen Komponenten, wie Personal, Management, Eltern, Finanzierung, berücksichtigt. Eine veränderte Orientierung würde Kleinkinder und die Arbeit mit ihnen in die richtige Perspektive rücken. Sie würde klar machen, daß diejenigen, die Säuglinge und Kleinkinder betreuen, wissentlich bzw. unwissentlich an dem Aufbau des Selbst der Kinder beteiligt sind und daß dieser einzigartigen Verantwortung Rechnung getragen werden muß.

Literatur

Carnegie Corporation of New York (1994): Starting points. Meeting the needs of young children. New York: Carnegie Corporation of New York.
Far West Laboratory (1990): Essential connections: Ten keys to care culturally sensitive care. Sacramento: California Department of Education.
Greenspan, S.I. (1990): Emotional development in infants and toddlers. In: Lally, J.R. (Hrsg.): Infant/toddler caregiving: A guide to social-emotional growth and socialization. Sacramento: California State Department of Education, S. 15-18.
Howes, C. & Rubinstein, J.L. (1985): Determinants of toddler's experience in day care: Age of entry and quality of setting. In: Child Care Quarterly, 14, S. 140-151.
Lewis, M. (1985): In life's first feelings. Deerfield, IL: Coronet Films and Video.
Mahler, M. (1985): The psychological birth of the human infant. Franklin Lakes, N.J.: Mahler Research Foundation Film Library.
Mosier, C.E. & Rogoff, B. (1994): Infant's instrumental use of their mothers to achieve their goals. In: Child Development, 65, S. 70-79.
Sorce, J.F., Emde, R.N., Campos, J. & Klinnert, M.D. (1985): Maternal emotional signaling: Its effect on the visual cliff behavior of one-year-olds. In: Developmental Psychology, 21, S. 195-200.
Stern, D.N. (1985): The interpersonal world of the infant: A view from psychoanalysis and developmental psychology. New York: Basic Books.
Wong-Fillmore, L. (1990): Language and cultural issues in the early education of language minority children. In: Kagan, S.L. (Hrsg.): N.S.S.E. Yearbook Part 1. Chicago: University of Chicago Press.

IV. Kleinkinderziehung in der Familie

Tullia Musatti

Frühkindliche Betreuung und Erziehung in der Familie

1. Neue Sichtweisen der Betreuung von Kleinkindern

Das Jahr 1994 war das *Internationale Jahr der Familie*, und alle Organisationen haben die entscheidende Rolle der Familie als Vermittler zwischen Individuum und Gesellschaft, als Basis der Erziehung und als Integrationsfaktor hervorgehoben. Für uns, die sich mit der Kleinkinderziehung beschäftigen, ist dies Ereignis aus zwei Gründen wichtig. Zum einen haben Wissenschaftler, Psychotherapeuten und Politiker die Bedeutung von frühkindlichen Erfahrungen in der Familie für das gegenwärtige und zukünftige Wohlergehen und die gesellschaftliche Integrationsfähigkeit der Kinder hervorgehoben. Zum anderen hat man gleichfalls auf die Wechselwirkungseffekte zwischen den Erfahrungen der Kinder in ihren Familien und in Einrichtungen, die sie besuchen, hingewiesen. Indessen weiß man sehr wenig über das Leben von Kleinkindern in ihren Familien. Was wissen wir über die Sozialisations- und Erziehungsprozesse in der Familie, die impliziten und expliziten kulturellen Botschaften, die den Kindern vermittelt werden? Was wissen wir wirklich über die Lebensqualität von Kleinkindern in ihren Familien?

Diese Probleme wurden nur in relativ wenigen Forschungsarbeiten direkt behandelt, und die Gründe für diese Vernachlässigung sind offensichtlich und wurden häufig diskutiert. Die allgemein übliche theoretische Annahme lautet, daß die Familie der natürliche soziale Kontext für die frühe Sozialisation und Erziehung des Kindes sei. In neuerer Zeit sind weitere Kontexte für die frühkindliche Betreuung und Erziehung hinzugekommen, deren positive und negative Auswirkungen auf das Leben und die Entwicklung des Kindes immer mit den natürlichen Entwicklungsbedingungen in der Familie verglichen worden sind. In diesem Beitrag möchte ich diese Sichtweise umkehren und das Leben der Kinder in der Familie unter dem Blinkwinkel betrachten, den wir heute vom Leben und der Erziehung außerhalb des Familienkontextes haben.

In Osofskys *Handbook of infant development* zeigt Beller (1979) in einem Rückblick auf frühkindliche Interventionsprogramme, wie sich in den späten sechziger Jahren eine positive Sichtweise von frühkindlicher Betreuung und Erziehung außerhalb der Familie in der Forschung entwickelt hat. Diese neue Sichtweise beeinflußte die Ziele und Methoden der Erziehungsprogramme für Kleinkinder. Zur selben Zeit brachten, wie Beller hervorhebt, politische und historische Veränderungen in der Gesellschaft einen neuen Bedarf an außerfamilialer Kinderbetreuung mit sich und eröffneten neue Perspektiven. „Die Frage lautete nicht mehr, ob es derartige Formen früher Betreuung und Erziehung (d.h. Betreuung in Gruppen und in Tagespflege für Säuglinge und Kleinkinder, T.M.) *geben sollte oder nicht*, sondern wie sie *als eine Erweiterung und nicht Ersatz der Familie* wirken können, um die optimale Entwicklung der Kleinkinder, die sie betreuen, zu fördern" (Beller 1979, S. 854).

Die Frage ist heute so bedeutsam wie vor fünfzehn Jahren und wartet immer noch auf befriedigende Antworten. Allerdings haben in den letzten Jahren weitere bedeutsame Veränderungen stattgefunden, die neue Fragen zum Bedarf der Familien an frühkindlicher Betreuung und Erziehung aufkommen ließen und die, wie ich glaube, unser Denken in neue Bahnen lenken müssen. Hier beziehe ich mich besonders auf den beträchtlichen Anstieg von Einrichtungen für Kinder im Kindergartenalter, für Kinder unter drei Jahren und auf die Tatsache, daß diese Einrichtungen sich als Erziehungseinrichtungen verstehen. In Regionen, in denen diese beiden Veränderungen stattgefunden haben, findet sich eine große Anzahl qualitativ guter Einrichtungen mit überraschenden Auswirkungen. Die Einstellungen und Erwartungen der Familien bezüglich der frühkindlichen Betreuung und Erziehung haben sich geändert. Änderungen hat es aber auch in der erzieherischen Praxis und in unserem Verständnis bestimmter Aspekte des Verhaltens von Eltern und Kindern gegeben. Dementsprechend müssen wir auch die Sichtweisen ändern, mit denen Beziehungen zwischen den Bedürfnissen der Kinder und ihrer Familien auf der einen und den Einrichtungen und Erziehungsprogrammen auf der anderen Seite untersucht werden sollten.

Vor diesem Hintergrund möchte ich einige Forschungsergebnisse zum Leben von Kleinkindern innerhalb der Familie betrachten.

2. Kinder unter drei Jahren in Italien

Noch heute verleben viele Kinder ihre ersten sechs Lebensjahre ausschließlich zu Hause. Italien hat allerdings mehr Einrichtungen für junge Kinder als der Durchschnitt der europäischen Länder: Mehr als 90 % der Kinder zwischen drei und sechs Jahren besuchen die *scuola materna* oder *dell'infanzia* und mehr als 6 % der unter drei Jahre alten Kinder besuchen ein *asilo nido*. Obwohl dies im europäischen und internationalen Vergleich gute Ergebnisse sind, werden in Italien ungefähr 94 % der Kinder unter drei Jahren (91 % in Mittel- und Norditalien) ausschließlich in ihren Familien betreut. Über Leben und Erfahrungen dieser Kinder Informationen zu sammeln, war Ziel einer Studie, die ich zusammen mit der Nationalen Forschungsgruppe für Tageseinrichtungen durchgeführt habe. In dieser Studie (Musatti 1992) wurde eine Befragung über den Tagesablauf bei 2158 Familien mit Kindern zwischen 12 und 36 Monaten durchgeführt, die in Nord- und Mittelitalien lebten. Die Kinder besuchten keine Tagesstätte. Sie wurden tagsüber zu Hause von ihren Müttern oder anderen Personen betreut.

Für jedes Kind wurden ein Elternteil und eine Betreuungsperson gebeten, einen Fragebogen auszufüllen, der aus einem Schema zur Erfassung des Tagesablaufs (Zeitbudget-Schema) und einer Reihe von Fragen zum Kind und seiner Familie bestand. Zur Erfassung des Tagesablaufs wurde das Zeitbudget-Schema der internationalen Preprimary Study übernommen, die zum Ziel hat, die Betreuungssituation vierjähriger Kinder in verschiedenen Ländern zu untersuchen (Olmstead & Weikart 1994). Die Befragten wurden gebeten, innerhalb der Zeitspanne von 6 bis 22 Uhr für jedes Halbstundenintervall die folgenden fünf Fragen zu beantworten:

Wo befand sich das Kind? Was machte es? Wer betreute es? Welche anderen Erwachsenen waren anwesend? Welche anderen Kinder waren anwesend?

Bei der Analyse des Zeitbudget-Schemas wurden sowohl der Zeitverlauf von morgens bis abends als auch die gesamte Zeit, die für verschiedene Aktivitäten beansprucht wurde, berücksichtigt. Eine Rekonstruktion des Tagesablaufes eines Kleinkindes umfaßt den Rhythmus seines Lebens und die seiner Erfahrungen in einem ganz konkreten Sinn: Wie ordnen sich die kognitiven und sozialen Erfahrungen des Kindes in einen Zeitrahmen ein, der sowohl von den Bedürfnissen des Kindes als auch von denen der Familie bestimmt wird? Welche anderen Personen treten im Tagesablauf des Kindes in Erscheinung? Wann zieht die Spielaktivität des Kindes die Aufmerksamkeit der Erwachsenen auf sich? Wann und wo trifft das Kind auf andere kleine Kinder, oder wann sieht das Kind fern?

Die Analyse von Zeitbudgets im Sinne von Zeitablauf wirft eine Reihe methodischer Probleme auf. Von daher mußten wir uns auf die Analyse einiger ausgewählter Halbstundenintervalle beschränken. Nach einer genauen Prüfung der prozentualen Verteilungen in den Daten beschlossen wir, uns auf die folgenden neun Zeitintervalle mit den größten Variationen zu konzentrieren: 7.00-7.30, 8.00-8.30, 12.00-12.30, 14.00-14.30, 15.00-15.30, 17.00-17.30, 18.00-18.30, 20.00-20.30 Uhr.

3. Wer betreut die Kinder?

Zunächst haben wir die Daten zur Familienstruktur und zum sozio-ökonomischen Status in unserer Stichprobe mit den Daten des Nationalen Statistikamtes verglichen. Es ergab sich dieselbe hohe Prozentzahl an vollständigen Familien (96.4 %), bei beiden Untersuchungen waren die Mehrzahl der unter dreijährigen Kinder Einzelkinder, und es gab eine breite Streuung, was den Status der Eltern betrifft. Obwohl bei unserer Studie Eltern mit hoher

Schulbildung überrepräsentiert waren, fanden wir dieselben Prozentzahlen von Familien, in denen beide Elternteile arbeiten (52,1 %) und dasselbe große Spektrum an Arbeitsstellen, wie in der offiziellen Studie.

In den Familien wurden die Kinder während eines Werktages zu 56,8 % von der Mutter (nur zu 0,9 % vom Vater), zu 26,8 % von der Großmutter und zu 3 % von einem anderen Verwandten betreut; für 9,3 % der Kinder wurde ein Babysitter bezahlt und nur sehr selten (0,6 %) eine Tagesmutter. In diesen Zahlen sind keine Kinder enthalten, die in einer Einrichtung betreut werden.

Die Analysen zum Zusammenhang von Kinderbetreuung und sozio-ökonomischen und demographischen Merkmalen der Familien zeigen, daß die Wahl der Betreuung eindeutig mit der Berufstätigkeit der Mutter und der Art ihrer Berufstätigkeit zusammenhängt. Beides, Berufstätigkeit überhaupt und die Art der Berufstätigkeit hängen von der Bildung der Mutter ab. So betreuen Hausfrauen, die im allgemeinen ein geringeres Bildungsniveau haben, ihre Kinder meistens selber; erwerbstätige Mütter mit niedrigen Berufspositionen suchen die Unterstützung von Großmüttern. Dagegen engagieren Frauen in mittleren und höheren Berufspositionen häufig einen Babysitter. Diese Ergebnisse stimmen mit denen aus anderen Ländern überein (Leprince 1991; Moss 1991; Phillips 1991).

Wie wird die Verantwortung für die Betreuung zwischen Eltern und anderen Betreuungspersonen geteilt? Die Antwort auf die im Zeitbudget-Schema gestellte Frage *Wer betreut das Kind?* beschreibt diese Verantwortung im Tagesablauf. Es zeigt sich, daß bei den berufstätigen Müttern die meisten Betreuungspersonen um 8 Uhr morgens mit der Betreuung beginnen und die Verantwortung während des gesamten Arbeitstages der Mutter übernehmen, gleichgültig, ob die Mutter teilzeit- oder vollzeitbeschäftigt ist. Dies bedeutet, daß die Betreuung durch die Großmutter bzw. den Babysitter einer richtigen Arbeitsstelle mit entsprechend vielen Arbeitsstunden gleichkommt. Der Vater ist selten an der Betreuung beteiligt, er tritt häufig erst am späten Nachmittag in Erscheinung. Es ist jedoch interessant, daß ein größerer Teil der Väter morgens auf die Großmutter bzw. den Babysitter wartet, wenn die Mutter sehr früh das Haus verläßt.

4. Wie verbringen Kinder ihren Tag?

Zunächst möchte ich skizzieren, wie Kinder einen normalen Werktag verbringen. Dann will ich der Frage nachgehen, wie sich diese Situation bei verschiedenen Familien und Betreuungsarrangements unterscheidet.

Die Antwort auf die Frage *Wo verbringen die Kinder ihren Tag?* macht deutlich, daß eine große Zahl von Kindern einen beträchtlichen Teil des Tages zu Hause bzw. bei den Großeltern verbringt. Für einen gewissen Teil der Kinder bedeutet dies ein wenig abwechslungsreiches Angebundensein. Die

Monotonie des Tagesablaufes wird nur für einige der Kinder durch kurzes Hinausgehen, das meistens in der Mitte des Vormittags oder Nachmittags stattfindet, unterbrochen. Die Kinder werden zum Einkaufen mitgenommen oder begleiten ihre Geschwister. Es muß erwähnt werden, daß Spielplätze, die der eigentliche Ort für soziale Kontakte von Kindern sind, relativ selten besucht werden und daß es auch nur sehr wenige Besuche bei Verwandten oder Freunden gibt. Der Eindruck, daß der Tag von Kindern und ihren Betreuungspersonen sehr monoton verläuft, wird noch dadurch verstärkt, daß soziale Kontakte eher rar sind.

Es zeigt sich, daß das Kind und seine Betreuungsperson während eines Werktages meistens alleine sind und kaum Kontakt mit anderen Erwachsenen bzw. Kindern haben. Das bedeutet, daß das Alleinsein in vielen Fällen der treueste Gefährte des Kindes und seiner Betreuungsperson während des Werktages ist. 21,7 % dieser Dyaden verbringen zwischen fünfeinhalb und neun Stunden ohne einen anderen Erwachsenen, 27,5 % sogar mehr als neuneinhalb Stunden. 36,3 % der Dyaden bleiben 13 Stunden ohne andere Kinder: 79,7 % haben überhaupt keine sozialen Kontakte mit Gleichaltrigen.

Ergänzen sich die beiden Formen des Alleinseins (ohne andere Kinder oder Erwachsene) für das einzelne Kind? Wie viele Dyaden haben während des Tages weder Kontakt mit anderen Erwachsenen noch mit Kindern und verbringen ihren Tag ausschließlich alleine? 22,4 % der 593 Dyaden (dies ist mehr als ein Viertel der gesamten Stichprobe), die neun Stunden oder mehr keinen Kontakt mit anderen Erwachsenen haben, haben auch keinen Kontakt mit anderen Kindern. Weitere 22 % haben kurze Begegnungen mit anderen Kindern – höchstens für ein paar Stunden.

Wie auch immer, zu den wenigen Bewohnern der Kinderwelt gehören mehr Erwachsene als Kinder und mehr Frauen als Männer. Die meisten Väter verlassen früh das Haus und kommen erst am späten Nachmittag zurück, selten erscheinen sie zum Mittagessen. Betrachtet man die Hauptbetreuungspersonen (Mutter, Großmutter, Babysitter), so zeigt sich, daß die Welt des Kindes fast ausschließlich eine weibliche Angelegenheit ist. Wenn Geschwister da sind – dies trifft in 49,5 % der Fälle zu –, spüren die Kinder von deren Gegenwart wenig, weil diese zum Teil schon das Schulalter erreicht haben und mit der Schule oder anderen Aktivitäten beschäftigt sind.

Betrachten wir nun die Aktivitäten, mit denen sich die Kinder während des Tages beschäftigen. 80 % der Kinder sind schon gegen 8 Uhr wach und fast alle sind noch um 20 Uhr wach. Eine gewisse Anzahl von Kleinkindern scheint während des gesamten Tages wach zu sein; die meisten halten allerdings einen kurzen Mittagsschlaf. Wie verbringen sie ihre Zeit während dieses langen Tages? Der Tagesablauf wird offensichtlich durch die Routinen (essen, waschen etc.) und Anforderungen der Erwachsenen bestimmt. Obwohl die sehr wenigen Kontakte mit Kindern desselben oder anderen Alters in den wenigen Stunden beobachtet werden, die die Kinder auf dem Spielplatz verbringen, spielen mehr als die Hälfte (53,1 %) der Kinder überhaupt nie draußen.

Abgesehen von den kurzen und seltenen Besuchen auf dem Spielplatz, spielen die Kleinkinder hauptsächlich allein. 63,6 % der Kinder spielen pro Tag mehr als zweieinhalb Stunden allein. 37,7 % spielen nie mit einem Erwachsenen, wohingegen ein Drittel (29,6 %) mehr als eineinhalb Stunden mit einem Erwachsenen spielt.

Wenn Erwachsene zusammen mit dem Kind spielen, geschieht dies meistens in der Freizeit am späten Nachmittag und in viel geringerem Umfang während der Arbeitsstunden, obwohl, wie wir uns erinnern, viele Kleinkinder den Tag mit einem Erwachsenen allein verbringen.

Nur 36,1 % der Kinder sehen weniger als eine Stunde fern, wohingegen 12,5 % zweieinhalb Stunden am Tag vor dem Fernseher verbringen. Die Hauptfernsehzeit liegt am späten Nachmittag, danach kommt der mittlere Vormittag.

Dieser kurze Abriß über den Tagesablauf eines Kindes an einem normalen Werktag vermittelt einen recht guten Eindruck darüber, welche Lebensqualität damit verbunden ist. Wir sehen, daß die tägliche Betreuung des Kindes einen großen Aufwand für die Familie mit sich bringt, sei es Aufwand organisatorischer oder psychologischer Art für die Mutter bzw. andere Familienmitglieder, seien es finanzielle Aufwendungen. Die Betreuung des Kindes stellt eine wichtige Arbeitsverpflichtung für diejenigen Personen dar, die den Platz der Mutter einnehmen. Gleichzeitig scheint diese Situation – aufgrund der damit verbundenen Isolierung – auch eine beträchtliche psychologische Belastung sowohl für die Mutter als auch für eine Person, die an ihrer Stelle das Kind betreut, mit sich zu bringen. Andererseits können wir paradoxerweise sagen, daß die Gegenwart des Kindes den Tag des Erwachsenen häufig nur im Rahmen allgemeiner Organisationsaufgaben berührt. Das Kind scheint überwiegend *neben* dem Erwachsenen zu leben: Es ist angewiesen auf den Erwachsenen und seinen Aufenthaltsort, es lebt aber seine kindliche Existenz getrennt in den Phasen des sogenannten Freispiels. Während diese Kinder sicherlich adäquat versorgt werden, wird ihnen in diesem von der Familie organisierten Leben wenig Raum für die Befriedigung ihrer spezifischen psychologischen Bedürfnisse gegeben (wie z.B. Aktivitäten im Freien, Kontakt mit anderen Kindern, Interaktion mit Erwachsenen im Spiel).

5. Die einsamen Tage der Vollzeit-Mütter zu Hause

Ein Untersuchungsziel bestand darin, mögliche Unterschiede in der Organisation des täglichen Lebens aufzudecken und den Zusammenhang mit unterschiedlichen Familienstrukturen und Kinderbetreuungsformen zu untersuchen. Eine Möglichkeit, diese Fragestellungen zu behandeln, ist die Durchführung einer Clusteranalyse der Zeitbudget-Daten (Bove 1992). Auf diese Weise können verschiedene Typen von Tagesabläufen beschrieben werden, d.h. Typen, die durch eine unterschiedliche Zeitverwendung in den erfaßten

Halbstundenintervallen gekennzeichnet sind. Auf dieser Grundlage kann dann überprüft werden, ob die Typen, das Alltagsleben zu organisieren, mit bestimmten Familienmerkmalen korrespondieren.

Bei der Clusteranalyse wurden neun unterschiedliche Typen von Tagesabläufen identifiziert. Drei von ihnen betreffen Kinder, die ausschließlich von ihrer Mutter betreut werden. Wir wollen nur über den häufigsten Typ berichten, der 763 Kinder (mehr als ein Drittel) umfaßt. Diese Kinder haben keine Geschwister und werden von ihren nicht berufstätigen Müttern vollzeit betreut. Sie verbringen den Tag zusammen mit ihren Müttern in einem Zustand allgemeiner Isolation.

Abgesehen von einem kurzen Ausgang zum Einkaufen, verbringen Mutter und Kind den Tag allein zu Hause; der Vater ist selten anwesend und kommt in der Regel erst am späten Nachmittag nach Hause. Dieser Tagesablauf kommt ein wenig häufiger bei jungen, mit Arbeitern verheirateten Müttern vor, bei denen eine Berufstätigkeit durch ihre eher niedrige Schulbildung erschwert wird. Sie haben damit keine Wahl, ob sie eine Vollzeit-Mutter sein wollen oder nicht. Dieser Tagesablauf ist mit häufigem Fernsehen verbunden (eineinhalb bis zweieinhalb Stunden) und weist einen Mangel an Kontakten mit Gleichaltrigen und an Spielaktivitäten im Freien auf. Diese Tagesabläufe treten häufig bei Kleinkindern in großstädtisch geprägten Arealen auf.

Weitere Analysen zeigen, daß es starke und vielfältige Beziehungen zwischen den alltäglichen Erfahrungen der Kinder und der Bildung der Mutter sowie ihrer Berufstätigkeit gibt. Kinder von Vollzeit-Müttern haben während des Werktages überhaupt keine sozialen Kontakte mit Gleichaltrigen, sie sehen häufig fern und spielen während des Tages seltener mit einem Erwachsenen. Wir vermuten deshalb, daß die Vollzeit-Mütter aufgrund ihrer Hausarbeit weder für den Kontakt ihrer Kinder mit Gleichaltrigen sorgen können, noch Zeit haben, mit ihren Kindern zu spielen, wobei sie häufiger als andere Betreuungspersonen auf die Hilfe des Fernsehers zurückgreifen. Kurz gesagt, bedeutet dies paradoxerweise: Je mehr die Mutter dem Kind zeitlich zur Verfügung steht, desto weniger wird der Kontakt mit Gleichaltrigen gesucht, desto weniger spielt sie mit dem Kind und desto mehr benutzt sie den Fernseher, wobei sie vermutlich ihren eigenen hohen Fernsehkonsum auf das Kind überträgt.

Bei berufstätigen Müttern hängt die Zeit, die Kinder vor dem Fernseher verbringen, mit dem Bildungsniveau und dem Beruf der Mutter zusammen. Die Anzahl der Kinder, die nie mit einem Erwachsenen oder einem pädagogisch wertvollen Spielzeug spielen, wird bei höherem Bildungsgrad der Mutter kleiner, dagegen nimmt die Anzahl der Kinder zu, die zweieinhalb Stunden pro Tag auf diese Weise verbringen. Kinder von Müttern mit Berufsausbildung und Berufstätigkeit sehen weniger fern als Kinder von kleinen Geschäftsleuten und Arbeitern, die meistens von ihren Großmüttern betreut werden.

Zusammengefaßt kann man sagen, daß der sozio-ökonomische Status der Mutter sich nicht nur auf die Wahl der Kinderbetreuung auswirkt, sondern auch darauf, wie das Kind seine Zeit während des Tages verbringt.

6. Bedürfnisse und Probleme der Eltern

Versuchen wir eine zusammenfassende Wertung der gewonnenen Ergebnisse, wobei auch die Erfahrungen der Erzieherinnen aus den Einrichtungen genutzt werden sollen, die sie in den letzten Jahren im Hinblick auf die Bedürfnisse von Kindern und deren Familien gesammelt haben.

In vielen Einrichtungen für Kleinkinder wird die Bedeutung betont, die Kommunikationskanälen und der Diskussion zwischen den Menschen der zwei Umwelten – Familie und Einrichtung – zukommt, die das Kind tagtäglich erlebt, und zwar in einer Form, die dem Kind zugute kommt. In wachsendem Maße hat man den Problemen der Eltern Aufmerksamkeit geschenkt, und es hat sich ziemlich klar herausgestellt, daß a) im zweiten und dritten Lebensjahr die Balance von Abhängigkeit und Unabhängigkeit zwischen Mutter und Kind in konkret materieller wie auch psychologischer Hinsicht sehr schwierig wird; b) sich der Austausch von Erfahrungen und Schwierigkeiten mit anderen Müttern positiv auf die Fähigkeit der Mutter auswirkt, mit ihren Problemen fertig zu werden; c) Gelegenheiten, das Verhalten anderer Kinder und das der eigenen Kinder mit anderen Menschen in verschiedenen Kontexten zu beobachten, die Fähigkeit der Mütter unterstützt, Bedürfnisse und Kompetenzen ihrer Kinder zu verstehen.

Aus unserer Studie geht die wichtige Erkenntnis hervor, daß die ganztägige Betreuung des Kindes durch seine Mutter, die traditionellerweise für Kleinkinder als ideal angesehen wurde, beiden nur geringe Erfahrungsmöglichkeiten bietet. Diese Erfahrungsarmut bezieht sich vor allem auf den sozialen Bereich, weil der Erfahrungsspielraum auf die enge Beziehung zwischen Mutter und Kind beschränkt bleibt, und wir davon ausgehen, daß solche Beziehungen nicht unbedingt positiv verlaufen müssen. Darüber hinaus wird die Zeit, die Mutter und Kind alleine sind – besonders solche Nachmittage, an denen „man auf den Abend wartet", wie sich eine Mutter ausdrückte –, in den eigenen vier Wänden verbracht. Dies hat zur Folge, daß es auch eine gewisse Armut an kognitiven Erfahrungsmöglichkeiten für das Kind gibt, da Mutter und Kind, statt gemeinsam zu spielen, offensichtlich durch vermehrten Fernsehkonsum versuchen, mit ihrer Isolation fertigzuwerden.

7. Beziehungen zwischen den Betreuungspersonen

Damit eng verbunden ist eine weitere Frage: *Welche Beziehungen bestehen zwischen den Personen, die das Kind betreuen?* In der Erziehungspraxis und in der Psychologie (Bronfenbrenner 1989) wird heute allgemein davon ausgegangen, daß gute Beziehungen zwischen den einzelnen Betreuungspersonen des Kindes wichtig für sein Wohlergehen sind und sie darüber hinaus die Fähigkeit der Betreuungspersonen vergrößern, mit dem Streß umzugehen, der im Alltag und durch den Umgang mit sehr kleinen Kindern entsteht.

Wenn Mütter zur Arbeit gehen, werden die Kinder häufig in die Obhut der Großeltern gegeben. Auch wenn wir sicherlich erwarten können, daß diese umsichtig und liebevoll betreuen, müssen zwei wichtige Aspekte bei den Auswirkungen dieses Betreuungstyps hervorgehoben werden. Erstens wird die Wahl dieser besonderen Form der Kinderbetreuung weitgehend von den sozio-ökonomischen Bedingungen der Eltern bestimmt. Ob diese materiellen Gründe mit positiven psychologischen Einstellungen auf seiten der Mutter und Großmutter einhergehen, müßte näher untersucht werden. Auch wissen wir wenig über die Auswirkungen, die diese Situation auf die Beziehung zwischen Mutter bzw. Großmutter und Kind hat bzw. darauf, wie jede dieser Personen diese Beziehungen beurteilt.

Ebenso, wenn arbeitende Mütter sich einen Babysitter leisten können, müssen wir mehr über die Beziehungen zwischen der Mutter, dem Kind und dem Babysitter erfahren. Hier bildet sich eine Erwachsenen-Kind-Dyade, ähnlich der Mutter-Kind-Dyade, aber nicht notwendigerweise alternativ zu ihr. Tatsächlich unterscheidet sie sich grundlegend von der Mutter-Kind-Dyade, weil die Beziehung zwischen Babysitter und Kind zum einen eine andere Machtstruktur aufweist (das Kind ist gleichzeitig Objekt und Quelle der bezahlten Arbeit) und weil zum anderen das erzieherische und emotionale Engagement des Babysitters begrenzt ist; begrenzt aufgrund seiner kurz- oder höchstens mittelfristigen Arbeitsperspektive, aufgrund relativ kurzer täglicher Kontakte und aufgrund des Eingreifens der Eltern gemäß deren eigener Erziehungsvorstellungen. Trotz dieser besonderen Bedingungen bilden Kind und Babysitter eine Dyade, deren interne Beziehungen harmonisch oder konfliktbeladen sein können und die harmonische oder konfliktbeladene Beziehungen zu den Eltern und Verwandten haben kann.

8. Sozialverhalten und Lernen der Kinder

Die Tatsache, daß sich in den Einrichtungen für junge Kinder eine Erziehungsperspektive durchgesetzt hat, hat zu einer neuen Beachtung des kindlichen Sozialverhaltens und der kindlichen Fähigkeiten geführt. Wir wissen, daß das Kind in der Lage ist, positive soziale Beziehungen mit Erwachsenen auch außerhalb der Familie zu knüpfen, und dabei seine Form der Interaktion und Beziehung sowie seine Bedürfnisse an seinem Gegenüber ausrichtet. Wir wissen ferner, daß Kinder von Gleichaltrigen angezogen werden und zu intensiven Beziehungen mit ihnen fähig sind und wichtige kognitive Erfahrungen mit ihnen teilen.

Es hat sich herausgestellt, daß sich eine gute Organisation der erzieherischen Rahmenbedingungen positiv auf das Sozialverhalten von Kindern auswirkt. Zum einen zeigen diese Ergebnisse, daß negativen Auswirkungen auf die soziale Entwicklung des Kindes, die sich in früheren Forschungsarbeiten zur Betreuung in Kindertagesstätten ergeben hatten, erfolgreich entgegengewirkt werden kann. Zum anderen zeigen sie, daß jedem Kleinkind Gelegenheit zu positivem, ausgedehntem Kontakt und Erfahrungsaustausch mit anderen Kindern gegeben werden sollte. Unsere Ergebnisse bei Kindern, die keine Erfahrung mit der Gruppenbetreuung hatten, haben eindeutig gezeigt, daß ihre sozialen Kontakte mit anderen Kindern selten sind und die Häufigkeit von der Betreuungsform und dem sozio-ökonomischen Status der Eltern abhängt.

Allgemein positive Auswirkungen von früher Gruppenerziehung auf die kognitive Entwicklung der Kinder wurden schon in der Mehrzahl der Studien bestätigt. Beller (1979) hat darauf hingewiesen, daß solche Programme nicht auf das Erlangen schulorientierter Fähigkeiten des Kindes ausgerichtet sein sollten. Wir sollten vielmehr darauf hinarbeiten, daß Kinder zum allgemeinen Lernen motiviert und fähig sind. Unsere Erfahrungen, die wir im Laufe der vergangenen Jahre in verschiedenen Einrichtungen machen konnten, belegen, daß dieses Ziel bei jedem Kind erreicht werden kann. Durch unsere Untersuchung an Kindern, die nicht von einer Gruppenbetreuung profitieren, haben wir zeigen können, daß einige ihrer Aktivitäten, wie das Spielen mit einem Erwachsenen und das Fernsehen, mit dem sozio-ökonomischen Status der Eltern variieren. Auch wenn wir diese Aktivitäten nicht einfach als Indikatoren für die Qualität der kognitiven Erfahrung des Kindes benutzen können, zeigen diese Befunde, daß der sozio-ökonomische Familienhintergrund die Erfahrung des Kindes schon in sehr frühem Alter beeinflußt. Sie zeigen ferner, daß es weiterhin ein wichtiges Anliegen sein sollte, allen Kindern die Möglichkeit zu wichtigen kognitiven Erfahrungen zu bieten.

Eines der Ziele, das die Vereinten Nationen dazu veranlaßte, das *Internationale Jahr der Familie* auszurufen, war, „die Balance zu klären und zu verstehen, welche Bedürfnisse von der Familie selber befriedigt werden können und welche Leistungen die Familie von öffentlichen Einrichtungen erwarten kann." Ich denke, daß wir, soweit es um die Betreuung und Erziehung für alle Kinder geht, noch viel zu tun haben, um diesem Anspruch zu genügen.

Literatur

Beller, E.K. (1979): Early Intervention Programs. In: Osofsky, J.D. (Hrsg.): Handbook of infant development. New York: Wiley & Sons, S. 852-894.

Bove, G. (1992): Il piano delle elaborazioni e le analisi statistiche multivariate. In: Musatti, T. (Hrsg.): La giornata del mio bambino. Madri, lavoro e die più piccoli nella vita quotidiana. Bologna: Il Mulino, S. 277-291.

Bronfenbrenner, U. (1989, engl. 1979): Die Ökologie der menschlichen Entwicklung. Natürliche und geplante Experimente. Frankfurt/Main: Fischer Taschenbuch Verlag.

Leprince, F. (1991): Day care for young children in France. In: Melhuish, E.C. & Moss, P. (Hrsg.): Day care for young children. London, New York: Routledge, S. 10-26.

Moss, P. (1991): Day care for young children in the United Kingdom. In: Melhuish, E.C. & Moss, P. (Hrsg.): Day care for young children. London, New York: Routledge, S. 129-141.
Musatti, T. (1992): La giornata del mio bambino. Madri, lavoro e die piu piccoli nella vita quotidiana. Bologna: Il Mulino.
Olmstead, P.P. & Weikart, D.P. (Hrsg.) (1994): Families speak: Early childhood care and education in 11 countries. Ypsilanti, MI: High/Scope Press.
Phillips, D. (1991): Day care for young children in the United States. In: Melhuish, E.C. & Moss, P. (Hrsg.): Day care for young children. London, New York: Routledge, S. 161-184.

Susanna Mantovani

Neue Angebote für Kleinkinder in Italien: Das Projekt 'Zeit für die Familie'

1. Der soziale Kontext

In Italien sind Einrichtungen für Kinder von null bis drei Jahren traditionellerweise Kinderkrippen, welche auf kommunaler Basis organisiert und durch die Region finanziert werden. Diese Angebote wurden in den siebziger und achtziger Jahren stark ausgeweitet, können aber dennoch den Bedarf der Familien nur ungenügend decken. In den Großstädten steht zusätzlich eine gewisse Anzahl von privat organisierten, aber sehr teuren Krippenplätzen zur Verfügung. Dagegen überschreitet der am Familieneinkommen orientierte Beitragssatz für kommunale Krippenplätze niemals 30 % der realen Platzkosten, und viele Familien mit geringem Einkommen haben praktisch kostenfreien Zugang zu den Einrichtungen.

Wie andere pädagogische Angebote wurden Krippen prinzipiell immer von der Gemeinde kontrolliert und zwar aufgrund der sogenannten *gestione sociale*, die für den Betrieb einer Einrichtung eine Verantwortungsteilung zwischen Erzieherinnen, Eltern und den kommunalen Verantwortungsträgern vorsieht. In der Zeit von Mitte der siebziger bis Mitte der achtziger Jahre, einer Periode des relativen Wohlstandes in Italien und größerer Investitionen in den Sozial- und Erziehungsbereich – zumindest im Norden und in der Mitte des Landes –, wurde die Form der kommunalen Beteiligung, wie sie in der *gestione sociale* vorgesehen war, überprüft und verändert (Mantovani 1993a).

Die täglichen Erfahrungen mit Kindern und ihren Eltern, die Tradition eines im Hinblick auf die Gemeinde offenen Angebots, verbunden mit einem besseren Wissen über Familien und die kindliche Sozialentwicklung, führten zunehmend zu einer Interessenverlagerung, und zwar weg vom politischen Interesse an kommunaler Kontrolle, hin zum pädagogischen Interesse an einer Beteiligung der Eltern. Angebote für Kleinkinder wurden als erste Erfahrungsmöglichkeit des Kindes in einer erweiterten sozialen Welt begriffen, und dem Übergang von der häuslichen Eltern-Kind-Beziehung zu einem erweiterten sozialen Umfeld, in welchem das Kind neue wichtige Beziehungen aufbaut, ohne familiäre Bindungen in Frage zu stellen, wurde große Aufmerksamkeit entgegengebracht.

Die Erzieherinnen, die inzwischen ein vertieftes Wissen über kindliche Entwicklung und größere Sensibilität hinsichtlich der Bedeutung der frühkindlichen sozial-emotionalen Erfahrungen in der Familie gewonnen hatten, entwickelten Interesse und Kompetenz für eine Elternarbeit, die sich der Aufgabe stellt, zusammen mit den Eltern Herausforderungen, Freude und Last zu teilen, die die Erziehung kleiner Kinder mit sich bringt.

Die vagen Konzeptionen von 'Sozialisation', für die das erweiterte, demokratisch geführte Gemeinwesen als solches der einzigartige Sozialisationsagent zu sein schien, brachte entsprechende Ideen für die Architektur der Einrichtungen mit sich: Es wurden große, in sich unstrukturierte Räume für Spiel- und sonstige Routineaktivitäten der Kinder geplant, in denen die Erwachsenen deshalb auf kleinen Kinderstühlen zu sitzen hatten. All diese Vorstellungen – zusammen mit den wirklichkeitsfremden Kommitees auf der Grundlage repräsentativer Demokratie im Rahmen der *gestion sociale* – wandelten sich zu einer Konzeption von Krippe und Vorschuleinrichtung als einem Ort des täglichen gemeinsamen Lebens für das Kind, seine Erzieherin und die Eltern.

Mehrere Befragungen, die in verschiedenen Städten durchgeführt wurden, zeigten, daß Eltern von Kleinkindern die Erzieherinnen als kompetente Beraterinnen und Unterstützerinnen bei ihren eigenen Unsicherheiten in der Kindererziehung anerkannten. Auf der anderen Seite fühlten sich die Erzieherinnen nicht immer befähigt, diese Funktion eines Experten für den Erziehungsalltag einzunehmen und forderten ein intensives Training in der Elternarbeit.

Größere Bedeutung wurde dem Übergang von der Familie zur Einrichtung beigemessen und vermehrt Wert gelegt auf enge und geschütztere Beziehungen zwischen Erzieherinnen und Kind sowie auf überschaubarere Raumstrukturen (Mantovani & Terzi 1990). Mittlerweile ist ein schrittweiser Übergang vom Elternhaus zur Einrichtung die normale, offiziell vorgesehene Praxis, die entsprechend örtlicher und nationaler Programme durchgeführt wird. Hierzu gehören vorausgehende Hausbesuche durch die Erzieherinnen, Familienbesuche in der Einrichtung, Elternabende mit den anderen Eltern vor der Eingewöhnung des eigenen Kindes und im Schnitt eine mindestens zweiwöchige Teilnahme am Krippenalltag wenigstens eines Elternteils in der ersten Zeit.

Die elterliche Beteiligung hat sich in vielfältiger Form entwickelt: Individuelle Kontakte mit Erzieherinnen, Eltern-Erzieherinnen-Treffen zur Diskussion pädagogischer Themen, elterliche Mitbestimmung – wie bei der Aufstellung von Kriterien für Wartelisten oder bei der Festlegung der von den Eltern zu entrichtenden Beiträge, je nach Familiensituation –, aktive Elternmitwirkung bei der räumlichen Ausgestaltung, bei der Gartenarbeit oder bei der Organisation von Freizeitaktivitäten für Erwachsene und Kinder. Die pädagogischen Angebote für Kleinkinder haben dazu beigetragen, einen engen Kontakt zwischen Eltern und Einrichtung aufzubauen, der in dieser Form bei anderen Bildungseinrichtungen (Schulen) unbekannt war. Diese Zusammenarbeit greift nun langsam, aber sicher auch auf die Vor- und Grundschuleinrichtungen über; denn die Eltern sind nach ihren Erfahrungen im Kleinkindbereich nicht mehr bereit, wieder die Rolle des passiven, außenstehenden Zuschauers am Leben ihrer Kinder einzunehmen.

Dennoch ist die Entwicklung zur Elternbeteiligung keineswegs bereits abgeschlossen oder vollendet. Obwohl sich im Rahmen der *gestion sociale* eine gewisse Tradition der Offenheit und Arbeitsteilung entwickelt hat, schwankt das System oft zwischen der Zulassung elterlicher Eigeninitiative und dem Erlaß von Vorschriften, die Eltern fremdbestimmen oder sie im Rahmen fester Routinen einfach übersehen. Die 'Angst' der Erzieherinnen vor einer wirklich flexiblen Einrichtung und die Rigidität mancher Vorschriften sind das Haupthindernis bei der vollständigen Einführung eines Systems elterlicher Beteiligung.

Auf der anderen Seite bilden Krippen das Zentrum von Beteiligungserfahrungen, die zunehmend nicht nur eine übliche Praxis darstellen, sondern in Erziehungskonzepten verankert werden. Den Erzieherinnen ist sehr bewußt, daß sie ein Kind nur dann richtig verstehen und ihm wirklich bereichernde Erfahrungsangebote machen können, wenn sie den Kontext seiner Familie kennen und Verbindungen zu ihr aufbauen. Das Modell der erweiterten Sozialisation entwickelt sich, in enger Verbindung mit einer sorgfältigen Beachtung sozial-emotionaler Entwicklungsprozesse, hin zu einer ökologischen Sichtweise frühkindlicher Erziehung. Ein interessanter Gesichtspunkt, der den meisten Nicht-Italienern entgeht, ist dabei, daß dieser Prozeß nicht auf einzelne Institutionen, Städte oder Regionen begrenzt ist – etwa die in anderen Ländern bekannte Stadt Reggio Emilia oder die Region Emilia und Romagna –, sondern in allen italienischen Städten mit einem entwickelten kommunalen Krippensystem üblich ist, auch wenn nur in manchen Fällen diese Entwicklung besser nach außen getragen und herausgestrichen wird.

Dieser Prozeß ist sehr schwierig und birgt viele Herausforderungen und Widersprüche in sich. Eine erfahrene Erzieherin brachte es in einfachen Worten auf den Punkt: „Erst gab es *die* Kinder; dann *meine* Kinder; dann die Kinder und ihre Eltern; nun haben wir an *unsere* Kinder zu denken, aber das ist sehr schwierig."

2. Gründe für die außerfamiliale Betreuung von Kleinkindern

Im letzten Jahrzehnt haben sich in Italien die Familienstrukturen dramatisch verändert, wodurch ein völlig neues Szenario für Kleinkindeinrichtungen entstanden ist. Die italienische Durchschnittsfamilie hat heute nur noch ein Kind (der nationale Durchschnitt liegt bei 1,2 Kindern und fällt in bestimmten nördlichen Regionen unter 1), das Durchschnittsalter der Frauen liegt bei der Geburt des Kindes viel höher als vorher (ungefähr 30 Jahre), und ein mögliches zweites Kind wird erst nach einem längeren Zeitintervall geboren. Weiterhin hat die Anzahl von Müttern mit einer höheren Schulbildung zugenommen und ebenso die Anzahl erwerbstätiger Mütter (auch wenn die wachsende Arbeitslosigkeit zunehmend zu einem Problem wird).

Unverkennbar entwickelt sich die Tendenz, daß die Schulausbildung der Mutter die des Vaters übertrifft. Ein interessanter Gesichtspunkt zeigt sich darin, daß viele Mütter, die momentan nicht arbeiten, sondern ganz zu Hause sind und ihre kleinen Kinder erziehen, sich nicht als Hausfrauen, sondern im Hinblick auf ihre potentiellen Arbeitsmöglichkeiten definieren. Ein weiterer sich abzeichnender Trend ist, daß das Bedürfnis, sich die Erziehungsaufgaben bei Kleinkindern mit professionellen Erzieherinnen oder einer Einrichtung zu teilen, mit steigendem Ausbildungsgrad der Mutter wächst – und zwar unabhängig vom Familieneinkommen und dem familialen Kontext (Musatti 1992, vgl. auch Musatti in diesem Band). Es gibt eine wachsende Anzahl alleinerziehender Eltern und auch eine wachsende Anzahl junger Väter, die aktiv Anteil an der Erziehung ihrer Kinder nehmen. Andererseits ist 'Teenager-Elternschaft' kein übliches oder wachsendes Phänomen in Italien.

Eine zunehmende Anzahl von Kindern wird in Familien geboren, die aus den unterschiedlichsten Ländern stammen – 1992 waren es in Mailand 9 %. Sie gehören unterschiedlichen Religionen an, weisen verschiedenartige Familientraditionen und einen anderen Status für Frauen auf und befinden sich oft in sozialen Notlagen (Favaro 1994). Es ist das erste Mal in der neueren Geschichte, daß Italien, traditionellerweise ein Auswanderungsland, mit dem Problem massiver Immigration aus Entwicklungsländern konfrontiert ist. Die Einrichtungen für Kleinkinder sind momentan wahrscheinlich die besten Puffer und Anbahnungsmöglichkeiten im Integrationsprozeß der Gastfamilien, auch wenn die vorherrschenden Organisationsmuster dieser Angebote zur Zeit noch zu starr sind.

Ein letzter Gesichtspunkt, der einer Erwähnung bedarf, ist die zurückgehende Unterstützung durch Großfamilien in ländlichen Gegenden. Die Großelterngeneration steht dem Arbeitsmarkt länger zur Verfügung oder ist entweder zu alt, um die Kinderpflege übernehmen zu können, oder lebt in anderen Städten bzw. entfernten Stadtteilen. Auch muß mit Konflikten gerechnet werden, was Erziehungspraktiken, Wertvorstellungen und Gewohnheiten, das Kind zu erziehen, betrifft. Auch kann es vorkommen, daß sich die Mutter durch die Großmutter bevormundet fühlt oder daß der Vater die Großmutter als zu dominant ansieht und sich selber ausgeschlossen fühlt oder daß sich die Großmutter durch die erneute Last der Kindererziehung ausgebeutet fühlt (Mantovani 1993 b). Diese Tatsachen haben offensichtlich einen Einfluß auf die Haltungen und Gefühle von Familien und bringen neue Erziehungshaltungen und soziale Bedürfnisse hervor.

Junge Familien sind einerseits oft isoliert und haben keine klaren Vorstellungen über die Erziehung ihrer Kinder. Andererseits wird die Geburt eines Kindes als einzigartige Erfahrung gesehen, und es werden große Erwartungen damit verknüpft. Das sich wandelnde Bild von Elternschaft, Mutterschaft und Vaterschaft geht einher mit Zweifeln, Inkonsistenzen, verbunden mit dem Wunsch, das Beste aus dieser Erfahrung zu machen und sie mit anderen zu teilen. Dies weist darauf hin, daß neuartige Unterstützungssysteme und Erziehungsmöglichkeiten für Eltern und Kinder gebraucht werden.

Weniger Kinder zu haben dürfte bedeuten, daß die Kinder 'gewollt' und geplant sind und – im allgemeinen – daß die Eltern eine positive Einstellung ihren Kindern gegenüber haben. Die meisten Kinder werden grundsätzlich gut versorgt, gut ernährt, zuweilen überernährt, gut angezogen, geradezu verwöhnt und vielleicht überbehütet. Oft sind wir Zeuge eines übermäßigen Engagements für dieses Kind, welches die elterlichen Hoffnungen, Phantasien und Wünsche verkörpert. Die Folge davon ist, daß das Kind zwar stimuliert wird, aber oft weniger autonom, sondern abhängiger und unsicherer im Umgang mit anderen ist.

Die Tatsache, daß das Kind geboren wird, wenn das Paar schon reifer ist und bereits einige Jahre zusammengelebt hat, führt oft zu einer gewissen Erschütterung der Paarbeziehung, seiner Gewohnheiten und seines außerhäuslichen Lebens. Beide Partner sehen sich mit einem schwierigen Anpassungsprozeß konfrontiert: Im besten Fall bleibt ein Elternteil zu Hause, während der andere ausgeht – sofern die Frau nicht automatisch zur Babysitterin wird und der Mann sein soziales Leben aufrechterhält. Das Paar erlebt die Freizeit nicht mehr gemeinsam, und die Beziehung verliert oft an Vertrautheit. Für bereits länger existierende Partnerschaften scheint es schwieriger zu sein, sich an ein Baby zu gewöhnen, selbst wenn das Kind schon lange geplant und erwünscht ist. Der Standard vieler Eltern fordert heutzutage nicht nur, daß das Kind geliebt wird, sondern auch, daß es glücklich ist, gut erzogen und verstanden wird. Häufig entstehen Konflikte, welche durch den Gegensatz zwischen den Erwartungen des Paares an das Familienleben einerseits und seiner Realität andererseits hervorgerufen werden (Carli & Mantovani 1994).

In den Großstädten herrscht starke Isolation und Anonymität, und die Familien haben außerdem Probleme, geeignete pädagogische Angebote und Einrichtungen zu finden und zu nutzen. Familien und pädagogische Einrichtungen scheinen zwei verschiedene Systeme zu sein, welche sich oft gegensätzlich gegenüberstehen, anstatt miteinander zu interagieren. Auf der einen Seite gibt es den privaten Bereich, die Familie, auf der anderen Seite das öffentliche Angebot, die Institution. Jedes System hat seine eigenen Regeln, welche meistens nicht aufeinander beziehbar oder miteinander integrierbar zu sein scheinen. Familien, inbesondere solche, in denen die Mutter aus eigener Wahl oder auch gezwungenermaßen zu Hause bei den Kindern bleibt, bedürfen neuartiger Unterstützungformen, und zwar brauchen sie offenere und weniger gelenkte Angebote mit Möglichkeiten elterlicher Teilnahme, flexibler Nutzung und individuellen Initiativen (Anolli & Mantovani 1990).

3. Neue Betreuungsangebote für Kleinkinder in Italien

Mitte der achtziger Jahre wurde nach längeren Diskussionen und durch verschiedene Forschungsergebnisse in Italien deutlich, daß die existierenden Einrichtungen für Kleinkinder zwar Wege und Kompetenzen in der Arbeit mit Eltern entwickelt haben, daß aber ihr üblicher Standard-Vollzeitbetrieb diejenigen Eltern nicht erreicht, welche eher privat orientierten Möglichkeiten zugeneigt sind – und dieses ist immerhin die überwiegende Mehrheit, nämlich 70 % in den Gebieten mit dem größten Angebot an Kindertagesstätten. Diese Einrichtungen eignen sich nicht, den neuen Bedürfnissen nach flexiblen, multifunktionalen, sozialen Erfahrungsmöglichkeiten für Erwachsene und Kinder angemessen zu begegnen.

Auf der anderen Seite haben die kommunalen Angebote für Kleinkinder in den letzten zwanzig Jahren eine regelrechte 'Kleinkindkultur' geschaffen; ein Großteil der italienischen Kleinkindforschung wurde innerhalb der pädagogischen Einrichtungen für Kleinkinder durchgeführt, und sowohl örtliche Behörden als auch die auf diese Angebote bezogenen professionellen Vereinigungen waren die einflußreichsten Stimmen, wenn es darum ging, öffentliche Diskussionen zu organisieren und die Aufmerksamkeit auf die Wichtigkeit der frühen Kindheit zu lenken.

So lagen die Schlagwörter 'neuer Typ von Angeboten' und 'größere Flexibilität' in der Luft, und seit ca. 1985 tauchen neue Initiativen auf: Dabei handelt es sich üblicherweise um kommunale Inititativen, die in der Regel ein Teilzeit-Angebot vorsehen und sowohl ausgebildete Erzieherinnen als auch Laienmitarbeiter beschäftigen. In Verbindung mit ihrer größeren Flexibilität arbeiten sie kostengünstiger als Vollzeit-Einrichtungen und sind dadurch – vor allem in Zeiten der Rezession, in denen weitere Investitionen in neue Vollzeit-Standard-Einrichtungen kaum zu erwarten sind – für Politiker akzeptabel.

Auch wenn die hier skizzierte Entwicklung möglicherweise auch in vielen anderen Ländern stattgefunden hat, ist dennoch ein Aspekt spezifisch für die Erfahrungen in Italien. Während die in zahlreichen anderen Ländern aus privaten Gruppen entstandenen Bürgerinitiativen nur nachträglich, wenn überhaupt, mit einer öffentlichen Unterstützung rechnen konnten, haben sich die neuen italienischen Initiativen sofort an die kommunalen Einrichtungen angegliedert, sind in den meisten Fällen sogar direkt aus ihnen hervorgegangen. Tatsächlich existieren sie nur dort, wo das Netzwerk öffentlicher Einrichtungen entsprechend verbreitet ist, von den Benutzern gut angenommen wird und von hoher Qualität ist (Catarsi 1994). Indem sie auf die vorangegangenen und kontinuierlichen Erfahrungen aufbauen, bringen sie neue Zielsetzungen und Praktiken hervor, wenden sich an unterschiedliche Gruppen von potentiellen Benutzern und entwickeln sich als ein eigenständiges Netzwerk um das öffentliche System herum. Manche nennen sie 'Corolla'-Angebote: Sie wurden vom Personal der Kindertagesstätten zunächst als 'billige

Konkurrenz' betrachtet, aber bald wurde deutlich, daß dies nicht der Fall ist. Die neuen Initiativen entstehen nur dort, wo die traditionellen und grundlegenden Angebote entsprechend stark sind. Es scheint eine wechselseitige Verstärkung zwischen dem Kindertagesstättensystem – welches das Vertrauen der Bevölkerung gewonnen und bemerkenswerte professionelle Fähigkeiten beim Personal hervorgebracht hat – und den neuen Experimenten zu bestehen.

Die neuen Angebote sind, wie bereits ausgeführt, normalerweise Teilzeit-Angebote, bei denen Eltern und Kinder zusammenkommen und ausgebildete Erzieherinnen, Laienmitarbeiter und Eltern miteinander kooperieren. Im folgenden werden einige der gegenwärtig typischen neuen Angebote aufgeführt:

Mutter-Kind-Gruppen: Hier arbeiten einige, von einer nahe gelegenen Kindertagesstätte abgeordnete professionelle Erzieherinnen mit Eltern zusammen. Der Prototyp ist ein in Mailand gestartetes Projekt, mit dem Namen *Tempo per le Famiglie* ('Zeit für die Familie'), das weiter unten genauer besprochen werden soll. Es besteht gegenwärtig als ein Netzwerk von zehn Zentren in Mailand und über fünfzig ähnlichen Zentren in unterschiedlichen Städten und Regionen des Landes.

Kinder-'Gärten': Sie werden vom Personal der regulären Kindertagesstätten gemeinsam mit Laienmitarbeitern und Eltern organisiert, um Sozialerfahrungen für Eltern und Kinder zu ermöglichen, die die regulären Angebote nicht nutzen.

Teilzeit-Zentren: Sie bieten Aktivitäten für Kinder und Eltern an; die Kinder können hier einige Stunden ohne die Eltern betreut werden.

Sozial-Zentren für Eltern: Hier können sich Eltern treffen und sich über die anderen existierenden Angebote informieren. Es gibt besondere Initiativen für Migranten-Eltern und Migranten-Kinder (in der Region Emilia und Romagna entwickelt sich ein entsprechendes Netzwerk unter dem Namen *Centri per la Famiglia*).

Spielzeug- oder Kinderbüchereien: Sie entwickeln sich in den Sozial-Zentren für Kinder und Eltern.

Unterstützungsgruppen für Eltern nach der Geburt des Kindes: Diese Unterstützungsgruppen sind eine neue Entwicklung, die aus vielen Geburtsvorbereitungskursen und -initiativen hervorgegangen ist. Sie sind meist innerhalb des Gesundheitswesens angesiedelt, stehen aber auch in Verbindung mit den pädagogischen Einrichtungen des Gebiets.

Babysitter-Trainingskurse und Netzwerke für Mütter: Sie stehen oft in Verbindung mit einer Krippe oder einer Mutter-Kind-Gruppe, die als Basis und als Treffpunkt dient.

Das sind alles öffentliche Initiativen, auch wenn sich – etwas später – viele private Gruppen zu organisieren begannen, zum Teil als Selbsthilfegruppen, zunehmend häufiger jedoch auf einer kommerziellen Basis. Diese Projekte, von denen keines genau dem anderen gleicht, sind durch eine Reihe gemeinsamer Grundzüge gekennzeichnet:

- Sie wurden üblicherweise auf den Vorschlag von Elterngruppen hin oder nach einer durch die örtlichen Behörden unterstützten Umfrage zur Erhebung familiärer Bedürfnisse in dem betreffenden Gebiet ins Leben gerufen.
- Die in dem Gebiet existierenden öffentlichen Einrichtungen für Kleinkinder stellen Voll- und Teilzeitmitarbeiter zur Verfügung, die mit Eltern und Laienmitarbeitern arbeiten, und sorgen für eine Koordination der pädagogischen, sozialen und Gesundheitsdienste. Die Räumlichkeiten werden üblicherweise durch die Kommune zur Verfügung gestellt bzw. bezahlt. Die Eltern sind lediglich angehalten, sich an einigen laufenden Kosten (Essen, einige Spielmaterialien, besondere gesellige Initiativen) zu beteiligen oder freiwillige Arbeiten zu übernehmen.
- Die Grundstandards dieser Initiativen (Materialien, Ausbildung der professionellen oder Laienmitarbeiter, räumliche Gegebenheiten) entsprechen denen, die für Vollzeit-Angebote vorgesehen sind, obwohl die generellen Kosten, aufgrund des Teilzeit-Angebots und der reduzierten Beschäftigung von Fachkräften, viel niedriger liegen. Auf der anderen Seite sind diese Angebote keine 'Alternativen' zu Kindertagesstätten. Im Gegenteil, sie richten sich an eine unterschiedliche und dennoch sehr große Gruppe von Familien. Sie können von daher nicht als ein Billig-Ersatz betrachtet werden.
- Schließlich handelt es sich nicht um einzelne außergewöhnliche Projekte; sie entwickeln sich vielmehr in der für Italien typischen Weise schnell zu einem System. Das kann ein Nachteil sein, weil sie weniger Aufmerksamkeit erregen und weniger Möglichkeiten für eine gründliche Evaluation, für Forschung und für besondere Experimente nach sich ziehen. Der große Vorteil liegt in der Verbreitung der Angebote, bei kontrollierten Qualitätsstandards durch die neuen Dienste und in ihrer zeitlichen Stabilität.

Auf den folgenden Seiten werde ich kurz das Projekt beschreiben, das meines Wissens nach als erstes innerhalb des öffentlichen Systems entstanden ist, und zwar 1985, unterstützt durch die Stadt Mailand und in der Anfangsphase durch die Bernard-van-Leer-Stiftung. Mittlerweile handelt es sich um ein etabliertes Angebot an zehn verschiedenen Stellen in der Stadt.

4. Das Projekt 'Zeit für die Familie': Konzeption und Erfahrungen

4.1. Ausgangssituation

Frühere Untersuchungen haben die Isolation und Unsicherheit junger Familien mit kleinen Kindern aufgezeigt, die, wie weiter oben dargestellt wurde, durch die schnelle Veränderung familialer Strukturen und elterlicher Erwartungen erklärbar sind (Mantovani & Nardocci 1985). Mitte der achtziger Jahre wurde insbesondere in Mailand deutlich, daß die existierenden Angebote es damals versäumt hatten, neue Bedürfnisse aufzugreifen, und nur darauf eingestellt waren, ein auf Kinder, nicht jedoch auf die Vorstellungen und Bedürfnisse von Familien zugeschnittenes pädagogisches Angebot bereitzustellen. Letztlich gehört das Kind zunächst zu seiner Familie, selbst wenn andere an der Verantwortung für seine Erziehung beteiligt sind. Einigen Familien fällt es schwer, die erzieherische Verantwortung zu teilen, und sie ziehen es vor, die ersten Jahre der Elternschaft als eine private und nur sie selbst angehende Sache zu erleben. Auch diese Familien brauchen Unterstützung, aber häufig mißtrauen sie den traditionellen Einrichtungen, welche ursprünglich und hauptsächlich für Kinder arbeitender Mütter gedacht waren. Bei den genannten Familien handelt es sich, zumindest in Italien, um die große Mehrheit der Familien mit Kindern unter drei Jahren.

Wenn man davon ausgeht, daß jede Familie im Bereich der frühkindlichen Erziehung ein Recht auf freie Wahl haben sollte, wenn man sich weiterhin bemüht, die fruchtlose Debatte zu meiden, ob es nun besser sei, ein Kind in eine Krippe zu schicken oder zu Hause zu behalten, und wenn man glaubt, daß die elterliche Zufriedenheit und die Überzeugung von der Richtigkeit der getroffenen erzieherischen Entscheidung (beides wichtig gegen Unsicherheiten in der Elternrolle) eine bedeutende Variable für eine gute kindliche Entwicklung sei, dann ist es nur vernünftig, die Bedürfnisse der Familien zu erforschen und ihnen entsprechende neue Formen von Unterstützung und Sozialisationshilfen bereitzustellen. Dabei kann man sich die in der Krippe gewonnenen pädagogischen Erfahrungen mit Kindern und Eltern zunutze machen.

Wenn wir über 'das Kind' sprechen, dann sprechen wir genaugenommen von einem ganz bestimmten Kind in einem ganz bestimmten Familienkontext und den ihm eigenen Regeln. Dieses mögen implizite Regeln sein und für Außenstehende nur schwer zu erfassen. Dennoch sind sie wichtig für das Kind, welches mit ihnen lebt, und es ist wichtig für die Erziehenden, sie zu kennen und zu respektieren. Eltern kommen nach der Geburt des Kindes mit vielen Gesundheits- und Sozialdiensten in Kontakt: Sie sind bestrebt, Unterstützung und Informationen zu erhalten. Die Institutionen und Dienste ihrerseits begegnen den Familien mit eigenen Regeln und Normen, aber sie ermutigen die Familien nicht, ihre, die elterlichen, Kommunikationssysteme zu verdeutlichen. Statt dessen bieten sie ihnen Formulare zum Ausfüllen, Merkblätter zum Lesen, formelle Hausbesuche oder Gesundheitsvorsorgeuntersuchungen an. Sie stellen Fragen bezüglich des Kindes, aber befassen sich selten mit denjenigen Dingen, welche für die Familien in dieser Zeit wichtig oder verwirrend sind. Das Stellen von Fragen wird von vielen Familien als Ausfragen und Abschätzung ihrer erzieherischen Kompetenz betrachtet und nicht als Fürsorge, um sie besser verstehen und einfache, elementare Probleme besprechen zu können, mit denen sie es im Erziehungsalltag zu tun haben.

Sofern wir unsere Rolle als Pädagogen, Forscher oder Sozialarbeiter Familien gegenüber zu analysieren versuchen, werden wir mit unserem eigenen Wertesystem konfrontiert und mit unseren Vorstellungen, die wir uns über Kinder und über eine gute Erziehung gebildet haben. Diese prallen oft mit familiären Wertesystemen zusammen und verursachen dadurch Kommunikationsprobleme, manchmal einen Abbruch des Kontaktes und ganz sicher die Unfähigkeit, eine angemessene Unterstützung zu geben.

Es ist nicht sinnvoll, den besonderen Charakter bestimmter Eltern-Kind-Beziehungen zu leugnen, selbst wenn es offenkundig ist, daß diese Beziehungen defizitär sind. Durch Verleugnen oder ihre Charakterisierung als defizitär untergraben wir leicht das große Potential jeder Familie, eine gute Beziehung zum Kind aufzubauen. Letztlich hat fast jede Familie sehr gute Chancen, mit einiger Unterstützung sichere Beziehungen zu entwickeln und damit eine effektive Familie zu werden.

In mehreren Studien wurden das Mißtrauen gegenüber öffentlichen Stellen und die Schwierigkeiten mit ihnen hervorgehoben. Sie wurden als unfreundlich oder schwer zugänglich erfahren – insbesondere gilt dies für Gesundheits- oder soziale Dienste. Zugleich wurden aber auch das Bedürfnis und der Wunsch besonders von jungen Eltern hervorgehoben, die Isolation zu durchbrechen und Möglichkeiten zum Erfahrungsaustausch zu finden. Das Unvermögen traditioneller Krippen ist offenkundig, die Mütter zu erreichen, die zwar eine private Wahl der Kinderbetreuung getroffen haben, aber nichtsdestotrotz das Bedürfnis nach irgendeiner Form der pädagogischen Unterstützung haben, und auch die zunehmende Anzahl von Kindern zu erreichen, welche mit einem Mangel an Autonomie und mit Schwierigkeiten, sich von den Eltern zu lösen, das Vorschulalter erreichen. All diese Überlegungen führten zu unserer Entscheidung, eine neue Form eines pädagogischen Angebots bereitzustellen, nämlich ein Angebot, bei dem die Eltern von Anfang an aktiv eingebunden sind und dessen Grundorganisation weitestgehend mit den familiären Bedürfnissen korrespondiert.

4.2. Bedürfnisse der Eltern

Unser Ziel bestand darin, einen Ort für Eltern und Kinder zu schaffen, weil man nur dann gute Ergebnisse für die Kinder und auch die Eltern erwarten kann, wenn man ihre Entwicklung nicht getrennt voneinander unterstützen will. Um mit Montessori zu sprechen, versuchten wir eine Umgebung zu schaffen, in der wir Familien helfen, sich selbst zu helfen, indem wir eine bessere Kommunikation zwischen verschiedenen Systemen ermöglichen und Gelegenheiten zur Beobachtung verschiedener Verhaltens- und Lösungsmöglichkeiten anbieten (Anolli & Mantovani 1990).

Wir führten 150 Interviews mit Eltern null- bis dreijähriger Kinder zu Hause durch (hauptsächlich mit den Müttern, aber die Väter waren auch häufig anwesend), befragten sie über ihr Leben mit dem Kind, über Veränderungen in ihrem Leben, ihre Erziehungseinstellungen, ihre Bedürfnisse und Schwierigkeiten. Wir fragten auch, welche Form der Unterstützung sie sich gewünscht und genutzt hätten. In den Interviews erfuhren wir unseren Erwartungen entsprechend von den vorherrschenden Gefühlen der Isolation, von der Vereinzelung mit dem Kind, von den beengten Wohnungen und dem Mangel an offenen Plätzen, von der psychischen Isolation, insbesondere bei Müttern mit niedriger Schulbildung, die ihre Arbeit nach der Geburt des Kindes aufgegeben hatten.

Einige Mütter erlebten nach der Geburt des Kindes ein Gefühl größerer Intimität mit ihrem Partner und eine enge und glückliche Beziehung zum Baby. Die meisten jedoch klagten über Einsamkeit, wechselseitige Entfremdung der Partner, den Mangel an Erfahrungsmöglichkeiten und über die Unsicherheit im Hinblick auf erzieherische Entscheidungen und über das Problem der Neuorganisation des Familienlebens. Sie beklagten sich, daß das Leben in keinerlei Hinsicht dem von den Medien propagierten Bild entsprach mit idealen, glücklichen Babys, die jederzeit trocken, leicht zu füttern, leicht in den Schlaf zu wiegen sind, in aufgeräumten Heimen mit Müttern mit tadellosem Make-up und schlanker Figur sowie mit gesprächigen und liebevollen Ehemännern.

Die meisten von ihnen waren gute, 'durchschnittliche' Mütter. Aber das Leben in der Stadt mit einem kleinen Kind schien häufig eine graue Atmosphäre von Unbehagen zu erzeugen, ein starkes Bedürfnis 'herauszukommen' und mit anderen zu sprechen. Bei Müttern etwas älterer Kinder kam der Wunsch hinzu, einen organisierten Treffpunkt zu haben, wo die Kinder sich mit anderen Kindern treffen und mit ihnen spielen können (Dolto 1985). Auf unseren Vorschlag, einen Treffpunkt für Eltern und Kinder zu organisieren, ohne formale Zugangsbedingungen und verbunden mit der Möglichkeit, anderen Eltern und professionellen Mitarbeitern zu begegnen, reagierten die meisten nicht nur enthusiastisch, sondern drängten uns, diesen so schnell wie möglich zu eröffnen.

4.3. Organisation und Ausbreitung der Zentren

Das erste *Tempo per le famiglie* (T. F.) wurde in einer provisorischen Unterkunft eröffnet, und in der ersten Woche kamen über 30 Familien. Nach einem Jahr, als schon neue, geeignetere Räumlichkeiten zur Verfügung standen, betrug die Anzahl der teilnehmenden Familien 150. 1992 gehörten bereits sechs voll etablierte T. F. zu den städtischen pädagogischen Angeboten. Inzwischen sind es zehn, und es werden weitere in naher Zukunft öffnen. Die letzten drei wurden in Stadtgebieten mit sozialen Problemen und hohem Migrantenanteil eingerichtet. Der Zulauf ist sehr groß, und es gibt Wartelisten, obwohl die Einrichtungen immer für Familien mit besonderen Bedürfnissen zur Verfügung stehen. Es ist geplant, für jeden der 20 Stadtteile Mailands ein Zentrum einzurichten.

Ein Zentrum hat ein oder zwei Räume, in denen Kinder spielen können. Sie werden sowohl von professionellen Erzieherinnen als auch von Laienmitarbeitern betreut. Die Eltern (oder Großeltern oder Babysitter) haben die Möglichkeit, entweder zuzuschauen oder sich zu beteiligen. Außerdem gibt es einen Raum, in dem sich die Eltern treffen und bei einer Tasse Kaffee informelle oder auch thematisch ausgerichtete Gespräche führen können. An bestimmten Tagen stehen nur wenige Mitarbeiter zur Verfügung, und die Eltern sollen selbst Aktivitäten organisieren. Es finden jeden Tag spezielle Aktivitäten in gesonderten Räumen statt (Malen, Kneten, Wasserspiele etc.), an denen Kinder in kleinen Gruppen teilnehmen. In der Regel kommen Eltern mit ihren Kindern an drei bis vier Tagen in der Woche, die sie sich normalerweise aussuchen können, für ca. drei bis vier Stunden in das Zentrum. Manchmal werden homogene Altersgruppen angeregt, z.B. gibt es besondere Tage, die für Babys reserviert sind. Oder es gibt – wie in einem speziellen Zentrum – einen für ägyptische Mütter reservierten Tag, an dem sie ihre Aktivitäten nach ihren Wünschen organisieren können, ohne daß dabei jedoch andere ausgeschlossen würden.

Die Organisation ähnelt stark Francois Doltos *Maison Verte* (Dolto 1985), wenn auch mit einigen zentralen Unterschieden: Das Personal besteht aus Erzieherinnen und Laienmitarbeitern; Diplom-Psychologen oder Diplom-Pädagogen dienen als Supervisoren oder leiten gelegentlich Elterngruppen, und es gibt immer einige Laienmitarbeiter oder freiwillig helfende Eltern. Die Organisation und die Aktivitäten werden innerhalb gewisser Grenzen von den Eltern bestimmt, und die allgemeine Zielsetzung ist eher pädagogisch als klinisch.

4.4. Ziele des Projekts

Die Ziele des Projekts sind,
- den Eltern dabei zu helfen, Autonomie im Kind zu fördern und sich ihm gegenüber autonomiegewährend zu verhalten;
- den Eltern durch das Vorbild der Mitarbeiter und die Beobachtung anderer Eltern die Chance zu geben, neue Formen des Umgangs und des Spiels mit dem Kind zu erfahren und auszuprobieren;
- den Eltern die Gelegenheit zu einer Pause und einer Teilung der Verantwortung beim Umgang mit dem Kind zu geben;
- dem Kind neue Sozialisations- und Spielmöglichkeiten zu geben;
- den Eltern Zeit und einen Ort zu geben, um Erfahrungen mit anderen Eltern auszutauschen und dabei gleichzeitig für das Kind erreichbar zu sein;
- das Personal, das eventuell wieder in die eher traditionellen Einrichtungen zurückkehrt, zu ermutigen, größere Flexibilität zu tolerieren, das Eltern-Kind-System zu unterstützen und Elterngruppen anzuleiten.

Unsere Ziele sind – entsprechend Ainsworths Ausführungen zur Bindungssicherheit (Ainsworth et al. 1978) und Bellers Entwicklungsmodell (Beller 1992) –, sichere Bindungen zu begünstigen, beim Kind größere Autonomie und Kompetenz im Umgang mit neuen Erwachsenen und neuen Peers zu fördern und bei den Erwachsenen größere Sensibilität, Konsistenz und Flexibilität anzuregen.

4.5. Verhaltensmuster bei den Nutzern

Bei den Eltern-Kind-Paaren, die ein solches Zentrum besuchten, konnten wir typische Verhaltensweisen und Haltungen, die uns bereits aus dem Krippenbereich vertraut waren, beobachten:

Eine große Anzahl von Erwachsenen-Kind-Paaren steht für ein Familiensystem, das wir als 'verstrickt' bezeichnen. Es ist durch starke emotionale Bindungen und die Tendenz charakterisiert, die Familie als eine abgeschlossene Einheit zu betrachten, in der die Regeln von allen Mitgliedern geteilt und als die einzig richtigen und normalen angesehen werden. Diese Eltern, insbesondere die Mütter und manchmal die Großmütter, neigen dazu, dem Kind gegenüber einmischend und kontrollierend zu reagieren und ihm wenig Initiative und Autonomie zu gewähren. Selbst kurzen Trennungen und erweiterten sozialen Regeln stehen sie mit Vorbehalten gegenüber. Auch haben sie Probleme damit, sich zu öffnen und die Kontrolle zu lockern, die der Erwachsene über das Kind und das Kind über den Erwachsenen hat. Es handelt sich hier um typische Benutzer des T. F., die die Regeln der Krippe und die allmähliche, aber definitive Trennung vom Kind nicht akzeptieren können. Die Kinder solcher Familien kommen in die Krippe oft nur sehr schwer zurecht, bzw. ist die Krippe ein voraussehbarer Fehlschlag, falls es sich die Mutter nicht leisten kann, ihre Arbeit aufzugeben.

Es gibt auch Erwachsene, insbesondere überlastete Mütter, die eine gewisse 'Abgabementalität' zeigen. Sie beschreiben sich als inkompetent und scheinen bestrebt zu sein, die Pflege und die Beaufsichtigung des Kindes an jemand anderen, insbesondere an Fachkräfte zu delegieren. Im Spielraum neigen sie dazu, ihr Kind zu ignorieren und mit anderen Müttern oder Mitarbeitern zu sprechen. Sie versuchen, die Trennung vom Kind so schnell wie möglich hinter sich zu bringen, wobei sie zuweilen den kindlichen Protest ignorieren. Gegenüber dem Kind sind sie manchmal unberechenbar, sie wechseln schnell zwischen sensibler Interaktion und abweisendem Verhalten bzw. Bemerkungen.

Es gibt weiterhin Familien, die man als 'ausnutzend' oder 'opportunistisch' bezeichnen könnte. Diese Familien neigen dazu, alle Möglichkeiten des Angebots auszunutzen, sie als gegeben anzunehmen, lehnen aber jegliche Mitwirkung oder Beteiligung an der Verantwortung ab. Ihnen sind die Bedürfnisse ihrer Kinder oft kaum bewußt, nicht selten sind sie selbst sozial bedürftig, haben eine lange Geschichte der Unterstützung durch Sozialdienste hinter sich und stellen sich als 'Fall' mit einem Anrecht auf Hilfe dar, wobei sie die eigene Verantwortlichkeit abgeben. Sie verhalten sich dem Kind gegenüber eher sorglos, als sich von ihm überfordern zu lassen. Die Interaktionen mit dem Kind sind eher durch Kontrolle gekennzeichnet, wenig auf die Erweiterung von Verhaltensmöglichkeiten gerichtet und kaum als Vorbild geeignet.

Letztlich gibt es noch eine große Anzahl sehr kompetenter und ausgeglichener Eltern. Sie sind manchmal müde, manchmal unsicher, aber grundsätzlich sensibel, konsistent, flexibel und im großen und ganzen realistisch und glücklich über das Leben mit dem Kind.

4.6. Verhaltensmuster bei den Erzieherinnen

Auch das Personal ist nicht immer fehlerlos oder dagegen gefeit, einigen Eltern gegenüber in einer Weise zu reagieren, die ungeeignet ist, ein größeres Selbstvertrauen und einen besseren Umgang mit dem Kind – kurz gesagt, eine bessere Beziehung – zu bewirken.

Im Projekt T. F. kommen die folgenden Haltungen aufgrund der kontinuierlichen Erzieherin-Eltern-Interaktion deutlicher zum Ausdruck als in der Krippe:

Es gibt eine Tendenz, den Eltern Schuldgefühle und das Gefühl von Inkompetenz zu vermitteln: Sobald ein Kind ein Problem hat oder sich schwer in die Gruppe einfügt oder nicht bereitwillig die Vorschläge der Erzieherin annimmt, wird die Schuld bei den Eltern gesucht. Die Schuldzuweisung dient dann als Alibi, um die pädagogischen Mißerfolge der Erzieherinnen zu rechtfertigen. Diese Haltung ist in pädagogischen Einrichtungen weit verbreitet und drückt sich darin aus, daß die Kinder häufig als wunderbar beschrieben werden, wenn da nur nicht die Eltern all das wieder zunichte machen würden, was die Erzieherin aufgebaut hat. Dabei wird vergessen, daß die Kinder keine 'Waisen' sind und man sich die Eltern nicht aussuchen kann. Eine solche Haltung ruft bei einem Angebot mit kontinuierlicherem und engerem Elternkontakt leichter Konflikte und Frustrationen hervor als in einer Krippe.

Es besteht eine Neigung zur Überbehütung und dazu, den Eltern zu vieles abzunehmen und ihnen dadurch Verantwortung zu entziehen. Indem die Eltern als unzureichend, nicht belastbar und hilfsbedürftig angesehen werden, kann die Erzieherin sich mit ihrem pädagogischen Wissen und ihrer Erfahrung als entsprechend kompetent und überlegen betrachten. Die Eltern werden zunächst in ihrer Passivität bestärkt, und später wird genau dieser Mangel an Aktivität als negativ und ausbeuterisch gegenüber der Erzieherin beurteilt.

Vor allem bei jüngeren Erzieherinnen findet man häufig eine gewisse Angst Eltern gegenüber. Diese werden als erfahrener betrachtet und als die einzigen, die die wirklichen Bedürfnisse des Kindes kennen. Die Erzieherin mag sich kompetent fühlen und gerne mit dem Kind spielen, aber sie vermeidet den engen Kontakt zu den Eltern und fühlt sich unwohl, sobald die Eltern ihren Umgang mit dem Kind beobachten. Die Kommunikation ist häufig oberflächlich und abwehrend.

All diese Einstellungen sind unangemessen im Hinblick auf unser Ziel, die Eltern zu unterstützen, sie zu aktivieren und ihnen dabei zu helfen, sich wichtiger, kompetenter und sicherer im Umgang mit ihrem Kind zu fühlen. Durch die Praxis im T. F. konnten wir besser verstehen, welche Schwierigkeiten Erzieherinnen im Umgang mit Eltern in der Eingewöhnungsphase, bei Spielaktivitäten und in Elterngruppen haben und wie schwierig es ist, ein Modellverhalten durch Beobachtung und Supervision aufzubauen. Die Erzieherinnen haben die vielschichtige Aufgabe, den Eltern das Gefühl zu vermitteln, daß sie willkommen sind und angenommen werden; sie sollen überdies ein gutes Modell im Umgang mit dem Kind abgeben, sie sollen den Eltern helfen, das Kind zu beobachten und die richtige Distanz zu ihm zu erreichen und sich zunehmend kompetent im Umgang mit dem Kind zu fühlen – dies alles im gemeinsamen Spiel und durch die Begegnung mit anderen Eltern in der Gruppenarbeit. Kurz gesagt, sollen sie die bestehende Eltern-Kind-Beziehung so unterstützen, daß sie sich besser und freier entwickeln kann.

In diesem Sinne hat die Arbeit im T. F. einen wertvollen Beitrag dazu geleistet, ein Trainingsmodell für die Elternarbeit zu entwickeln, von dem wir denken, daß es auch für die Arbeit von Erzieherinnen in Krippen und Kindertagesstätten nützlich ist. Mittlerweile haben über 200 in anderen Einrichtungen arbeitende Erzieherinnen dieses Training erhalten, über Hospitationsphasen im T. F. und gemeinsame Sitzungen mit T. F.-Mitarbeitern.

4.7. Unterstützung für eine angemessene Eltern-Kind-Beziehung

Wie ich bereits erwähnt habe, orientiert sich ein Ziel, das die Projektmitarbeiter in der Elternarbeit anstreben, am Konzept der 'optimalen Distanz'. Müttern fällt es ihren Kindern gegenüber häufig schwer, in Situationen, die Bindungsprozesse aktivieren, eine befriedigende Balance zwischen Nähe und Distanz herzustellen. Das Projekt scheint auf neu teilnehmende Mutter-Kind-Paare als eine 'informelle Fremden-Situation' zu wirken.

Es ist bekannt, daß das mütterliche Verhalten eine wichtige Variable in der Entwicklung des Bindungsverhaltens und seiner Ausprägung in speziellen Situationen darstellt (Ainsworth et al. 1978). Obwohl neuere Studien hervorheben, daß die eigenen kindlichen Bindungserfahrungen der Mutter eine wichtige Variable im Bindungsprozeß zum Kind sind (Main, Kaplan & Cassidy 1985), wissen wir relativ wenig darüber, wie die Mutter ihre aktuelle Bindung zum kleinen Kind erlebt und wie andere familiäre Bindungen – mit der älteren Generation oder mit dem Kindesvater – in den neuen Bindungsprozeß hineinwirken oder diesen unterstützen (Carli & Mantovani 1994).

Aufgrund unserer Beobachtungen von mehreren hundert Müttern im T. F. im Laufe der letzten Jahre, betrachten wir mittlerweile als Hauptproblem die Frage, wie den Kindern zunehmend Autonomie gewährt werden kann, ohne daß sie die Nähe und die Intimität zur Mutter verlieren: Vielen Müttern scheint es schwer zu fallen, die Autonomiebedürfnisse und den Explorationsdrang eines sicher gebundenen Kindes zu akzeptieren, welche durch die stimulierende und gleichzeitig auf das Kind abgestimmte Umgebung hervorgerufen werden. Sie mischen sich ein und möchten die Nähe zum Kind wieder herstellen. Andererseits gibt es Mütter, die ungeduldig die Autonomie und Unabhängigkeit ihres Kindes herbeisehnen und auf sein Bedürfnis nach Nähe und Rückkehr zur Mutter als sicherer Basis nicht eingehen. Häufig zeigen sich auch widersprüchliche Haltungen, die eine Folge der oben beschriebenen Lebensbedingungen sein dürften.

Die Schwierigkeiten, Autonomiebedürfnisse zu ermutigen, haben ihren Grund vermutlich in der Ungewißheit und Unsicherheit vieler Eltern. Solche Gefühle begünstigen nicht gerade die notwendige Ruhe, wenn es darum geht, die kindlichen Signale richtig zu erkennen und ein angemessenes, sensibles, konsistentes und voraussagbares Feedback zu geben. Ängstlichkeit und Unsicherheit rufen häufig impulsive, einmischende und inkonsistente Reaktionen hervor.

Die übermäßige gefühlsmäßige 'Investition' in die Beziehung zum Kind bewirkt leicht eine zu große Nähe zwischen Mutter und Kind und zieht einen sehr langen Prozeß der wechselseitigen Ablösung nach sich. Dieses verlangsamt die Autonomieentwicklung und wirkt möglicherweise in die Paarbeziehung der Eltern hinein und verschärft die Probleme, sobald ein zweites Kind geboren wird. Viele der Mütter erklären, daß es ihnen schwer fällt, sich vom Kind zu lösen und die Pflege mit dem Vater zu teilen. Sie sagen, daß das

Kind ihr Lebensmittelpunkt ist, und scheinen es zu bedauern, wenn ihr Kind im T. F. von neuen Aktivitäten oder Partnern angezogen wird. Sie sind aber auf der anderen Seite unfähig, ihr Kind zu Erkundungen zu ermutigen.

Die Geschlossenheit der Mutter-Kind-Beziehung – wir bezeichnen dies als einen 'Exzeß von Nähe' – bewirkt gleichzeitig auch ein Gefühl von Frustration und negativen Empfindungen dem Kind gegenüber, weil es als Last erlebt wird. Solche Gefühle gestehen sich die Mütter nach ihren eigenen Aussagen häufig nicht ein und können sie nur schwer ausdrücken. Offensichtlich rufen sie ein ambivalentes Verhalten hervor, wenn es darum geht, die richtige Nähe zum Kind zu finden. Es sieht so aus, als ob das idealerweise elastische Band zwischen Mutter und Kind zeitweilig zu lang ist, so daß das Kind zu weit weg ist und sie es nicht gut sehen kann. Zu anderen Zeiten ist es zu kurz, so daß das Kind zu nahe ist und sie es wieder nicht richtig sehen kann. Die Unfähigkeit, das Kind richtig zu sehen und es gut zu verstehen, bewirkt bei der Mutter eine Spirale von Unbehagen und Unsicherheit.

Wir sind aufgrund unserer im T. F. gewonnenen Erfahrungen mit Eltern-Kind-Paaren und aufgrund der Gefühle, die Eltern bei Hausbesuchen und Elterngruppen ausdrücken, zu der Überzeugung gelangt, daß die Eltern nicht nur einen informellen Rahmen und einen geselligen Treffpunkt brauchen, sondern auch eine erzieherische Unterstützung durch das Personal, in Form eines ruhigen, konsistenten und sensiblen Vorbildes und einer geduldigen, aber beständigen Unterstützung bei der Anpassung an die neue Umgebung. Die Mitarbeiter sollten Bezugspersonen für die Familien werden und ihnen Möglichkeiten bieten, verschüttete soziale Erfahrungen wieder freizulegen. Sie sollten bereit sein, sich von den Eltern dabei beobachten zu lassen, wenn sie eine wirkliche Beziehung zum Kind aufbauen und leben (und nicht nur darüber reden). Es ist eine sehr vielschichtige Aufgabe, die nicht auf Interventionen zur Entwicklungsförderung reduziert werden kann, wie es häufig in Frühinterventionsprogrammen angestrebt wurde. Die Erzieherinnen sollten ein angemessenes Vorbild bieten, indem sie sich unaufdringlich verhalten und die Botschaft vermitteln, daß die Mutter die zentrale Bezugsperson des Kindes ist, daß sie wichtig und potentiell kompetent ist. Eine rein auf Instruktionen basierende Intervention wäre nicht geeignet, den eigenen Stil der Mutter und ihre Kompetenzen hervorzulocken.

Um die emotionale und kognitive Entwicklung des Kindes zu fördern, muß die Erzieherin es zusammen mit den bedeutsamen familiären Bezugspersonen unterstützen. Es ist eine spezielle Aufgabe, die zu einer besonderen Beziehung zu den Erwachsenen und zu den Kindern führt. Die Erzieherin wird zu einem Bezugspunkt und einer zentralen Figur, sowohl für das Kind als auch für das jeweilige erwachsene Familienmitglied. Ihr Stil, ihre Art zu kommunizieren, ihre Fähigkeit, diskret und unaufdringlich zu sein, aber dennoch Gruppensituationen zu kontrollieren und Ängste und Gefühle aufnehmen zu können, sowie ihr Planen von Interventionen und Interaktionen sind entscheidende Aspekte ihres professionellen Verhaltens. Wir wissen, daß das Kind eine sichere und klare Beziehung braucht, in der es Gefühle ausdrükken kann und einen angemessenen Raum findet, um neugierig zu sein, eine Vielfalt neuer Erfahrungen zu machen und fortschreitend Autonomie zu entwickeln. Erwachsene brauchen dasselbe; sie entwickeln sich entsprechend in ihrer Rolle als Eltern.

Die Beziehung zwischen der Erzieherin und dem Eltern-Kind-System sollte herzlich, aber auch überlegt und durchdacht und das Resultat von analysierten, analysierbaren und voraussagbaren Interaktionen sein (Mantovani 1988). Es sollte eine warme, aber reflektierte, weniger spontane und distanziertere Beziehung sein, als es die innerfamiliäre Beziehung ist. Auf diese Weise wird die Erzieherin zu einer Vermittlerin von Beziehungen zwischen der neuen Umgebung, den Eltern und Kindern, sowie zu einem Vorbild und einer möglichen Quelle des Ausgleichs. Die Erzieherin ermutigt die Mutter, ihr Kind zu beobachten. Sie schafft damit eine günstige Ausgangslage dafür, die Potentiale des Kindes zu entdecken, indem sie Interesse und Neugier am Kind zeigt, aber auch eine optimale Distanz zu wahren, indem sie einmischende und nicht kontingente Interventionen vermeidet. In einem solchen Interaktionskontext führt die Erzieherin vorbildhafte und spezifische Angebote für Mutter und Kind ein: Die Mutter kann die Erzieherin beobachten, sie einschätzen und sich möglicherweise im T. F. oder zu Hause, entprechend ihrem eigenen Urteil und Stil, ähnlich verhalten.

Es ist offensichtlich, daß eine solche Aufgabe persönliche Reife und Kompetenzen in der Beobachtung und Analyse der stattfindenden Interaktionen erfordert und auch die Fähigkeit zur Reflexion und Diskussion dessen, was an Interaktionen abläuft. Im Training wurde versucht, solche Fähigkeiten aufzubauen.

4.8. Elterngruppen als Unterstützungspotential

Die zweite Form der Unterstützung geschieht in den Elterngruppen. Ich werde in diesem Bereich nicht ins Detail gehen, weil die Auswertungen der Erfahrungen noch laufen. Auch wird das Modell noch erprobt und diskutiert. Hinzu kommen laufende Erfahrungen in der Arbeit mit nicht-italienischen Müttern und in 'Elternvorbereitungsgruppen', die nach der Geburt in Unterstützungsgruppen übergehen.

Die Elterngruppen sind informelle, offene Gruppen; die Teilnahme ist kostenlos und kann regelmäßig sein. Manchmal tauchen von seiten der Eltern Wünsche nach einer thematischen Reihe von Veranstaltungen auf. Die Themen beziehen sich normalerweise auf eigene Erfahrungen im Leben mit dem Kind, mit der Familie und dem Partner. Die informellen Gruppensitzungen können durch erfahrene, gut ausgebildete und unter Supervision stehende Erzieherinnen geleitet werden; die thematischen Gruppensitzungen, die aus den informellen hervorgehen, werden dagegen von Pädagogen oder Psychologen geleitet. Wir waren von Anfang an erstaunt darüber, welche Fülle von Emotionen, Inhalten und Bedürfnissen in den Gruppengesprächen auftauchte.

Zunächst durchliefen wir eine Phase, in der wir davon ausgingen, daß Familien eine gute professionelle Beratung bräuchten, nachdem sie die Gelegenheit gehabt hatten, anderen von ihren Zweifeln und Problemen zu erzählen. Bald entdeckten wir aber, daß Ratschläge in der Regel keinerlei Veränderungen hervorriefen. Die Eltern waren zwar begierig auf die professionellen Ratschläge, schafften es aber oft, deren Ineffektivität sofort zu beweisen, indem sie die Ratschläge mechanisch und rigide anwandten, oder sie fragten nach, um den Rat gleich darauf zu ignorieren.

Die einfache Konfrontation mit den Erlebnissen und Meinungen der anderen Eltern hatte dagegen eine viel größere Wirkung: Die Erkenntnis, daß andere dieselben Schwierigkeiten hatten, relativierte die eigenen und rückte sie in eine verständlichere Perspektive. Indem sie von den Lösungsmöglichkeiten der anderen erfuhren, aktivierten sie die Suche nach eigenen Lösungen und vertrauten darauf, daß es irgendeine Lösung gebe, egal welche. Andere Eltern konnten Fragen stellen, Vorschläge machen, ja sogar kritisieren oder ironisch reagieren, ohne das Gegenüber in eine unterlegene Position zu bringen. Dadurch konnten größeres Vertrauen und Aktivität entstehen. Häufig gingen aus den Gruppen konkrete gemeinschaftliche Initiativen, wechselseitige Unterstützung oder andere Formen sozialer Netzwerke hervor – Aktionen, die gescheitert wären, wenn ein Professioneller sie angeregt hätte.

Die Gruppen scheinen wie eine Art Peergruppe bei kleinen Kindern zu funktionieren: Sie begünstigen Konfrontationen, sie erlauben in nicht bedrohlicher Weise sogar starke Meinungsverschiedenheiten und locken so neue eigene Lösungen und Entdeckungen hervor (Mantovani, Mauri & Brina 1991). Die Elterngruppen sind mittlerweile zu einem bedeutendem Merkmal des T. F. geworden; besonders Ehepaare treffen sich auch am Abend, um bestimmte Fragen zu diskutieren.

Der Arbeitsstil der Gruppenleiterinnen ist sowohl ausgesprochen non-direktiv in dem Sinne, daß keine Fragen gestellt und keine Bewertungen abgegeben werden, als auch sehr direktiv in dem Sinne, daß die Gruppenleiterin immer die Fäden der Kommunikation in ihrer Hand hat, daß sie für eine tiefergehende Auseinandersetzung mit dem Thema sorgt und starke Gefühlsausbrüche oder Konflikte, die aufgrund der sehr persönlichen Erfahrungen und Wertorientierungen auftreten können, schützend begrenzt (Anolli 1992).

Es erübrigt sich zu sagen, daß wir entsprechend der Zielsetzung des T. F., ein im bestehenden pädagogischen System integriertes neues Angebot zu werden, unsere Erfahrungen und unsere Fähigkeiten in der Elternarbeit auch an Krippen und Kindergärten herantragen, wo immer mehr Familien nach Möglichkeiten fragen, sich mit andern Familien zum Austausch zu treffen.

5. Zur Evaluation des Projekts

Evaluationen der Projektarbeit wurden 1991, 1992 und 1993 im ersten Zentrum durchgeführt und laufen zur Zeit noch. Es handelt sich hauptsächlich um eine qualitative Evaluation, aber wir sind auch dabei, einige quantitative Daten zu erheben.

5.1. Fragestellungen

Wir untersuchen die folgenden Aspekte:
Erfahrungen der Mütter: Wir ermitteln diese nach zwei- bis dreimonatiger und nach 18-monatiger Teilnahme durch Tiefeninterviews. Unser Ziel ist es, mögliche Veränderungen in der Einstellung, in der Verhaltenssicherheit und im Hinblick auf Probleme mit dem Kind zu erfassen. Es wurden 50 Mütter mit unterschiedlichem familiären Hintergrund interviewt, wobei auch das Eintrittsalter der Kinder ins T. F. variierte.

Fähigkeit der Mütter, ihr Kind zu beobachten und in seiner Autonomie zu unterstützen: Wir benutzen hierzu die Entwicklungstabelle von E.K. Beller (1992). Wir wollen herausfinden, ob die 'Ich-weiß-nicht-Antworten' der Mütter eventuell abnehmen und eine Entwicklung des Kindes in den verschiedenen Entwicklungsbereichen stattfindet. Bisher haben wir 46 Mütter einbezogen. Die Ergebnisse liegen vorerst in Prozentangaben vor. Die Stichprobe ist noch nicht komplett, und die statistische Auswertung steht noch aus.

Eingewöhnung von T.-F.-Kindern und deren Mütter in eine neue pädagogische Umwelt, z.B. den Kindergarten: Unsere Hypothese ist, daß T.-F.-Kinder sich besser als Familienkinder eingewöhnen. Weiterhin gehen wir davon aus, daß T.-F.-Kinder andere Verhaltensmuster zeigen als Krippen- oder Nur-Familienkinder. Wir beobachteten 20 Mutter-Kind-Paare mit ca. 18-monatiger T.-F.-Erfahrung, 15 Paare, bei denen das Kind nur häusliche Erfahrungen hatte, und 15 Paare, bei denen das Kind wenigstens zwei Jahre lang die Krippe besucht hatte. Mütter und Kinder wurden während der ersten zwei Wochen der Eingewöhnung im Kindergarten zweimal im Abstand von einer Woche gefilmt. Auf der Grundlage dieser Filmaufnahmen wurden Kind-Kind-Interaktionen, Kind-Erzieherin-Interaktionen in strukturierten wie in unstrukturierten Situationen, Mutter-Kind-Interaktionen bei der Ankunft, beim Spiel und bei der Trennung kodiert.

Externe Auswirkungen des Projekts: Hierzu wurden ein Jahr nach Beginn des T. F. und noch einmal drei Jahre später wichtige 'Zeugen' in der Umgebung interviewt: Ladenbesitzer, Mütter im Park, Priester in den Kirchengemeinden, Fachkräfte im Gesundheits- und pädagogischen Bereich, niedergelassene Kinderärzte usw. Wir wollen erfahren, in welchem Ausmaß das T. F., seine Ziele und seine Organisationsform bekannt sind. In dem untersuchten Gebiet, das zwischen dem Stadtzentrum und den Außenbezirken Mailands liegt, wohnen mehr als 130.000 Menschen.

6. Ergebnisse

6.1. Erfahrungen der Mütter

Während die Mütter in der ersten Interviewwelle all jene Gefühle ausdrückten, die wir bereits auf den vorhergehenden Seiten beschrieben haben, zeigten die meisten von ihnen im zweiten Interview größere Selbstsicherheit. Offensichtlich hatte im Laufe der Zeit eine gewisse Anpassung an das Leben mit dem Kind stattgefunden, aber es wurde auch eine generelle Zufriedenheit mit dem T.-F.-Projekt ausgedrückt. Eine Mutter beschrieb ihr anfängliches Mißtrauen, als sie durch eine Freundin vom T. F. erfuhr, und ihre darauffolgende Verwunderung über die Ungezwungenheit beim ersten Kontakt, auch wie sie sich zunehmend wohler fühlte durch den Eindruck, „normal und willkommen" zu sein. Eine andere Mutter stellte fest, daß sie durch das Beobachten der anderen Mütter, das Gespräch mit ihnen und ihr wachsendes Zutrauen gelernt habe, selbst eine gute Mutter zu sein. Einige sagten, daß sie nun ein zweites Baby hätten oder eines planten, „weil es T. F. gibt". Sie berichteten von der gegenseitigen Unterstützung durch andere Mütter, die sie im T.F. kennengelernt hatten: Sie passen gegenseitig auf ihre Kinder auf, versorgen ein Kind, wenn die Mutter ins Krankenhaus muß, planen gemeinsame Ferien und organisieren eine ergänzende Familientagespflege im eigenen Haus, nachdem die Kinder nun im (zeitlich begrenzten) Kindergarten sind. Ungefähr zehn Mütter berichteten sogar, daß sie weiterhin ins T. F. kämen, obwohl ihre Kinder bereits im Kindergarten seien. Alle drei Kindergärten in der Umgebung haben mindestens einen T.-F.-Elternteil im Leitungskommittee und einige T.-F.-Mütter haben Elterngruppen im Kindergarten gegründet, die Diskussionen und Treffen organisieren. Insgesamt schienen die befragten Mütter das Gefühl zu haben, durch das T. F. etwas gefunden zu haben, was sie brauchen. Für die Zukunft wünschten sie sich sogar eine noch größere Flexibilität und die Möglichkeit, die Angebote auch am Samstag zu nutzen (was zur Zeit aus bürokratischen Gründen nicht möglich ist). Sie äußerten sich auch zufrieden mit den Babysitter-Kursen und den Kontakt-Diensten, die hauptsächlich aufgrund ihrer eigenen Initiativen im T. F. bestehen.

6.2. Die Kinder im Spiegel der Entwicklungstabelle von Beller

Das erste und zweite Entwicklungsprofil wurde auf der Grundlage der Angabe der Mütter während des ersten Besuchsmonats im T. F. erhoben. Die Kinder waren zwischen 8 und 24 Monaten alt. Wir erhielten bei jedem Profil eine bestimmte Anzahl von 'Ich-weiß-nicht'-Antworten (durchschnittlich 10, bei einem Minimum von 3 in zwei Fällen und einem Maximum von 14 in zwei Fällen). Die meisten 'Ich-weiß-nicht'-Antworten gab es in den Bereichen Körperpflege und Umgebungsbewußtsein, nämlich 52 %, sowie in den Bereichen Spiel und kognitive Entwicklung, nämlich 33 % aller 'Ich-weiß-nicht'-Antworten.

Ein drittes Profil wurde 18 Monate später erhoben: Bei 38 Kindern (83 %) ergab sich eine eindeutige relative Steigerung in den Bereichen Körperpflege und Umgebungsbewußtsein. 29 Kinder (63 %) wiesen eine Steigerung in den Bereichen Körperpflege, Umgebungsbewußtsein, sozial-emotionale Entwicklung und Spiel auf. Drei Kinder (circa 6 %) zeigten keine relative Steigerung in den Bereichen Körperpflege und Umgebungsbewußtsein. Die ersten Daten zeigen eine Tendenz zu größerer Beobachtungsfähigkeit der Mütter und eine Förderung zu größerer Autonomie bei vielen Kindern an.

6.3. Verhalten der Kinder im Kindergarten

Im Vergleich zu den ehemaligen Krippen- und Nur-Familienkindern suchten die T.-F.-Kinder größere Nähe zu anderen Kindern. Ihr Parallelspiel mit anderen Kindern erwies sich als weniger fragmentarisch, und sie initiierten häufiger Kontakte zu Erzieherinnen. Alle diese Unterschiede sind statistisch signifikant. Andere Ergebnisse zeigen, daß die Krippenkinder sowohl mehr prosoziales als auch mehr aggressives Verhalten aufweisen und daß die Nur-Familienkinder mehr mit Alleinspiel befaßt sind. Ein interessantes und unerwartetes Ergebnis besteht darin, daß die Mütter von T.-F.-Kindern signifikant mehr andere Kinder in die Lebenssituation ihres Kindes miteinbeziehen. Im ganzen scheinen sich Krippenkinder in einer neuen Umgebung sicherer und kompetenter zu bewegen als T.-F.- und Nur-Familienkinder. Allerdings scheinen auch die T.-F.-Mütter sehr aktiv und kompetent zu sein und sich wohl zu fühlen. Im Vergleich zu anderen Müttern halfen sie ihren Kindern dabei, sich an die neue Umgebung zu gewöhnen, hatten häufiger Interaktionen mit der Erzieherin und organisierten Spielaktivitäten mit anderen Kindern.

7. Ausblick

Während der Evaluationsphase haben wir nicht nur die Kenntnisse über die Auswirkungen des Projekts erweitern können, sondern konnten auch das Vertrauen in sein pädagogisches Angebot stärken. Dies sollte für die Kinderärzte von besonderem Interesse sein, die Müttern gewöhnlich davon abraten, ihre Kinder in einer Krippe betreuen zu lassen. Auch wenn diese Phase noch nicht abgeschlossen ist, sind wir mit unseren bisherigen Ergebnissen sehr zufrieden.

Der größte Erfolg ist jedoch, daß wir T. F. als ein Angebot in zehn Zentren etabliert haben und damit ähnlichen Projekten im ganzen Land den Weg geebnet haben.

Dieser Entwicklungsprozeß ist jedoch nicht frei von Schwierigkeiten und neuen Herausforderungen. Alle T.-F.-Zentren scheinen zwischen Kreativität und starren Regeln hin- und herzupendeln, obwohl sich ihre Mitarbeiter darüber im klaren zu sein scheinen, daß sie unter paradoxen Bedingungen arbeiten müssen: Einerseits sollen sie eine Betreuung anbieten, die festen Richtlinien unterworfen ist, andererseits aber in ihren Angeboten so flexibel wie möglich sein. Dies ist ein Problem, dem alle 'neuen Typen von Angeboten' ausgesetzt sind. Das Projekt T. F. ist dabei nur ein Beispiel von vielen neuen Angebotsformen.

Damit stellt sich die Frage, ob es günstig war, diese neuen Betreuungsangebote im Rahmen von schon bestehenden öffentlichen Institutionen zu etablieren, oder ob ehrenamtliche Initiativen mehr gefördert werden sollten. Ehrenamtliche Initiativen sind in Italien in den letzten Jahren vor allem in speziellen Problembereichen enorm angewachsen, wie z.B. Drogen- und Kindesmißbrauch, Unterstützung von hilfebedürftigen Familien. Einige parallel laufende Entwicklungen zeigen sich auch in frühkindlichen Betreuungsangeboten. Die Gesellschaft beginnt allmählich, diese ehrenamtlichen Aktivitäten zu unterstützen, auch wenn diese einige Nachteile beinhalten. Dazu gehören z.B. eine 'eingebaute' Instabilität – eine ehrenamtlich geleistete Arbeit wird gewöhnlich nicht über einen längeren Zeitaum zur Verfügung gestellt – und, daraus resultierend, ein gewisser Mangel an Erfahrung und Wissen, sehr schwankende Qualitätsstandards und eine Tendenz, sich nur für bestimmte Problembereiche zu bilden.

Dagegen sind die öffentlichen Initiativen sehr stabil, wenn sie erst einmal eingerichtet ist. Sie garantieren gewisse Standards und Fortbildungen, haben aber die Tendenz, sehr starr zu sein und damit mögliche Entwicklungen zu ersticken sowie Erfahrungen an einem bestimmten Punkt einzufrieren. Ihr großer Vorteil ist, daß sie keine bestimmte Gruppe begünstigen und so die soziale Integration fördern.

In einer Zeit, in der es auch in Italien rassistische und seperatistische Tendenzen gibt, sind Erfahrungen, die ihre Wurzeln in der demokratischen Tradition der vergangenen *gestione sociale* für öffentliche frühkindliche Betreuungsangebote haben, sicherlich unschätzbar. Daher sollte die Herausforderung, die tradionellen Ansätze mit ständiger Flexibilität zu verbinden, unserer Meinung nach unbedingt angenommen werden.

Literatur

Ainsworth, M.D.S., Blehar, M.C., Waters, E. & Wall, S. (1978): Patterns of attachment. Hillsdale: Erlbaum.
Anolli, L. & Mantovani, S. (1990): Oltre il nido: Il tempo per le famiglie. In: Bondioli, A. & Mantovani, S. (Hrsg.): Manuale critico dell'asilo nido. Milano: Agneli.
Anolli, L. (1992): I gruppi dilavoro con i genitori. Provincia di Milano.
Beller, E.K. (1992): Entwicklungstabelle. Freie Universität Berlin.
Carli, L. & Mantovani, S. (1994): Il legame di attaccamento nella coppia. In: Etá evolutiva, 47.
Catarsi, E. (Hrsg.) (1994): I servizi educativi e sociali per i bambini e le loro famiglie. Bergamo: Juvenilia.
Dolto, F. (1985): La cause des enfants. Paris: Robert Laffont.
Favaro, F. (1994): Report on migrant children in Italy. Unpublished paper, presented at the Bernard van Leer foundation.
Main, M., Kaplan, N. & Cassidy, J. (1985): Security in infancy, childhood and adulthood: A move to the level of representation. In: Bretherton, I. & Waters, E. (Hrsg.): Growing points in attachment: Theory and research. Monographs of the Society for Research in Child Development, Serial No. 209, Vol. 50, No. 1-2, S. 66-104.
Mantovani, S. (1988): Towards a new pedagogy for the family and the young child. In: Towards a brighter future. Bernhard van Leer foundation.
Mantovani, S. (1993a): A special case study: Community education and early childhood in Italy. In: Kruger, A., Mantovani, S. & Rennie, J. (Hrsg.): School and the community: A state of the art paper on communitiy education. Paper presented at the European Educational House. Bodensee.
Mantovani, S. (1993b): Conflicts entre mères et grands mères dans l'éducation d'un jeune enfant. Paper presented at the Third AIFREF Conference. Freiburg.
Mantovani, S. & Nardocci, F. (1985): Il bambino rischio. Ussl: Sassuolo.
Mantovani, S. & Terzi, N. (1990): L'inserimento del bambino al nido. In: Bonduli, A. & Mantovani, S. (Hrsg.): Manuale critico dell' asilo nido. Milano: Angeli.
Mantovani, S., Mauri, M. & Brina, R. (1991): I gruppi di genitori. Film. Tempo per le famiglie. Milano.
Musatti, T. (1992): La giornata del mio bambino. Bologna: Il Mulino.

Wolfgang Tietze

Beteiligung von Vätern an der Betreuung und Erziehung von kleinen Kindern

1. Einleitung

In Deutschland wie auch in den meisten anderen Industriegesellschaften sind während der letzten Jahrzehnte bemerkenswerte Veränderungen in den Familienstrukturen und den familialen Orientierungen zu verzeichnen. Zu diesen Veränderungen gehören u.a.: eine Verkleinerung der Familien, ein Anwachsen von Einelternfamilien, ein Anwachsen mütterlicher Erwerbstätigkeit wie auch Veränderungen in den mütterlichen Einstellungen zur Familientätigkeit und zu außerfamilalen Aktivitäten (vgl. Grundmann & Huinink 1991; Nave-Herz 1988). In Verbindung mit solchen Entwicklungen wird auch die Rolle von Vätern und ihr Engagement am Familienleben zunehmend diskutiert. Mindestens in zweifacher Hinsicht wird eine Neudefinition der traditionellen Vaterrolle gefordert:
- Man erwartet von Vätern, daß sie einen größeren Anteil an den Familientätigkeiten übernehmen, um auf diese Weise die Mütter zu entlasten (vgl. Pruett 1988; Lewis & O'Brien 1987)
- Man betrachtet den Vater als eine für die Entwicklung des Kindes sehr bedeutsame Person, was durch eine seit den siebziger Jahren stark angewachsene einschlägige Sozialisationsforschung belegt wird (vgl. Fthenakis 1985).

Der Ruf nach stärkerer 'Teilnahme' der Väter setzt indessen ein Muster voraus, nach dem familiale Aufgaben primär eine Angelegenheit von Frauen sind. Die Teilnahme von Vätern kann dann als eine mehr oder weniger bedeutsame 'Entlastung' der Mütter angesehen werden. In der Tat zeigt eine umfangreiche historische und kulturvergleichende Forschung, daß Frauen viel mehr Zeit mit Familienaufgaben verbringen als Männer (vgl. Metz-Göckel & Müller 1985, S. 41ff.; Newland 1980, S. 25ff.; Pross 1975, S. 142ff.). Darüber hinaus läßt sich ein klares geschlechtstypisches Muster erkennen, was die *Art* der Familientätigkeiten von Frauen und Männern betrifft (vgl. Brannen & Moss 1987; Fischbach & Eckert 1979, S. 222ff.; Horna & Lupri 1987; Sandqvist 1987).

Speziell auch eine eigenständige väterliche Betreuung kleiner Kinder (und nicht nur eine Funktion des Vaters als Betreuungshelfer der Mutter) gehört zu den eher seltenen väterlichen Familientätigkeiten. Wenn eine solche Situation auftritt, ist sie meist durch externe Ereignisse bestimmt (vgl. Pruett 1988, S. 26ff. u. S. 182ff.): Veränderungen im Beschäftigungsstatus, Arbeitslosigkeit oder auch höheres Einkommen der Mutter gehören zu diesen Ereignissen. Verschwinden jedoch die entsprechenden Gründe, kehren die Paare meist zu den traditionellen Rollenaufteilungen zurück (Russel 1982).

Nicht nur tiefverankerte gesellschaftlich-kulturelle Traditionen befestigen immer wieder die traditionellen Geschlechtsrollen, sondern auch geplante politische Maßnahmen wie z.b. die Erziehungsurlaubs- und Erziehungsgeldregelung in Deutschland. Obwohl die Maßnahme von Müttern und Vätern in Anspruch genommen werden kann (vgl. Bundeserziehungsgesetz), ist die gegenwärtige Regelung meist nur für Frauen sinnvoll. Neben anderen Gründen können es sich junge und ökonomisch meist schwache Familien nicht leisten, daß gerade der Hauptverdiener seine Erwerbstätigkeit unterbricht und ein relativ geringes Erziehungsgeld anstatt seines regulären Einkommens erhält. Dementsprechend sind nur ca. 1,5 % der Erziehungsgeldempfänger Männer, wobei es sich in diesen Fällen sehr oft um Nichterwerbstätige oder Auszubildende handelt (vgl. Bundesministerium für Familie und Senioren, 1994).

Die Befürworter väterlicher Erziehung und Betreuung führen gute Gründe ins Feld, wenn sie wie etwa Lamb, Pleck & Lewine (1987) argumentieren, daß die Betreuung des Kindes für den Vater „ein Potential für persönliche Erfüllung enthält, dadurch daß eine engere und reichere Beziehung zum Kind entsteht, verbunden mit der Möglichkeit, die Entwicklung des Kindes enger zu begleiten und auch stärker zu beeinflussen" (S. 122).

Andere Autoren äußern eher Zweifel, ob es solche 'neuen Väter' tatsächlich in größerer Zahl und als ein neues Phänomen gibt. Es wird u.a. argumentiert, daß Vergleiche mit früher schwierig sind. Die derzeitige Beteiligung von Vätern könne aufgrund sozialer Erwünschtheit leicht überschätzt werden, besonders wenn es sich um Einstellungsuntersuchungen handelt. Auch habe es bestimmte, die Väterbeteiligung beeinflussende Faktoren wie z.B. die außerhäusliche mütterliche Erwerbstätigkeit in der Vergangenheit nicht in derselben Weise gegeben (Lewis & O'Brien 1987).

Es ist das Ziel dieser Untersuchung, Aufschluß über die tatsächliche Beteiligung von Vätern an der Betreuung und Erziehung kleiner Kinder in (West-) Deutschland zu gewinnen, die Aufteilung der Betreuungsaufgaben in der Familie zu ermitteln und Zusammenhänge zwischen Erwerbsbeteiligung und Kinderbetreuung für Väter und Mütter zu untersuchen. Speziell soll fünf Fragen nachgegangen werden:

1) Wie beeinflussen Betreuungsaufgaben, die mit der Geburt des Kindes entstehen, den Erwerbsstatus und damit die Lebenssituation von Müttern und Vätern?
2) In welchem zeitlichen Umfang beteiligen sich Väter an der Betreuung kleiner Kinder?
3) In welchem zeitlichen Umfang beteiligen sich Väter an der Betreuung, wenn die Mütter vollerwerbstätig sind?

4) In welchem Ausmaß beeinflussen familienstrukturelle Faktoren die väterliche Beteiligung an der Betreuung von kleinen Kindern?
5) Unterscheiden sich die Aktivitäten von Müttern und Vätern mit ihren Kindern in charakteristischer Weise?

2. Untersuchungsdurchführung

Die Untersuchung wurde an einer Zufallsstichprobe von rund 2.500 Kindern im Alter von null bis unter sechs Jahren und ihren Familien durchgeführt (mit ungefähr 400 Kindern für jeden der sechs Altersjahrgänge). Die Stichprobe war repräsentativ für Westdeutschland, das Gebiet der alten Bundesländer[1]. Die Stichprobe wurde in einem zweistufigen Verfahren auf der Grundlage des ADM-Mastersamples gezogen. Auf der ersten Stufe erfolgte eine Klumpenauswahl (Wahlbezirke), auf der zweiten Stufe – auf der Grundlage eines Random-Route Verfahrens – die Auswahl von Zielhaushalten mit Kindern im Alter unter sechs Jahren. Befragt wurden die Mütter der Kinder. Zusätzlich wurde ein Kindertagebuch eingesetzt, das an einem vorherbestimmten Werktag von allen Betreuungspersonen des Kindes an diesem Tag auszufüllen war. Jede Hauptbetreuungsperson (z.B. Mutter, Vater, Großmutter, Babysitter, Tagesmutter usw.) hatte für die Dauer ihrer Betreuung den Betreuungsort, die Tätigkeiten des Kindes und den sozialen Kontext einzutragen. Die Eintragungen erfolgten jeweils für Halbstundenabschnitte für die Zeit von 5.30 morgens bis 22.30 Uhr abends an dem vorherbestimmten Stichprobentag[2].

3. Ergebnisse

3.1. Einfluß von Betreuungsaufgaben auf den Erwerbsstatus von Müttern und Vätern

Mütter und Väter haben familienbedingt nach wie vor unterschiedliche Lebensverläufe. Die Geburt eines Kindes beeinflußt nachhaltig die Beteiligung der Mütter am Erwerbsleben; demgegenüber bleibt der väterliche Erwerbsstatus weitgehend unbeeinflußt. Zum Zeitpunkt des Interviews waren ungefähr 33 % aller befragten Mütter erwerbstätig, 63 % waren vor der Geburt des Zielkindes[3] erwerbstätig, aber nicht mehr zum Zeitpunkt des Interviews, die restlichen 4 % waren weder vor noch nach der Geburt des Zielkindes erwerbstätig. Bei den Vätern belief sich die Erwerbsquote auf 95 %.

Von den Müttern, die vor der Geburt des Zielkindes erwerbstätig waren, zum Zeitpunkt der Befragung aber nicht mehr, hat die ganz überwiegende Mehrheit ihre Erwerbstätigkeit aufgrund von Betreuungsaufgaben aufgegeben, überwiegend wegen der Betreuung des Zielkindes, zum Teil aber auch wegen der Betreuung eines anderen Kindes (vgl. Tabelle 1).

Tabelle 1: Aktuell nichterwerbstätige Mütter. Gründe für Nichterwerbstätigkeit. Vergleich mit der Situation vor der Geburt des Zielkindes.

	Mütter (n = 1.656)
Mütter, die ihre Erwerbstätigkeit aufgegeben haben	
– ausschließlich aus Gründen der Betreuung des Zielkindes	38,5%
– aus Gründen der Betreuung des Zielkindes *und* eines anderen Kindes oder aus einem anderen Grund	33,6%
– ausschließlich aus Gründen der Betreuung eines anderen Kindes	11,2%
– ausschließlich aus anderen Gründen	11,2%
Mütter, die vor der Geburt des Kindes nicht erwerbstätig waren	5,7%
Nichterwerbstätige Mütter insgesamt	100%

Nur 11 % der nichterwerbstätigen Mütter sind aus anderen Gründen nicht mehr erwerbstätig. Bei den über 2.000 Vätern gibt es keinen einzigen, der seine Erwerbstätigkeit wegen Betreuungsaufgaben aufgegeben hätte.

Aber auch bei den 33 % erwerbstätigen Müttern ist das Ausmaß der Erwerbstätigkeit durch Betreuungsaufgaben stark beeinflußt. Die meisten dieser Mütter sind teilzeitbeschäftigt und haben ihre Erwerbstätigkeit wegen Betreuungsaufgaben reduziert (vgl. Tabelle 2).

Insgesamt arbeiten über zwei Drittel (70,1 %) der aktuell beschäftigten Mütter weniger als vor der Geburt des Zielkindes. Fast ausnahmslos führen diese Mütter hierfür Betreuungsaufgaben als Gründe an. Nur 1,9 % der Mütter nennen ausschließlich andere als betreuungsbezogene Gründe für die Einschränkung ihrer Erwerbstätigkeit. Von den aktuell beschäftigten Vätern haben 1,4 % ihre Erwerbstätigkeit wegen Kinderbetreuung eingeschränkt, ein höherer Prozentsatz (4,3 %) hingegen hat nach der Geburt des Kindes seine Erwerbstätigkeit ausgeweitet (bei den Müttern sind es 2,8 %).

Zusammenfassend läßt sich festhalten: Die Geburt eines Kindes hat bei der ganz überwiegenden Mehrheit der Väter keine Auswirkungen auf den Umfang der Erwerbsbeteiligung. Den wenigen Vätern, die ihre Erwerbstätigkeit aufgrund von Betreuungsaufgaben einschränken, steht eine mehr als doppelt so große Zahl gegenüber, die ihre Erwerbstätigkeit ausweiten. Im Gegensatz dazu haben die mit der Geburt eines Kindes anstehenden Betreuungsaufgaben einen nachhaltigen Einfluß auf die Erwerbssituation von Müttern. Für die meisten vor der Geburt erwerbstätigen Mütter führen die Betreuungsaufgaben zu einer Unterbrechung der Erwerbstätigkeit, bei den übrigen ganz überwiegend zu einer Reduzierung. Beides ist im Regelfall mit nachteiligen Auswirkungen für die weitere Berufskarriere der Mütter verbunden (vgl. Galler 1991). Die öffentliche Diskussion um die 'neuen Väter' mag einen Einfluß auf andere Aspekte der Vaterrolle haben, die Erwerbsbeteiligung von Vätern scheint hingegen so gut wie nicht berührt zu werden.

Tabelle 2: Veränderungen im Umfang der Erwerbstätigkeit bei aktuell erwerbstätigen Müttern und Vätern; Vergleich mit der Situation vor der Geburt des Zielkindes.

	Mütter (n = 824)	Väter (n = 2.269)
Mütter und Väter, die die Anzahl ihrer Arbeitsstunden reduziert haben		
– ausschließlich aus Gründen der Betreuung des Zielkindes	42,5%	0,9%
– aus Gründen der Betreuung des Zielkindes *und* eines anderen Kindes oder aus einem anderen Grund	21,2%	0,5%
– ausschließlich aus Gründen der Betreuung eines anderen Kindes	4,5%	–
– ausschließlich aus anderen Gründen	1,9%	1,4%
Mütter und Väter, die die Anzahl ihrer Arbeitsstunden nicht verändert haben	27,1%	92,6%
Mütter und Väter, die die Anzahl ihrer Arbeitsstunden erhöht haben	2,8%	4,3%
Aktuell erwerbstätige Mütter und Väter	100%	100%

3.2. Häufigkeit und zeitlicher Umfang väterlicher Betreuung

Nach den Befragungsergebnissen werden alle Kinder während einer typischen Woche regelmäßig von ihren Müttern betreut. Eine eigenständige Vaterbetreuung – eine Betreuung, bei der der Vater das Kind für wenigstens eine Stunde während einer typischen Woche alleine betreut – ist bei weniger als 75 % der Kinder gegeben. Mehr als jedes vierte Kind erfährt damit keine eigenständige Vaterbetreuung.

Der Unterschied im Betreuungsengagement zwischen Müttern und Vätern wird noch deutlicher, wenn man den zeitlichen Umfang der Betreuung vergleicht. Tabelle 3 enthält die Anzahl mütterlicher und väterlicher Betreuungsstunden für einen durchschnittlichen Werktag (Montag bis Freitag).

Tabelle 3: Dauer (Stunden : Minuten) der Betreuung durch Mütter und Väter von 5.30 bis 22.30 Uhr (Durchschnitt von zwei Werktagen)

	Kinder unter 3 Jahren	Kinder zwischen 3 und 5 Jahren
Mütter (allein)	12:51	10:27
Väter (allein)	0:41	0:40
Mütter und Väter zusammen	2:07	2:16

Die Werte beruhen auf den Angaben für zwei Stichprobentage (Basis: alle Kinder). Danach entfallen auf die mütterliche Betreuung im Durchschnitt nahezu 13 der 17 Stunden von morgens 5.30 bis abends 22.30 Uhr bei den unter dreijährigen Kindern und zehneinhalb Stunden bei den drei- bis unter sechsjährigen Kindern. Die eigenständige Vaterbetreuung liegt bei rund 40 Minuten täglich. Allerdings gibt es eine beträchtliche Variationsbreite bei der Vaterbetreuung (ohne Tabelle): Über 60% der Kinder erfahren während der beiden Stichprobentage überhaupt keine väterliche Betreuung, 20 % bis zu einer Stunde, bei den restlichen 20 % ist es mehr als eine Stunde. Der Tabelle 3 läßt sich weiter entnehmen, daß die Väter, soweit sie ihre Kinder betreuen, dies meistens zusammen mit den Müttern tun (gut zwei Stunden bei beiden Altersgruppen). Väter agieren insofern eher als Mitbetreuer denn als eigenständige Betreuer. Diese Art der Mitbetreuung mag die Mütter bis zu einem gewissen Grad entlasten, aber sie stellt die Mütter nicht von Betreuungsaufgaben frei und gibt ihnen keinen Zeitrahmen, den sie für völlig andere Tätigkeiten nutzen könnten.

3.3. Vaterbetreuung bei mütterlicher Erwerbstätigkeit

Von großem Interesse ist die Frage, ob und inwieweit der Umfang väterlicher Betreuung ansteigt, wenn die Mütter erwerbstätig sind. Der Tabelle 4 läßt sich der Umfang väterlicher und mütterlicher Betreuung an Werktagen (Durchschnitt zweier Werktage) in Abhängigkeit vom Ausmaß mütterlicher Erwerbstätigkeit entnehmen.

Tabelle 4: Dauer (Stunden : Minuten) der Betreuung durch Mütter und Väter werktags von 5.30 bis 22.30 (Durchschnitt von 2 Werktagen) in Abhängigkeit vom Umfang mütterlicher Erwerbstätigkeit (wöchentliche Arbeitszeit)

	Mutter			
	nicht erwerbstätig	unter 18,5 Arbeitsstunden	19 bis 38,5 Arbeitsstunden	mehr als 38,5 Arbeitsstunden
Kinder unter 3 Jahren:				
Mutter (allein)	13:40	12:17	9:44	8:17
Vater (allein)	0:28	0:54	1:31	1:57
Mutter und Vater (zusammen)	2:08	2:17	1:56	2:02
Kinder von 3 bis 5 Jahren				
Mutter (allein)	11:24	10:25	8:04	7:05
Vater (allein)	0:27	0:50	1:08	1:25
Mutter und Vater (zusammen)	2:16	2:05	2:27	2:09

Wie ersichtlich, nimmt der mütterliche Betreuungsumfang bei zunehmendem Erwerbsumfang ab. Gegenüber 14 Betreuungsstunden am Tag bei nichterwerbstätigen Müttern mit unter dreijährigen Kindern beträgt die durchschnittliche Betreuungszeit bei vollerwerbstätigen Müttern (38,5 Wochenstunden und mehr) mit Kindern dieser Altersgruppe noch gut acht Stunden. Die werktägliche mütterliche Betreuungszeit ist damit um rund fünfeinhalb Stunden reduziert. Bei den drei- bis unter sechsjährigen Kindern beträgt die Reduzierung mütterlicher Betreuung ungefähr viereinhalb Stunden. Die väterliche Betreuung erhöht sich bei Vollerwerbstätigkeit der Mutter im Durchschnitt um eineinhalb Stunden für die Gruppe der unter dreijährigen Kinder, bei den drei- bis unter sechsjährigen um etwa eine Stunde. Die väterliche Betreuung kompensiert insofern nur einen geringen Teil der Reduktion mütterlicher Betreuung (vgl. auch Darling-Fisher & Tiedje 1990; McBride & Mills 1993).

Erstaunlich erscheint die geringe Reduzierung mütterlicher Betreuung bei Vollerwerbstätigkeit. Geht man davon aus, daß die vollerwerbstätige Mutter für wenigstens acht Stunden von zu Hause weg ist, dann zeigt sich, daß die Mütter mit viereinhalb Stunden bei den älteren Kindern und fünfeinhalb Stunden bei den jüngeren ihre Betreuung um deutlich weniger als ihre Abwesenheitszeit reduzieren. Offensichtlich reduzieren die Mütter eher andere Teile ihres Zeitbudgets (z.B. Freizeit), um ein hohes Ausmaß an mütterlicher Betreuung aufrecht zu erhalten. Etwas paradox ausgedrückt: Mütter kompensieren selbst mehr ihres erwerbsbedingten Betreuungsausfalls (von angenommenen acht Stunden am Tag) als die Väter. Der Tabelle läßt sich auch entnehmen, daß die gemeinsame Betreuungszeit von Vater und Mutter durch die mütterliche Erwerbstätigkeit nicht beeinflußt wird. Die gemeinsame Betreuung scheint eine spezielle Form darzustellen, sie findet hauptsächlich um die Zeit der gemeinsamen Mahlzeiten statt und bildet eine Art allgemeiner Familienzeit.

3.4. Einfluß familienstruktureller Bedingungen auf die väterliche Betreuung

Die Abhängigkeit des Umfangs väterlicher Betreuung von familialen Bedingungen wurde über eine multiple Regression untersucht. Der Prädiktorensatz schloß 10 familiale Hintergrundvariablen sowie zwei Kindmerkmale, Alter und Geschlecht des Zielkindes, ein. Kriteriumsvariable war der zeitliche Umfang väterlicher Betreuung auf der Grundlage zweier Stichprobenwerktage. In die Analyse wurden nur solche Familien einbezogen, bei denen Mutter und (sozialer) Vater zusammenlebten.

Wie die Ergebnisse in Tabelle 5 zeigen, lassen sich insgesamt lediglich 12 % Varianz der väterlichen Betreuung durch den verwendeten Prädiktorensatz erklären. Bei simultaner Kontrolle aller Vorhersagevariablen ergeben sich nur für drei der 12 Variablen signifikante Effekte: Der Umfang väterlicher Betreuung nimmt ab, wenn die Väter eine höhere Wochenarbeitszeit haben. Der Umfang väterlicher Betreuung steigt an, wenn die Mütter in größerem Umfang erwerbstätig sind und wenn die Väter einen höheren Bildungsstatus haben. Allerdings fallen zwei der drei Regressionskoeffizienten sehr niedrig aus (-.14; .11). Lediglich der Umfang der wöchentlichen Arbeitszeit hat einen substantiellen Effekt auf die väterliche Betreuung (.30). Bei allen anderen hier berücksichtigten familialen Variablen wie auch bei den beiden Kindmerkmalen lassen sich keine eigenständigen Effekte auf die väterliche Betreuung feststellen.

Alles in allem ist damit nur eine relativ geringe Abhängigkeit des Umfangs väterlicher Betreuung von den hier erfaßten familialen Hintergrundvariablen festzustellen. Dies könnte an einer unzureichenden Repräsentanz der entsprechenden Merkmale in der Untersuchung liegen. Denkbar ist aber auch, daß familiale Strukturvariablen – hauptsächlich Indikatoren des sozio-ökonomischen Status – tatsächlich von untergeordneter Bedeutung für den Umfang väterlicher Betreuung sind und eher subjektiven Aspekten, wie z.B.

bestimmten normativen Orientierungen von Vater und Mutter und ihren Einstellungen zum Familienleben, ein höherer Stellenwert zukommt. Diese zweite Erklärung würde zugleich beinhalten, daß solche subjektiven Orientierungen in keiner engen Beziehung zu familialen Hintergrundfaktoren stehen. In der Tat gibt es aus anderen Bereichen der sozialwissenschaftlichen Forschung Hinweise dafür, daß sich die traditionell eher engere Verbindung zwischen strukturellen Bedingungen der familialen Lebenslage und Lebensorientierungen bzw. Lebensstilen in unserer Gesellschaft gelockert hat und es damit zu einer stärkeren Individualisierung kommt (vgl. Bertram & Dannenbeck 1990). Inwieweit die väterliche Betreuung mit bestimmten Lebensorientierungen und -stilen einhergeht, müßte allerdings direkt untersucht werden.

Tabelle 5: Vorhersage des Umfangs väterlicher Betreuung (Durchschnitt von zwei Werktagen) durch familiale Hintergrundvariablen und Charakteristika des Kindes. Multiple Regression. Nur signifikante ($\alpha \leq .05$) standardisierte Regressionskoeffizienten aufgeführt. *

	Beta
Anzahl der wöchentlichen Arbeitsstunden, Vater	-.14
Anzahl der wöchentlichen Arbeitsstunden, Mutter	.30
Bildungsstatus des Vaters	.11
Bildungsstatus der Mutter	–
Berufsprestige des Vaters	–
Alter des Vaters	–
Alter der Mutter	–
Haushaltsnettoeinkommen	–
Anzahl der im Haushalt lebenden Kinder/Jugendlichen unter 18 Jahren	–
Anzahl der im Haushalt lebenden Erwachsenen	–
Alter des Zielkindes	–
Geschlecht des Zielkindes	–
$R = .34$; $R^2 = .12$	

* In die Analyse wurden nur Zwei-Elternfamilien einbezogen.

3.5. Kindbezogene Aktivitäten von Müttern und Vätern

Häufig wird angenommen, daß Mütter und Väter, zusätzlich zu dem unterschiedlichen zeitlichen Engagement bei der Kinderbetreuung, sich auch in bezug auf die Aktivitäten mit den Kindern unterscheiden. Unterschiede werden entsprechend den traditionellen Geschlechtsrollenstereotypen erwartet. Die Ergebnisse zu dieser Frage sind in der Tabelle 6 aufgeführt. Den Müttern wurden dabei 12 Aktivitäten, die mit Kindern im Vorschulalter häufig vorkommen, vorgelegt, und sie wurden gefragt, wie oft sie selbst und wie oft die Väter diese Aktivitäten ausüben. Die Mütter gaben ihre Ratings auf einer 5-Punkte-Skala an (1 = immer, 5 = nie). In die Berechnungen der Tabelle 6 wurden nur solche Familien einbezogen, in denen der Vater mit der Mutter und dem Kind/den Kindern ständig zusammenlebt und in denen keine weiteren Erwachsenen leben.

Tabelle 6: Häufigkeiten der Aktivitäten von Müttern und Vätern mit dem Kind; Durchschnittswerte auf einer 5-Punkte-Skala (1 = immer, 5 = nie); n = 2.187

	Mütter	Väter
1. Das Kind betreuen, wenn es krank ist	1.1	3.4
2. Mit dem Kind zum Spielplatz gehen	2.0	3.4
3. Das Kind wickeln, dem Kind bei der Toilette helfen	1.5	3.4
4. Das Kind waschen	1.4	3.3
5. Mit dem Kind Bilderbücher ansehen, dem Kind eine Geschichte vorlesen	1.8	2.9
6. Nach dem Kind sehen, wenn es nachts weint	1.3	3.4
7. Mit dem Kind zum Arzt gehen	1.2	3.9
8. Dem Kind Essen bereiten	1.2	3.8
9. Das Kind füttern, beim Essen helfen	1.5	3.4
10. Das Kind in die Tagesstätte/zur Tagesmutter oder zu anderen Betreuungspersonen bringen	1.9	3.9
11. Mit dem Kind spielen, z. B. bauen, Ballspiele machen	1.9	2.5
12. Mit dem Kind toben	2.1	2.3

Insgesamt ergeben sich große Unterschiede zwischen Müttern und Vätern. Mütter führen alle 12 Aktivitäten deutlich häufiger aus als Väter. Selbst wenn man berücksichtigt, daß das Ergebnis möglicherweise etwas zugunsten der Mütter verzerrt ist, da die Antworten für Mütter und Väter von den Müttern stammen (vgl. McBride & Mills 1993), bleiben beachtliche Differenzen bestehen, die im übrigen mit den weiter oben ausgeführten zeitlichen Unterschieden in der Kinderbetreuung zwischen Müttern und Vätern korrespondieren.

Aufschlußreiche Hinweise ergeben sich, wenn man die Häufigkeiten mütterlicher und väterlicher Aktivitäten jeweils intern vergleicht. Bei den mütterlichen Aktivitäten gibt es dabei insgesamt nur relativ geringe Unterschiede in den Häufigkeiten. Betrachtet man die fünf Items mit den höchsten Durchschnittswerten (also die Aktivitäten, die die Mütter vergleichsweise weniger häufig tun), so beziehen sich drei dieser Aktivitäten (Items 5, 11, 12) auf Spielgeschehen und zwei auf den Transport der Kinder (Items 2, 10). Alle anderen von den Müttern häufiger ausgeführten Aktivitäten beziehen sich auf die Pflege des Kindes. Auch wenn die Unterschiede zwischen den beiden Gruppen von Aktivitäten nicht sehr groß sind, läßt sich festhalten, daß Mütter offensichtlich häufiger zu pflegeorientierten als zu spielorientierten Aktivitäten mit ihren Kindern tendieren.

Für die Väter ergibt sich ein anderes Muster. Zum einen sind die Häufigkeitsunterschiede bei den Aktivitäten der Väter etwas größer als die bei den Müttern. Betrachtet man die drei Aktivitäten mit einem Durchschnittswert von unter 3,0 (also die Aktivitäten, die bei den Vätern relativ häufig vorkommen: Items 5, 11, 12), so handelt es sich um solche, die auf Spiel und enge Interaktion mit dem Kind bezogen sind. Zugleich handelt es sich bei diesen drei Aktivitäten, die Väter vergleichsweise häufig ausführen, um solche, die von den Müttern – im Kontext ihrer gesamten Aktivitäten mit dem Kind – weniger häufig ausgeführt werden.

Beide Ergebnisse, die absoluten Häufigkeitsunterschiede zwischen Müttern und Vätern in bezug auf die 12 Aktivitäten und die Art der Aktivitätsschwerpunkte bei Müttern und Vätern, korrespondieren weitgehend mit den bekannten Geschlechtsrollenstereotypen (vgl. auch Brannen & Moss 1987, S. 130; Leibowitz 1975, S. 231f.; McBride & Mills 1993; Sandqvist 1987, S. 154; Schmidt-Denter 1984, S. 74ff.; Urdze & Rerrich 1981, S. 79; Fthenakis 1985, S. 205).

Inwieweit können die väterlichen Aktivitätsmuster durch familienstrukturelle Variablen sowie durch die Aktivitätsmuster der Mütter erklärt werden? Zur Beantwortung dieser Frage wurden die 12 Aktivitäts-Items zunächst einer Faktorenanalyse unterzogen, auf deren Grundlage zwei additive Skalen gebildet wurden (Gleiches erfolgte für die mütterlichen Aktivitäten). Die erste Skala besteht aus sieben pflegeorientierten Items (Items 1, 3, 4, 6, 7, 8, 9), die zweite Skala aus drei spielbezogenen Items (Items 5, 11, 12). In der Tabelle 7 sind die Ergebnisse zweier multipler Regressionen für die zwei Skalen väterlicher Aktivitäten auf den aus dem Abschnitt 3.4. bekannten Satz familialer Hintergrundvariablen (ohne die Variable 'Anzahl der im Haushalt lebenden Erwachsenen') aufgeführt. Zusätzlich sind die beiden Skalen für mütterliche Aktivitäten als Prädiktoren einbezogen. Diese Regressionen wurden ebenfalls nur für Familien durchgeführt, in denen der Vater mit der Mutter zusammenlebte und sonst kein Erwachsener im Haushalt lebte. In der Tabelle sind nur signifikante standardisierte Regressionskoeffizienten aufgeführt ($\alpha \leq .05$).

Tabelle 7: Vorhersage der Häufigkeiten väterlicher Aktivitäten mit dem Kind aufrund von familialen Hintergrundvariablen und den entsprechenden Aktivitäten der Mütter. Multiple Regressionen. Nur signifikante ($\alpha \leq .05$) standardisierte Regressionskoeffizienten aufgeführt.

	Betreuungsorientierte Aktivitäten des Vaters	Spielorientierte Aktivitäten des Vaters
Betreuungsorientierte Aktivitäten, Mutter	.09	–
Spielorientierte Aktivitäten, Mutter	-.11	-.15
Wöchentliche Arbeitsstunden, Vater	-.18	-.11
Wöchentliche Arbeitsstunden, Mutter	.15	.13
Bildungsstatus des Vaters	.10	–
Bildungsstatus der Mutter	–	–
Berufsprestige des Vaters	–	–
Alter des Vaters	–	–
Alter der Mutter	-.09	-.10
Haushaltsnettoeinkommen	–	–
Anzahl der im Haushalt lebenden Kinder/Jugendlichen unter 18 Jahren	-.06	-.08
Alter des Zielkindes	-.08	–
Geschlecht des Zielkindes (männlich = 1; weiblich = 2)	–	-.05
	R = .34; R^2 = .12	R = .29; R^2 = .09

Für beide Kriteriumsvariablen ist der Anteil erklärter Varianz niedrig (12 bzw. 9 %), was darauf hindeutet, daß die väterlichen Aktivitäten weitgehend unabhängig von den hier berücksichtigten Prädiktoren sind – ein Befund, der dem im Abschnitt 3.4. berichteten Ergebnis zur Erklärung des zeitlichen väterlichen Betreuungsengagements entspricht. Die Gewichte der Prädiktorvariablen vermitteln für beide Kriterien ein relativ klares Bild: Väter sind häufiger mit pflege- und spielorientierten Aktivitäten befaßt,
- wenn das mütterliche Engagement bei spielorientierten Aktivitäten geringer ausfällt,
- wenn die wöchentliche Arbeitszeit des Vaters geringer ist,
- wenn die wöchentliche Arbeitszeit der Mutter höher ist,
- wenn die Mütter jünger sind,
- wenn keine anderen (oder nur wenige) Kinder im Haushalt leben.

Zusätzlich ist eine Tendenz zu verzeichnen, daß Väter sich häufiger bei pflegebezogenen Aktivitäten engagieren, wenn dies auch bei Müttern gegeben ist (was auf eine spezifische Pflegeorientierung der Eltern hindeuten mag) und wenn die Kinder jünger sind (und damit jedenfalls zum Teil mehr Pflege als ältere Kinder benötigen). Eine zusätzliche Tendenz weist auf Geschlechtsunterschiede hin: Väter führen spielorientierte Aktivitäten häufiger mit Jungen als mit Mädchen durch. Auch wenn die beiden multiplen Regressionen ein relativ klares Muster bei den spiel- und pflegeorientierten Aktivitäten der Väter ergeben, muß im Auge behalten werden, daß der Anteil erklärter Varianz niedrig ist.

4. Zusammenfassung und Diskussion

Alles in allem fallen die Ergebnisse dieser Untersuchung eher ernüchternd aus, was die Beteiligung von Vätern an der Betreuung von Kindern im vorschulischen Alter und auch die Rückwirkungen von Betreuungsnotwendigkeiten auf die berufliche Situation von Vätern und Müttern anbelangt. Dies gilt zumindest in dreierlei Hinsichten: (1) Während über die Hälfte der Mütter der Vorschulkinder (56 %) ihre Erwerbstätigkeit (ausschließlich oder zumindest auch) aus Betreuungsgründen aufgibt und fast ein Viertel (23 %) sie aus Betreuungsgründen reduziert hat, und die Frauen damit einen wichtigen Einschnitt in ihrer Erwerbskarriere erfahren, wird der Erwerbsstatus der Väter durch die mit der Geburt eines Kindes entstehenden Betreuungsnotwendigkeiten kaum berührt. Nur ein verschwindend geringer Teil der Väter reduziert aus Gründen der Kinderbetreuung die eigene Erwerbstätigkeit. Ein vergleichsweise größerer Teil erhöht sie und steht damit zeitlich noch weniger für Betreuungsaufgaben zur Verfügung. (2) In Übereinstimmung mit dieser Ausgangslage ist das tatsächliche Ausmaß väterlicher Betreuung begrenzt. Bei rund einem Viertel der Kinder gibt es keine eigenständige väterliche Betreuung während einer typischen Woche, und die Väter, die ihre Kinder eigenständig betreuen, tun dies im allgemeinen in zeitlich sehr begrenzter Form. Dies gilt auch bei Vollerwerbstätigkeit der Mutter. Zwar fällt in dieser Familienkonstellation das Ausmaß väterlicher Betreuungsleistungen deutlich höher aus; die väterliche Kompensationsleistung macht aber nur etwa ein Drittel der Kompensationsleistung aus, die die vollerwerbstätigen Mütter aus ihrem sonstigen Zeitbudget für die Kinderbetreuung aufbringen. (3) Die Qualität der väterlichen (und mütterlichen) kindbezogenen Aktivitäten spiegelt die traditionellen Geschlechtsrollenstereotype wider, nach denen bei den väterlichen Interaktionen mit dem Kind spiel- (und nicht pflege-) orientierte Aktivitäten im Vordergrund stehen, während Mütter sich bei beiden Formen gleichartig engagieren.

Bei diesen auf Durchschnittswerte bezogenen und eher generalisierenden Aussagen darf jedoch nicht übersehen werden, daß wir es mit einer beachtlichen Streubreite in der Beteiligung der Väter zu tun haben. Allerdings läßt sich die Unterschiedlichkeit (Varianz) in der väterlichen Beteiligung mit den in dieser Analyse herangezogenen familialen Variablen nur eingeschränkt erklären (Größenordnung: 10 % erklärte Varianz), wobei dieses Ergebnis in auffallender Weise mit dem einer amerikanischen Repräsentativstudie mit Vätern von Kindern im Alter von null bis vier Jahren übereinstimmt (Marsiglio 1991). Für eine zufriedenstellende Erklärung väterlichen Betreuungsengagements müssen neben familienstrukturellen Variablen wohl auch normative Orientierungen, Lebensstile und Lebensentwürfe, Aspekte der Qualität der Paarbeziehung, Merkmale des Kindes wie auch Kontextbedingungen der Familie herangezogen werden (vgl. auch Volling & Belsky 1991).

Die Alltagserfahrung lehrt, daß Fragen der Kinderbetreuung nicht selten Spannungen in Familien und Paarbeziehungen mit sich bringen. Das unterschiedliche Engagement von Müttern und Vätern, ihre unterschiedliche Belastung und die nachhaltigen Unterschiede für die berufliche Lebenssituation, wie dies in den vorliegenden Daten deutlich wurde, geben hierfür einen überzeugenden Hintergrund ab. Es wäre sicherlich zu wünschen, daß Paare im Zusammenhang mit der Geburt ihres Kindes (speziell des ersten Kindes) auf die mit der Betreuung des Kindes gegebenen Herausforderungen besser vorbereitet würden. Viele Eltern, Mütter und Väter, nehmen in der prä- und postnatalen Phase an Kursen, Gruppen und sonstigen Programmen zur Vorbereitung auf eine gelingende Elternschaft teil. Die Themenpalette reicht dabei von medizinischen Aspekten der Geburtsvorbereitung über Ernährungsfragen von Mutter und Kind, Aspekten der Hygiene, Gesundheitsvorsorge und angemessenen Pflegetechniken bis hin zu solchen der weiteren Entwicklung des Kindes oder auch der Aufrechterhaltung der emotionalen Qualität der Paarbeziehung. Weniger Aufmerksamkeit wird üblicherweise Fragen der Rückkehr der Mutter in den Beruf und der Aufteilung von Betreuungsaufgaben zwischen dem Paar gewidmet. Die vorgeburtliche Phase könnte dabei als eine gute Gelegenheit genutzt werden, den werdenden Eltern bei einer Klärung ihrer Vorstellungen und Erwartungen bezüglich der Kinderbetreuung Hilfen anzubieten, die Erfahrungen und Muster aus den jeweiligen Herkunftsfamilien aufzuarbeiten und realistische Möglichkeiten für die eigene Situation zu entwickeln. Noch wichtiger wären vermutlich Hilfen in der postnatalen Phase, wenn die Alltagsrealität sich mit den ursprünglichen Erwartungen nicht deckt und auch vorher eher auf Gleichberechtigung ausgerichtete Paarbeziehungen in eine traditionelle Rollenteilung bei der Kinderbetreuung einmünden (Darling-Fisher & Tiedje 1990).

Die Daten, die dieser Untersuchung zugrunde liegen, wurden unmittelbar vor der deutschen Wiedervereinigung erhoben und beziehen sich dementsprechend nur auf die alten Bundesländer. Ob die Beteiligung von Vätern an der Betreuung und Erziehung kleiner Kinder in den neuen Bundesländern einem anderen oder demselben Muster folgt, ist daher eine offene Frage. Die in der DDR von Anbeginn an politisch gewollte gesellschaftliche Gleichstellung von Mann und Frau, der systematische Einbezug von Frauen in das Wirtschaftsleben, die verschiedenen staatlichen Hilfen für Frauen und Familien, einschließlich der Bereitstellung eines flächendeckenden Betreuungssystems (Boeckmann 1993; Winkler 1990), könnten auf ein anderes Verhaltensmuster bei den Vätern schließen lassen. Andererseits gibt es verschiedene Befunde dafür, nach denen auch in dem anders gearteten gesellschaftlichen Kontext in Ostdeutschland Verhaltensweisen im Sinne der traditionellen Geschlechtsrollenstereotype und Aufteilung familialer Tätigkeiten dominier(t)en (vgl. Gysi & Meyer 1993).

Die Frage nach den 'neuen Vätern' wird angesichts der weiterhin in Veränderung begriffenen Frauenrolle in der öffentlichen Diskussion bleiben. Um tatsächliche Veränderungen in der Beteiligung von Vätern an der Betreuung und Erziehung kleiner Kinder abschätzen zu können, wird es in Zukunft darauf ankommen, Repräsentativerhebungen wie die vorliegende zu replizieren.

Anmerkungen

1. Die hier berichtete Untersuchung war Teil des vom Bundesministerium für Frauen und Jugend geförderten Projekts „Betreuung von Kindern im Vorschulalter"; vgl. auch Tietze & Roßbach 1991.
2. Die Stichprobenrekrutierung wie auch die Datenerhebung wurden von GFM-GETAS in Zusammenarbeit mit ZUMA besorgt. Die Datenerhebung erfolgte 1988.
3. Der Ausdruck 'Zielkind' bezieht sich auf das Kind in einer Familie, dessen Betreuungssituation in dieser Studie genauer untersucht wurde).

Literatur

Bertram, H. & Dannenbeck, C. (1990): Zur Theorie und Empirie regionaler Disparitäten. Pluralisierung von Lebenslagen und Individualisierung von Lebensführungen in der Bundesrepublik Deutschland. In: Berger, P.A. & Hradil, S. (Hrsg.): Lebenslagen, Lebensläufe, Lebensstile. Soziale Welt, 7, Sonderheft.

Boeckmann, B. (1993): Das Früherziehungssystem in der ehemaligen DDR. In: Tietze, W. & Roßbach, H.-G. (Hrsg.): Erfahrungsfelder in der frühen Kindheit. Bestandsaufnahme, Perspektiven. Freiburg: Lambertus, S. 168-212.

Brannen, J. & Moss, P. (1987): Fathers in dual-earner households – through mother's eyes. In: Lewis, C. & O'Brien, M. (Hrsg.): Reassessing fatherhood. New observations on fathers and the modern family. London: Sage, S. 126-143.

Bundeserziehungsgesetz (BErzG) in der Fassung der Bekanntmachung vom 31. Januar 1994 (BGBL I, S. 180).

Bundesministerium für Familie und Senioren (1994): Auswertungsprogramm zur Statistik der Empfängerinnen und Empfänger von Erziehungsgeld.

Darling-Fisher, C.S. & Tiedje, L.B. (1990): The impact of maternal employment characteristics on father's participation in child care. In: Family Relations, 39, S. 20-26.

Fischbach, R. & Eckert, R. (1979): Geschlechtsspezifische Arbeitsteilung im Vergleich von fünf Ländern unterschiedlicher politischer und wirtschaftlicher Ordnung. In: Eckert, R. (Hrsg.): Geschlechtsrollen und Arbeitsteilung, Mann und Frau in soziologischer Sicht. München: Beck, S. 202-233.

Fthenakis, W.E. (1985): Väter. Bd. 1 und 2. München: Urban & Schwarzenberg.

Galler, H.P. (1991): Opportunitätskosten der Entscheidung für Familie und Haushalt. In: Gräbe, S. (Hrsg.): Der private Haushalt als Wirtschaftsfaktor. Frankfurt: Campus, S. 118-152.

Gysi, J. & Meyer, D. (1993): Leitbild: Berufstätige Mutter – DDR-Frauen in Familie, Partnerschaft und Ehe. In: Helwig, G. & Nickel H.M. (Hrsg.): Frauen in Deutschland 1945-1992. Berlin: Akademie Verlag, S. 139-165.

Horna, J. & Lupri, E. (1987): Fathers' participation in work, family life und leisure: A Canadian experience. In: Lewis, C. & O'Brien, M: (Hrsg.): Reassessing fatherhood. New observations on fathers and the modern family. London: Sage, S. 54-73.

Lamb, M.E., Pleck, J.H. & Lewine, J.A. (1987): Effects of increased paternal involvement on fathers and mothers. In: Lewis, C. & O'Brien, M: (Hrsg.): Reassessing fatherhood. New observations on fathers and the modern family. London: Sage, S. 109-125.

Leibowitz, A. (1975): Women's work in the home. In: Lloyd, C.B. (Hrsg.): Sex, discrimination and the division of labor. New York: Columbia University Press, S. 109-125.

Lewis, C. & O'Brien, M. (1987): Constraints on fathers: Research, theory and clinical practice. In: Lewis, C. & O'Brien, M. (Hrsg.): Reassessing fatherhood. New observations on fathers and the modern family. London: Sage, S. 1-19.

Marsiglio, W. (1991): Paternal engagement activities with minor children. In: Journal of Marriage and the Family, 53, S. 973-986.

McBride, B.A. & Mills, G. (1993): A comparison of father and mother involvement with their preschool age children. In: Early Childhood Research Quaterly, 8, S. 57-477.

Metz-Göckel, S. & Müller, U. (1985): Der Mann. Eine repräsentative Untersuchung über die Lebenssituation und das Frauenbild 20- bis 50jähriger Männer im Auftrag der Zeitschrift Brigitte.

Nave-Herz, R. (1988): Kontinuität und Wandel in der Bedeutung, in der Struktur und Stabilität von Ehe und Familie in der Bundesrepublik Deutschland: In: Nave-Herz, R. (Hrsg.): Wandel und Kontinuität der Familie in der Bundesrepublik. Stuttgart: Enke, S. 61-94.

Newland, K. (1980): Women, men and the division of labor. In: Worldwatch Paper (37).

Pross, H. (1975): Die Wirklichkeit der Hausfrauen. Reinbek: Rowohlt.

Pruett, K.D. (1988): Die neuen Väter, Männer auf dem Weg in die Familie. München. Mosaik.

Russel, G. (1982): Shared-care giving families: An Australian study. In: Lamb, M.E. (Hrsg.): Non-traditional families: Parenting and child development. Hillsdale: Lawrence Erlbaum Associates.
Sandqvist, K. (1987): Swedish family policy and the attempt to change paternal roles. In: Lewis, C. & O'Brien, M. (Hrsg.): Reassessing fatherhood. New observations on fathers and the modern family. London: Sage, S. 144-160.
Schmidt-Denter, U. (1984): Die soziale Umwelt des Kindes. Berlin: Springer.
Tietze, W. & Roßbach, H.-G. (1991): Die Betreuung von Kindern im vorschulischen Alter. In: Zeitschrift für Pädagogik, 37, S. 555-579.
Urdze, A. & Rerrich, M. (1981): Frauenalltag und Kinderwunsch. Frankfurt.
Volling, B.L. & Belsky J. (1991): Multiple determinants of father involvement during infancy in dual-earner and single-earner families. In: Journal of Marriage and the Family, 53, S. 461-474.
Winkler, M. (Hrsg.) (1990): Frauenreport '90. Berlin.

V. Programme, Evaluationen und ökonomische
Aspekte der Kleinkinderziehung

Paul Hoop

Pädagogische Förderprogramme in den Niederlanden

1. Der historisch-politische Kontext

Für die Vorschulerziehung in den Niederlanden waren, wie für die meisten europäischen Länder, zwei aus dem neunzehnten Jahrhundert stammende Ausrichtungen prägend: eine pädagogische Orientierung, die primär auf die Förderung des einzelnen Kindes gerichtet war; eine sozialpädagogische, die dort, wo es aus ökonomischen Gründen unabweisbar war, den Müttern eine Erwerbstätigkeit ermöglichen sollte.

Nach dem Zweiten Weltkrieg unterstützten die niederländischen Behörden mit ihrer Parole 'Volkserholung ist Familienerholung' ein traditionelles Familienideal, in dem sich die Frau um Haushalt und Kinderziehung kümmerte und der Mann der Ernährer der Familie war. Dieses Ideal bedeutete für die Frau faktisch häusliche Anwesenheitspflicht. Deshalb existierte in den fünfziger Jahren eine öffentliche Kinderbetreuung in dem Umfang, wie wir sie heute kennen, nicht. Es gab zwar einige Kindertagesstätten, doch diese waren ausdrücklich nur für Kinder vorgesehen, deren Mütter arbeiten mußten oder nicht in der Lage waren, adäquat für ihre Kinder zu sorgen. Diese Einrichtungen wurden größtenteils durch Wohlfahrtsorganisationen finanziert.

Folgende Faktoren stützten dieses Familienideal (Singer 1991; van Rijswijk-Clerx 1981):
1) ökonomische: Die Geburtenwelle der Nachkriegszeit, schlechte Unterkünfte, der Mangel an wesentlichen Gütern und die mangelhafte Versorgung führten dazu, daß verheiratete Frauen viel Zeit für die Familie und die Haushaltsführung zu investieren hatten. Außerdem wurde 1947 ein Entlohnungssystem für Männer geschaffen, das ihre Rolle als Hauptverdiener für die Familie bekräftigte.
2) konfessionelle: Aus Sicht der christdemokratischen Partei, die die Mehrheit der Bevölkerung hinter sich hatte, bildete die Familie mit der traditionellen Rollenaufteilung die Stütze der Gesellschaft. Diese Rollenaufteilung wurde von der Kirche nicht nur unterstützt, sondern als die einzig mögliche propagiert, und sie wurde nicht im geringsten in Frage gestellt.
3) pädagogische: Die Angst, daß Kinder durch die Trennung von der Mutter, sei es auch nur für einige Stunden am Tag, geschädigt werden könn-

ten, wurde stark durch die Arbeiten von Bowlby (1979) geschürt. Seine in den fünfziger Jahren entwickelte Theorie der *maternal deprivation*, wonach die Trennung kleiner Kinder von ihren Müttern dazu führen könne, daß diese Kinder in späteren Jahren zu verbrecherischen Handlungen und ernsthaften psychischen Störungen neigen könnten, konnte durch Forschungen nicht bestätigt werden. Auch die von Bowlby später zusammen mit Ainsworth (Ainsworth, Blehar, Waters & Wall 1978) entwickelte Bindungstheorie, wonach das Kind ein *working model* entwickelt mit einem Gleichgewicht zwischen seiner Suche nach Nähe zur Bindungsperson (der Mutter) und seinem Interesse, die Außenwelt zu erforschen, konnte in seiner Konsequenz, daß durch mütterliche Erwerbstätigkeit dieses Gleichgewicht zerstört wird, nicht bestätigt werden (Ijzendoorn & Tavecchio 1987). Kinder, die in Tagesstätten betreut wurden, waren ebenso oft *sicher gebunden* wie ausschließlich zu Hause betreute Kinder. Gleichwohl spielten entsprechende Argumentationen gegen außerfamiliale Betreuung eine große Rolle.

Allerdings wurden seit Ende der sechziger Jahre die herrschenden Auffassungen über Familie und Kinderbetreuung zunehmend hinterfragt. Die pädagogischen Überzeugungen änderten sich. Eine wachsende Anzahl von Müttern war der Meinung, daß ihre Kleinkinder nicht nur zu Hause erzogen werden, sondern auch Kontakt zu gleichaltrigen Kindern haben sollten. Die Frauen begannen, mehr Raum für sich zu fordern, weil sie die Pflicht, ständig für Familie und Kinder da sein zu müssen, als erdrückend empfanden. Gleichzeitig stieg der Bedarf an weiblicher Arbeitskraft.

Aufgrund dieser Entwicklungen kam es zur Gründung von Spielgruppen und zu einer Veränderung der bestehenden Kindertagesstätten. Jedoch wurden diese Einrichtungen in den seltensten Fällen von den Behörden finanziert. Den Wunsch, mehr Betreuungseinrichtungen zu schaffen, der vor allem von Frauen und Müttern geäußert wurde, erkannten die Behörden erst nach langer Zeit als berechtigt an. Bis zum Ende der achtziger Jahre wurde nur über eine Gesetzgebung geredet, die die Organisation und Finanzierung der Kinderbetreuung regeln sollte. Am 1. Januar 1990 trat dann ein Gesetz zur Förderung der Kinderbetreuung in Kraft. Durch diese Maßnahme konnte die Zahl der Einrichtungen zwischen 1990 und 1994 stark vergrößert werden. Es entstanden 49.000 neue Betreuungsplätze; damit gibt es für rund 4% der null- bis vierjährigen Kinder einen subventionierten Betreuungsplatz. Diese Maßnahme ist auch dazu gedacht, die Erwerbsbeteiligung von Frauen mit Kindern zu erleichtern, die im Vergleich zu den meisten EU-Ländern in den Niederlanden sehr gering ist (Moss 1990).

Es kann als Erkenntnisprozeß der Behörden gewertet werden, daß die Kinderbetreuung mittlerweile als eine notwendige kollektive Aufgabe betrachtet wird. Dennoch gibt es nach wie vor lange Wartelisten, und die Niederlande gehören neben Deutschland, Italien, Großbritannien und Portugal zu den EU-Ländern, in denen eine Betreuungsmöglichkeit nur für wenige Kinder existiert, nämlich nur für 2 bis 4 % der Kinder unter drei Jahren. Dagegen haben Frankreich und Belgien für 20 % ihrer Kinder subventierte Betreuungsplätze und Dänemark sogar für fast 50 % der Kinder in dieser Altersgruppe (Moss 1990).

2. Kinderbetreuung und Bekämpfung von Entwicklungsdefiziten

Im folgenden soll es ausschließlich um die pädagogische Funktion der Betreuungseinrichtungen gehen und damit um die Möglichkeit, die Entwicklung von Kindern positiv zu beeinflussen.

Nach dem Zweiten Weltkrieg war es eine der Aufgaben des Sozialwesens, an der 'Umerziehung' sogenannter asozialer Familien mitzuwirken. Es paßte zu diesem politischen Programm, daß im Rahmen der Nachbarschaftshilfe in einigen Häusern ein Raum für Kinderspielgruppen zur Verfügung gestellt wurde.

Die Sozialarbeiterinnen bestimmten, wer zur Gruppe zugelassen wurde. Sie erzogen die Mütter, während die Erzieherinnen sich ausschließlich um die Kinder kümmerten. In den sechziger Jahren veränderten sich die Lebensumstände dahingehend, daß man nicht mehr von 'asozialen' Familien sprechen konnte. Es wurde jetzt mehr Rücksicht auf Wünsche und Interessen der Klientel genommen, die die Nachbarschaftshilfe in Anspruch nahm. Die Spielgruppen waren zwar jetzt allen Besuchern zugänglich; aber man behielt die Vorstellung bei, daß die Erziehung der Kinder eine Ergänzung zur Erziehung in der Familie sein sollte. Während Spielgruppen diese Funktion schon immer erfüllten, orientierten sich nun auch Kindertagesstätten, die zunächst nur als Aufbewahrungseinrichtungen verstanden worden waren, zunehmend an diesem Anspruch.

Im Anschluß an die Erschütterungen im Bildungswesen in den USA, die der sogenannte Sputnikschock und dann auch die Bürgerrechtsbewegung mit sich brachten, entstand auch in den Niederlanden eine Bewegung, die sich die Bekämpfung von Bildungsdefiziten im besonderen und die Bekämpfung der gesellschaftlichen Ungleichheit im allgemeinen zur Aufgabe machte. Seit dem Ende der sechziger Jahre wurden Förderungsprogramme entwickelt bzw. aus den USA übernommen. Die Schulberatung wurde ins Leben gerufen, Förderunterrichtskonzepte wurden entwickelt, und große Projekte zur Unterrichtserneuerung wurden durchgeführt, wie z.B. in Amsterdam unter der Leitung von van Calcar (1976) und in Rotterdam unter der Leitung von Grandia und Slavenburg (Slavenburg & Peters 1989).

Schritt für Schritt entwickelte man eine Politik, die sich mit der Vermeidung und Bekämpfung von Bildungsdefiziten befaßte. 1974 wurde eine spezielle Unterrichtsförderung in den Schulen eingeführt, in denen ein erhöhtes Risiko für Bildungsdefizite bestand, weil die Eltern z.B. eine geringe Ausbildung hatten. 1980 wurde eine Unterrichtspolitik entwickelt, die sich mit der mittlerweise stark anwachsenden Zahl von Schülern nicht-niederländischer Herkunft befaßte, den sogenannten Allochthonen. 1986 wurden diese beiden Maßnahmen in der sogenannten Unterrichtsvorrangspolitik (OVB) zusammengefaßt. Sie ist auf Schüler gerichtet, die aufgrund sozio-ökonomischer und kultureller Faktoren einem erhöhten Risiko für Bildungsdefizite unterliegen. Die OVB enthält zwei Komponenten; die Versorgungs- und die Gebietskomponente. Die Versorgungsregelung sieht vor, daß bei der Bestimmung der Anzahl von Lehrern pro Schule die Anzahl an Risikoschülern zugrunde gelegt wird. Die Gebietsregelung sorgt dafür, daß es auf lokaler und regionaler Ebene zu einer Zusammenarbeit zwischen Schulen und außerschulischen Einrichtungen kommt, die dieselben Kinder erreichen sollen: Nachbarschaftshäuser, Bibliotheken, Mütterberatungsstellen und Kindertagesstätten. Diese Einrichtungen arbeiten aufgrund eines Gebietsplanes zusammen, in dem die jeweiligen Zuständigkeiten festlegt sind. Eine erste Evaluation hat gezeigt, daß die Gebietsregelung recht erfolgreich umgesetzt wurde. Es kommt tatsächlich zu einer Zusammenarbeit von Politik und Praxis mit innovativen Ansätzen. Die OVB hat inzwischen eine gesetzliche Grundlage bekommen, und eine nationale Beratungskommission 'Qualität der Kinderbetreuung' (Commissie Kwaliteit Kinderopvang 1994) hat verschiedene Maßnahmen empfohlen, um den Nutzen dieser Politik zu verstärken (Leseman & Cordus 1994). Dazu gehören u.a. präventive Maßnahmen in der Vorschulperiode, in der die Kinder zwischen null und vier Jahren alt sind. Man denkt dabei an Interventionen sowohl in der Familie als auch an solche in den Betreuungseinrichtungen. Letztere spielten schon bis zu dieser Zeit eine Rolle, werden jetzt aber stärker in die gemeinsame Politik der Ministerien für Unterricht und Sozialwesen einbezogen. Ein wichtiges Moment wird in einer verbesserten Beziehung zwischen Kindertagesstätte und Grundschule, die im Alter von vier Jahren beginnt, gesehen sowie in einem verbesserten Übergang. Um die neuen Funktionen erfüllen zu können, müssen bedeutende Probleme auf seiten der Einrichtungen gelöst werden:

- Es gibt bisher keine ausreichende Kapazität in den vorschulischen Einrichtungen.
- Es gibt keine Übersicht über die Qualität vorschulischer Einrichtungen.
- Von den vorhandenen vorschulischen Einrichtungen machen die Eltern aus niedrigen sozialen Milieus für ihre Kinder nur in beschränktem Ausmaß Gebrauch. So besuchen z.B. in Rotterdam von den Kindern mit hohem sozio-ökonomischem Status 61 %, von denen mit niedrigem jedoch nur 22 % eine Einrichtung. Bei den allochthonen Kindern liegt die Besuchsquote bei lediglich 16 % (Berg & Vlug 1993a, 1993b).
- Es gibt keine guten Programme zur Gestaltung des Übergangs zwischen Kindertagesstätte und Grundschule.

3. Die Qualität der Kinderbetreuung

Nach diesem kurzen Überblick zum gesellschaftlichen Kontext öffentlicher Kinderbetreuung in den Niederlanden, sollen im folgenden die Bedingungen beschrieben werden, die Kindertagesstätten erfüllen müssen, damit sie eine effektive Rolle bei der Bekämpfung von Entwicklungsdefiziten von Kindern spielen können. Diese Bedingungen können nach *basalen* und *funktionellen* Qualitätskriterien unterschieden werden:
1) *Basale* oder auch *strukturelle Qualität* befaßt sich mit dem Standard der Räumlichkeiten, ihrem Inventar, der Hygiene, der Gruppengröße und dem Ausbildungsniveau der Erzieherinnen.

Die weiter oben erwähnte Beratungskommission 'Qualität der Kinderbetreuung' (Commissie Kwaliteit Kinderopvang 1994) schlägt hierfür eine Verordnung vor, an die die lokalen Entscheidungsträger gebunden sind. Zusätzlich soll die Einrichtung für ein System der internen Qualitätskontrolle sorgen, mit deren Hilfe die Angebote regelmäßig überprüft werden. Last but not least sollen die Benutzer der Einrichtung, die Eltern, eine stärkere Position bekommen, z.B. durch ein Mitbestimmungs- und Beratungsrecht.

Es werden noch viele Diskussionen innerhalb des Arbeitsfeldes nötig sein, bevor die Normen und Kriterien für diese basalen Qualitätsaspekte festgelegt werden können. So gibt es z.B. unterschiedliche Auffassungen über eine ideale Gruppengröße. Man kann davon ausgehen, daß solche strukturellen Bedingungen einen starken Einfluß auf die funktionelle Qualität haben.

2) Unter *funktioneller Qualität* oder *Prozeßqualität* verstehen wir die Qualität, mit der die Betreuungseinrichtungen die gesellschaftliche Aufgabe erfüllen, ihren Beitrag für die Erziehung der nachfolgenden Generation zu leisten. Dazu gehören die Unterstützung der Eltern bei der Erziehung ihrer Kinder, Entwicklungsförderung und Bildung, Prävention und rechtzeitige Erkennung von Entwicklungsstörungen. In diesem Zusammenhang kommen vor allem der Entwicklungsförderung und den Bildungsaktivitäten und damit der Prävention von Entwicklungsdefiziten eine große Bedeutung zu.

Was verstehen wir unter Entwicklungsdefiziten, besonders denen, wie sie in der frühen Kindheit auftreten können? Neuere Forschungen zeigen, daß es zwischen Kindern aus unterschiedlichen Milieus schon in frühester Kindheit Unterschiede in der kognitiven, sprachlichen und sozial-emotionalen Entwicklung gibt, was für die spätere Schulkarriere von Bedeutung ist, weil damit Grundlagen für die Lernentwicklung angesprochen sind.

Die Arbeiten von Leseman (1989) zeigen, daß der tägliche Umgang zwischen Eltern und kleinen Kindern ein wichtiger Faktor für die sprachliche, kognitive und sozial-emotionale Entwicklung des Kindes ist. Die Unterschiede, die man im alltäglichen Umgang zwischen Eltern und Kindern feststellen kann, hängen unter anderem mit der Familienkonstellation, dem Bildungsstand, pädagogischen Vorstellungen und den kulturellen Gebräuchen der Eltern zusammen. Die Entwicklung kleiner Kinder findet zwar zum Teil durch Reifungsprozesse statt, in Form der sogenannten *spontanen Konstruktion*, wie das zum Beispiel für die Grundfunktionen der Sprache und des Denkens gilt. Das Erlernen von Begriffen, Wortbedeutungen und die kommunikative Fähigkeit entstehen dagegen durch einen sogenannten Prozeß der *sozialen Konstruktion*, der deutlich an die Funktion des Erziehenden gekoppelt ist. Leseman stellt fest, daß die pädagogischen Interaktionen, die in Familien aus niedrigen sozio-ökonomischen Milieus stattfinden, weniger lehrreich und weniger auf die Schule abgestimmt sind als die Interaktionen in Mittelschichtfamilien. Es wird nicht nur weniger gespielt, weniger vorgelesen und weniger gemeinsam erarbeitet, sondern auch weniger informativ und lehrreich, weniger sensitiv und responsiv interagiert.

Diese Interaktionsmuster hängen mit Ansichten und Werten der Eltern zusammen, die sich auf die frühe Entwicklung von Kindern und die Rolle, die Eltern dabei spielen, beziehen. Es liegt also auf der Hand, daß man die Aufmerksamkeit bei der Bekämpfung von Entwicklungsdefiziten zwar primär auf die Entwicklungsförderung in der Familie richten sollte, aber auch der Betreuung außerhalb der Familie kommt eine hohe Bedeutung zu.

Die Kommission 'Qualität der Kinderbetreuung' hält die Entwicklungsförderung als zusätzliche Aufgabe der Tagesstätten allerdings aus folgenden Gründen für problematisch:
– Die Eltern sollten nicht mit Diensten konfrontiert werden, um die sie nicht gebeten haben.
– Das gleichrangige Verhältnis zwischen Eltern und Erzieherinnen als Partner bei der Erziehungaufgabe könnte gestört werden.
– Kinder laufen Gefahr, zu Problemkindern gestempelt zu werden.
– Oft sind die Erzieherinnen ungenügend ausgebildet und durch die Anforderungen der Einrichtungen überlastet.

Daraus folgt, daß eine Kindertagesstätte die Aufgabe der Entwicklungsförderung nur dann übernehmen kann, wenn die oben erwähnten Probleme angegangen werden (Schreuder 1994). Zusätzlich muß den folgenden Punkten Aufmerksamkeit geschenkt werden (Veen 1994b):
– Es bedarf klarer Zielsetzungen – nach innen und nach außen.
– Eine organisierte Spontaneität ist erforderlich, sich flexibel auf die wechselnden Bedürfnisse von Kindern und anderen Personen einzustellen.
– Die Einrichtung muß den basalen strukturellen Anforderungen genügen.
– Aufgaben, Verantwortlichkeiten und Zuständigkeiten müssen klar beschrieben und verteilt werden.
– Es bedarf der Operationalisierung pädagogischer Ziele im Hinblick auf grundlegende Verhaltensmuster.
– Es muß klare Leitlinien geben, was die Zusammenarbeit mit Eltern anbelangt.

- Es muß eine Vielfalt an Betreuungsmöglichkeiten geben, damit sich die Eltern frei entscheiden können.
- Es muß Zugangsmöglichkeiten für alle Elterngruppen geben.

Wenn sich eine Einrichtung explizit dafür entscheidet, Entwicklungsförderung anzubieten, dann können die dafür nötigen basalen Bedingungen entsprechend hergestellt werden. Z.B. kann die Professionalität der Erzieherinnen durch eine entsprechende Fortbildung erhöht werden, oder man stellt entsprechendes Fachpersonal ein. Erst wenn die Aufgabe der Entwicklungsförderung im Programm der Einrichtung enthalten ist, wissen die Eltern, welche Möglichkeiten sie haben und können sich erst dann wirklich frei entscheiden (Milthenburg & Singer 1994; Singer 1993).

Vieles, was bisher über Tagesstätten gesagt worden ist, gilt natürlich auch für die Spielgruppen, den in den Niederlanden weit verbreiteten Einrichtungen auf nachbarschaftlicher Basis (46 % der Kinder zwischen null und vier Jahren nehmen daran teil), wobei dieses Angebot nur eine begrenzte Stundenzahl pro Woche umfaßt.

4. Programme zur Entwicklungsförderung

Wenn diese Kriterien erfüllt sind, können die Kindertagesstätten auf effektive Weise die Entwicklung von Kindern fördern. Es existiert dazu eine Reihe von Ansätzen, die auf lokaler Ebene in Unterrichtsvorrangsgebieten entwickelt wurden und sich kaum allgemein anwenden lassen. Allerdings wurde auch auf nationaler Ebene eine Reihe von Programmen entwickelt, die allgemein zur Verfügung stehen. Im folgenden sollen einige Programme vorgestellt werden, zunächst solche, die sich auf die Erziehung in Familien erstrecken, dann solche, die sich mit der Entwicklungsförderung von Kindern in Bildungseinrichtungen befassen:

Opstapje (Rispens & Meulen 1992) ist das Vorschulpendant von Opstap (Eldering & Vedder 1992), die niederländische Version des Programmes HIPPY von Avima Lombard (1981) aus Israel. *Opstapje* ist eine Unterstützungsprogramm für Familien, das für allochthone Mütter mit Kindern zwischen zwei und drei Jahren durchgeführt wird. Dafür wirbt man Mütter aus der Nachbarschaft an, die mit den allochthonen Müttern arbeiten, indem sie sie mit Hilfe von Rollenspielen trainieren. Die wichtigsten Ziele sind die Erweiterung der sinnlichen Eindrücke und die Entwicklung der Sprache und Empathie.

Klimrek (Rispens & Meulen 1992; Eldering & Vedder 1992) ist ein Programm für Kinder zwischen eineinhalb und drei Jahren, das auf dem 'Mother-Child Home Program' von Levenstein (Madden, O'Hara & Levenstein 1984) beruht. Es handelt sich ebenfalls um ein Programm, das die Familienerziehung ergänzen soll, und zwar besonders hinsichtlich des kognitiven und sozial-emotionalen Entwicklung des Kindes.

Instapje (Rispens & Meulen 1992) ist ein Unterstützungsprogramm für allochthone Mütter mit Kindern zwischen null und zwei Jahren. Dieses Programm befindet sich noch im experimentellen Stadium.

Spelvoorlichting aan huis (Lindijer, Poell, Smink & Visser 1993) ist ein Programm, bei dem eine Spielleiterin sowohl im Haus als auch im Freien mit Müttern und ihren Kindern bestimmte Aktivitäten unternimmt.

Diese auf Familien ausgerichteten Programme werden hier erwähnt, weil sie immer häufiger auch in Zusammenarbeit mit den Kindertagesstätten durchgeführt werden. Außerdem werden sie mit Subventionen des jeweils zuständigen Ministeriums unterstützt.

Zu den Programmen, die sich mit der Entwicklungsförderung von Kindern in Einrichtungen befassen, gehören:

Bibliotheekprogramma (Rispens & Meulen 1992; Eldering & Vedder 1992), eine Leihbibliothek für Spielgruppen. Die Eltern fertigen für die Bücher Leitfäden an, die Hinweise enthalten, wie die Bücher zu lesen sind.

Plezier voor twee (Rispens & Meulen 1992; Eldering & Vedder 1992) beschäftigt sich damit, eine stimulierende Umgebung für Kinder zwischen null und zweieinhalb Jahren zu schaffen. Dazu gehören abwechslungsreiches Spielzeug und Erzieherinnen, die sich den Kindern gegenüber responsiv verhalten.

Samenspel (Rispens & Meulen 1992; Eldering & Vedder 1992) soll allochthone Mütter dazu anregen, zusammen mit ihren Kindern Spielgruppen zu besuchen. Das Programm soll Kleinkinder für die Teilnahme an Spielgruppen gewinnen und ihre Entwicklung fördern.

Werken en spelen met peuters (Rispens & Meulen 1992; Eldering & Vedder 1992) enthält 220 Aktivitäten, ein Kassettenband, ein Buch mit Kinderliedern und ein Videoband mit Instruktionen.

Abschließend sollen zwei Programme genannt werden, die im Rahmen des 'Vier Steden Project-Welzijn' (Vier-Städte-Projekt Sozialwesen) entwickelt wurden:

KEM (Rispens & Meulen 1992; Eldering & Vedder 1992) soll die Mehrsprachigkeit in Kindertagesstätten mit Hilfe von bestimmten Methoden und Materialien fördern. Dabei sind folgende Gruppenzusammensetzungen möglich: Kindergruppen, in denen nur in der Muttersprache gesprochen wird; Kindergruppen, in denen in verschiedenen Sprachen gesprochen wird.

KOST (Hoop 1992): Dieses Programm, das sich mit der Entwicklungsförderung in Kindertagesstätten befaßt, wird weiter unten ausführlich dargestellt (vgl. 5.).

Dies ist nur ein Teil der Programme, die zur Zeit bzw. demnächst sowohl auf nationaler als auch regionaler Ebene den Kindertagesstätten zur Verfügung stehen.

Eine Überprüfung erbrachte, daß es etwa 50 Programme gibt, die sich mit der Entwicklungsförderung befassen. Dabei geschieht vieles ad hoc, wird erprobt und dann für etwas anderes wieder aufgegeben. Es gibt bislang weder einheitliche Kriterien noch wurden Evaluationsdaten gesammelt.

Die Arbeitsgruppen, die diese Programme entwickeln, stehen vor folgenden Möglichkeiten:
1) Die Programme werden auf nationaler Ebene entwickelt und müssen dann auf lokaler Ebene implementiert werden, was problematisch sein kann.
2) Die Programme werden auf lokaler Ebene in Einrichtungen unter sehr spezifischen Bedingungen entwickelt (z.B. durch Handlungsforschung) und danach auf weitere Einrichtungen zu übertragen versucht, was ebenfalls problematisch sein kann.

Wenn es keine Politik gibt, die die Maßnahmen der Entwicklungsförderung auf Stadtteil- und Einrichtungsebene koordiniert, dann können sich die jeweiligen Programme gegenseitig negativ beeinflussen, weil sie sich finanziell Konkurrenz machen. Deshalb hat man jetzt in Rotterdam auf lokaler Ebene mit einer Aktion begonnen, die sich 'Speel Good' (Meeuw 1993) nennt und zwei Ziele hat: Quantitätserweiterung und Qualitätsverbesserung. Alle, d.h. die von allen Ebenen und Bereichen zur Verfügung gestellten Mittel für vorschulische Förderungsmaßnahmen werden zusammen für die substantielle Kapazitätserweiterung der Kinderbetreuung genutzt, wobei den Spielgruppen eine besondere Aufmerksamkeit geschenkt wird. Zusätzlich wird ein Angebot von Fördermaßnahmen und Programmen entwickelt, die sich ergänzen und in denen besonders folgende Kriterien Berücksichtigung finden: Förderung der Sachkenntnisse von Erzieherinnen, die Entwicklung einer pädagogischen Konzeption, Beteiligung der Eltern, eine fortlaufende Entwicklungsförderung, die sich mit der Grundschule abstimmt usw. Von dieser Aktion, die sicher viel Geld kosten und Jahre dauern wird, wird viel erwartet. Das KOST-Programm wird darin auch eine wichtige Rolle spielen.

5. Das KOST-Programm

Das KOST-Programm wurde in Rotterdam im Rahmen einer Initiative für ein neues Förderprogramm in der Unterrichtsvorrangspolitik entwickelt. Es basiert auf dem pädagogischen Modell von E.K. Beller und der darin enthaltenen Entwicklungstabelle (Beller 1984). Wir waren in erster Linie an einem Programm für Kinder zwischen null und drei Jahren interessiert. Das Modell von Beller schien uns da sehr geeignet zu sein, weil die pädagogischen Prinzipien gut unserer Definition von Entwicklungsdefiziten entsprachen. Nach Beller soll man das kleine Kind als Individuum betrachten, das von Geburt an aktiv lernt und seine eigene Entwicklung mitgestaltet.

Nach Bellers Auffassung ist die versorgende Person nicht jemand, der alles weiß und die alleinige Verantwortung für das (hilflose, abhängige) Kind trägt, sondern jemand, der eine responsive Beziehung zu dem Kind hat, in der beide Seiten Gefühle und Bedürfnisse äußern können. Die offene Kommunikation, mit negativem und positivem Feedback, spielt eine große Rolle in diesem Modell. Das Ziel der Arbeit mit der Entwicklungstabelle ist es, daß es zu dieser Kommunikation kommen kann. Bei der intensiven Beobachtung des Kindes, die für den Einsatz der Entwicklungstabelle unabdingbar ist, werden im Grunde zwei Schritte vollzogen: Zum einen erhält man Informationen über den Entwicklungsstand des Kindes, zum anderen entwickelt man ein besseres Verständnis für das Kind und ein größeres Interesse an ihm dadurch, daß dem Kind zusätzliche Aufmerksamkeit geschenkt wird. Die durch den Gebrauch der Tabelle gewonnenen Informationen sollen weiterhin dazu beitragen, daß die Erziehungssituation besser strukturiert werden kann. Wenn aus den Beobachtungen z.b. hervorgeht, daß ein Kind in einem bestimmten Entwicklungsbereich 'zurückbleibt', kann man diesem Bereich besondere Aufmerksamkeit schenken, indem man Aktivitäten aus diesem Bereich mit Fähigkeiten des Kindes aus einem Bereich verbindet, in dem es besondere Stärken zeigt. So lenkt man die Aufmerksamkeit nicht in erster Linie auf Schwächen des Kindes, sondern auf seine Stärken.

Auf der Grundlage dieses Modells wollten wir ein Programm entwickeln, das nicht primär Forschungszwecken dienen sollte, sondern direkt in der Praxis anwendbar war und sich in den Rahmen der Unterrichtsvorrangspolitik einpaßte. Das bedeutete, daß das Programm mit möglichst geringem zusätzlichem Aufwand, finanzieller wie organisatorischer Art, eingeführt werden sollte. So wurde das KOST-Programm als ein Ausbildungsprogramm für Erzieherinnen entwickelt, das innerhalb eines Kindergartenjahres erlernt werden kann. Zum KOST-Programm gehören die folgenden sechs Kernbereiche:

1) *Ausgangspunkte:* Hier geht es um die inhaltlichen, theoretischen und methodischen Ausgangspunkte des Programms. Folgende Ziele werden für die Erzieherinnen formuliert:
– Erkenntnisse gewinnen, wie Kinder sich entwickeln und welche Rolle sie dabei selber spielen können.
– Erwerb von Fähigkeiten, um die Kinder beobachten zu können.
– Erarbeitung von Möglichkeiten und Alternativen für Aktivitäten mit Kindern, die die kindliche Entwicklung fördern und unterstützen können.
– Erarbeitung von Möglichkeiten und Alternativen für ein entwicklungsförderndes Verhalten der Erzieherinnen.
– Entwicklung von Ideen und Möglichkeiten, Eltern bei der Entwicklungsförderung ihres Kindes sowohl in der Einrichtung als auch in der Familie besser einbeziehen zu können.
– Zusätzlich werden Bedingungen genannt, die sich auf die praktische Einführung des Programmes beziehen, wie z.B. Fragen danach, ob das ganze Team gleichzeitig das Programm einführt oder zunächst nur einige Erzieherinnen und wie die zusätzliche Zeit, die die Einführung des Programms in Anspruch nimmt, gewonnen werden kann. Schließlich wird die Entwicklungstabelle mit ihren Entwicklungsbereichen, Entwicklungsphasen und dem Erhebungsbogen sowie das Erstellen eines Entwicklungsprofils erörtert.

2) *Beobachtung:* Die Beobachtungsschulung enthält drei Übungen. Das Hauptaugenmerk liegt auf dem Ausprobieren verschiedener Beobachtungstechniken und dem Registrieren der Beobachtungsergebnisse. Die Erzieherinnen verschaffen sich z.b. einen Überblick über die Spielmaterialien, die in der Einrichtung zur Verfügung stehen und für welche Entwicklungsbereiche sie geeignet sind. Danach werden die Kinder in der Gruppe beobachtet und die wahrgenommenen Aktivitäten nach Entwicklungsbereichen unterschieden. Die Fähigkeiten eines Kindes werden dann z.b. in den Entwicklungsbereichen Sprache und Grobmotorik mit Hilfe der Tabelle beobachtet.

3) *Förderplan:* Dieser Teil lehrt die Erzieherinnen, ein Entwicklungsprofil zu analysieren und einen Förderplan zu erstellen, in dem die gewonnenen Informationen in Anregungsangebote für die beobachteten Kinder umgesetzt werden. Dies soll folgenden Zwecken dienen: „Anregungsangebote an die individuelle Entwicklungsstufe des Kindes in verschiedenen Bereichen anzupassen und in diesen Angeboten die höchst entwickelten Bereiche mit den wenigst entwickelten Bereichen in einen Zusammenhang zu bringen, so daß das Kind in den angebotenen Tätigkeiten aus seiner eigenen Stärke Motivation und Selbstvertrauen schöpfen kann" (Beller 1982, S. 724). Wesentlich ist dabei, daß man die Kinder nicht nur anspricht auf das, was sie schon können, sondern daß Erzieherinnen und Eltern die Kinder auch auf das ansprechen, was sie gerade noch nicht können (Zone der nächsten Entwicklung). Das Kind fühlt sich so unterstützt in demjenigen, was es schon kann, und wird zugleich herausgefordert, sich weiterzuentwickeln.

4) *Überprüfung der eigenen Einstellung:* In einem weiteren Teil werden die Erzieherinnen dazu angeregt, die Einstellung, die sie ihrer Arbeit gegenüber haben, zu reflektieren und, wenn nötig, zu verändern. Argumente für Veränderungen sind z.B., sich kindgerechter zu verhalten, konsequenter zu handeln, der Umgang mit Regeln usw. Dabei wird folgendermaßen vorgegangen: Die Erzieherinnen bekommen Bilder zu bestimmten Situationen in der Kindertagesstätte gezeigt, über die sie dann miteinander ins Gespräch kommen. Dadurch werden sie sich ihrer Einstellung in solchen Situationen bewußt und erfahren gleichzeitig, wie andere Erzieherinnen darüber denken. Auf dieser Grundlage können sie eine Verständigung über mögliche Handlungsalternativen bzw. über eventuelle Verhaltensänderungen erzielen.

5) *Elternarbeit:* Ziel dieses Teils ist es, den Kontakt zwischen Eltern und Erzieherinnen zu verbessern und so auszurichten, daß beide Seiten einen abgestimmten Beitrag zur Entwicklung des Kindes leisten. Es werden Beispiele gegeben, wie man Eltern bei der Ausführung des Programms stärker miteinbeziehen kann: Eltern können sich an der Beobachtung des Kindes beteiligen und zusätzliche Informationen über den Entwicklungsstand ihres Kindes liefern; mit den Eltern können die Beobachtungsergebnisse besprochen werden. Darüber hinaus werden Möglichkeiten ge-

nannt, wie man die Eltern über die Anwendung des KOST-Programms in der Einrichtung informieren kann.
6) *Beratungsteil:* Dieser letzte Teil des Programms ist ein Leitfaden für Beratungsstellen und ihre Mitarbeiter. Hier wird dargestellt, wie die Erzieherinnen das Programm unter Leitung von Sachverständigen bzw. Beratern erlernen. Dies können Teamleiter oder Leiterinnen der eigenen Einrichtung sein oder auch Berater aus regionalen Beratungsstellen.

6. Entwicklung und Implementation des KOST-Programms

Die erste Fassung des KOST-Programms wurde in Rotterdam entwickelt, die zweite wurde in den Großstädten Amsterdam, Den Haag und Utrecht erprobt. Insgesamt waren 40 Kindertagesstätten an der Entwicklung des Programms beteiligt. Die weitere Verbreitung der endgültigen Fassung des Programms sollte mit Hilfe von Kita-Beratern erfolgen. Die Geldgeber für die Programmentwicklung, der *Kinderpostzegelfonds* (ein Fonds, der Sonderbriefmarken für das Kinderhilfswerk herausgibt) und der *Königin Juliana Fonds* (ein Fonds des Sozialwesens), verlangten, daß das Programm auch außerhalb der genannten Städte verbreitet wurde. Deswegen wird das Programm von einem landesweit operierenden Verlag verlegt. Bisher wurden 2.000 Exemplare im Land abgesetzt. 1991 initiierten die Behörden eine Untersuchung, die Aufschluß über die Verbreitung und den Gebrauch des Programms geben sollte. Diese Untersuchung wurde vom *Zentrum für Unterrichtsforschung* unter Leitung von Annemiek Veen (1994a) durchgeführt und fand ca. ein Jahr nach Fertigstellung des Programms statt. Im folgenden werden einige Ergebnisse kurz dargestellt:
– *Abnehmer:* Mehr als die Hälfte der Antworten kommt nicht aus den genannten vier Großstädten.
– *Art der Einrichtung:* Spielgruppen und Kindertagesstätten sind ungefähr gleich häufig vertreten.
– *Größe der Einrichtungen:* Kleine, mittelgroße und große Einrichtungen (< 30, 30 – 60 und > 60 Kinder) sind ungefähr gleich häufig vertreten.
– *Anzahl der Mitarbeiter:* Knapp die Hälfte der Einrichtungen beschäftigt ein bis vier bezahlte Mitarbeiter, gut ein Viertel beschäftigt fünf bis neun Erzieherinnen, der Rest mehr. Es fällt auf, daß viele Einrichtungen mit ehrenamtlichen Mitarbeitern arbeiten.
– *OVB-Zielgruppen:* Die meisten der Einrichtungen (rund 80 %) haben Kinder aus der OVB-Zielgruppe in ihren Gruppen. Bei knapp der Hälfte der Einrichtungen mit OVB-Kindern beträgt deren Anteil weniger als 25 %, bei einem guten Drittel liegt er zwischen 25 und 50 %, beim Rest – knapp ein Fünftel der Einrichtungen – liegt er darüber.
– *Beobachtungen:* Die Erzieherinnen beobachten vor allem die Kinder, bei denen sie ein Entwicklungsdefizit befürchten. 79 % der Erzieherinnen

glauben im übrigen, daß es nicht möglich sei, alle Kinder regelmäßig mit Hilfe des KOST-Programms zu beobachten.
- *Erstellung eines Förderplans:* Die Hälfte der Erzieherinnen gibt an, nur für die Kinder einen Förderplan zu erstellen, bei denen ganz klare Entwicklungsdefizite zu erkennen sind.
- *Beobachtungsintervalle:* Der Zeitraum zwischen der ersten und zweiten Beobachtung ist bei den meisten Erzieherinnen kürzer als ein halbes Jahr, bei über einem Drittel höchstens drei Monate.
- *Zeitaufwand für Erzieherinnen:* Der Zeitaufwand für die drei Komponenten – beobachten, Entwicklungsprofil erstellen, Förderplan aufstellen – macht bei den meisten Erzieherinnen zwischen eineinhalb und sechs Stunden pro Kind aus.
- *Elterninformation und -beteiligung:* Mehr als ein Drittel der Erzieherinnen führt Einzelgespräche mit den Eltern, um diese über das KOST-Programm zu unterrichten.
- *Schwierigkeiten bei der Durchführung des Programms:* Obwohl kein Programmteil durch besonders große Schwierigkeiten auffällt, scheinen die Beobachtung der Kinder, das Erstellen und die Interpretation des Entwicklungsprofils jeder vierten Erzieherin einige Schwierigkeiten zu bereiten.
- *Hindernisse bei der Durchführung des Programms:* Die meisten Erzieherinnen halten den Zeitmangel, der aufgrund ihrer Arbeitsbelastung besteht, für den größten Hindernisgrund, das Programm durchzuführen.
- *Gründe für die Arbeit mit KOST:* Der wichtigste Grund, mit KOST zu arbeiten, besteht für mehr als die Hälfte der Einrichtungen darin, daß das Programm die Möglichkeit für eine gezieltere Unterstützung der Entwicklung einzelner Kinder bietet.
- *Verankerung des KOST-Programms in den Einrichtungen:* Die vorliegenden Daten sprechen dafür, daß das KOST-Programm in den meisten Einrichtungen noch nicht fest verankert ist.

Aus den vorgestellten Ergebnissen können wir schließen, daß das KOST-Programm zwar auf breiter Basis disseminiert wurde, und zwar auch und vor allem außerhalb der Großstädte, daß es aber noch nicht systematisch genug in die Arbeit der einzelnen Einrichtungen eingebettet ist. Dieses Ergebnis stützt die weiter oben gemachte Feststellung, wonach es zu den Bedingungen für eine effektive Entwicklungsförderung gehört, klare Qualitätsstandards zu formulieren und klare Handlungsstrategien in den Einrichtungen zu wählen – ein Prozeß, der in den Niederlanden noch keineswegs abgeschlossen ist.

Literatur

Ainsworth, M.D.S., Blehar, M.C., Waters, E. & Wall, S. (1978): Patterns of attachment. Hillsdale: Erlbaum.

Beller, E.K. (1982): Die Förderung frühkindlicher Entwicklung im Alter von 0 – 3 Jahren. In: Oerter, R. & Montada, L. (Hrsg.): Entwicklungspsychologie. München: Urban & Schwarzenberg, S. 704-728.
Beller, E.K. (1984): Die pädagogische Qualifizierung von Krippenbetreuern, eine empirische Untersuchung. In: Hellbrügge, Th. (Hrsg.): Kinderkrippen, Krippenkinder. München: Urban und Schwarzenberg.
Berg, M. van der & Vlug, I. (1993 a): Bereik en kwaliteit van opvang van 0 – 4 jarigen uit achterstandssituaties in Rotterdam. Rotterdam: RISBO/FAO.
Berg, M. van der & Vlug, I. (1993 b): Turkse en Marokkaanse ouders en kinderopvang in Kralingen-West. Rotterdam: RISBO/FAO.
Bowlby, J. (1979): The making and breaking of affectional bonds. London.
Calcar, C. van (1976): Innovatieproject Amsterdam, deel II: Tussenstand. Amsterdam: Van Gennep.
Commissie Kwaliteit Kinderopvang (1994): De kunst van kinderopvang. Vier beleidsadviezen. Utrecht: SWP.
Eldering, L. & Vedder, P. (1992): OPSTAP. Een opstap naar meer schoolsucces? Amsterdam: Swets & Zeitlinger.
Hoop, P. (1992): The KOST-program, preschool-activities in educational priority areas. Paper presented at the European Workshop on the 'Developmental Charts'. Berlin.
Ijzendoorn, M. van & Tavecchio, L. (1987): The development of attachment theory as a Lakatosian research program: Philosophical and methodological aspects. In: Ijzendoorn, M. van & Tavecchio, L. (Hrsg.): Attachment in social networks. Amsterdam.
Leseman, P. (1989): Sructurele en pedagogische determinanten van schooloopbanen. Rotterdam: SAD.
Leseman, P. & Cordus, J. (Hrsg.) (1994): (Allochthone) Kleuters meer Aandacht. Advies van de Commissie (Voor)schooldreißigse Educatie in opdracht van de Minister van WVC en de Minister van O & W. Rijswijk, Zoetermeer: WVC/O & W.
Lindijer, H., Poell, J., Smink, G. & Visser S. (Hrsg.) (1993): Vroeg beginnen. Programma's voor het jonge kind. Hoevelaken: PPO, CPS/OVB.
Lombard, A. (1981): Success begins at school. Toronto: Lexington books.
Madden, J., O'Hara, J. & Levenstein, O. (1984): Home again: Effects of the Mother-Child Home Program on mother and child. Child Development, 55, S. 636-647.
Meeuw, St. de (1993): Operatie Speel Goed: Contouren. Stedelijk Plan van Aanpak.
Milthenburg, R. & Singer, E. (1994): Kwaliteit in kinderdagverblijven: Hoe maak je die? Een onderzoek in zes kinderdagverblijven. In: Jeugd en Samenleving, Nr. 4, S. 221-235.
Moss, P. (1990): Childcare and equality of opportunity 1985-1990. European Commission Childcare Network.
Rijswijk-Clerx, L. van (1981): Moeders, kinderen en kinderopvang. Veranderingen in de kinderopvang in Nederland. Nijmegen: SUN.
Rispens, J. & Meulen, B. van der (Hrsg.) (1992): Gezinsgerichte stimulering van kinderen in achterstandssituaties. Amsterdam, Lisse: Swets & Zeitlinger.
Schreuder, L. (1994): Naar een kwaliteitsstelsel voor de kinderopvang in Nederland. In: Jeugd en Samenleving, Nr. 4, S. 214-220.
Singer, E. (1991): Kijk op kinderopvang. Ervaringen van ouders. Utrecht: Van Arkel.
Singer, E. (1993): Shared care for children. Theory & Psychology, Vol. 3 (4), S. 429-449.
Slavenburg, J. & Peters, T. (1989): Het project onderwijs en social milieu: Een eindbalans. Rotterdam: OSM.
Veen, A. (1994a): Het gebruik van het programma 'Kinderopvang en Ontwikkelingsstimulering' (KOST) in peuterspeelzalen en kinderdagverblijven. Amsterdam: SCO-Kohnstamm Institut.
Veen, A. (1994b): Doelgericht en Samen. Condities waaronder peuterspeelzalen een rol kunnen spelen in het voorkomen en bestrijden van achterstanden. Rijswijk: SCO/WVC, Grijze reeks Nr. 14.

Lilian Katz

Qualität der Früherziehung in Betreuungseinrichtungen: Fünf Perspektiven

1. Einleitung

Die Qualität von Einrichtungen für Kleinkinder gehört in den USA heutzutage zu den herausragenden Themen. Die Tatsache, daß in den letzten Jahren verschiedene Konferenzen auch in Europa abgehalten wurden, die sich mit qualitativen Aspekten der Kleinkindpädagogik befaßten, weist darauf hin, daß das Thema sowohl transkulturell als auch transkontinental bedeutsam ist.

Die Sorge um pädagogische Qualität mag in den einzelnen Ländern auf gemeinsame wie auch auf unterschiedliche Ursachen zurückzuführen sein. Es ist interessant, daß in einer Studie zur vorschulischen Erziehung in 11 sehr unterschiedlichen Ländern (Olmstead & Weikart 1994) alle Eltern, mit Ausnahme von Hongkong, eine generelle Zufriedenheit mit der Qualität der von ihnen in Anspruch genommenen Kleinkindbetreuungsangebote ausdrückten. Unter den möglichen Erklärungen für dieses überraschende Ergebnis sind vor allem zwei besonders plausibel: Zum einen äußern sich Eltern deshalb zufrieden über die von ihnen genutzten Betreuungseinrichtungen und glauben auch daran, weil die Vorstellung, sie hätten ihre Kinder qualitativ minderwertigen Diensten anvertraut, sie beunruhigen würde. Eine zweite Erklärung könnte darin liegen, daß die Experten, die bei den Eltern eher Unzufriedenheit erwartet haben, durchaus Recht darin haben, daß die Qualität generell zwar niedrig ist, daß aber die Eltern aus verschiedenen Gründen, einschließlich des bereits genannten, sich dieses Sachverhalts nicht bewußt sind. Natürlich könnte es theoretisch auch sein, daß die Eltern richtig und die Experten falsch liegen: Die Qualität der meisten vorschulischen Einrichtungen wäre somit im allgemeinen zufriedenstellend. Wie auch immer, meine eigenen unmittelbaren Erfahrungen und einige kürzlich erstellte Berichte (z.B. Carnegie Corporation 1994) weisen daraufhin, daß die Sorge von Spezialisten in bezug auf die Qualität von Einrichtungen für Kleinkinder wohl begründet ist.

Die Überlegungen, welche Kriterien und welche Erhebungsprozeduren zur Bestimmung der Qualität gewählt werden sollten, sind im Hinblick auf Kleinkindeinrichtungen genauso komplex wie für andere professionelle Dienste. In der Mehrzahl der verfügbaren Literatur über die Qualität von Einrichtungen für Kleinkinder wird vorgeschlagen, die Qualität durch die Identifizierung ausgewählter Merkmale des pädagogischen Programms, des Settings, der Ausstattung und anderer Aspekte, wie sie von dem in den Einrichtungen tätigen Personal oder von Aufsichtsstellen genannt werden, zu messen. Eine solche Herangehensweise zur Bewertung pädagogischer Qualität könnte man als eine Bewertung aus einer *Oben-Unten*-Perspektive bezeichnen. Eine andere Herangehensweise könnte man die aus einer *Unten-Oben*-Perspektive nennen, bei der man versucht herauszufinden, wie die Einrichtung unmittelbar von den teilnehmenden Kindern erlebt wird. Eine dritte Herangehensweise könnte aus der sogenannten *Außen-Innen*-Perspektive erfolgen, bei der man versucht herauszufinden, wie die Einrichtung von den sie nutzenden Familien erlebt wird. Eine vierte Perspektive ist eine von *innen*, die berücksichtigt, wie die Einrichtung von den Mitarbeitern, die darin arbeiten, erlebt wird. Eine fünfte Perspektive konzentriert sich darauf, wie die Einrichtung der Gemeinde und der weiteren Gesellschaft dient. Diese kann als eine *Außen*-Perspektive und in gewisser Weise auch als die *umfassendste* Perspektive bezeichnet werden.

Die These dieses Beitrags lautet, daß Kriterien aller fünf Perspektiven bei der Qualitätsermittlung von Erziehungs- und Betreuungsmaßnahmen für Kleinkinder Beachtung finden sollten. Dieser Mehr-Perspektiven-Ansatz zur Qualitätsermittlung spricht damit zugleich ein komplexes Beziehungsgeflecht bezüglich der Gründe für schlechte Qualität und der Verantwortung dafür an.

2. Qualität aus der Oben-Unten-Perspektive

Qualität aus der Oben-Unten-Perspektive berücksichtigt üblicherweise die folgenden Merkmale:
- den Erwachsenen-Kind-Schlüssel,
- Qualifikation und Kontinuität des Personals,
- Merkmale der Erwachsenen-Kind-Beziehungen,
- Qualität und Umfang von Ausstattung und Material,
- Qualität und Umfang des Raumes pro Kind,
- Arbeitsbedingungen des Personals,
- Gesundheit, Hygiene, Feuersicherheitsmaßnahmen usw.

Nach Fiene (1992) sind die oben aufgelisteten und üblicherweise in den Zulassungsrichtlinien enthaltenen Kriterien für die Sicherung von Qualität sehr nützlich in dem Sinne, daß sie direkt beobachtbare und umsetzbare „Rahmenbedingungen für wünschenswerte Interaktionen" (Fiene 1992, S. 2) der Erzieherinnen mit den Kindern darstellen. Es handelt sich zudem um Merkmale, die relativ leicht zu quantifizieren sind und dem Beobachter nur geringe Schlußfolgerungen bzw. Interpretationsleistungen abverlangen.

Ein Instruktionspapier mit dem Titel: *Child care: Quality is the issue* – erstellt durch die 'Child Care Action Campaign' und herausgegeben durch die 'National Association for the Education of Young Children' (Ehrlich o.J.) – stellt fest, daß es keine allgemeingültige Definition von Qualität für die Vielfalt der unterschiedlichen Betreuungsformen in den USA gibt. Jedoch listet dieses Instruktionspapier die folgenden Grundkomponenten von Qualität auf: den Erwachsenen-Kind-Schlüssel, die Gruppengröße, Verfügbarkeit von Mitarbeiterschulung und Häufigkeit von Personalwechsel (Ehrlich o.J., S. 4).

Es liegen aussagekräftige Hinweise dafür vor, daß aufgrund der oben genannten Rahmenbedingungen, die normalerweise in den Qualitätskriterien der Oben-Unten-Perspektive enthalten sind, bestimmte Auswirkungen von pädagogischen Programmen für Kinder vorausgesagt werden können (Love 1993; Beardsley 1990; Harms & Clifford 1980; Howes, Phillips & Whitebook 1992; Phillips 1987).

3. Qualität aus der Unten-Oben-Perspektive

Vernünftigerweise kann man annehmen, daß die wichtigen und lang andauernden Effekte eines Erziehungsprogramms in erster Linie davon abhängen, wie es 'von unten' erlebt wird. Mit anderen Worten, der tatsächliche und wahre Prädiktor für die Effekte eines pädagogischen Programms ist die von jedem teilnehmenden Kind tagtäglich erlebte Lebensqualität.

3.1. Kriterien der Unten-Oben-Perspektive

Wenn die subjektiven Erfahrungen des Kindes innerhalb einer Einrichtung die entscheidenden Determinanten für die Effekte eines pädagogischen Programms sind, erfordert eine aussagekräftige Erhebung der pädagogischen Qualität in einer Einrichtung eine Antwort auf die zentrale Frage: Wie fühlt sich das Kind innerhalb dieser Umgebung?[1] Diese Auffassung verlangt Schlußfolgerungen darüber, wie jedes Kind folgende Fragen beantworten würde:
– Kann ich mich normalerweise frei entfalten, oder fühle ich mich eher eingeschränkt?
– Fühle ich mich normalerweise als jemand, der dazugehört, oder nur als Teil einer Menge?
– Fühle ich mich normalerweise durch die Erwachsenen akzeptiert, verstanden und beschützt oder eher gemaßregelt oder vernachlässigt?
– Werde ich von anderen Kindern normalerweise akzeptiert, oder bin ich eher isoliert, oder werde ich von ihnen eher zurückgewiesen?

- Werde ich normalerweise ernsthaft und respektvoll angesprochen oder lediglich als jemand, der 'süß' und 'nett' ist?
- Erlebe ich die meisten der Aktivitäten als fesselnd, mich völlig in Anspruch nehmend und herausfordernd oder eher als amüsant, lustig, unterhaltsam und aufregend?
- Finde ich die meisten Erfahrungen eher interessant als nebensächlich oder langweilig?
- Empfinde ich die meisten Aktivitäten eher bedeutsam als geistlos oder trivial?
- Finde ich die meisten meiner Erfahrungen eher befriedigend als frustrierend oder verwirrend?
- Bin ich normalerweise froh, hier zu sein, oder komme ich eher widerstrebend und möchte schnell wieder fort?

Die Qualitätskriterien, die diesen Fragen zugrunde liegen, gründen sich auf meine Interpretation dessen, was über bedeutsame Einflüsse für kindliches Wachstum, für Entwicklung und Lernen bekannt ist. Die für die Einrichtung Verantwortlichen mögen ihre eigene Fragenliste auf der Grundlage ihrer eigenen Interpretationen, was an Erfahrungen für kleine Kinder angemessen ist, aufstellen.

Man ist sich generell darüber einig, daß sich jedes Kind in der überwiegenden Zeit, in der es sich in einer Einrichtung befindet, dort willkommen und der Gruppe zugehörig fühlen sollte. Außerdem sollte es sich durch diejenigen, in deren Obhut es sich befindet, angenommen, verstanden und beschützt fühlen. Die Fragen, die sich auf die anderen Aspekte der kindlichen Erfahrungen beziehen, betonen, wie wichtig es ist, das Bedürfnis von Kleinkindern nach kognitiver Anregung und den Wunsch, ernst genommen zu werden, aufzugreifen. Sie sollen weiterhin alle, die für Kleinkinder die Verantwortung tragen, ermutigen, mehr zu tun, als diese nur zu beschäftigen, glücklich zu machen oder gar nur für Unterhaltung zu sorgen.

3.2. Feststellung der kindlichen Erfahrungen

Je älter die Kinder sind, die in einer Einrichtung betreut werden, desto mehr Zeit wird für eine verläßliche Erhebung aus der Unten-Oben-Perspektive benötigt. Erhebungen über drei bis vier Wochen bei Vorschulkindern und über einen noch längeren Zeitraum bei älteren Kindern mögen eine hinreichende Grundlage sein, um zuverlässige Voraussagen über wichtige Entwicklungsresulate zu erlauben.

Ich schlage vor, daß die Qualität eines pädagogischen Programms dann als gut bewertet wird, wenn es aus der Unten-Oben-Perspektive an den meisten Tagen als sozial und intellektuell fesselnd und befriedigend erlebt wird und wenn diese Qualität nicht von spannenden Ereignissen abhängt, die nur gelegentlich auftreten.

3.3. Kumulative Effekte

Die Feststellung der Qualität von Erfahrungen über einen angemessenen Zeitraum hinweg sorgt dafür, daß potentiell kumulative Effekte mit berücksichtigt werden. Meine Annahme ist, daß einige Kindheitserfahrungen, sofern sie nur selten erlebt werden, punktuell günstig oder belanglos sein mögen, aber sobald sie häufig erlebt werden, schädigend oder förderlich wirken. So dürfte z.b. die Erfahrung, gelegentlich durch ein Gruppenmitglied zurückgewiesen zu werden, sicher nicht schädigend für ein Vorschulkind sein; dagegen können die Effekte wiederholter Zurückweisungen die soziale Entwicklung langfristig wesentlich beeinträchtigen. Genauso können Spiele mit Bausteinen, Projektarbeit und andere entwicklungsfördernde Aktivitäten die Langzeitentwicklung nicht unterstützen, wenn sie nur selten oder gelegentlich stattfinden. Anders verhält es sich jedoch, wenn diese Aktivitäten häufig sind.

Wenn die meisten Antworten auf die gestellten Fragen positiv ausfallen, können wir davon ausgehen, daß das pädagogische Programm einen Wert für die davon betroffenen Kinder hat. Allerdings bleibt noch näher zu bestimmen, wie positiv eine Antwort sein sollte, damit von einem guten Qualitätsstandard ausgegangen werden kann.

Selbstverständlich gibt es viele mögliche Erklärungen für die jeweiligen Antworten, die Kinder auf die oben aufgelisteten Fragen geben würden – wenn sie die Möglichkeit dazu hätten. Ein pädagogisches Programm sollte nicht automatisch für jede negative Antwort verantwortlich gemacht werden. Mit anderen Worten, die Ursachen für subjektiv negative Erfahrungen von Kindern können nicht immer oder ausschließlich den Erzieherinnen angelastet werden. Wofür aber können Mitarbeiter vernünftigerweise verantwortlich gemacht werden? Ich schlage vor, daß sie zwar nicht für jede negative Erfahrung verantwortlich gemacht werden können, wohl aber dafür, wie die für die professionelle Praxis als bedeutsam und angemessen anerkannten und akzeptierten Praktiken in gegebenen Situationen angewandt werden.

4. Qualität aus der Außen-Innen-Perspektive

Idealerweise sollte die Feststellung der Qualität von pädagogischen Programmen Qualitätsmerkale der Eltern-Erzieherinnen-Beziehungen mit einschließen (National Association for the Education of Young Children 1991a und 1991b, S. 101-110). Solche Feststellungen sollten sich darauf gründen, wie Eltern auf folgende Fragen antworten würden: Verhalten sich die Erzieherinnen bei meinen Kontakten mit ihnen
- in erster Linie respektvoll und nicht herablassend bzw. kontrollierend?
- eher akzeptierend, offen, integrativ und tolerant als zurückweisend, tadelnd oder vorurteilsbehaftet?

- respektvoll im Hinblick auf meine Ziel- und Wertvorstellungen für mein Kind?[2]
- offen auch für lang andauernde und regelmäßige Kontakte als nur für solche, die selten und eher distanziert sind?

Die oben vorgeschlagenen positiven Merkmale von Eltern-Erzieherinnen-Beziehungen sind relativ einfach zu entwickeln, wenn Erzieherinnen und Eltern denselben Hintergrund haben, dieselbe Sprache sprechen, gemeinsame Ziel- und Wertvorstellungen bezüglich der Kinder haben und ganz allgemein sich gegenseitig gut leiden mögen. Eltern sind auch eher bereit, sich positiv auf die Erzieherinnen ihrer Kinder einzulassen, wenn sie die Vielschichtigkeit von deren Arbeit begreifen, wenn sie einschätzen können, was die Erzieherinnen zu erreichen suchen und wenn sie sich bewußt sind, unter welchen Bedingungen das Personal arbeitet.

Natürlich ist es durchaus möglich, daß negative Antworten einiger Eltern auf die oben aufgelisteten Fragen nicht direkt der Einrichtung und den Mitarbeitern zugeschrieben werden können, aber sie haben ihre Ursache in Ereignissen, derer sich die Mitarbeiter bewußt oder auch nicht bewußt sein mögen bzw. bei denen sie nicht in der Lage sind, sie zu beeinflussen.

5. Qualität aus der Innen-Perspektive

Die von innen, d.h. die durch die Mitarbeiter wahrgenommene Qualität einer Einrichtung beinhaltet drei Dimensionen: kollegiale Beziehungen, Mitarbeiter-Eltern-Beziehungen und Beziehungen zum Träger.

5.1. Kollegiale Beziehungen

Es ist äußerst unwahrscheinlich, daß ein pädagogisches Angebot für Kleinkinder entsprechend den bisher vorgeschlagenen Kriterien qualitativ hochwertig ist, wenn nicht auch die Beziehungen zwischen den Mitarbeitern von guter Qualität sind. Eine Bestimmung dieses Qualitätsapektes sollte sich darauf gründen, wie jedes Mitglied des Personals die folgenden Fragen beantworten würde: Sind die Beziehungen zu meinen Kolleginnen insgesamt
- eher unterstützend als rechthaberisch?
- eher kooperativ als konkurrierend?
- eher akzeptierend als abfällig?
- eher vertrauensvoll als mißtrauisch?
- eher respektvoll als kontrollierend?

Grundsätzlich ist es so, daß für Kinder keine qualitativ gute Erziehungsumwelt (im Unten-Oben-Sinne) geschaffen werden kann, wenn diese nicht auch für die darin arbeitenden Erwachsenen qualitativ gut ist. Sicherlich gibt es einige Tage, an denen die für die Kinder 'guten' Erfahrungen auf Kosten der Mitarbeiter gehen (z.B. bestimmte Feiern) und einige Tage, an denen es genau umgekehrt ist. Aber insgesamt zeichnet sich eine qualitativ gute Einrichtung dadurch aus, daß sowohl die Kinder als auch die für sie zuständigen Erwachsenen die Qualität ihres Zusammenlebens als befriedigend und interessant beurteilen.

5.2. Mitarbeiter-Eltern-Beziehungen

Sinnvollerweise kann man davon ausgehen, daß die Beziehungen zwischen den Mitarbeitern und den Eltern wesentliche Auswirkungen auf viele der bereits vorgeschlagenen Qualitätskriterien haben. Zusätzlich schlage ich vor, daß die Kriterien, die bereits in den Fragen für die Eltern (vgl. Punkt 4.) enthalten sind, genauso für die Erfahrungen der Mitarbeiter gelten sollten. Somit würde die Feststellung von Qualität aus Sicht der Mitarbeiter Antworten auf folgende Fragen erfordern: 'Sind meine Beziehungen zu den Eltern in erster Linie respektvoll und nicht herablassend oder konrollierend?' usw.

Sicherlich sind Eltern den Erzieherinnen gegenüber eher positiv eingestellt, wenn diese selbst durch Respekt und Akzeptanz gekennzeichnete Beziehungen aufbauen. Dennoch ist es in einem Land wie den USA mit seiner sehr mobilen und unterschiedlichen Bevölkerungsstruktur sehr unwahrscheinlich, daß alle Familien, die es mit einer bestimmten Einrichtung oder einer bestimmten Erzieherin zu tun haben, mit den jeweiligen Zielen und Methoden vollständig übereinstimmen. Dieser Mangel an Übereinstimmung führt unweigerlich zu einer gewissen elterlichen Unzufriedenheit und zu Spannungen zwischen Eltern und Mitarbeitern.

Die Entwicklung von positiven, respektvollen und unterstützenden Beziehungen zwischen Mitarbeitern und Eltern mit verschiedenem Lebenshintergrund erfordert eine Professionalität des Personals, welche auf einer Kombination von Erfahrung, Training, Bildung und auch persönlichen Werten beruht.

5.3. Mitarbeiter-Träger-Beziehungen

Ein potentieller indirekter Einfluß auf die Qualität liegt in der Art der Beziehungen der Mitarbeiter zu denjenigen, denen gegenüber sie sich zu verantworten haben. Man kann davon ausgehen, daß Erzieherinnen ihre Kinder im Prinzip in derselben Weise behandeln, wie sie von ihren Vorgesetzten behandelt werden. Um Mißverständnissen vorzubeugen, es gibt durchaus einige Erzieherinnen, die über eine schlechte Behandlung erhaben sind, und welche, die auch bei guter Behandlung schlecht arbeiten. Aber man kann davon ausgehen, daß eine gute Umgebung für Kinder eher dann geschaffen wird, wenn die dafür zuständigen Erwachsenen selbst anständig behandelt werden, entsprechend der in den oben aufgelisteten Fragen enthaltenen Kri-

terien. Eine jüngere Studie von Howes und Hamilton (1993) richtet die Aufmerksamkeit auf die möglicherweise schwerwiegenden Folgen eines häufigen Personalwechsels für die subjektiven Erfahrungen der Kinder in einer Einrichtung. Von daher sollte bei der Feststellung der pädagogischen Qualität einer Einrichtung dem Ausmaß, in dem der Träger für angenehme und unterstützende Arbeitsbedingungen des Personals sorgt, ernsthafte Aufmerksamkeit gewidmet werden. Die Feststellung der Qualität nach Kriterien aus der Innen-Perspektive setzt Antworten der Mitarbeiter auf folgende Fragen voraus:
- Sind die Arbeitsbedingungen so beschaffen, daß sie mich darin ermutigen, mein Wissen und meine Fähigkeiten zu erweitern und meine Bindung an den Beruf zu vertiefen?
- Ist die Arbeitsplatzbeschreibung angemessen und gibt es Aufstiegschancen?
- Werde ich normalerweise mit Respekt und Verständnis behandelt?

Auch hier sind nicht alle negativen Antworten notwendigerweise direkt den Trägern oder Verwaltungsinstanzen zuzuschreiben. Die Entscheidung, in welchem Ausmaß sie es tatsächlich sind, müßte Bestandteil einer entsprechenden Feststellungsprozedur sein.

6. Qualität aus der Außen-Perspektive

Die Gemeinde und die gesamte Gesellschaft, die ein pädagogisches Angebot tragen, haben auch einen Anteil an seiner Qualität. Es ist eine wichtige Frage, ob unsere Nachkommen einmal selbst den Nutzen aus qualitativ hochwertigen Kindheitserfahrungen ziehen können oder ob die gesamte Gesellschaft an den sozialen und anderen Kosten minderwertiger Angebote für Kleinkinder leiden wird.[3]

Alle Angebote für Kleinkinder, egal ob in öffentlicher oder privater Trägerschaft, werden absichtlich oder unabsichtlich durch die Vielfalt der sie bestimmenden Absichten, Gesetze und Regulierungen beeinflußt. Die Feststellung der Qualität aus der gesellschaftlichen Perspektive sollte darauf beruhen, wie Bürger und Entscheidungsträger auf die folgenden Fragen antworten würden:
- Bin ich sicher, daß die Geldmittel unserer Gemeinde angemessen für den Schutz, die Pflege und die Erziehung unserer Kinder eingesetzt werden?
- Kann ich darauf vertrauen, daß diejenigen, die für unser Gemeinwesen entscheiden, solche politischen Absichten, Gesetze und Regulierungen verfolgen, die die Erfahrungen von Kindern in Angeboten der Kleinkinderziehung eher erweitern als einengen?
- Kann ich darauf vertrauen, daß die zur Zeit in unserer Gemeinde für Angebote zur Verfügung stehenden Geldmittel ausreichen, um sowohl einen langfristigen als auch einen kurzfristigen Nutzen für die Kinder und ihre Familien zu sichern?

– Sind qualitativ hochwertige Angebote für alle Familien unserer Gemeinde, die diesen Dienst in Anspruch nehmen wollen, bezahlbar?
– Sind die Arbeitsbedingungen (Gehalt, Sozialleistungen, Versicherungen etc.) in den Einrichtungen unser Gemeinde ausreichend, um Kontinuität bei den Mitarbeitern zu sichern?
– Wird das Personal seiner Verantwortung entsprechend ausgebildet, qualifiziert und supervisiert?

Da pädagogische Programme für Kleinkinder von einer Vielfalt möglicher Träger angeboten werden, kann jedes Angebot seine eigene Liste angemessener Kriterien zur Qualitätsfeststellung aus der Außen-Perspektive aufstellen.

7. Implikationen eines Mehr-Perspektiven-Ansatzes zur Feststellung von Qualität

Betrachtet man die verschiedenen Perspektiven zur Feststellung von Qualität im Zusammenhang, so ergeben sich vier Aspekte.

7.1. Diskrepanzen zwischen den Perspektiven

Es ist theoretisch möglich, daß ein Angebot für Kleinkinder bei den Qualitätskriterien der Oben-Unten-Perspektive einen befriedigenden Standard erreicht, aber bei den Kriterien der Unten-Oben- oder Außen-Innen-Perspektive schlechter abschneidet. Z.B. könnte eine Einrichtung bei den Kriterien der Oben-Unten-Perspektive in bezug auf Raum, Ausstattung, Erzieher-Kind-Schlüssel hohen Standards entsprechen und doch keinen angemessenen Standard im Hinblick auf die Lebensqualität eines Teils der Kinder, entsprechend den Kriterien der Unten-Oben-Perspektive, erreichen.

Ein wichtiger Aspekt menschlicher Erfahrung ist die Bedeutung, die man einem Ereignis beimißt. Ähnlich, wie die Bedeutung eines bestimmten Wortes sowohl eine Funktion des Satzes ist, in welchem das Wort erscheint, als auch des Abschnittes, in welchen der Satz eingebettet ist, neigen Menschen dazu, ihren aktuellen Erlebnissen und Erfahrungen Bedeutungen zuzuschreiben, die auf Erfahrungen in anderen Kontexten beruhen. Weil dies so ist, muß man bei der Unten-Oben-Perspektive in Rechnung stellen, daß das Anregungspotential eines pädagogischen Programms für ein spezielles Kind immer auch eine Funktion des Anregungsniveaus der Umwelt ist, die das Kind außerhalb der Einrichtung erlebt (Katz 1989).

So mag zum Beispiel ein Kind, dessen Umwelt eine Vielfalt von Spielmaterialien, Fernseh- und Videofilmen, Computerspielen, Ausstattung für Spiele im Freien, regelmäßige Besuche von Spielplätzen usw. enthält, ein pädagogisches Angebot langweilig finden, während ein anderes Kind, in dessen

Umwelt es an solcher Vielfalt mangelt, dieses Angebot als fesselnd erlebt. Solche individuellen Unterschiede im Erleben eines pädagogischen Angebots – und damit die Spannweite der verschiedenen Unten-Oben-Perspektiven – sollten bei der Feststellung der Qualität eines Angebots berücksichtigt werden. Ebenso sollten sie berücksichtigt werden, wenn es darum geht, die Bedeutung der Kriterien der Oben-Unten-Perspektive abzuschätzen.

Theoretisch könnte ein pädagogisches Angebot unterhalb akzeptabler Standards in bezug auf die Oben-Unten-Kriterien (z.B. ungenügende Räumlichkeiten und schlechte Ausstattung) angesiedelt sein und dennoch von den meisten der teilnehmenden Kinder als befriedigend erlebt werden. Da ich der Meinung bin, daß es die Sichtweise aus einer Unten-Oben-Perspektive ist, die letztlich die Wirkung eines pädagogisches Angebots bestimmt, sollten die Qualitätskriterien der Oben-Unten-Perspektive einigermaßen flexibel angewendet werden.

Es ist ebenso denkbar, daß die Mitarbeiter zwar angemessene Beziehungen zu den Eltern haben, aber nur zu einem Teil der Kinder. Oder es könnte sein, daß sich die Kinder gut entwickeln, aber die Eltern sich durch die Mitarbeiter nicht respektiert und angenommen fühlen.

Auf der anderen Seite könnte es auch sein, daß die Qualität in der Unten-Oben-Perspektive niedrig ausfällt, daß aber die Qualität von seiten der Eltern, also aus der Außen-Innen-Perspektive, hoch eingeschätzt wird und umgekehrt. So könnten sich z.b. die Erzieherinnen verpflichtet fühlen, die Kinder mit schulorientierten Übungen zu beschäftigen, um elterlichen Ansprüchen zu genügen, obwohl es für die Kinder befriedigender wäre, wenn eher informelle und für sie intellektuell bedeutsamere Erfahrungsangebote gemacht würden.

Von daher ist es theoretisch möglich, daß es bei diesem Mehr-Perspektiven-Ansatz beträchtliche Unterschiede geben kann, was ein zufriedenstellendes Niveau bei den einzelnen Kriterien anbelangt. Dieses führt zu der Frage, ob bei der Feststellung der Qualität einer Perspektive größeres Gewicht beigemessen werden sollte als einer anderen. Wenn ja, welche Perspektive hat das größte Anrecht darauf, über die Qualität eines pädagogischen Angebots zu bestimmen?

7.2. Aspekte der Verantwortlichkeit

Wie bereits oben dargelegt, können diejenigen, die ein pädagogisches Angebot gestalten, kaum für alle negativen Antworten bei den Kriterien, die für jede Perspektive aufgestellt wurden, verantwortlich gemacht werden. Einige Kinder kommen mit Problemen in eine Einrichtung, die schon lange andauern und die ihren Ursprung außerhalb der Einrichtung haben. Ebenso können Eltern und Erzieherinnen unzufrieden sein, was nicht auf Faktoren zurückzuführen ist, die bei der Einrichtung liegen. Manche Eltern sind so mit dem Auf und Ab ihres eigenen Lebens beschäftigt, daß dies ihre Bewertung beeinflußt, aber deshalb nicht notwendigerweise der Einrichtung zugeschrieben werden kann.

Das Problem, wo die Ursachen für die Bewertung eines pädagogischen Angebots durch seine Nutzer liegen, führt zu der schwierigen Frage, wie die Grenzen der Verantwortung bei den Mitarbeitern vernünftigerweise festzulegen sind. Wie oben dargelegt, sind die Erzieherinnen in einer Einrichtung nicht dazu verpflichtet, jedermann glücklich zu machen, wohl aber dazu, daß sie die für eine bestimmte Sachlage angemessenen, professionell anerkannten Handlungsweisen anwenden. Dies setzt voraus, daß sich der Berufsstand ein Repertoire an Kriterien und Standards für angemessenes Handeln zu eigen gemacht hat. Die hier dargestellte Sichtweise, wonach die Verantwortung der Mitarbeiter Grenzen hat, beinhaltet, daß eine wesentliche Bedingung für ein qualitativ hochwertiges pädagogisches Angebot auf jeden Fall darin besteht, alle Mitarbeiter so zu qualifizieren und auszubilden, daß sie in der Lage sind, die akzeptierten Praktiken, das angesammelte Wissen und den Erfahrungsschatz des Berufsstandes anzuwenden. Die Fähigkeit, in professioneller Weise auf jede negativ beantwortete Frage der Unten-Oben- und der Außen-Innen-Perspektive zu reagieren, erfordert ein gut ausgebildetes und hoch qualifiziertes Personal mit viel Berufserfahrung – besonders wenn es sich um die Leiterin einer Einrichtung handelt.

Diese Sichtweise der Grenzen der Verantwortlichkeit des Personals beinhaltet auch die Notwendigkeit, daß der Berufsstand darin fortfährt, klare Übereinkünfte über professionelle Standards zu entwickeln, die von niemandem im Handeln vor Ort unterschritten werden dürfen.

In der Kleinkinderziehung sind in Form von Positionspapieren des Berufsverbandes für wichtige Bereiche bereits wesentliche Schritte unternommen worden, um eine Übereinkunft über entsprechende Kriterien und Standards zu erzielen (Bredekamp 1987; National Association for the Education of Young Children 1991a und 1991b; Bredekamp & Rosegrant 1992).

Der besonders im Bereich von Kleinkinderziehung häufige Erzieherinnenwechsel, der in den USA und vielen anderen Ländern meistens einem erschreckend niedrigem Einkommen und schlechten Arbeitsbedingungen zuzuschreiben ist (Whitebook, Phillips & Howes 1993), verschärft die Probleme des verbleibenden Personals, die für ein qualitativ gutes Angebot erforderlichen Qualifikationen und Erfahrungen zu gewährleisten.

7.3. Kriterien und Standards

Jede Form der Feststellung erfordert die Auswahl von Kriterien und die Aufstellung von Standards, um ein Urteil über gute Qualität abgeben zu können. Wie oben dargelegt, enthält jede Frage auf jeder der obigen Listen ein Qualitätskriterium. Im Rahmen dieses Beitrags bezeichnet ein Kriterium eine Dimension, welche die Qualität der Erfahrung beschreibt. Ein Standard ist ein bestimmtes Qualitätsniveau für das Kriterium. So könnte z.B. für das

Kriterium Erzieher-Kind-Schlüssel ein Qualitätsstandard von 1:5, 1:10 oder 2:25 – je nach Alter der Kinder – festgesetzt werden.

Entsprechend müßte für das Kriterium ('Kann ich mich normalerweise frei entfalten, oder fühle ich mich eher eingeschränkt?') ein Standard dahingehend aufgestellt werden, wie konstant oder überdauernd ein solches Gefühl sein müßte, um einem akzeptablen Qualitätsstandard zu entprechen. Für die meisten Zwecke ist vermutlich eine vier- bis fünfstufige Skala für jedes Kriteriumkontinuum ausreichend. In jedem Fall muß von denjenigen, die die Feststellung vornehmen, eine Übereinkunft darüber erzielt werden, von welchem Punkt an ein Qualitätsstandard befriedigend ist. Weiterhin muß festgelegt werden, ob die Qualitätsstandards für alle, die meisten oder nur spezifische Kriterien erfüllt sein müssen.

7.4. Variablen mit hohen und niedrigen Anteilen an Schlußfolgerungen

Feststellungen, die auf Variablen, wie Raumgröße pro Kind, Qualifikation der Mitarbeiter, beobachtbaren Merkmalen der Erzieherinnen-Kind-Interaktion und anderen üblicherweise benutzten Qualitätskriterien der Oben-Unten-Perspektive, beruhen, erfordern von demjenigen, der die Feststellung vornimmt, wenig bzw. nur geringe Schlußfolgerungen. Der Mehr-Perspektiven-Ansatz bezieht jedoch auch Variablen mit hohen Schlußfolgerungsanteilen ein, besonders wenn es um tiefe Gefühle der Beteiligten, des Personals und um Auffassungen von Bürgern geht.

Es wäre weder ethisch verantwortbar noch praktisch durchführbar, die Kinder direkt an Hand der für die Unten-Oben-Perspektive aufgestellten Kriterien zu befragen. Ethisch wäre es inakzeptabel, Kinder in eine Situation zu bringen, in welcher sie ermutigt werden, ihre Erzieherinnen zu kritisieren. Hinzu kommt, daß kleine Kinder ihre Erfahrungen kaum zuverlässig verbal beschreiben können. Daher erfordert die Feststellung der Qualität der Erfahrungen aus der Unten-Oben-Perspektive Schlußfolgerungen über die subjektiven Befindlichkeiten der Kinder. Idealerweise sollten solche Schlußfolgerungen auf einem ausgedehnten Kontakt, häufiger Beobachtung und auf dem Sammeln von Informationen von den Beteiligten über einen längeren Zeitraum hinweg beruhen. Zusätzlich sind verläßlich zu erfassende indirekte Indizes für die subjektiven Erfahrungen der Kinder erforderlich, um die Qualität aus der Unten-Oben-Perspektive zu messen (Goodwin & Goodwin 1982).

8. Ausblick

Die Antworten auf die Fragen für jede Perpektive können als eine Entscheidungsgrundlage dafür benutzt werden, welche Formen von Veränderungen in den Einrichtungen in bezug auf jedes Kind, die Kindergruppe und die Familien der Kinder stattfinden müssen. Auf diese Weise trägt jede der fünf oben dargestellten Perspektiven in einer eigenständigen Weise zu einer umfassenden Feststellung der Qualität eines pädagogisches Angebots bei, wie sie von all denen erlebt wird, die ein Interesse daran haben. Aber da nicht alle Antworten direkt den Eigenschaften des pädagogischen Angebots und der Einrichtung zugeschrieben werden können, muß der Berufsstand der Kleinkindpädagogen in seinen laufenden Bemühungen fortfahren, ein akzeptiertes Repertoire professioneller Standards für die Praxis zu entwikkeln, in Kraft zu setzen und anzuwenden, für deren Einhaltung Praktiker in fairer Weise verantwortlich gemacht werden können. Jeder Ansatz zur Feststellung von Qualität erfordert nicht nur eine auf jede Einrichtung anwendbare Kriterienliste, sondern auch einen gewissen Konsens über Minimalstandards, die für eine akzeptable Qualität bei jedem Kriterium eingehalten sein müssen. Ein Anfang in der Entwicklung eines Konsenses, was angemessene pädagogische Praxis bedeutet, wurde gemacht. Eine weitere Diskussion dieser Fragen unter Praktikern, Trägern, Aufsichtsinstanzen und den einschlägigen Berufsverbänden ist dringend notwendig.

Anmerkungen

1. Die Antworten auf diese Frage sollten die Art der Erfahrung wiedergeben, die ein Kind über eine gewisse Zeitspanne hinweg macht, abhängig vom Alter des Kindes. Von daher wird der Ausdruck normalerweise bei den meisten Fragen der Liste wiederholt.
2. Respekt beinhaltet nicht Zustimmung oder Willfährigkeit in bezug auf die Wünsche anderer.
3. Ein Aspekt der beeindruckenden Früherziehungseinrichtungen in Reggio Emilia in Italien ist der Umfang und die Intensität, mit der die ganze Gemeinde in alle Funktionsbereiche mit einbezogen ist. Eine interessante Beschreibung von kommunaler Partnerschaft mit Früherziehungseinrichtungen findet sich bei Spaggiari (1993).

Literatur

Beardsley, L. (1990): Good day, bad day. The child's experience of day care. New York: Teachers College Press.
Bredekamp, S. (Hrsg.) (1987): Developmentally appropriate practice in early childhood programs serving children from birth through age 8. Washington D.C.: National Association for the Education of Young Children.
Bredekamp, S. & Rosegrant, T. (1992): Reaching potentials. Appropriate curriculum and assessment for young children. Washington D.C.: National Association for the Education of Young Children.
Carnegie Corporation of New York (1994): Starting points. Meeting the needs of our youngest children. New York: Carnegie Corporation of New York.
Ehrlich, E. (o.J.): Child care. Quality is the issue. Washington D.C.: National Association for the Education of Young Children.
Fiene, R. (1992): Measuring child care quality. Paper presented at the International Conference on Child Day Care Health. Science, Prevention and Practice. Atlanta, Georgia, USA.
Goodwin, W.L. & Goodwin, L.D. (1982): Measuring young children. In: Spodek, B. (Hrsg.): Handbook of research in early childhood education. New York: The Free Press, S. 523-563.
Harms, T. & Clifford, R.M. (1980): The early childhood environment rating scale. New York: Teachers College Press.
Howes, C. & Hamilton, C.E. (1993): The changing experience of child care: Changes in teachers and in teacher-child relationships and children's social competence with peers. In: Early Childhood Research Quarterly, 8 (1), S. 15-32.
Howes, C., Phillips, D.A. & Whitebook, M. (1992): Thresholds of quality: Implications for social development of children in center-based child-care. In: Child Development, 63, S. 449-460.
Katz, L.G. (1989): Afterword. In: Olmstead, P.P. & Weikart, D.P. (Hrsg.): How nations serve young children: Profiles of child care and education in 14 countrys. Ypsilanti, MI: High/Scope Press, S. 401-406.
Love, J.M. (1993): Does children's behavior reflect day care classroom quality? Paper presented at the Society for Research in Child Development, New Orleans.
National Association for the Education of Young Children (Hrsg.) (1991a): Accreditation criteria and procedures of the National Academy of Early Childhood Programs. Revised Edition. Washington D.C.: National Association for the Education of Young Children.
National Association for the Education of Young Children (Hrsg.) (1991b): Guidelines for appropriate curriculum content and assessment in programs serving children ages 3 through 8. Washington D.C.: National Association for the Education of Young Children.
Olmstead, P.P. & Weikart, D.P. (Hrsg.) (1994): Families speak: Early childhood care and education in 11 countries. Ypsilanti, MI: High/Scope Press.
Phillips, D. (1987): Quality in child care: What does research tell us? Washington D.C.: National Association for the Education of Young Children.
Spaggiari, S. (1993): The community teacher. Partnership in the governance of the schools. In: Edwards, C., Gandini, L. & Forman, G. (Hrsg.): The hundred languages of children. The Reggio Emilia Approach to Early Childhood Education. Norwood, NJ: Ablex Publishing Corporation.
Whitebook, M., Phillips, D. & Howes, C. (1993): National child care staffing study revisited: Four years in the life of center-based child care. Oakland, CA: Child Care Employee Project.

Jürgen Zimmer

Geschichte und Desiderata des Erprobungsprogramms[1]

Als das inzwischen klassische, von Saul B. Robinsohn und Caspar Kuhlmann erstmals 1967 vorgelegte Resümee *Two decades of non-reform in West German education* 25 Jahre später in Israel wiederveröffentlicht wurde (Robinsohn 1992, S. 77ff.), hätten in der Zwischenzeit variantenreiche Fortsetzungen geschrieben werden können – zum Beispiel über versäumte Lektionen der Curriculumrevision oder der Strukturreform im Sekundarschulbereich oder über verflogene Hoffnungen auf eine Passung zwischen Bildungs- und Beschäftigungssystem.

In diesem Beitrag soll es um einen Ausschnitt der westdeutschen Kindergartenreform in den siebziger Jahren gehen, um den Versuch von Bundesländern, die Phase der Modellversuche in eine Phase der gemeinsamen Erprobung bis dahin geleisteter Entwicklungsarbeiten zu überführen. Diskutiert werden sollen einige Desiderata des bundesweiten Erprobungsprogramms. Es war Höhepunkt der Reformphase und leitete zugleich deren Abbruch ein – eine temporäre Innovationsstruktur ohne die Perspektive des langen Atems, den man für Reformen braucht. Der Beitrag handelt mithin vom Stillstand auf halber Strecke, von einer halbierten Reform des Kindergartens, die heute in den westlichen Bundesländern eine Topographie heterogener Qualitäten der Kindergartenpraxis hinterlassen hat.

Am überregionalen Erprobungsprogramm, das zwischen 1975 und 1978 stattfand, nahmen nach Angaben der beteiligten neun Bundesländer 210 Kindergärten mit 655 Gruppen, 12.785 Kindern sowie 1692 Erziehungs- und Betreuungskräften teil. Das Erprobungsprogramm wurde, so die Bund-Länder-Kommission für Bildungsplanung und Forschungsförderung (BLK),

„mit der Zielsetzung eingerichtet, die Entwicklungsergebnisse aus den einzelnen Länderversuchen in einen überregionalen Modellversuch einzubringen und sie auf ihre Verwendbarkeit auch unter unterschiedlichen Rahmenbedingungen in der pädagogischen Arbeit des Kindergartens zu überprüfen und damit das Angebot geeigneter Materialien für die Erzieher zu vergrößern. Zugleich wurde erwartet, daß das Erprobungsprogramm geeignete Impulse für die Weiterentwicklung des Kindergartenbereichs auslösen würde" (Krappmann & Wagner 1983, S. 3).

Das Erprobungsprogramm wurde in der Zuständigkeit der Länder durchgeführt und von regionalen Projektgruppen – den Moderatoren – begleitet. Mit der überregionalen wissenschaftlichen Begleitung wurde das Deutsche

Jürgen Zimmer 241

Jugendinstitut beauftragt. Es legte der BLK Mitte 1979 seinen Abschlußbericht vor. Zwei unabhängige Gutachter (Lothar Krappmann, Johanna Wagner) werteten die Berichte der Länder und den Bericht des Deutschen Jugendinstituts aus, schrieben einen Gesamtbericht, akzentuierten und prüften die Ergebnisse und formulierten offene Probleme.

Da Anlage, Verlauf und Ergebnisse des Erprobungsprogramms ausführlich dokumentiert worden sind (Deutsches Jugendinstitut 1979; Krappmann & Wagner 1983; Krappmann 1984) – den Gutachtern lagen über 3.000 Seiten an offiziellen Berichtstexten vor, ihr Gutachten umfaßte weitere 500 Seiten –, soll hier der Blick mehr auf einige reformstrategische Hintergründe und Probleme gerichtet werden.

1. Ideengeschichtliche Wurzeln

Eine der – von den Beteiligten in den achtziger Jahren kaum mehr wahrgenommenen – ideengeschichtlichen Wurzeln des Erprobungsprogramms liegt in einer entsprechenden Empfehlung des Deutschen Bildungsrates *Zur Einrichtung eines Modellprogramms für Curriculum-Entwicklung im Elementarbereich* (Deutscher Bildungsrat 1973). Dieser Vorschlag war durch zwei besondere Kennzeichen geprägt. Zum einen bezog er sich auf den Situationsansatz, der sich aus dem Strukturkonzept der Curriculumrevision (Robinsohn 1967, 1969; Knab 1969; Zimmer 1969) heraus entwickelte, ihn modifizierte und sowohl durch die Untersuchungen einer Projektgruppe des Max-Planck-Instituts für Bildungsforschung in Berlin (Damerow, Elwitz, Keitel & Zimmer 1974) als auch durch die Arbeitsgruppe Vorschulerziehung des Deutschen Jugendinstituts (DJI) in München (Zimmer 1973) Konturen gewann. Die Arbeitsgruppe Vorschulerziehung begleitete damals zwei parallel angelegte Modellversuche mit Kindergärten in Rheinland-Pfalz und Hessen, die der konzeptionellen und pädagogisch-praktischen Differenzierung des Situationsansatzes dienten und zur Entwicklung des 'Curriculum Soziales Lernen' führten. Im Berliner Projekt, das sich unter mathematischen und ökonomischen Aspekten mit der Situationsanalyse zweier Industriebetriebe befaßte, wurden Erkenntnisse zum Zusammenhang von sozialem und sachbezogenem Lernen erarbeitet; soziales Lernen wurde als die Wiederherstellung sozialer Kontexte gefaßt, innerhalb derer ein technisch-instrumentelles Handeln dann aufgeklärt erfolgen kann.

Im Empfehlungsteil der Vorlage heißt es:

„Die Bildungskommission schlägt vor, bei der Entwicklungsarbeit von den realen Lebenssituationen der Kinder auszugehen und durch gezielte Förderung die Kinder instand zu setzen, ihre Lebenssituationen zu beeinflussen und zunehmend selbständiger zu bewältigen; zugleich sollen die Kinder befähigt werden, sachliche Probleme soweit als möglich gemeinsam zu lösen und soziale Konflikte zu verstehen, zu meistern oder zu ertragen.

Die Entwicklungsarbeit soll sich an dem Ziel orientieren, die individuellen, sozialen und sachlichen Schwierigkeiten auszumachen, die sich in charakteristischen Situationen für Kinder ergeben. Das Training isolierter Funktionen (Einübung von Sprachmustern, Mengenoperationen und Kulturtechniken) drei- bis fünfjähriger Kinder wird dagegen nicht als sinnvoll angesehen. Es soll jedoch nicht ausgeschlossen werden, daß im Zusammenhang situationsbezogener curricularer Konzepte auch Kurse stattfinden, die spezielle Kenntnisse und Fertigkeiten vermitteln" (Deutscher Bildungsrat 1973, S. 25).

Zum zweiten enthielt der Vorschlag im Hinblick auf den Aufbau und die Struktur des Modellprogramms deutliche Charakteristika einer rollenden Reform. Es sollten die Voraussetzungen für permanente Entwicklungs- und Weiterentwicklungsarbeiten geschaffen werden in der Erwartung, damit nach und nach den gesamten Elementarbereich (mit den drei- bis fünfjährigen Kindern) zu erreichen. Die Bildungskommission empfahl, über einen auf fünf Jahre angelegten Stufenplan eine *dauerhafte* Infrastruktur für Innovationen im Elementarbereich aufzubauen. Es sollten unter Berücksichtigung unterschiedlicher Soziotope 100 bis 120 Modellkindergärten eingerichtet werden, in denen – personell und von den Kompetenzen her erweiterte – Teams an der Entwicklung von Spiel- und Lernangeboten arbeiten sollten. Kinder und Eltern sollten in die Entwicklungsarbeiten einbezogen werden. Zusätzlich sollten zehn bis zwölf Modellzentren eingerichtet werden, um mit jeweils sechs bis zwölf Modellkindergärten regionale Schwerpunkte zu bilden. Von diesen Netzwerken aus sollten konzentrische Bewegungen ausgehen.

„Die Modellkindergärten und Modellzentren sollen mit einer möglichst großen und schrittweise wachsenden Zahl von Kindergärten außerhalb des Modellprogramms zusammenarbeiten, um zugleich mit der begleitenden Durchführung entwickelter Spiel- und Lernangebote eine Übertragung veränderter Erziehertätigkeit durch projektorientierte Weiterbildung der Erzieher in diesen Kindergärten einzuleiten und zu unterstützen" (Deutscher Bildungsrat 1973, S. 29).

Die Intentionen laufender Modellversuche – die Arbeitsgruppe Vorschulerziehung hatte in einer gesonderten Studie über neunzig Initiativen, Projekte und Modellversuche erfaßt und vorgestellt (Arbeitsgruppe Vorschulerziehung 1974) – sollten aufgenommen, fortgeführt und ergänzt werden.

Mit der Entwicklung von Curriculum-Elementen, also der 'Entwicklung didaktischer Einheiten' (Arbeitsgruppe Vorschulerziehung 1974, S. 33), sollte eine Professionalisierung der Erzieherinnen und wissenschaftlichen Mitarbeiter gefördert werden. Die Entwicklungsarbeiten sollten intern wie extern evaluiert werden:

„Die interne, das heißt von den Modellkindergärten und den Evaluationsgruppen der Modellzentren zu leistende Evaluation muß eine begleitende Wirkungskontrolle der Ansätze, Ziele und Methoden der Entwicklungsarbeit sein, und zwar in einer Form, die auch eine aktive Beratung und Aufklärung der künftigen Abnehmer der Produkte ermöglicht. Die externe, das heißt von außerhalb des Modellprogramms, zum Beispiel an Hochschulen, angesiedelten Arbeitsgruppen zu leistende Evaluation hingegen hat die Verfahren und wissenschaftlichen Standards der internen Evaluation zum Gegenstand und richtet sich somit auf eine Normenkontrolle" (Arbeitsgruppe Vorschulerziehung 1974, S. 45).

Ein überregionales *Clearing House*, eine Informationsstelle, sollte für den Informationsaustausch innerhalb des Modellprogramms sorgen. Mit Trägern, Kommunen, Ausbildungseinrichtungen, Hochschulen und Ländern sollte zusammengearbeitet werden. Regionalkonferenzen, eine überregionale Verwaltungs- und Programmkonferenz sollten zu Orten für Willensbildungs- und Entscheidungsprozesse werden. Die Entscheidungsverfahren sollten – bei klaren Zuständigkeiten – kommunikativ angelegt werden.

Die Mehrkosten für den Aufbau dieser innovativen Infrastruktur veranschlagte die Bildungskommission mit 1,5 Prozent der vorgesehenen Gesamtausgaben für den Elementarbereich.

Der Vorschlag ging implizit davon aus – und dies war, bei aller konzeptionellen Qualität, ein Zeichen seiner politischen Unbekümmertheit –, daß es sich beim Elementarbereich um einen eher informellen, infrastrukturell schwach verfaßten Sektor handele. Die Grenzen von Bundesländern, Ansprüche auf Kulturhoheit, territoriale Verhältnisse freier und öffentlicher Träger, Ressortzuständigkeiten und -friktionen auf Landes- wie Bundesebene wurden zugunsten eines nationalen Projektes in der Größenordnung des amerikanischen Head-Start-Programms eher ausgeblendet.

Die strittige Frage der Zuordnung Fünfjähriger, die zu den wesentlichen extrinsischen Motiven der gesamten Kindergartenreform gehörte, war zwar von der 'Projektgruppe Elementarbereich' der Bildungskommission, die die Empfehlung erarbeitete, ausdrücklich nicht berührt worden (weil sie auch innerhalb der Gruppe kontrovers war), sie wurde aber vom Vorsitzenden der Bildungskommission, Hermann Krings, in seinem Vorwort zur Empfehlung erneut angesprochen:

„Die Bildungskommission hält daran fest, die Bildungspflicht mit der Vollendung des fünften Lebensjahres anzusetzen, sobald die Einrichtungen im Primarbereich personell und curricular gewährleisten können, daß die Lernangebote den Ansprüchen an eine Eingangsstufe genügen und eine kontinuierliche Fortführung des veränderten Unterrichts in die Grundstufe gesichert erscheint" (Arbeitsgruppe Vorschulerziehung 1974, S. 10).

Im Hinblick auf das Modell äußerte er die Auffassung,

„daß für eine Übergangszeit, die nach dem Zwischenbericht der Bund-Länder-Kommission mindestens fünfzehn Jahre dauern wird, noch ein erheblicher Anteil der Fünfjährigen keine schulischen Einrichtungen besucht. Die Entwicklungsarbeit im Modellprogramm darf sich deshalb nicht nur auf die drei- und vierjährigen Kinder, sondern muß sich auch auf die fünfjährigen beziehen, soweit sie noch im Kindergarten sind" (Arbeitsgruppe Vorschulerziehung 1974).

Jenen Mitgliedern der 'Projektgruppe Elementarbereich', die sich gegen eine Zuordnung der Fünfjährigen zur Schule aussprachen, war klar, daß ein Junktim – wie es Krings nahelegte – zwischen der Zuordnungsfrage und dem Modellprogramm die Realisierungschancen des Programms erheblich mindern würde. Man kann deshalb das spätere Erprobungsprogramm wie ein Vexierbild verstehen, dessen Ursprung, die Empfehlung der Bildungskommission, möglichst im Hintergrund bleiben sollte.

Curriculumtheoretisch wies das Modellprogramm bereits deutliche Unterschiede zum Strukturplan für das Bildungswesen (Deutscher Bildungsrat 1970) auf. Das 'Strukturkonzept der Curriculumrevision' war durch die Berliner und Münchener Projektgruppen mit der Entwicklung des Situationsansatzes gleichsam vom Kopf auf die Füße gestellt worden, während im 'Strukturplan für das Bildungswesen' und seinen auf den Elementarbereich zielenden Abschnitten noch der Funktionsansatz – mit den im Strukturplan genannten Kategorien „Orientierungs- und Konzentrationsfähigkeiten, Wahrnehmungs- und motorische Fähigkeiten, begriffliche und sprachliche Fähigkeiten" (Deutscher Bildungsrat 1970, S. 112) – dominierte.

Der konzeptionellen Wende waren in der 'Projektgruppe Elementarbereich' der Bildungskommission zum Teil heftige Kontroversen vorausgegangen; sie hatten zum Austritt zweier Mitglieder geführt, die das Modellprogramm als ein entwicklungspsychologisch orientiertes Evaluations-, nicht aber als pädagogisch und curricular definiertes Entwicklungsprogramm angelegt wissen wollten[2].

Die Konsensbildung in Richtung Situationsansatz verstärkte sich, als ein niedersächsischer Modellversuch, der unter anderen Prämissen gestartet war, unter dem Begriff Situationsorientierung eine Wende erfuhr, die dann den Weg zur Entwicklung des 'Curriculum Elementare Sozialerziehung' freimachte (Arbeitsgruppe Vorschulerziehung 1974, S. 109ff.; Küchenhoff & Oertel 1976), und als auch in Nordrhein-Westfalen mit der Entwicklung von Arbeitshilfen für Kindergärten der Situationsbezug zu einem wesentlichen Merkmal pädagogischer Praxis erklärt wurde (Ministerium für Arbeit, Gesundheit und Soziales des Landes Nordrhein-Westfalen 1974). Beide Varianten wurden in der Folge dann ausdifferenziert und in Teilen auch abweichend begründet (Höltershinken 1981). Die Empfehlung der Bildungskommission mit ihrem Rekurs auf den Situationsansatz wirkte verstärkend und legitimierend, sie trug bereits im Vorfeld des Erprobungsprogramms zur Anerkennung eines neuen, zunehmend als eigenständig empfundenen Konzepts des Kindergartens bei (Zimmer 1984).

Die reformstrategische Qualität der Elementarbereichs-Empfehlung der Bildungskommission bestand vor allem darin, daß keine temporäre Innovationsstruktur geschaffen werden sollte, sondern eine dauerhafte. Während die Modellversuche (nicht nur im Elementar-, sondern auch in anderen Bildungsbereichen) in der Regel ausliefen, ohne in systematisch angelegten Implementations- oder Disseminationsprozessen zu münden, wurde hier – in Vorwegnahme der späteren Erkenntnis, daß Reformen des langen Atems bedürfen – auf einen langfristigen Prozeß gesetzt. Wichtig in diesem Zusammenhang war auch, von ausschließlich expertenorientierten Modellen der Curriculumentwicklung abzusehen und Erzieherinnen wie Eltern einzubeziehen. In den Vorüberlegungen spielten Erfahrungen eine Rolle, wie sie in der lateinamerikanischen *educación popular* und der anglo-amerikanischen *community education* gewonnen worden waren (Bendit & Heimbucher 1977; Midwinter 1973). Auch wurde auf Anteile der Kinderladenbewegung, die in jener Zeit – ihre studentischen Ursprünge hinter sich lassend – eine Metamorphose in Richtung Eltern-Kind-Initiativgruppen erlebte, in den Vorüberlegungen Bezug genommen.

2. Die Entstehung des Erprobungsprogramms

Das Erprobungsprogramm wurde von einer kleinen Gruppe von Personen (aus dem Deutschen Jugendinstitut, dem Bundesministerium für Bildung und Wissenschaft und dem Sozialministerium Hessen) auf eine erste vorbereitende Wegstrecke gebracht. Das Vorhaben sollte weniger als Erprobungs-, sondern eher als Weiterentwicklungs- und Fundierungsprogramm (im Sinne einer formativen Evaluation) angelegt werden, als eine Zwischenphase, die – nach dem Auslaufen der Modellversuche – einen überregionalen, deutlich erweiterten Kreis von Einrichtungen einbeziehen sollte, um später dann in einer möglichst alle Einrichtungen erfassenden Implementationsphase zu münden. Zu den Anfangserfahrungen dieser Gruppe gehörte, daß bei den Sondierungsgesprächen jeder ausdrückliche Rekurs auf die Elementarbereichs-Empfehlung der Bildungskommission eher Widerstände mobilisierte als Verbündete schaffte – unter anderem deshalb, weil der Bildungsrat zentralistischer Tendenzen geziehen und wegen der Auseinandersetzungen um die Fünfjährigen zu sehr im 'anderen Lager' angesiedelt wurde. Die ursprünglichen Ideen mußten deshalb bald – sowohl begrifflich als auch zum Teil von der Sache her – eine Metamorphose erfahren. Je mehr mögliche Partner angesprochen wurden, desto deutlicher mußten die Ideen modifiziert und relativiert werden. Zu den Schwachpunkten der Empfehlung der Bildungskommission hatte gehört, die Zuständigkeiten nur wenig beachtet zu haben. Zuständig blieben nunmehr die Länder, auf überregionaler Ebene wurde es die 'Arbeitsgruppe Elementarbereich' der Bund-Länder-Kommission für Bildungsplanung und Forschungsförderung. Da der Elementarbereich noch zu den Förderschwerpunkten der BLK gehörte und der Bund umfangreiche Mittel in Aussicht stellte, waren auch die finanziellen Anreize erheblich, sich am Erprobungsprogramm zu beteiligen. Der Bundesminister für Bildung und Wissenschaft hatte im August 1973, fünf Monate nach Vorlage der Elementarbereichs-Empfehlung der Bildungskommission, das Erprobungsprogramm offiziell angeregt, im Juni 1974 wurde dann das Konzept nach einem komplizierten und fragilen Akt der Willensbildung in der BLK festgelegt. Neun Bundesländer hatten sich zusammengefunden; Bayern hatte sich unter Berufung auf seine Kulturhoheit frühzeitig zurückgezogen; Baden-Württemberg nahm einen assoziierten Status ein, was de facto hieß, die Bundeszuwendungen zu erlangen und sie anderweitig zu verwenden.

3. Das Spannungsverhältnis von Verwaltung, Wissenschaft und Praxis

Das Erprobungsprogramm wurde von vielen Spannungen begleitet, die durch die Pole 'Verwaltung', 'Wissenschaft' und 'Praxis' bestimmt waren. Immer wieder wurden Empfindlichkeiten einzelner Länder virulent, die sich gegenüber dem Erprobungsprogramm zum Teil sehr ambivalent verhielten und das Deutsche Jugendinstitut als ein 'Bundesunternehmen' ansahen. Befürchtet wurde die Schmälerung von Länderkompetenzen. Von den Ländern wurde mithin stets darauf geachtet, das Programm in seiner konförderativen Struktur zu belassen:

„Das Erprobungsprogramm wurde in der Zuständigkeit der beteiligten Länder durchgeführt und wissenschaftlich begleitet. Dabei haben regional die zuständigen Ministerien mit den freien und öffentlichen Trägern sowie der wissenschaftlichen Begleitgruppe zusammengearbeitet. Auf überregionaler Ebene wurden bestimmte Rahmenbedingungen in der BLK abgesprochen. Eine solche sachbezogene Kooperation hatte es bisher in dieser Form nicht gegeben.

In den Ländern lag die Verantwortung für die wissenschaftliche Begleitung bei den zuständigen Ministerien. In allen Ländern wurden Projektgruppen eingerichtet, die sich in der Regel aus Mitarbeitern von je 10 Erprobungskindergärten sowie zwei Moderatoren zusammensetzten. Die Moderatoren führten die Mitarbeiter in die Materialien des Erprobungsprogramms ein, berieten sie bei der Planung und Durchführung, erläuterten die wissenschaftlichen Begleitinstrumente und organisierten deren Einsatz. Anstellungsträger der Moderatoren waren Behörden, freie Träger oder auch eine wissenschaftliche Einrichtung.

Innerhalb des überregional festgelegten Rahmens haben die Länder eigene Schwerpunkte gesetzt und die zu erprobenden Materialien nach länderspezifischen Gegebenheiten ausgewählt" (Krappmann & Wagner 1983, S. 4f.).

4. Friktionen und ihre Wirkungen

Die Konsensbildung in der 'Arbeitsgruppe Elementarbereich' vollzog sich nur mühsam, sie war von Zielkonflikten bestimmt und beanspruchte längere zeitliche Abschnitte, als sie von der Projekt- und Forschungslogik her geboten gewesen wären.

„Die mit der unklaren Zielsetzung des Erprobungsprogramms geschaffenen Komplikationen wurden durch die 'verwischten' Verantwortlichkeiten erheblich verstärkt. So hatte insbesondere zwischen den Ländern bzw. ihren Projektgruppen und der überregionalen wissenschaftlichen Begleitung beim Deutschen Jugendinstitut lange Unklarheit über Ausmaß und Inhalt der Zuständigkeiten bestanden" (Stellungnahme der Bundesarbeitsgemeinschaft, in: Krappmann & Wagner 1983, S. 523).

Die Träger wurden an den relevanten Entscheidungsprozessen nur am Rande beteiligt. In der Stellungnahme der Bundesarbeitsgemeinschaft der freien Wohlfahrtspflege (BAG) zum Ablauf des Erprobungsprogramms heißt es hierzu und zur Frage der nicht abgeklärten Zielkonflikte:

„Die BAG ist der Auffassung, daß eine systematische Beteiligung der Träger schon bei der Konzeptualisierung und Ausgestaltung des Erprobungsprogramms möglicherweise die Durchführung des Erprobungsprogramms verbessert hätte. Dieser Aspekt wird im Auswertungsbericht der Sachverständigen leider nicht ausreichend diskutiert. Noch folgenreicher für die Durchführung und den Ablauf des Erprobungsprogramms war der Umstand, daß die verschiedenen Entscheidungen im Erprobungsprogramm (Zielsetzung des Erprobungsprogramms, innere und äußere Ausgestaltung, wissenschaftliche Begleitung, Evaluationsinstrumente und Berichtsschema) je für sich und getrennt voneinander getroffen wurden. Ursache hierfür ist das Fehlen eines in sich schlüssigen Gesamtkonzeptes des Erprobungsprogramms. Daher konnten notwendige Entscheidungen nicht systematisch und stringent, sondern mußten sukzessive und prozeßhaft getroffen werden.

Eine Anlage, Durchführung und Evaluation mit umfassendem, in sich schlüssigem Gesamtkonzept des Erprobungsprogramms hätte vorausgesetzt, daß die Zielsetzungen, die die beteiligten Ministerien des Bundes und der Länder (und auch die der überregionalen wissenschaftlichen Begleitung) mit dem Erprobungsprogramm verbunden hatten, in ihrer Verschiedenheit präzise abgeklärt und in ihrer Stoßrichtung harmonisiert worden wären" (Krappmann und Wagner 1983, S. 522f.).

Das Deutsche Jugendinstitut, das sich historisch eher als Teil der innovativen Infrastruktur, also in einer die Entwicklungs- und Implementationsprozesse befördernden Rolle gesehen hatte, fand sich nun als Service-Einrichtung der 'Arbeitsgruppe Elementarbereich', nicht aber als wissenschaftlich unabhängiger Partner wieder. Damit war das Deutsche Jugendinstitut in eine Rolle gedrängt worden, die seinen eigenen Intentionen widersprach. Das Institut war im Rahmen einer – dem Gedanken einer rollenden Reform verpflichteten – Implementationsstrategie an der formativen Evaluation, weiteren Entwicklung und Dissemination kompatibler curricularer Materialien interessiert – auf der Grundlage konzeptioneller Vorstellungen, wie sie die Elementarbereichs-Empfehlung des Bildungsrates enthielt. Dies sollte nicht alles sein. Man wollte schon damals die Kindergartenreform nicht 'verdinglichen' lassen und einer Materialproduktion gleichsetzen, sondern im Prozeß einer fortdauernden Reform die kindergartenpädagogische Konzeption (einschließlich ihrer institutionellen Rahmenbedingungen) insgesamt entwickeln und in der Breite verankern. Das Erprobungsprogramm, das eigentlich ein Weiterentwicklungs- und Verbesserungsprogramm hätte sein sollen, wäre dann der Zwischenschritt gewesen, dem ein Diskurs mit allen, bisher nicht einbezogenen Kindergärten in der Bundesrepublik hätte folgen können.

Die durch die 'Arbeitsgruppe Elementarbereich' veranlaßte 'begleitende' Rolle erlaubte dem Deutschen Jugendinstitut weder ein entwicklungsorientiertes Handeln noch jenes unabhängige Handeln, das der Bildungsrat für die interne Evaluation als notwendig erachtete. Hätte man sich am Ziel einer externen Evaluation orientiert, wäre eine externe, ebenfalls unabhängig handelnde, in das vorherige Entwicklungsgeschehen nicht einbezogene Arbeitsgruppe zu beauftragen gewesen.

Zu Recht weist die BAG in ihrer Stellungnahme darauf hin,

„wie problematisch im Erprobungsprogramm und insbesondere im Rahmen der gemeinsamen Bildungsplanung und Modellversuchspolitik von Bund und Ländern, die Installation und Handhabung der wissenschaftlichen Begleitung war, eine wissenschaftliche Begleitforschung, die in die Nähe weisungsgebundener Auftrags- und Ressortforschung gerückt wurde" (Bundesarbeitsgemeinschaft, in: Krappmann & Wagner 1983, S. 527).

Von den Ländern wurden für das Erprobungsprogramm zunächst curriculare Materialien angeboten, die konzeptionell zum Teil inkompatibel waren, so daß erst nach Abwahl auf mehreren Ebenen fünf Materialien übrig blieben, von denen drei – das 'Curriculum Soziales Lernen', das 'Curriculum Elementare Sozialerziehung' und die 'Arbeitshilfen des Landes Nordrhein-Westfalen' – miteinander korrespondierten. Die Materialien durften nicht weiterentwickelt, ergänzt, aufeinander bezogen oder integriert, sondern je für sich nur mehr erprobt werden. Jede Form der weiteren Entwicklung oder der Gesamtintegration hätte – so die implizite Befürchtung – zu Verletzungen der Territorien 'Kulturhoheit' geführt. Im Hinblick auf die Bedürfnisse der Erzieherinnen und ihre Motiviertheit, im Hinblick auch auf die Entwicklungsprinzipien des Situationsansatzes erwies sich dies als eine der wesentlichen Domestizierungsmaßnahmen.

5. Disparate Evaluationsstrategien

Der Konflikt zwischen 'Weiterentwicklung' versus 'Erprobung' verlagerte sich dann auf Friktionen der Evaluationsstrategie. Aus der Sicht des Situationsansatzes lag es nahe,

„qualitative Beobachtungsverfahren für pädagogische Veränderungen zu verwenden, die nachzuzeichnen erlauben, welche Prozesse die eingeführten didaktischen Materialien ausgelöst haben, wo Schwierigkeiten aufgetreten sind und welche Faktoren die Realisierung der weitreichenden Ansprüche der Curricula begünstigen oder verhindern. Die Beschreibung und Ausdeutung dieser Vorgänge können auch wieder in die Einrichtung zurückvermittelt werden, um wünschenswerte Veränderungsprozesse durch Interpretationshilfen zu unterstützen. Diese Vorstellung, die dem Konzept der formativen Evaluation nahekommt und auch Elemente der Handlungsforschung einschließt, wurde von vielen Moderatoren vertreten, fand in zahlreichen Einrichtungen Anklang und entsprach auch Auffassungen in der DJI-Projektgruppe. Auch mehrere Länder bekannten sich zu ihr.
Dieser Vorstellung von Evaluation stand eine andere gegenüber, die mehr auf das einzelne Material blickte und sich für die Bedingungen interessierte, unter denen es erfolgreich eingesetzt werden kann. Diese Perspektive steckt in den Fragen von überregionaler Bedeutung, die in der Arbeitsgruppe Elementarbereich verabschiedet wurden, um ein Mindestmaß an Vergleichbarkeit zwischen den Ergebnissen aus den verschiedenen Regionen zu gewährleisten" (Krappmann & Wagner 1983, S. 101f.).

Das gesamte Erprobungsinstrumentarium mußte in mühevoller Prozedur ausgehandelt und auf den kleinsten gemeinsamen Nenner gebracht werden; aufgrund ihrer späten Ratifizierung kamen die Instrumente zum Teil auch erst spät zum Einsatz:

„Das letztlich praktizierte 'gemischte Evaluationskonzept' war Ergebnis pragmatischer Entscheidungen, bzw. eines Kompromisses zwischen Ländern und überregionaler wissenschaftlicher Begleitung und weder systematisch und stringent geplant noch aufeinander abgestimmt" (Bundesarbeitsgemeinschaft, in: Krappmann & Wagner 1983, S. 525).

Insbesondere aus den Ergebnissen der qualitativen Untersuchungsteile wurde indessen deutlich, daß die Erprobungsauflage an der Basis vielfach dennoch in Prozesse der Weitererfindung und Entwicklung umdefiniert wurde, so daß sowohl das 'Curriculum Soziales Lernen' als auch das 'Curriculum Elementare Sozialerziehung' in Teilen einer formativen Evaluation unterlagen und in ihren später revidierten Fassungen auch davon profitieren konnten.

6. Reformstrategisch relevante Ergebnisse des Erprobungsprogramms

Die Auseinandersetzung um Sinn und Zweck des Erprobungsprogramms setzte sich bis in die Diskussion der Gliederung und Schwerpunkte des überregionalen Abschlußberichtes fort: Dem Deutschen Jugendinstitut wurden Aussagen zum pädagogisch-institutionellen Gesamtansatz des reformierten Kindergartens ebenso verwehrt wie ein Ländervergleich unter Einbezug der Rahmenbedingungen. In der 'Arbeitsgruppe Elementarbereich' bestand die Befürchtung, daß ein Vergleich der Rahmenbedingungen zu politischen Komplikationen führen könne.

Der Abschlußbericht des Deutschen Jugendinstituts wurde Mitte 1979 vorgelegt und erst 1981 freigegeben. Die von der 'Arbeitsgruppe Elementarbereich' bestellten Gutachter hatten die Aufgabe,
- „die Berichte der Länder, der Projektgruppe des DJI und der Trägerverbände zu sichten,
- das Vorgehen im Erprobungsprogramm darzustellen und auf seine Aussagekraft zu prüfen,
- die wesentlichen und gesicherten Ergebnisse des Programms zusammenzutragen und
- diese Ergebnisse im Hinblick auf die in ihnen enthaltenen Konsequenzen für die künftige Entwicklung im Elementarbereich zu kommentieren" (Krappmann & Wagner 1983, S. 41).

Ihre Gutachten wurde im März 1983, fast vier Jahre nach Ende des Erprobungsprogramms, der Öffentlichkeit zugänglich gemacht, was allerdings im wesentlichen auf die stark verzögerte und dann nur torsohafte Fertigstellung des zweiten Gutachtens zurückzuführen war.

Das erste Gutachten enthält ein Resümee, dessen Kernsätze komplementär zu dem – von veranlaßten Rücksichtnahmen geprägten – Auswertungsbericht des Deutschen Jugendinstituts gelesen werden können. Darin heißt es:

„Die Erzieherinnen haben sich im Erprobungsprogramm ganz überwiegend als sehr lernmotiviert und als sehr lernfähig erwiesen (eine Bedingung zur Veränderung einer Bildungsinstitution, die leider nicht überall vorauszusetzen ist). Jedoch ist auch deutlich, daß Hilfen nötig sind, um diese günstigen Lernpotentiale wirksam werden zu lassen.
Als entscheidende Bedingung für die Veränderung der pädagogischen Arbeit in Inhalt und Vorgehensweise hat sich die Regionale Projektgruppe, die Einheit der Zusammenarbeit von Moderatoren und Erzieherinnen der beteiligten Kindergärten, herausgestellt. Von großer Bedeutung waren die Angebote zur Fortbildung und zur Beratung, welche die Moderatoren entwickelten und durchführten" (Krappmann & Wagner 1983, S. 16f.).

Weiter heißt es:

„Das Erprobungsprogramm hat somit erkennen lassen, daß die Prinzipien situationsorientierten Arbeitens auch auf das Weiterlernen der Erzieherinnen anzuwenden sind. Die Professionalisierungsprozesse konnte das Erprobungsprogramm zum Teil weit fördern, aber keineswegs zum Abschluß bringen. Es wurde nicht das Stadium erreicht, von dem man hoffen kann, daß die Qualifizierung und die Reform der Praxis sich aus sich heraus weitervermitteln und ausbreiten.

Wenn das Erreichte gesichert werden soll oder sogar die in der Erprobung bewährten Prinzipien situationsorientierten pädagogischen Arbeitens im Kindergartenbereich durchgesetzt werden sollen, ist an erster Stelle notwendig, weiterhin kleinen Gruppen von Kindergärten Moderatoren zuzuordnen. Diese Moderatoren brauchen untereinander Kontakt und Verbindung zur Lehre und Forschung in den Ausbildungsstätten für Erzieher und Pädagogen. Die Kooperation mit der Wissenschaft in den Hochschulen hätte an die Stelle der Eingliederung in die überregionale Infrastruktur des Erprobungsprogramms zu treten" (Krappmann & Wagner 1983, S. 17f.).

Und:

„Das Erprobungsprogramm hat auch Hinweise auf Bedingungen im Kindergarten gegeben, die das Arbeiten nach kind- und situationsbezogenen Prinzipien erleichtern oder erschweren können: Günstige Auswirkungen auf nach Lebenssituation und Bedürfnissen der Kinder differenzierendes Vorgehen hat die Doppelbesetzung der Kindergruppe.

Weiterhin ist einflußreich, wieviel an Verfügungszeit den Erzieherinnen zugestanden wird und welche Möglichkeiten der sinnvollen Nutzung sich das Erzieherteam erschließt. Die Verfügungszeit unterstreicht die Bedeutung der situationsbezogenen Planung und Auswertung; sie wird unter den Anregungen und Erwartungen des Erprobungsprogramms offensichtlich auch vorteilhaft genutzt" (Krappmann & Wagner 1983, S. 18f.).

Schließlich:

„Von seiten der Verantwortlichen wird darauf hingewiesen, daß Kompromisse und Abstriche nötig waren, um die größte pädagogische Erprobung, die im Rahmen der BLK jemals durchgeführt wurde, zu realisieren. In der Tat ist es in keinem anderen Bereich des Bildungswesens gelungen, ein Vorhaben mit einer vergleichbaren Bedeutung für die Veränderung der Praxis zu verwirklichen. Dieses Argument hat allerdings nur Gewicht, wenn die angestrebten praktischen Konsequenzen, um derentwillen die Kompromisse eingegangen wurden, auch gezogen werden" (Krappmann & Wagner 1983, S. 21).

Spätestens seit 1977 gab es vermehrt Hinweise darauf, daß mit dem Ende des Erprobungsprogramms auch das Ende der Reformphase gekommen sein könnte:

„Die erste und zweite Generation der Modellversuche im Elementarbereich (1969-1975/ 1975-1978), die auf dem Wege über die Praxis der Reform- und Modellkindergärten unbestritten innovatorische Impulse und Einsichten erbracht haben, ist abgeschlossen. Nach der politischen Entscheidung, die die Institution Kindergarten als wichtigste pädagogische Einrichtung für Kinder vom 4. bis 6. Lebensjahr im vorschulischen, außerfamiliären Bereich bestätigt hat, ist der sogenannte 'Streit um die Vorschulerziehung' beendet. Aber eine wichtige Aufgabe ist noch ungelöst: die Übertragung der innovatorischen Ansätze auf inhaltlicher und organisatorischer Ebene auf die Regelkindergärten in ihrer Gesamtheit. Ohne eine breite Realisierung und Fortschreibung der erreichten 'Erfolge' könnte die Erziehung im Kindergarten sehr bald wieder auf den Stand vor 1970 zurückfallen" (Karsten 1979, S. 2f.).

Versucht man mit Blick auf das Ende des Erprobungsprogramms ein reformstrategisches Resümee, dann erscheinen folgende Punkte von Bedeutung:
- Die Modellversuche mit Kindergärten, Vorklassen und Eingangsstufen waren ausgelaufen, der Auseinandersetzung um die Fünfjährigen war durch den Auswertungsbericht einer Projektgruppe der BLK bereits die Schärfe genommen worden (Bund-Länder-Kommission 1976). Die meisten Länder entschieden sich für den altersgemischt arbeitenden Kindergarten. Damit entfiel ein Agens, das die Beteiligten über eine längere Spanne in Bewegung gehalten hatte.
- Die wirtschaftliche Rezession der frühen achtziger Jahre schlug auf die finanzielle Situation des Elementarbereichs durch. Die Rahmenbedingungen, unter denen die Erprobungskindergärten gearbeitet hatten, wurden auf die Regeleinrichtungen nicht übertragen. Im Gegenteil: Die Tendenz wurde bald deutlich, auch an den Rahmenbedingungen der Regeleinrichtungen Abstriche zu machen.
- Die Bemühungen der für das Erprobungsprogramm Verantwortlichen waren auf die Erprobung von Materialien, indessen nicht auf ihre anschließende Dissemination und die Implementation des entwickelten pädagogischen Konzepts und seiner Rahmenbedingungen gerichtet. Eine *überregionale*, systemisch angelegte Implementationsstrategie wurde weder wissenschaftlich konzipiert noch politisch gewollt. Insofern fehlte eine *überregionale* Anstrengung, zwischen den am Erprobungsprogramm beteiligten und den übrigen über 20.000 Einrichtungen zu vermitteln, den Curriculumprozeß fortzuführen und dabei auch zu berücksichtigen, daß sich der Situationsansatz inzwischen erweitert hatte und institutionelle Kennzeichen reformierter Kindergärten einbezog. Immerhin setzten – in einigen Ländern mit erheblicher, wenngleich mit den Jahren abflauender Intensität – Bemühungen ein, die Ergebnisse über Fortbildungsmaßnahmen auf regionaler Ebene zu disseminieren.
- Der reformstrategische Stellenwert der Gutachten blieb unklar: Dadurch, daß sie sich im wesentlichen mit der Evaluation einer Evaluation zu befassen hatten (und damit auch zahlreiche Redundanzen produzierten), trugen sie zu einer vierjährigen Verzögerung einer fachlichen wie politischen Diskussion bei, die sich mit den Konsequenzen aus dem Erprobungsprogramm hätte beschäftigen müssen, die aber weder davor noch danach stattfand. Die eher repetetiven Schlußfolgerungen, die die BLK aus den Gutachten ableitete – wie: „Der 'Situationsansatz' hat sich als pädagogisches Prinzip des Arbeitens im Kindergarten bewährt" (Krappmann & Wagner 1983, S. 9) –, hätten auch ohne die Gutachten, aufgrund der landeseigenen und überregionalen Abschlußberichte gezogen werden können. Die Gutachten gerieten mithin zu einem stark retardierenden Faktor; die BLK konnte nach dem Ende des Erprobungsprogramms vier Jahre lang abwarten, ohne tätig zu werden – ein Hinweis darauf, daß die 'Arbeitsgruppe Elementarbereich' ihre Schubkraft und Motivation eingebüßt hatte.

– Dem Verwaltungshandeln der 'Arbeitsgruppe Elementarbereich' stand kein politisches Handeln zur Seite. Weder während des Erprobungsprogramms noch danach nahmen sich zuständige Bundesminister oder parlamentarische Ausschüsse des Bundestages der Kindergartenreform an, und auch auf Länderebene blieb aktives politisches Handeln im Nachklang zum Erprobungsprogramm die Ausnahme. Somit fehlte auf Bundesebene wie in der Mehrzahl der Länder auch der politische Wille zur Sicherung der Reform. Mittel für Disseminations- oder Implementationsprozesse wurden auf Bundesseite nicht mehr bereitgestellt.

– Die mangelnde Einbindung der Träger und Fachverbände in die verantwortliche Konstruktion und unmittelbare Auswertung des Erprobungsprogramms fand seinen Ausdruck unter anderem darin, daß die konzeptionelle und personelle Anlage der *Fachtagung Elementarbereich '80* ebenfalls retardierende und dissoziierende Anteile enthielt. (Einer der Hauptredner befaßte sich mit vermeintlichen Schäden seiner Kinder als Opfern des Situationsansatzes und verwies auf die Qualitäten der fünfziger und frühen sechziger Jahre, andere Vertreter der pädagogischen Zunft, die sich weder an den Entwicklungsarbeiten noch am Erprobungsprogramm beteiligt hatten, beklagten die curriculare Entmündigung der Erzieherinnen – in Unkenntnis oder Mißachtung des Umstandes, daß diese sehr offenen Curricula von tausenden von Erzieherinnen wesentlich mitentwickelt und erprobt worden waren. Auf dieser Tagung blieb das Erprobungsprogramm ausgeblendet, es wurde lediglich in einzelnen Diskussionsbeiträgen angesprochen.)

– Die Ambivalenz und auch Abneigung einzelner Länder gegenüber dem Erprobungsprogramm, der durch das Erprobungsprogramm überdeckte, aber nicht ausgeräumte konzeptionelle Streit um die vorschulische Erziehung, die mangelnde 'Hausmacht' des Deutschen Jugendinstituts, die Zweifel an der Reform und die Wiederbelebung vor-reformatorischer pädagogischer Tendenzen schufen kein gemeinsames und vor allem kein produktives Klima, das Erreichte zu sichern und wirkliche Konsequenzen aus dem Erprobungsprogramm abzuleiten. So versickerten die Ergebnisse des Erprobungsprogramms, ohne daß sie der Fachöffentlichkeit, den Erzieherinnen und Eltern in einer gezielten bundesweiten Öffentlichkeitsarbeit übermittelt worden wären. Weder wurde der Vorschulkongreß '70 wiederholt, noch fanden überregionale Konferenzen mit Multiplikatoren statt. Materialien oder größere Veranstaltungen für Eltern zum erarbeiteten pädagogischen Konzept gab es nicht, so daß auch die Chance verstrich, Eltern als Bündnispartner für den Erhalt der qualitativen Standards zu gewinnen.

– Nur drei der erprobten Materialien ('Curriculum Soziales Lernen', 'Curriculum Elementare Sozialerziehung', 'Arbeitshilfen des Landes Nordrhein-Westfalen') wurden revidiert. Bei anderen erprobten Materialien stand zum Teil von vornherein fest, daß sie nicht revidiert werden würden.

- Die erfolgreich erprobten Materialien wurden nach ihrer Revision nicht bundesweit disseminiert. Sie wurden auf dem Markt ohne Marketing angeboten. Zwar blieben jüngst angestellte Recherchen bei den Verlagen über verkaufte Auflagen ergebnislos, als Indikator kann jedoch gelten, daß das revidierte 'Curriculum Soziales Lernen' weniger als 5.000mal verkauft wurde. Zu schließen ist daraus, daß Länder und Träger (Ausnahme: Nordrhein-Westfalen mit den 'Arbeitshilfen', Hessen mit dem 'Curriculum Soziales Lernen') nicht hinreichend dafür Sorge getragen haben, daß jede Einrichtung mit den Materialien versorgt wurde oder sie sich – auch unter finanziellen Gesichtspunkten – beschaffen konnte. Flankierende Materialien wie Elternhandbücher, Kinderbücher, Kinderspiele, Demonstrations- und Lehrfilme wurden nicht entwickelt. Eine Zusammenarbeit mit Hörfunk- oder Fernsehanstalten – etwa zur Konzipierung begleitender Kinderserien und Elternsendungen – fand nicht statt.

- Als zentral für den Bruch der Reformgeschichte erwies sich auch der Sachverhalt, daß die Moderatoren, die einen fundierten Professionalisierungsprozeß durchlaufen hatten und besonders geeignet gewesen wären, jene von der Bildungskommission geforderte dauerhafte innovative Infrastruktur darzustellen, entlassen wurden und – soweit es sich in Erfahrung bringen ließ – nur in Ausnahmen später Positionen finden konnten, die in mittelbarem thematischen Bezug zu Aufgaben der Implementation standen. Dazu die BAG:

  „Die BAG bedauert außerordentlich, daß das im Erprobungsprogramm entwickelte System zur Beratung und Fortbildung von Fachkräften in Aufbau und Leistungsfähigkeit nicht aufrechterhalten wurde, wozu offensichtlich die große Zeitspanne zwischen Beendigung des Erprobungsprogramms und der Vorlage des Auswertungsberichtes wesentlich beigetragen hat" (Bundesarbeitsgemeinschaft, in: Krappmann & Wagner 1983, S. 536).

- Die Fachberater hatten mit dem Erprobungsprogramm in der Regel nur am Rande zu tun, so daß ihnen die professionalisierenden Vorerfahrungen der Moderatoren fehlten und sie sich in ihrer Beratungtätigkeit – so beispielsweise in Berlin – eher an ihren Bezugsdisziplinen orientierten; ihre mögliche Rolle in der Implementation war auf überregionaler Ebene kein Thema.

- Auch eine Vernetzung der Systeme Innovation und Ausbildung unterblieb. Die Ausbildungseinrichtungen standen weder mit den Modellversuchen noch mit dem Erprobungsprogramm in systemischer Verbindung. Eine überregional gestützte, nachholende Reform der Ausbildung wurde mit dem Ende des Erprobungsprogramms nicht eingeleitet. Es entstand eine Diskrepanz zwischen dem Konzept des situationsbezogenen Arbeitens in den Kindergärten und den Inhalten, den Methoden und der Struktur des Unterrichts in den Ausbildungseinrichtungen. Ein nach Schlüsselsituationen organisiertes Curriculum geriet in Kontrast zum Fächerkanon und Stundenrhythmus. Es bestanden keine Vorstellungen darüber,

das Theorie-Praxis-Verhältnis der Ausbildungseinrichtungen zu dynamisieren und als Teil des Implementationsprozesses zu definieren. Auch das Verhältnis von Tiefe und Breite der Erzieherinnenausbildung wurde – angesichts des durch die Reform entstandenen neuen Qualifikationsprofils mit dem Ende des Erprobungsprogramms – nicht neu bestimmt.
- Der hohen Fluktuation von Erzieherinnen – bis zu einem Drittel pro Jahr während des Erprobungsprogramms – wurde nicht durch berufliche Anreize entgegengesteuert (Deutsches Jugendinstitut, Projektgruppe Erprobungsprogramm 1979, S. 555). Es gab keinen Plan, die in den Modellversuchen und im Erprobungsprogramm professionalisierten Erzieherinnen auf breiter Ebene in die Implementation der Ergebnisse, d.h. in die Fortbildung oder das *in service training* von weniger reformerfahrenen Erzieherinnen einzubeziehen.
- Die durch Drittmittel geförderte Begleitforschung des Erprobungsprogramms (insbesondere des Deutschen Jugendinstituts) mußte sich neue Themen suchen, um neue Finanzierungen zu erschließen. Diese Themen waren nicht aus Erfordernissen der Implementation abgeleitet, sondern folgten anderen Schwerpunktsetzungen (wie z.B. Integration behinderter Kinder, interkulturelle Erziehung, Medienpädagogik, Landkinder). Eine grundlagenorientierte Forschung zu Desiderata des Situationsansatzes gab es weder während des Erprobungsprogramms noch im Anschluß daran.
- Zu einer unmittelbaren Anwendung des Situationsansatzes in anschließenden Modellversuchen kam es bei der Entwicklung interkultureller Erziehung in Berliner Kindertagesstätten und Grundschulen. Aber auch hier fand nach dem Auslaufen der auf fünf Jahre angelegten Projekte keine Implementation statt. Immerhin: Der Situationsansatz wirkte in die schulpolitische Debatte der achtziger und neunziger Jahre hinein – unter den Stichworten 'Öffnung der Schule Richtung Gemeinwesen' und 'Nachbarschaftsschule'. Bildungspolitische Akzente dieser Art wurden in mehreren Ländern gesetzt (Bremen, Hamburg, Hessen, Niedersachsen, Nordrhein-Westfalen, Saarland, Schleswig-Holstein), die praktischen Entwicklungen sind – nimmt man englische *Community Schools* als Maßstab – über erste Ansätze nicht hinausgekommen (Zimmer & Niggemeyer 1986; Klement 1990; Buhren 1994).

Heute, Mitte der neunziger Jahre, dürfte der Versuch der Spurensicherung zum Entwurf einer Landkarte führen, auf der neben einer Minderheit produktiver Inseln – Einrichtungen, die die Reformstandards gehalten und weiterentwickelt haben – eine größere Gruppe von Einrichtungen zu finden ist, in denen immerhin einzelne Merkmale des Reformkonzepts verankert sind. Eine von der Zahl her noch umfänglichere Gruppe aber dürfte sich *back to basics* bewegt haben, und das meint: Frühling, Sommer, Herbst und Winter als curriculares Substrat, Beschäftigungspädagogik auf kleiner Flamme. Angesichts der bröckelnden Festung Europa und des Sachverhalts, daß wir Europäer zunehmend dem auffrischenden Wind des Weltmarktes ausgesetzt sind, von unseren Hochsitzen herunter und lernen müssen, auf die eigenen

Füße zu fallen, ist diese Inszenierung einer Kindheit der Langeweile und
Überhütung nicht eben das, was Kinder brauchen, um sich auf ihre schwierige Zukunft vorzubereiten.

Anmerkungen

1. Dieser Beitrag ist Teil des Abschlußberichtes zur Studie *Evaluation des Erprobungsprogramms* (Anne Heck, Christa Preissing, Thomas Thiel, Lothar Krappmann, Jürgen Zimmer), eine erweiterte Fassung ist erschienen in: Neue Sammlung 4/1995.
2. Ähnliche Kontroversen prägten damals auch die Diskussionen der wissenschaftlichen Berater der ARD und des ZDF in der Frage einer Übernahme oder Nicht-Übernahme der *Sesame Street* – mit dem Ergebnis, daß sich das ZDF mit der *Rappelkiste* und auch mit späteren Serien für Kinder (zuletzt: *Karfunkel*) am Situationsansatz orientierte, während bei der ARD die Adaptation der *Sesamstraße* zunächst stark von Funktionstrainingsprogrammen bestimmt war.

Literatur

Arbeitsgruppe Vorschulerziehung (1974): Vorschulische Erziehung in der Bundesrepublik. München: Juventa.
Beller, E.K. (1984): Untersuchungen zur familialen und familienergänzenden Erziehung von Kleinstkindern. In: Zimmer, J. (Hrsg.): Erziehung in früher Kindheit. Enzyklopädie Erziehungswissenschaft, Bd. 6. Stuttgart: Klett Cotta, S. 207-234.
Bendit, R. & Heimbucher, A. (1977): Von Paulo Freire lernen. München: Juventa.
Buhren, K.G. (1994): Community Education als innere Schulreform. Dortmund: Institut für Schulentwicklungsforschung.
Bund-Länder-Kommission für Bildungsplanung (1976): Fünfjährige in Kindergärten, Vorklassen und Eingangsstufen. Bericht über eine Auswertung von Modellversuchen. Bonn.
Damerow, P., Elwitz, U., Keitel, Ch. & Zimmer, J. (1974): Elementarmathematik: Lernen für die Praxis? Ein exemplarischer Versuch zur Bestimmung fachüberschreitender Curriculumziele. Mit Einführungen von Karl Peter Grotemeyer und Carl Friedrich von Weizsäcker. Stuttgart: Klett.
Deutscher Bildungsrat (1970): Strukturplan für das Bildungswesen. Stuttgart: Klett.
Deutscher Bildungsrat (1973): Zur Einrichtung eines Modellprogramms für Curriculum-Entwicklung im Elementarbereich. Empfehlungen der Bildungskommission. Stuttgart: Klett.
Deutsches Jugendinstitut – Arbeitsgruppe Vorschulerziehung et al. (1980/81): Curriculum Soziales Lernen. 10 Textteile und 10 Bildteile. München: Kösel.
Deutsches Jugendinstitut – Projektgruppe Erprobungsprogramm (1979): Das Erprobungsprogramm im Elementarbereich. Teil I, II, III. München: Verlag Deutsches Jugendinstitut.
Fachtagung Elementarbereich '80: Der Kindergarten heute – was er kann, was er soll. Berlin: Geschäftsstelle des Pestalozzi-Fröbel-Verbandes.

Höltershinken, D. (1981): Grundsätzliche Fragen und Probleme situationsorientierter Konzepte und Materialien für die Arbeit im Kindergarten. In: Zentralverband katholischer Kindergärten und Kinderhorte Deutschlands e.V. (Hrsg.): Pädagogische Konzeptionen und Materialien für die pädagogische Arbeit im Kindergarten: Situationsorientierte Ansätze. Freiburg, S. 2ff.

Karsten, M.E. (1979): Der Beitrag von Modellversuchen und Erprobungsprogrammen zur Innovation der Elementarerziehung. In: Karsten, M.E. & Kaufmann H.B.: Innovation im Elementarbereich: Modellversuche, Erprobungsprogramme und was dann? Münster: Comenius-Institut, S. 1ff.

Klement, Ch. (1990): Gemeinwesenorientierte Bildung und Erziehung im Sinne von Community Education als Antwort auf gesellschaftspolitische Herausforderungen der Gegenwart. Frankfurt: P. Lang.

Knab, D. (1969): Curriculumforschung und Lehrplanreform. In: Neue Sammlung, 9, S. 169-185.

Krappmann, L. (1984): Das Erprobungsprogramm und seine Folgen. In: Zimmer, J. (Hrsg.): Erziehung in früher Kindheit. Enzyklopädie Erziehungswissenschaft, Bd. 6. Stuttgart: Klett Cotta, S. 39-54.

Krappmann, L. & Wagner, J. (1983): Erprobungsprogramm im Elementarbereich – Bericht über eine Auswertung von Modellversuchen. Bonn: Bund-Länder-Kommission für Bildungsplanung und Forschungsförderung.

Küchenhoff, W. & Oertel, F. (Hrsg.) (1976): Der niedersächsische Modellversuch zur Sozialerziehung in Kindergärten. Hannover: Schrödel.

Midwinter, E. (1973): Patterns of Community Education. London.

Ministerium für Arbeit, Gesundheit und Soziales des Landes Nordrhein-Westfalen (1974): Arbeitshilfen zur Planung der Arbeit im Kindergarten. Düsseldorf.

Robinsohn, S.B. (1967): Bildungsreform als Revision des Curriculum. Neuwied: Luchterhand.

Robinsohn, S.B. (1969): Ein Strukturkonzept für Curriculumentwicklung. In: Zeitschrift für Pädagogik, 15, S. 631-653.

Robinsohn, S.B. (1992): Comparative education: A basic approach. Jerusalem.

Zimmer, J. (1969): Curriculumforschung: Chance zur Demokratisierung der Lehrpläne. In: Didactica, 3, S. 32ff.

Zimmer, J. (Hrsg.) (1973): Curriculumentwicklung im Vorschulbereich. München: Piper, 2 Bde.

Zimmer, J. (1984): Der Situationsansatz als Bezugsrahmen der Kindergartenreform. In: Zimmer, J. (Hrsg.): Erziehung in früher Kindheit. Enzyklopädie Erziehungswissenschaft, Bd. 6. Stuttgart: Klett Cotta, S. 21-38.

Zimmer, J. & Niggemeyer, E. (1986): Macht die Schule auf, laßt das Leben rein. Von der Schule zur Nachbarschaftsschule. Weinheim: Beltz.

Zimmer, J. (Hrsg.) (1989/90): Interkulturelle Erziehung in der Grundschule. Weinheim: Beltz, 11 Bde.

Karl White

Frühintervention bei behinderten Kindern: Größere Wirksamkeit bei Elternbeteiligung?

1. Einleitung

Seit den frühen sechziger Jahren ist in den USA eine allmähliche, aber stetige Zunahme von Frühinterventionsprogrammen für behinderte Kinder zu verzeichnen. Seit diese Programme eingeführt wurden, herrscht die weitverbreitete und kaum in Frage gestellte Meinung vor, daß diese Programme dann besonders wirksam sind, wenn sich die Eltern aktiv daran beteiligen. So behauptet z.B. Bronfenbrenner (1974):

„Ohne den Einbezug der Familie ist die Intervention nicht erfolgversprechend, und die wenigen erzielten Erfolge drohen zu verschwinden, sobald die Intervention zu Ende ist" (S. 300).

In ähnlicher Weise wird von Karnes & Lee (1978) festgestellt:

„Eltern und andere Familienmitglieder spielen eine bedeutende Rolle bei der Förderung, Bekräftigung und Erhaltung der in den Vorschuljahren erzielten Entwicklungserfolge. Um zu verhindern, daß behinderte Kinder in ihrer Entwicklung zurückfallen, ist der Einbezug der Eltern ein Muß ... Kein Programm für behinderte Kleinkinder kann als vorbildlich betrachtet werden, solange Eltern nicht aktiv daran beteiligt sind" (S. 14, 19).

Auch das angesehene *United States Government Accounting Office* (GAO) kam nach einer Überprüfung existierender Programme für behinderte Kleinkinder zu dem Schluß, daß „die erfolgreichsten Programme die mit einer engen Elternbeteiligung sind" (Comptroller General 1979, S. 30).
Als neueres Beispiel für die weitverbreitete Meinung, daß die Beteiligung von Eltern für das Gelingen von Frühinterventionsprogrammen wesentlich ist, läßt sich die Bundesgesetzgebung von 1986 (Novellierung zum *Education of the Handicapped Act, Public Law* 99-457) nennen. Dieses Gesetz, das das Angebot von 'angemessenen' Interventionsprogrammen für alle drei- bis fünfjährigen behinderten Kinder in den USA verpflichtend vorschreibt, wurde von einem Kommissionsbericht begleitet, der die hinter diesem Gesetz stehenden Grundprinzipien zusammenfaßt:

„Die Kommission fand überwältigende Beweise dafür, daß die Familie die primäre Lernumgebung für Kinder unter sechs Jahren darstellt und daß Eltern und Fachleute miteinander kooperieren müssen" (House-Report 99-860, zitiert nach Gilkerson, Hillard, Schrag & Shonkoff 1987, S. 20).

Die Auffassung, daß Frühinterventionen effektiver sind, wenn die Eltern der beteiligten Kinder einbezogen werden, wird auch durch eine Analyse von 52 Übersichtsartikeln zur Wirksamkeit früher Intervention verdeutlicht, die White, Bush & Casto (1985) vorgenommen haben. Die häufigste Schlußfolgerung in diesen Übersichtsartikeln war, „daß der Einbezug von Eltern mit besseren Ergebnissen der Intervention verbunden ist" (S. 423). Obwohl der Einbezug von Eltern geradezu ein Axiom in der Literatur zur Frühintervention darstellt, bleibt die Art und Weise, wie Eltern einbezogen werden sollten, interessanterweise weitgehend unbestimmt.

Die Interventionsprogramme, die ein hohes Maß an elterlicher Beteiligung für sich beanspruchen, schließen gewöhnlich eine oder mehrere der folgenden Komponenten mit ein:
- Die Eltern werden dazu angehalten, ihren Kindern entwicklungsgemäße Fertigkeiten beizubringen.
- Den Eltern und anderen Familienmitgliedern wird soziale und emotionale Unterstützung entgegengebracht.
- Zwischen den Eltern und den Fachleuten findet ein Informationsaustausch statt.
- Die Eltern beteiligen sich an Aktivitäten in der Kindergruppe.
- Den Eltern wird geholfen, eine bessere Eltern-Kind-Beziehung zu entwickeln.
- Den Eltern wird geholfen, Zugang zu Unterstützungsmöglichkeiten und -diensten in der Gemeinde zu finden.

Interessanterweise gibt es trotz der seit 30 Jahren bestehenden Forderung nach dem Einbezug von Eltern weder ein allgemein akzeptiertes Curriculum für die Elternbeteiligung noch ein allgemein akzeptiertes explizites Verständnis davon, was unter einem extensiven Elterneinbezug verstanden werden soll. Erwähnenswert ist auch die Tatsache, daß die Gründe, warum sich Eltern an Interventionsprogrammen beteiligen sollen, in hohem Maße variieren. Allerdings gibt es einige Gründe, die immer wieder genannt werden. Die folgende Zusammenfassung beruht auf Begründungen, wie sie von Bristol & Gallagher (1982), Foster, Berger & McLean (1981), Peterson (1987) und Turnbull & Turnbull (1986) vorgebracht wurden:
- Da Eltern für das Wohlergehen ihrer Kinder verantwortlich sind, haben sie eine moralische Verpflichtung ihnen gegenüber. Außerdem haben die meisten Eltern auch den Wunsch, an Frühinterventionsprogrammen ihrer Kinder teilzunehmen.
- Wenn sich Eltern selbst ein Bild über das Interventionsprogramm ihrer Kinder machen können, sind sie eher in der Lage, für eine Fortsetzung und Erweiterung solcher Programme einzutreten.
- Die Elternbeteiligung bei solchen Programmen ergibt einen größeren Nutzen für die teilnehmenden Kinder.
- Die Elternbeteiligung erbringt auch für die Eltern und anderen Familienmitglieder einen Nutzen.

- Durch den Elterneinbezug können dieselben Ergebnisse für die teilnehmenden Kinder mit geringerem Kostenaufwand erzielt werden.
- Der Erfolg solcher Programme hält für die teilnehmenden Kinder länger an, wenn die Eltern einbezogen sind.

Der Mehrzahl dieser Argumente liegt der Glaube zugrunde, daß die Frühintervention erfolgreicher ist, wenn sich Eltern aktiv an ihr beteiligen. Indessen fehlen empirische Belege für diese Position weitgehend. Zum Beispiel führten White, Taylor & Moss (1992) eine Meta-Analyse von über 240 Untersuchungen durch, in denen Eltern stark oder nicht so stark in das Interventionsprogramm einbezogen waren. Darüber hinaus wurden 17 experimentelle Untersuchungen mit direktem Vergleich von verschiedenen Intensitätsgraden des Elterneinbezugs berücksichtigt. Mit Bezug auf die Frage im Titel ihres Beitrags *Does research support claims about the benefits of involving parents in early intervention programs?* kommen White et al. zu dem Schluß:

„Es gibt bemerkenswert wenig Belege (für die oft zitierte Behauptung, daß Frühinterventionsprogramme, an denen Eltern aktiv beteiligt sind, einen größeren Nutzen für die teilnehmenden Kinder und Familienangehörigen haben) ... Die von namhaften Rezensenten der Literatur über Frühinterventionsprogramme zitierten Daten sind weitgehend widersprüchlich oder für eine solche Behauptung irrelevant. Zweitens, die durchschnittlichen Effektgrößen bei den treatment versus non-treatment Untersuchungen waren bei treatments mit Elterneinbezug und solchen ohne Elterneinbezug ungefähr gleich groß. Von besonderer Bedeutung ist schließlich, daß der direkte Vergleich für behinderte und benachteiligte Kinder darauf hindeutet, daß der Nutzen einer Elternbeteiligung an Frühinterventionsprogrammen, wenigstens in der Weise, wie diese bisher gehandhabt werden, nicht vorhanden oder sehr gering ist. ... (Außerdem) sind Behauptungen, daß eine Elternbeteiligung an Frühinterventionsprogrammen zu länger andauernden Erfolgen führt oder kostengünstiger zu erhalten ist, ohne Grundlage und sollten solange unbeachtet bleiben, bis sie durch fundierte Forschungsergebnisse gestützt werden" (S. 118).

Die Schlußfolgerungen von White et al. stimmen weitgehend mit einer Beobachtung von Kuno Beller (1979) überein, die er ein Jahrzehnt zuvor machte:

„Trotz der Überzeugungskraft des Arguments, stützen die vorhandenen Befunde nicht die Annahme, daß es die Eltern sind, die für die anhaltenden Effekte dieser Frühförderprogramme ausschlaggebend sind" (S. 890).

Die Situation bezüglich des Elterneinbezugs läßt sich für die Mitte der achtziger Jahre in den USA wie folgt zusammenfassen:
- Es gibt eine breite Übereinstimmung darüber, daß Frühinterventionsprogramme erfolgreicher sind, wenn Eltern einbezogen werden.
- Es gibt nur vage Angaben darüber, was die Beteiligung von Eltern an Frühinterventionsprogrammen im einzelnen bedeutet.
- Es gibt kaum empirische Belege für die Annahme, daß die Beteiligung von Eltern zu erfolgreicheren Frühinterventionsprogrammen führt.

Ausgehend von der beschriebenen Situation überrascht es nicht, daß White et al. (1992) ihren Übersichtsartikel zum Nutzen von Elternbeteiligung mit der Forderung nach weiteren Untersuchungen beenden:

„Die Tatsache, daß bestehende Gesetze die Beteiligung der Eltern an Frühinterventionsprogrammen für behinderte Kinder und Risikokinder vorschreiben, unterstreicht die Notwendigkeit, genauer zu untersuchen, welche Form der Beteiligung am günstigsten für die Kinder und ihre Familienangehörigen ist. ... Solange wir nicht damit beginnen, die Effekte unterschiedlicher Elternbeteiligung systematisch zu untersuchen, werden wir nie herausfinden, welche Form der Elternbeteiligung am günstigsten für die Kinder und ihre Familienangehörigen ist. Wir können nicht länger davon ausgehen, daß alle Formen der Elternbeteiligung günstig sind, oder uns für die Notwendigkeit einer bestimmten Form der Elternbeteiligung aussprechen, wenn es dafür keine Belege gibt" (S. 120).

Ziel des vorliegenden Beitrags ist es, die Ergebnisse zweier Untersuchungen zusammenzufassen, in denen der Nutzen einer häufig verwendeten Form des Elterneinbezugs bei Frühinterventionsprogrammen untersucht wurde, und anhand dieser Untersuchungen Schlußfolgerungen zu ziehen sowie Empfehlungen im Hinblick auf eine Elternbeteiligung bei Frühinterventionsprogrammen auszusprechen.

2. Untersuchungsdurchführung

In diesem Abschnitt werden das grundlegende experimentelle Design, die Interventionsstrategien und Techniken der Datensammlung für beide Untersuchungen beschrieben. Einzelheiten zu den Untersuchungen finden sich in Boyce, White & Kerr (1993) sowie Innocenti, Hollinger, Escobar & White (1993).

2.1. Formen von Frühinterventionsprogrammen

Da der Terminus 'Elterneinbezug/Elternbeteiligung' unterschiedliche Bedeutungen haben kann, war es zunächst notwendig, die Form der zu untersuchenden Elternbeteilung zu definieren. Dies geschah durch eine systematische Analyse von 172 früheren Untersuchungen über Frühinterventionsprogramme, die eine deutliche Elternbeteiligungskomponente enthielten. Eine Inhaltsanalyse dieser Untersuchungen zeigte, daß die üblicherweise verwendeten Elternbeteiligungsprogramme in zwei Kategorien eingeteilt werden können:
1) Programme, bei denen von den Eltern eine bestimmte Form der Intervention oder Vermittlung dem Kind gegenüber erwartet wird;
2) Programme, bei denen das Fachpersonal den Eltern und Familienmitgliedern (als Zielpersonen) unterstützend zur Seite steht.
    Anhand der Grundkategorien und der Unterkategorien, die in Tabelle 1 zu sehen sind, wurden die 172 Untersuchungen der jeweiligen Form elterlicher Beteiligung entsprechend der ersten oder zweiten Kategorie zugeordnet.
    Die am häufigsten auftretende Form des Elterneinbezugs ist entsprechend Abbildung 1 diejenige, bei der die Eltern eine Intervention bei ihrem behinderten Kind durchführen, also als Kotherapeuten auftreten.

Tabelle 1: Typen des Elterneinbezugs bei Frühinterventionsprogrammen

	Elterliche Unterstützung für das Kind
Intervention durch Eltern:	Eltern bringen dem Kind Fertigkeiten bei, die seiner Entwicklung entsprechen (z.B.: Motorik, Sprache, Selbständigkeit).
Eltern-Kind-Beziehung:	Eltern nehmen an den Aktivitäten teil, um die Bindung und Beziehung zu dem Kind zu verbessern.
Sensorische Stimulation:	Stimulierung der Sinne über Tätigkeiten wie Drehen, Rollen oder Streicheln.
Eltern als Helfer in der Gruppe:	Eltern dienen als Helfer für ihr Kind und auch für andere Kinder in der Gruppe.
	Hilfen für Eltern/Familie
Emotionale Unterstützung:	Psychologische Angebote, Beratung und/oder Unterstützung in Gruppen für Eltern und Familien.
Zugang zu Ressourcen:	Eltern und Familien unterstützen beim Zugang zu kommunalen und staatlichen Ressourcen wie Kinderbetreuung, medizinische Betreuung, Unterstützungsleistungen bei Essen und Wohnen.
Elterliche Fähigkeiten:	Eltern angemessenen Umgang mit dem Kind, Werte usw. vermitteln.
Berufliche Bildung:	Berufsbildende Maßnahmen für Eltern.
Wissen über kindliche Entwicklung:	Eltern über allgemeine Entwicklung unterrichten (z.B. Piagetsche Stufen, motorische Entwicklung, psychologische Stadien etc.).
Entlastungsbetreuung:	Entlastung der Eltern bei Betreuungsaufgaben.

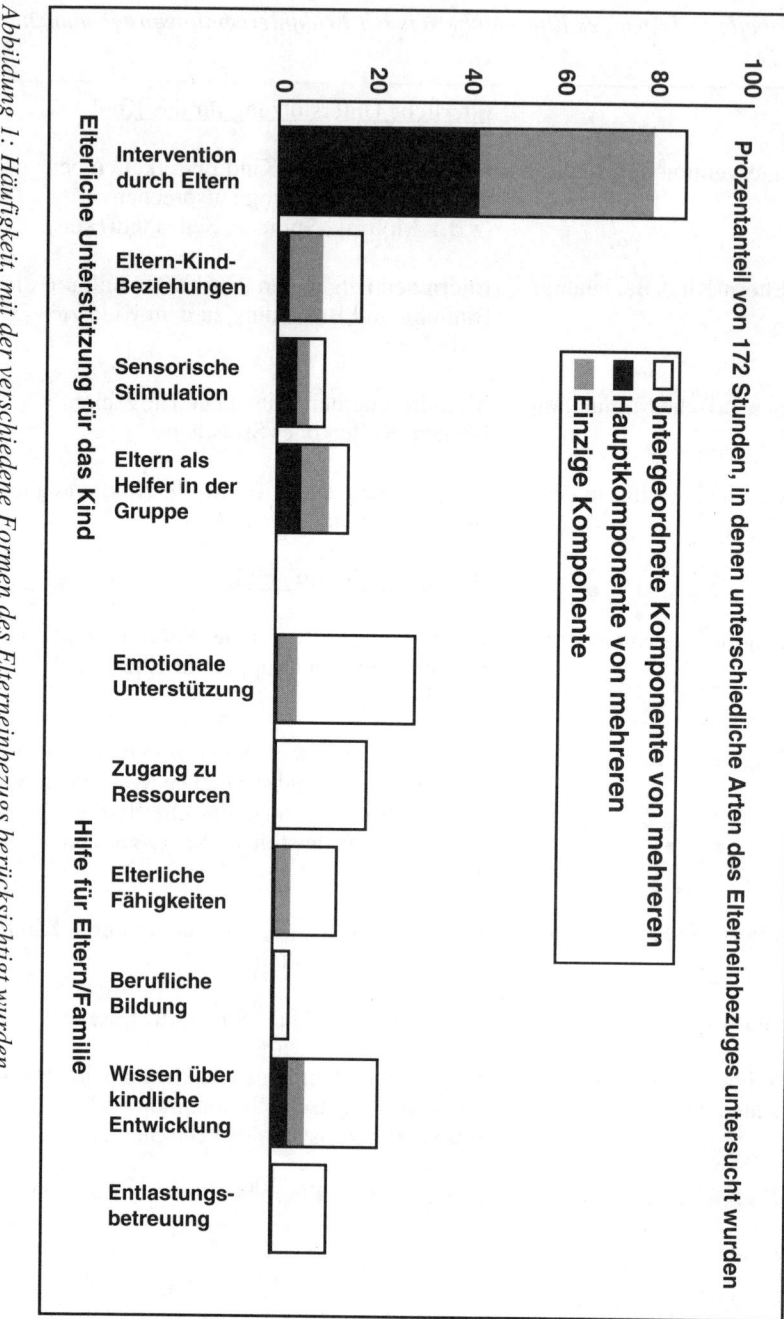

Abbildung 1: Häufigkeit, mit der verschiedene Formen des Elterneinbezugs berücksichtigt wurden.

Die Unterstützung der Eltern oder anderer Familienmitglieder war nur in Einzelfällen das Hauptanliegen. Dieses Muster war stabil über die Zeit (von den späten sechziger Jahren bis zur Mitte der achtziger Jahre) und unabhängig von der Schwere der Behinderung oder dem Grad der Gefährdung.

Auf der Grundlage dieser Analyse wurde eine Serie von Untersuchungen entworfen, in denen jeweils ein Vergleich zwischen zwei Kindergruppen durchgeführt wurde. In jeder dieser Untersuchungen nahmen die Kinder aus beiden Gruppen an einem umfassenden Interventionsprogramm in einer Einrichtung teil, zu dem man sich für zweieinhalb Stunden an fünf Tagen in der Woche traf. Jede Klasse bestand aus neun bis zwölf Kindern und wurde von einer examinierten sonderpädagogischen Fachkraft und ausgebildeten Laienmitarbeitern betreut. Zusätzlich sorgten – soweit erforderlich – examinierte Therapeuten für auf die einzelnen Kinder zugeschnittene Sprech-, Sprach- und Bewegungstherapien. Die Kinder wurden ihrem Entwicklungsstand entsprechend gruppiert, und der Kind-Erwachsenen-Schlüssel lag bei 3,5:1. Bei jeder der Untersuchungen nahmen die Kinder als Teil des Interventionsprogramms an Aktivitäten teil, die dazu dienen sollten, ihre Entwicklung in den Bereichen Motorik, Sprechen/Sprache, Selbständigkeit, Kognition und soziale Fähigkeiten zu fördern. Spezielle Aktivitäten für jedes Kind erfolgten entsprechend einem individuell abgestimmten Erziehungsplan (IEP) und wurden im Rahmen einer Kombination von Groß- und Kleingruppenarbeit sowie Einzelarbeit durchgeführt. Abgesehen von dem Kontakt einmal im Jahr bei der Erarbeitung des individuellen Erziehungsplans (IEP) und dem Bringen und Abholen der Kinder, gab es kaum einen Elterneinbezug in die Interventionsaktivitäten dieses einrichtungsgestützten Programms.

Ungefähr die Hälfte der Kinder wurde nach dem Zufallsprinzip einer Gruppe zugeordnet, in der diese Kinder ebenfalls an dem in der Einrichtung stattfindenden Interventionsprogramm teilnahmen, während ihre Eltern zusätzlich in ein speziell entwickeltes Curriculum zur Verbesserung der Elternbeteiligung einbezogen waren. Im Rahmen des Elternbeteiligungscurriculums wurde den Eltern vermittelt,

a) wie Kinder zu Hause in entwicklungsfördernde Aktivitäten einbezogen werden können,
b) wie man effektiver mit dem pädagogischen Personal interagieren kann,
c) wie man Prinzipien der kindlichen Entwicklung verstehen und anwenden kann.

Zusätzlich ermöglichte das Curriculum einen Austausch mit anderen Eltern über die Herausforderungen, die der Umgang mit einem behinderten Kind mit sich bringt.

Die Eltern von Kindern aus dieser Gruppe wurden dazu eingeladen, an 15 bis 20 eineinhalbstündigen Sitzungen teilzunehmen, in denen über Themen zu den oben erwähnten allgemeinen Zielsetzungen diskutiert wurde. Jede Woche wurden die Eltern gebeten, mit ihrem Kind zu Hause bestimmte Aktivitäten durchzuführen, die auf die individuellen Bedürfnisse des Kindes zugeschnitten waren und spezifische Fähigkeiten fördern sollten.

In Absprache mit den Gruppenleitern entschieden sich die Eltern für ein bestimmtes Ziel, welches ihr Kind erreichen sollte (z.B. Selbständigkeit in einem bestimmten Bereich oder Erlernen einer bestimmten Fähigkeit), und erarbeiteten dann gemeinsam mit dem Gruppenleiter ein entsprechendes Interventionsprogramm für zu Hause. Wenn das Kind eine Fertigkeit beherrschte, wurde eine neue ausgewählt.

Wie oben erwähnt, wurde eine Serie von Untersuchungen mit demselben konzeptuellen Rahmen durchgeführt, um herauszufinden, ob die Beteiligung der Eltern wirklich effektivere Interventionen bedingt. Zwei dieser Untersuchungen sollen in diesem Beitrag kurz beschrieben werden, um zu zeigen, wie mit Hilfe eines systematischen experimentellen Vergleichs die Effekte eines Elterneinbezugs bei Frühinterventionprogrammen besser verstanden werden können.

2.2. Zuordnung zu den Gruppen

In Untersuchung I wurden 56 Kinder und in Untersuchung II 76 Kinder mit leichten bis schweren Behinderungen den beiden oben beschriebenen Gruppen zufällig zugeordnet. Vor der Zufallszuweisung wurden die Kinder nach Alter, Entwicklungsstand und elterlicher Motivation (nach Erziehereinschätzung) stratifiziert, um die statistische Stärke des Designs zu erhöhen und die Wahrscheinlichkeit von zufälligen Unterschieden in wichtigen Variablen vor der Intervention zu vermindern. Die Zuordnung der Kinder zu den einzelnen Gruppen erfolgte durch Forscher, die nichts mit dem Interventionsprogramm zu tun hatten. So wurde sichergestellt, daß jedes Kind dieselbe Zuweisungswahrscheinlichkeit hatte. Es wurde ein breites Spektrum an demographischen Daten erhoben (z.B. Alter des Kindes; Familieneinkommen, Vollständigkeit der Familie; Alter, Berufstätigkeit und Bildung der Eltern etc.), um so zu überprüfen, ob es vor der Intervention Unterschiede in wichtigen Variablen zwischen den Gruppen gab. Von den 32 statistischen Vergleichen, die zwischen den Gruppen in den beiden Untersuchungen vorgenommen wurden, wiesen nur fünf signifikante Unterschiede auf ($p \leq .05$), die jedoch keinen Vorteil für eine der Gruppen erkennen ließen. Ebenfalls wurden Vortestdaten – Kind- und Familienmaße – für beide Gruppen erhoben. Von den 26 vorgenommenen statistischen Vergleichen der Vortest-Daten in jeder der beiden Untersuchungen war nur einer statistisch signifikant ($p \leq .05$). Die durchschnittliche Effektgröße für die Unterschiede bei den Vortest-Daten der beiden Gruppen war über beide Untersuchungen hinweg -.02 Standardabweichungen, ein Hinweis dafür, daß die Zuordnung zu den beiden Gruppen nach Zufallsgesichtspunkten sehr erfolgreich war und zwei vergleichbare Gruppen entstanden waren.

2.3. Datenerhebung

Die Daten für beide Untersuchungen wurden von Mitarbeitern erhoben, die weder Kenntnisse über das Ziel der Untersuchung noch über die Gruppenzugehörigkeit der Probanden hatten. Jeder dieser Mitarbeiter nahm an einem umfangreichen Trainingsprogramm teil, um so eine korrekte Durchführung der Tests zu gewährleisten. Zusätzlich wurden 10 % aller Testdurchführungen entweder durch einen weiteren Mitarbeiter ausgewertet oder auf Video aufgenommen und von einem anderen Mitarbeiter des Forschungsteams kontrolliert, um sicherzustellen, daß alle Daten auf standardisierte Weise erhoben wurden.

Es wurde eine umfangreiche Testbatterie mit Kind- und Familienmaßen verwendet, um die Effekte der verschiedenen Frühinterventionsprogramme zu bewerten. Die Datenerhebung erfolgte zu Beginn der Untersuchung und wurde dann jährlich wiederholt, über einen Zeitraum von acht Jahren bei der Untersuchung I und über einen Zeitraum von sieben Jahren bei der Untersuchung II. Nicht jeder Test wurde zu jedem Erhebungszeitpunkt erhoben (der Datenerhebungsplan wird weiter unten erläutert). Viele Maße wurden in beiden Untersuchungen verwendet (vgl. Tabelle 2), andere nur in der einen oder der anderen Untersuchung (vgl. Tabelle 3). Die Maße, die eingesetzt wurden, um die Effekte der verschiedenen Frühinterventionsprogramme zu bewerten, wurden anhand des biosozialen Systems, wie es von Ramey & Bryant (1992) beschrieben worden ist, ausgewählt. Die Begründung, wie die verschiedenen Maße in diesen konzeptuellen Bezugsrahmen passen, wird ausführlicher bei White & Boyce (1993) beschrieben.

Tabelle 2
Beschreibung der verwendeten Tests aus Untersuchung I

Instrument	Beschreibung
Kindmaße	
Battelle Developmental Inventory (BDI) (Newborg, Stock, Wnek, Guidubaldi & Wviniki 1984)	Norm-orientierter funktionaler Entwicklungstest. Testen des Kindes und Elterninterview. Ermittelt werden personale/soziale Entwicklung, Adaption, Motorik, Kommunikation und kognitive Fähigkeiten sowie ein Gesamtwert.
Developmental SPECS-Teacher (System to Plan Early Childhood Services) (Bagnato & Neisworth 1990)	Ermittelt die Erwachsenenwahrnehmung (anhand von Einschätzungen) der kindlichen Fähigkeiten in 20 Entwicklungsdimensionen, die sechs Gebiete umfassen: Kommunikation, Sensumotorik, Körperbeherrschung, Selbstregulation, Kognition und Selbst/soziale Entwicklung.

Instrument	Beschreibung
Kindmaße	
Woodcock-Johnson Tests of Achievement-Revised Version (WJ-R) (Woodcock & Johnson 1989)	Norm-orientierter Leistungstest. Der Test ermittelt sechs Aspekte schulischer Leistung: Buchstaben-Wort-Erkennen, Problemlösen von Alltagsaufgaben, Diktat, Kenntnisse in Naturwissenschaften, Sozialkunde und Sprache/Literatur. Es werden Werte für Allgemeinwissen und Werte für Einzelfähigkeiten ermittelt.
Scales of Independent Behavior (SIB) (Bruininks, Woodcock, Weátherman & Hill 1985)	Die SIB ist ein norm-orientierter Test, der die funktionale Unabhängigkeit und die Adaption des Kindes erfaßt. Der Test besteht aus Untergruppen: motorische Fähigkeiten, soziale und kommunikative Fähigkeiten, Fähigkeiten zur Beherrschung des eigenen Lebens und des Lebens in Gemeinschaft. Der Test beruht auf Interviews der Eltern.
Social Skills Rating Scale (Gresham & Elliot 1990)	Norm-orientierte Messung sozialer Fähigkeiten des Kindes (Einschätzung durch Erzieher oder Eltern), wie z.B.: Kontrolle, Durchsetzungsvermögen und Selbstkontrolle. Ebenfalls werden Einstufungen von problematischen Verhaltensweisen und schulischer Kompetenz vorgenommen.
Harter Perceived Competence and Social Acceptance (Harter & Pike 1983)	Ein Bildertest zur Erfassung der wahrgenommenen Kompetenz und der sozialen Akzeptanz junger Kinder. Es werden vier Bereiche erfaßt: kognitive Fähigkeiten, körperliche Fähigkeiten, Akzeptanz der Mutter und Akzeptanz der Gleichaltrigen.
Parent/Child Interaction (E.I.R.I)	15- bis 20minütige Videoaufnahme der Eltern-Kind-Interaktion, die nach den Vorgaben von EIRI gestaltet wird und in der spezielles Spielmaterial verwendet wird. Nach einer Phase des Freispiels kommt Aufräumen, gemeinsames Buchlesen, dann verlassen die Eltern für 45 Sekunden den Raum, kommen zurück, und es folgt wieder Freispiel.
School Placement in Full-Time Special Education	
Familienmaße	
Parenting Stress Index (PSI) (Abidin 1983)	Erfaßt die elterliche Wahrnehmung von Stress im Eltern-Kind-System. Die beiden Hauptgebiete sind kindbezogene Faktoren und Elternfaktoren. Die Orginalfassung wurde 1990 von Abidin auf 36 Items gekürzt. Die drei Gebiete in dieser Kurzform (PSI/SF) sind elterliche Belastung, Eltern-Kind-Interaktion und schwieriges Kind.
Family Support Scale (FSS) (Dunst, Jenkins & Trivette 1984)	Erfaßt die Verfügbarkeit von Unterstützungspotentialen sowie das Ausmaß, in dem die angebotene Unterstützung von Familien mit kleinen Kindern als hilfreich eingeschätzt wird.

Instrument	Beschreibung
Familienmaße	
Family Adaptability and Cohesion Evaluation Scale-III (FACES) (Olson, Portner & Lavee 1985)	Ermittelt ein Gesamtbild der Familie, indem die Anpassungsfähigkeit und der Zusammenhalt der Familie erfaßt wird. Familiärer Zusammenhalt wird über den Grad der Vereinzelung bzw. den Grad der Verbindung der einzelnen Mitglieder mit ihrer Familie erfaßt. Die Anpassungsfähigkeit umfaßt das Ausmaß, in dem das Familiensystem in unterschiedlichen Situationen flexibel und änderungsfähig ist.
Child Improvement Questionnaire (Locus of Control) (Devellis, Revicki & Bristol 1985)	Der Fragebogen ist aus dem Child Improvement Locus of Control (CILC) abgeleitet. Der CILC erfaßt die elterliche Wahrnehmung von Faktoren, die die Entwicklung des behinderten Kindes beeinflussen. Die erhobenen Faktoren sind: Zufallseinflüsse, Anstrengungen des Fachpersonals, Anstrengungen des Kindes und Anstrengung der Eltern sowie Vorsehung.
CES-D Depression Scale (Radloff 1977)	Diese Skala ist ein allgemeiner kurzer Selbstauskunftstest zur Erfassung der Depressionssymptome.
Comprehensive Evaluation of Family Functioning (CEFF) (McLinden 1990)	The CEFF untersucht Bereiche, die für eine Familie mit einem behinderten Kind relevant sind: Zeitbedarf, Akzeptanz, Bewältigungsstrategien, soziale Beziehungen, finanzielle Bedürfnisse, Wohlbefinden und Geschwisterbeziehung. Es ist ein Selbstauskunftstest für Eltern.
Parent Self-Awareness Scale (PSAS) (Snyder, Weeldreyer, Dunst & Cooper 1985)	Die PSAS ist ein 22 Items umfassender Fragebogen, der die elterliche Wahrnehmung der persönlichen Kompetenz, der Fähigkeiten, Entscheidungen zu treffen und Informationen einzuholen, mißt.
Dyadic Adjustment Scale (DAS) (Spanier 1976)	Eine 32 Items umfassende Skala, die die eheliche Zufriedenheit erfaßt. Unterskalen umfassen Übereinstimmung, Zufriedenheit, Zuneigung und Zusammenhalt in der Zweierbeziehung. Es werden Gesamtwerte ermittelt.
Family Functioning Style Scale (FFSS) (Deal, Trivette & Dunst 1988)	Die Skala erfaßt in 26 Items das Ausmaß, in dem eine Person (die Mutter) glaubt, daß ihre Familie sich durch bestimmte Stärken und Fähigkeiten auszeichnet.

Tabelle 3
Zusätzliche Kind- und Familienmaße, die entweder in der Untersuchung I oder II verwendet wurden

Instrument	Beschreibung
Untersuchung I	
Kindmaße	
Minnesota Child Development Inventory (MCDI) (Ireton & Thwing 1974)	Erfaßt die mütterliche Wahrnehmung der kindlichen Entwicklung in acht Bereichen: allgemeine Entwicklung, Grobmotorik, Feinmotorik, sprachlicher Ausdruck, Begriffsverständnis, Situationsverständnis, Selbsthilfe und personale/soziale Entwicklung.
Familienmaße	
Family APGAR (Smilkstein 1978)	Der Family APGAR erfaßt fünf Funktionselemente des Familienlebens. Den Eltern werden Aussagen zu fünf Bereichen vorgelegt, denen sie in unterschiedlichem Grad zustimmen können. Die Familienfunktionen umfassen: Anpassungsfähigkeit (an neue Umstände und Herausforderungen), Partnerschaft (in der Familie), Entwicklung (Unterstützung der Familienmitglieder bei der Übernahme neuer Aufgaben), Zuneigung (der Familienmitglieder zueinander), gemeinsam verbrachte Zeit.
Untersuchung II	
Kindmaße	
Stanford-Binet Intelligence Test Form L-M (Terman & Merrill 1973)	Der Stanford-Binet Test ist ein norm-orientiertes Verfahren zur Messung der allgemeinen Intelligenz.
Joseph Preschool and Primary Self-Concept Screening Test (JSI) (Joseph 1979)	Erfaßt das Selbstkonzept von Kindern im Alter zwischen 3;6 und 9;11 Jahren anhand von Antworten zu Strichzeichnungen. Es wird ein globaler Wert des Selbstkonzeptes ermittelt.
Familienmaße	
Parent as a Teacher Scale (PAAT) (Strom 1984)	Erfaßt elterliche Einstellungen bezüglich verschiedener Aspekte des Eltern-Kind-Interaktions-Systems. Die PAAT-Antworten werden in fünf Bereiche eingeordnet: Kreativität, Frustration, Kontrolle, Spiel sowie Lernen-Lehren.

2.4. Verifikation des Interventionsprogramms

Ein entscheidend wichtiger Teil der Forschungsarbeit bestand darin zu überprüfen, inwieweit die beabsichtigte Intervention tatsächlich umgesetzt und wie sie von den Untersuchungsteilnehmern erfahren wurde. Bedauerlicherweise wird in früheren Untersuchungen selten berichtet, ob Eltern tatsächlich in der Weise einbezogen waren, wie es das Programm vorsah, ob sie verstanden, was von ihnen erwartet wurde, und ob sie das, was sie tun sollten, auch tatsächlich angemessen und beharrlich durchführten.

In beiden Untersuchungen wurde eine Kombination aus Selbst- und externer Beobachtung gewählt, um zu ermitteln, inwieweit die Teilnehmer aus beiden Gruppen in die beabsichtigten Interventionsaktivitäten einbezogen waren, sich an anderen Frühinterventionsprogrammen oder an Aktivitäten außerhalb des Forschungsprogramms beteiligten. Zusätzlich wurde das Auftreten von Ereignis- und Kontextfaktoren (z.B. Auseinanderbrechen der Familie durch Tod oder Scheidung; Wechsel des Arbeitsplatzes der Eltern usw.), von denen ein Einfluß angenommen werden kann, ermittelt. Die Datenerhebung zur Interventionsverifikation schloß Besuche vor Ort durch extern arbeitende Projektmitarbeiter ein, die Checklisten, Fragebögen und Einschätzungsverfahren benutzten, um die Realisierung des Programms zu ermitteln. Weiterhin wurden Anwesenheitslisten, Aufzeichnungen der Erzieherinnen, Elternbefragungen, Interviews und telefonische Überprüfungen verwendet, und der elterliche Kenntnisstand bezüglich der zu vermittelnden Ziele während der Gruppentreffen wurde erhoben. Die Daten zur Verifizierung des Interventionsprogramms zeigten deutlich, daß die Interventionen wie geplant realisiert wurden und daß die gemessenen Außenfaktoren nicht mit der Gültigkeit des experimentellen Vergleichs in Konflikt gerieten.

2.5. Datenanalyse

In jeder Untersuchung wurden Kovarianzanalysen (ANCOVA) durchgeführt, mit deren Hilfe die Kinder der jeweils zwei Gruppen in den oben beschriebenen Kind- und Familienmaßen verglichen wurden. Auch wenn die Kinder den Gruppen zufällig zugewiesen worden waren, die Vortestwerte und die demographischen Daten für beide Gruppen sehr ähnlich waren, konnte über die Kovarianzanalyse eine größere Teststärke erzielt werden, da hierbei auch kleine, vor der Intervention bestehende Unterschiede zwischen den Gruppen statistisch berücksichtigt werden. Sämtliche Vortest- und demographischen Variablen, die vor der Durchführung des Interventionsprogramms gemessen worden waren, wurden als mögliche Kovariate betrachtet. Die endgültige Auswahl der Kovariaten erfolgte in jeder Analyse danach, welche Variable bzw. welcher Variablensatz die höchste Korrelation mit dem jeweiligen Kriterium aufwies. Ebenso wurde jede Variable berücksichtigt, für die sich im Vortest kleinere Unterschiede ergeben hatten. Das statistische Signifikanzniveau wurde für alle Analysen auf $p \leq .10$ festgelegt. Damit sollte eine gewisse Balance zwischen der Auftretenswahrscheinlichkeit eines statistischen Fehlers der ersten oder zweiten Art hergestellt werden. Nach den bei Hopkins (1973) und Cohen (1977) dargestellten Kriterien lag die statistische Stärke bei der Mehrzahl der Variablen in diesen Analysen bei 85 – 90 %, um Gruppenunterschiede im Bereich mittlerer Effektgrößen zu finden.

Der Ausfall von Probanden während der sich über sieben bzw. acht Jahre erstreckenden Erhebungen war sehr gering. Die Untersuchung I begann mit 56 Kindern im Alter von durchschnittlich 42 Monaten; nach 88 Monaten konnten noch von 53 Kindern auswertbare Daten gesammelt werden. Bei Untersuchung II waren es zu Beginn 76 Kinder mit einem Durchschnittsalter von 52 Monaten; nach 81 Monaten standen immerhin noch für 70 Kinder auswertbare Daten zur Verfügung. Eine genauere Darstellung des Vorgehens bei der Datenanalyse unter Einschluß einer Analyse der Stichprobenausfälle findet sich bei Boyce et al. (1993), Innocenti et al. (1993) und Innocenti (1994).

3. Ergebnisse und Diskussion

Um die Ergebnisse zu den umfangreichen Daten, die während der sieben bzw. acht Jahre dauernden Untersuchungen gesammelt wurden, in überschaubarer Form darzustellen, haben wir eine graphische Darstellungsform gewählt. Genauere Informationen zu den einzelnen statistischen Tests, zu Mittelwerten und Standardabweichungen für jede Gruppe in den einzelnen Variablen, Ausfallanalysen und andere wichtige statistische Informationen finden sich in der oben erwähnten Literatur.

In Abbildung 2 und 3 sind die Ergebnisse für die Kind- und Familienmaße der Untersuchung I bzw. II zusammengefaßt. Die in diesen Abbildungen dargestellten Informationen sind wie folgt zu verstehen:

Auf der linken Seite sind die verschiedenen Maße aufgelistet, die zu jedem Meßzeitpunkt erhoben wurden. Die Positionen der Zahlen im mittleren Teil der Seite zeigen die Ergebnisse für das jeweilige Maß zum jeweiligen Erhebungszeitpunkt an, und zwar in Form standardisierter Mittelwertsunterschiede. Liegt die Zahl auf der rechten Seite der Nullinie, bedeutet dies, daß die Gruppe, die die einrichtungsgestützte Intervention unter Einbezug der Eltern erhielt, zu dem entsprechenden Erhebungszeitpunkt (der durch die Zahl angegeben wird) besser abgeschnitten hat. Liegt die Zahl links der Nullinie, hat die Interventionsgruppe ohne Elternbeteiligung besser abgeschnitten.

Betrachten wir z.B. in Abbildung 2 die Ergebnisse für den Subtest 'Kommunikation' des *Battelle Developmental Inventory*. Während der ersten Erhebungsperiode, in der die Kinder durchschnittlich 50 Monate alt waren, gab es einen Unterschied von .09 Standardabweichungen in diesem Subtest zugunsten der Kindergruppe ohne Elternbeteiligung am Interventionsprogramm. Zum Erhebungszeitpunkt 2 (als die Kinder 60 Monate alt waren) gab es einen Unterschied von .10 Standardabweichungen zugunsten der Kindergruppe mit Elternbeteiligung. Zum Erhebungszeitpunkt 3, als die Kinder durchschnittlich 73 Monate alt waren, gab es eine Unterschied von .16 Standardabweichungen ebenfalls zugunsten der Gruppe mit Elternbeteiligung. Schließlich gab es zum Erhebungszeitpunkt 4, als die Kinder durchschnittlich 84

Monate alt waren, einen Unterschied von .24 Standardabweichungen zugunsten der Kindergruppe mit Elternbeteiligung. Unterschiede, die auf dem 10%-Niveau signifikant sind, sind eingekreist. Zwischen jedem Erhebungszeitpunkt lagen ungefähr 12 Monate.

Abbildung 2: Effektstärke der Ergebnisse der Untersuchung I

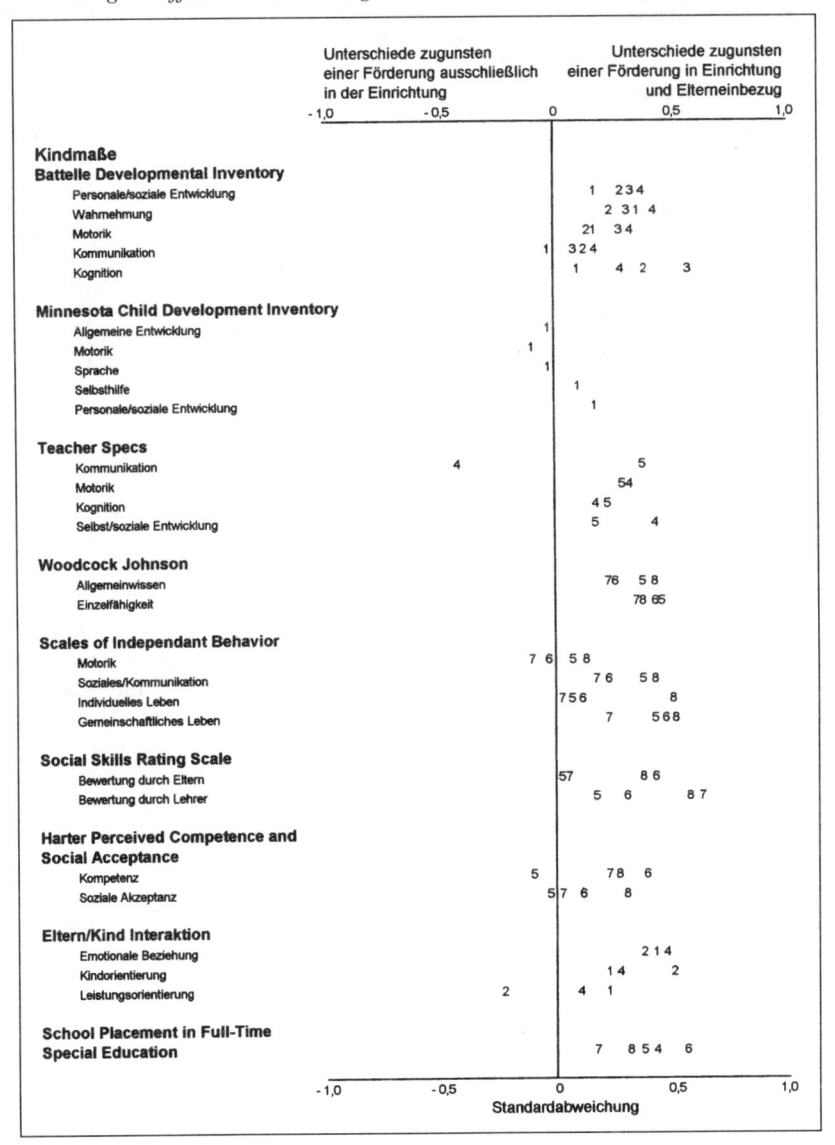

	Unterschiede zugunsten einer Förderung ausschließlich in der Einrichtung	Unterschiede zugunsten einer Förderung in Einrichtung und Elterneinbezug
	-1,0 -0,5 0	0,5 1,0
Kindmaße		
Battelle Developmental Inventory		
Personale/soziale Entwicklung		1 2 3 4
Wahrnehmung		2 31 4
Motorik		21 3 4
Kommunikation	1	3 2 4
Kognition		1 4 2 3
Minnesota Child Development Inventory		
Allgemeine Entwicklung	1	
Motorik	1	
Sprache	1	
Selbsthilfe	1	
Personale/soziale Entwicklung	1	
Teacher Specs		
Kommunikation	4	5
Motorik		5 4
Kognition		4 5
Selbst/soziale Entwicklung		5 4
Woodcock Johnson		
Allgemeinwissen		7 6 5 8
Einzelfähigkeit		78 65
Scales of Independant Behavior		
Motorik	7 6	5 8
Soziales/Kommunikation		7 6 5 8
Individuelles Leben		7 5 6 8
Gemeinschaftliches Leben		7 5 6 8
Social Skills Rating Scale		
Bewertung durch Eltern		5 7 8 6
Bewertung durch Lehrer		5 6 8 7
Harter Perceived Competence and Social Acceptance		
Kompetenz	5	7 8 6
Soziale Akzeptanz		5 7 6 8
Eltern/Kind Interaktion		
Emotionale Beziehung		2 1 4
Kindorientierung		1 4 2
Leistungsorientierung	2	4 1
School Placement in Full-Time Special Education		
		7 8 5 4 6
	-1,0 -0,5 0	0,5 1,0
	Standardabweichung	

Abbildung 2 (Fortsetzung)

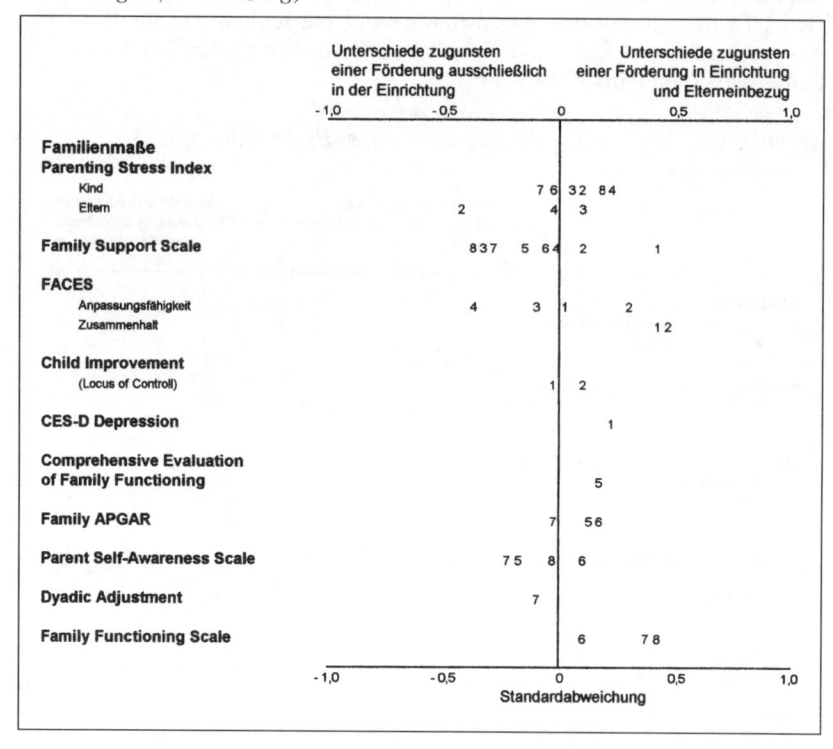

	Unterschiede zugunsten einer Förderung ausschließlich in der Einrichtung			Unterschiede zugunsten einer Förderung in Einrichtung und Elterneinbezug	
	-1,0	-0,5	0	0,5	1,0
Familienmaße					
Parenting Stress Index					
Kind			7 6	3 2 8 4	
Eltern		2		4 3	
Family Support Scale		8 3 7	5 6 4	2	1
FACES					
Anpassungsfähigkeit			4 3	1 2	
Zusammenhalt				1 2	
Child Improvement					
(Locus of Controll)				1 2	
CES-D Depression				1	
Comprehensive Evaluation of Family Functioning				5	
Family APGAR				7 5 6	
Parent Self-Awareness Scale			7 5	8 6	
Dyadic Adjustment				7	
Family Functioning Scale				6	7 8
	-1,0	-0,5	0	0,5	1,0
			Standardabweichung		

Durch diese Form der graphischen Darstellung ist es möglich, die Ergebnisse für die verschiedenen Instrumente und Erhebungszeitpunkte auf relativ geringem Raum darzustellen. Das Ausmaß der Unterschiede, ihre statistische Signifikanz und das Muster der Unterschiede lassen sich auf einen Blick erkennen. Im Rahmen des biosozialen System-Modells wird die Hypothese vertreten, daß Frühinterventionsprogramme einen Einfluß auf viele der Kind- und Familienmaße haben. Daher ist es wichtig, eine große Spannbreite an Maßen für mögliche Auswirkungen zu berücksichtigen. Wenn man jedoch das Muster der Auswirkungen nicht über die Spannbreite der Maße prüft, besteht die Gefahr, daß einzelne, aufgrund von Zufallsschwankungen auftretende Unterschiede fehlinterpretiert werden. Im übrigen können, da jede der beiden Untersuchungen im Grunde eine Replikation der anderen darstellt, die entsprechenden Ergebnisse für beide Untersuchungen in Abbildung 2 und 3 direkt miteinander verglichen werden. Dadurch läßt sich überprüfen, ob Unterschiede in einer Untersuchung in der anderen repliziert werden.

In der Untersuchung I wurden neun verschiedene Kindmaße über eine Spanne von acht Jahren verwendet. Viele dieser Maße enthalten Subtestwerte für verschiedene kindliche Entwicklungsbereiche. Insgesamt wurden 91 unterschiedliche Kindmaße über die acht Jahre hinweg ermittelt. Die durchchnittliche Differenz der Mittelwerte für alle Maße zwischen den Gruppen betrug .24 Standardabweichungen. Diese durchschnittliche Differenz zeigt

Abbildung 3: Effektstärke der Ergebnisse der Untersuchung II

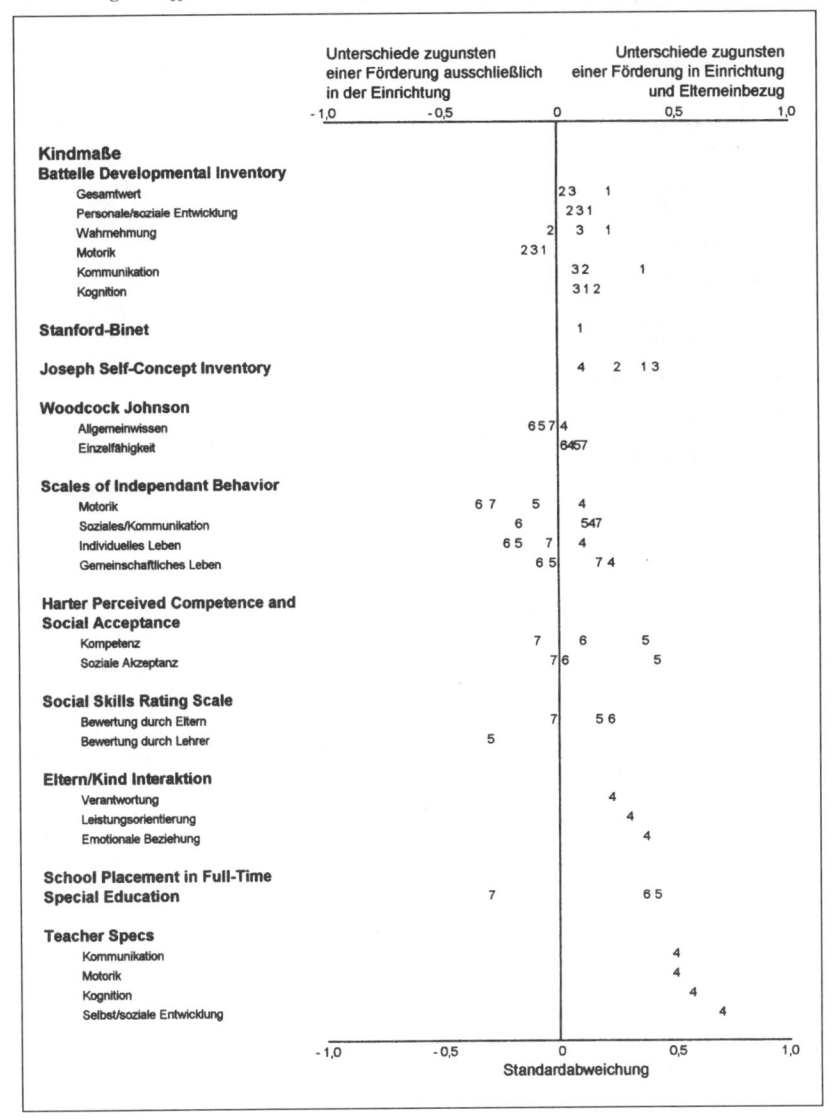

Kindmaße	Unterschiede zugunsten einer Förderung ausschließlich in der Einrichtung −1,0 ... −0,5 ... 0	Unterschiede zugunsten einer Förderung in Einrichtung und Elterneinbezug 0 ... 0,5 ... 1,0
Battelle Developmental Inventory		
Gesamtwert		2 3 1
Personale/soziale Entwicklung		2 3 1
Wahrnehmung	2	3 1
Motorik	2 3 1	
Kommunikation		3 2 1
Kognition		3 1 2
Stanford-Binet		1
Joseph Self-Concept Inventory		4 2 1 3
Woodcock Johnson		
Allgemeinwissen		6 5 7 4
Einzelfähigkeit		6457
Scales of Independant Behavior		
Motorik	6 7 5	4
Soziales/Kommunikation	6	547
Individuelles Leben	6 5 7	4
Gemeinschaftliches Leben	6 5	7 4
Harter Perceived Competence and Social Acceptance		
Kompetenz	7	6 5
Soziale Akzeptanz	7 6	5
Social Skills Rating Scale		
Bewertung durch Eltern	7	5 6
Bewertung durch Lehrer	5	
Eltern/Kind Interaktion		
Verantwortung		4
Leistungsorientierung		4
Emotionale Beziehung		4
School Placement in Full-Time Special Education	7	6 5
Teacher Specs		
Kommunikation		4
Motorik		4
Kognition		4
Selbst/soziale Entwicklung		4

−1,0 ... −0,5 ... 0 ... 0,5 ... 1,0
Standardabweichung

Abbildung 3 (Fortsetzung)

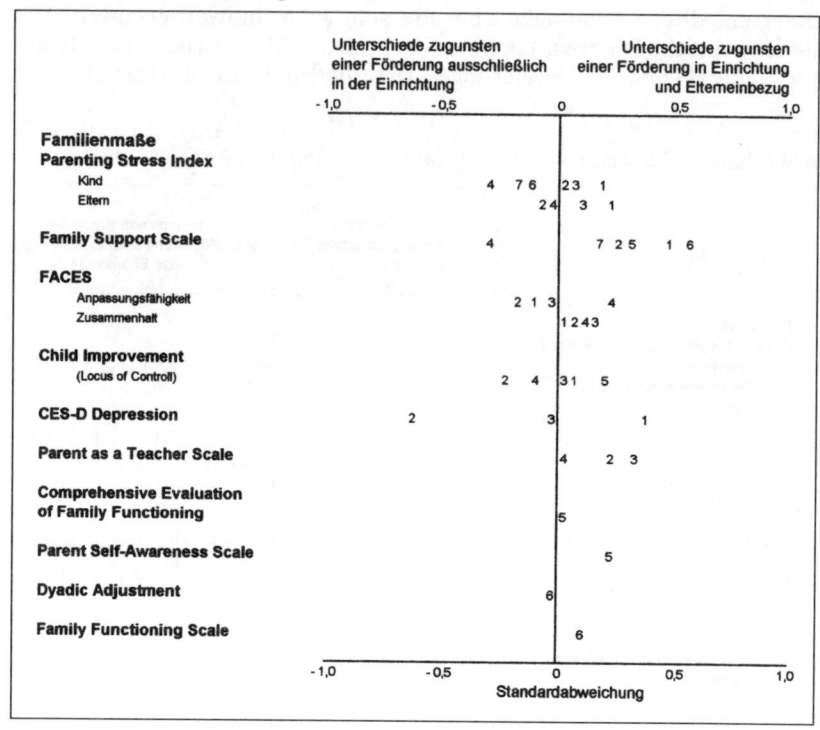

	Unterschiede zugunsten einer Förderung ausschließlich in der Einrichtung		Unterschiede zugunsten einer Förderung in Einrichtung und Elterneinbezug	
	-1,0 -0,5	0	0,5	1,0
Familienmaße				
Parenting Stress Index				
Kind	4 7 6	2 3 1		
Eltern		2 4 3 1		
Family Support Scale	4	7 2 5 1 6		
FACES				
Anpassungsfähigkeit		2 1 3	4	
Zusammenhalt		1 2 4 3		
Child Improvement				
(Locus of Controll)		2 4	3 1 5	
CES-D Depression	2	3	1	
Parent as a Teacher Scale		4	2 3	
Comprehensive Evaluation of Family Functioning		5		
Parent Self-Awareness Scale			5	
Dyadic Adjustment		6		
Family Functioning Scale			6	
	-1,0 -0,5	0 Standardabweichung	0,5	1,0

einen kleinen, aber durchgängigen Vorsprung bei der Gruppe an, bei deren Interventionsprogramm die Eltern einbezogen waren. Von den 91 Vergleichen waren 20 statistisch signifikant (p ≤ .10), alle zugunsten der Interventionsgruppe mit Elternbeteiligung. Ähnlich fielen 80 aller 91 Gruppenunterschiede zugunsten der Interventionsgruppe mit Elternbeteiligung aus. Eine Reihe verschiedener Maße waren eingesetzt worden, um die Entwicklung der Kinder in den unterschiedlichen Bereichen festzustellen. Die Bereiche personale/soziale und kognitive Entwicklung zeigten den größten durchgängigen Erfolg zugunsten der Gruppe mit Elternbeteiligung; demgegenüber gab es kaum konsistente Unterschiede für Maße in den Bereichen Motorik, Sprache und angemessenes Verhalten.

Das Muster der Unterschiede in den Kindmaßen fiel für die Untersuchung II ganz anders aus. Der Durchschnitt der Mittelwertdifferenzen bei 67 Messungen (10 unterschiedliche Kindmaße über einen Zeitraum von sieben Jahren) betrug nur .10 Standardabweichungen. Nur in fünf Maßen gab es statistisch signifikante Unterschiede. Bei vier von ihnen handelte es sich jeweils um Lehrerratings zum vierten Erhebungszeitpunkt. 22 von den 67 Vergleichen begünstigten die Interventionsgruppe ohne und 45 die mit Elternbeteiligung. Im Gegensatz zu den Ergebnissen der Untersuchung I, die kleine, aber durchgängige Unterschiede zugunsten der Interventionsgruppe mit Elternbeteiligung zeigten, ergaben die Ergebnisse dieser Untersuchung – wenn überhaupt – nur einen äußerst geringen Vorteil für die Kinder, die in der Interventionsgruppe mit Elternbeteiligung waren.

Keine der beiden Untersuchungen wies bei den Familienmaßen einen Vorteil zugunsten der Interventionsgruppe mit Elternbeteiligung auf. In Untersuchung I wurden 40 Vergleiche auf der Grundlage von 10 verschiedenen Instrumenten und einem Zeitraum von acht Jahren durchgeführt. Die durchschnittliche Effektgröße betrug .05 Standardabweichungen, wobei vier Mittelwertunterschiede statistisch signifikant waren. 17 der Vergleiche fielen zugunsten der Interventionsgruppe ohne und 23 zugunsten der Interventionsgruppe mit Elternbeteiligung aus. Für die Untersuchung II wurden 39 Vergleiche mit 10 verschiedenen Instrumenten in einem Zeitraum von sieben Jahren durchgeführt. Die durchschnittliche Effektgröße betrug hier ebenfalls .05 Standardabweichungen, wobei vier Gruppenunterschiede statistisch signifikant waren. 12 der Unterschiede fielen zugunsten der Interventionsgruppen ohne und 27 zugunsten der Gruppen mit Elternbeteiligung aus.

Zusammenfassend lassen die in den Abbildungen 2 und 3 dargestellten Ergebnismuster bei den Kindmaßen einen kleinen Vorteil zugunsten der Frühinterventionsprogramme mit der oben beschriebenen Art der Elternbeteiligung erkennen. Dieser Vorteil ist gering, aber in Untersuchung I offensichtlich real; hingegen unterscheidet sich der in Untersuchung II ermittelte Unterschied nicht wesentlich von dem, was man im Bereich von Zufallsschwankungen erwarten kann. In keiner der beiden Untersuchungen läßt sich ein als solcher zu bezeichnender Vorteil bei den Familienmaßen ausmachen.

4. Schlußfolgerungen

In den beiden hier vorgestellten Untersuchungen wurde der Frage nachgegangen, welche Wirkung eine Beteiligung von Eltern in Rahmem eines einrichtungsgestützten Frühinterventionsprogramms auf Kinder, Eltern und die Familie hat. Die Form des Elterneinbezugs sah eine Beteiligung bei zu Hause durchgeführten Interventionsmaßnahmen vor; zugleich wurden die Eltern über Fragen der kindlichen Entwicklung unterrichtet, und sie erhielten soziale und emotionale Unterstützung bei den Herausforderungen, die ein behindertes Kind mit sich bringt. Diese Form der Elternbeteiligung wurde bisher am häufigsten in der Forschung berücksichtigt und bildet auch den üblichen Schwerpunkt gegenwärtiger Frühinterventionsprogramme in den USA (Mahoney & O'Sullivan 1990). Die Eltern bestimmten die Verhaltensweisen ihres Kindes, bei denen sie intervenierend eingreifen wollten, ebenso den Rahmen, in dem sie die Intervention durchführten. Die Eltern als Gruppe wählten den Schwerpunkt sozialer Unterstützung bei jedem Treffen. Dieses Vorgehen erlaubte Individualisierung in der Gruppe und gleichzeitig eine effiziente Vermittlung an die Eltern.

Die Ergebnisse für diese Form des Elterneinbezugs weisen auf kleine und eher inkonsistente Gruppenunterschiede hin, wenn man beide Untersuchungen zusammen betrachtet. Während sich in der Untersuchung I kleine Unterschiede in der personalen/sozialen und der kognitiven Entwicklung bei Kindern mit Elterneinbezug zeigten, konnte dieser Vorteil in der Untersuchung II nicht gefunden werden. In beiden Untersuchungen gab es keine konsistenten Gruppenunterschiede, was Vorteile für Eltern oder andere Familienmitglieder betrifft.

Bei der Interpretation der Ergebnisse dieser Untersuchungen sind einige wichtige Punkte zu beachten. Zunächst einmal gibt es viele verschiedene Möglichkeiten, wie Eltern an einem Frühinterventionsprogramm beteiligt werden können. Auch wenn die in dieser experimentellen Untersuchung berücksichtigten Maßnahmen die beliebtesten und am häufigsten verwendeten Methoden der Elternbeteiligung in den USA bilden, sollten die aus den beiden Untersuchungen gezogenen Schlußfolgerungen nicht für alle möglichen Formen der Elternbeteiligung verallgemeinert werden. Gleichermaßen hängen die Ergebnisse von den speziellen Kind- und Familienmaßen ab, die in beiden Untersuchungen verwendet wurden. Auch wenn ein breites Instrumentarium eingesetzt wurde, das die Bereiche repräsentiert, in denen am häufigsten Unterschiede zwischen Frühinterventionsprogrammen erwartet werden, könnten andere wichtige, hier nicht erfaßte Bereiche existieren.

Auch sollte beachtet werden, daß bei einer Beteiligung von Eltern an einem bestehenden einrichtungsgestützten Frühinterventionsprogramm die zusätzlich entstehenden Kosten relativ gering sind. Wie Innocenti (1994) berichtet, steigen bei einer Beteiligung der Eltern die Kosten des Programms nur um 5 bis 15 %. Die Mehrzahl der am Programm beteiligten Eltern berichteten, daß sie die Elternbeteiligung schätzten, selbst wenn sie nicht in dem Umfang teilnehmen könnten, wie sie es wünschten. Selbst wenn also der mit der Elternbeteiligung verbundene Nutzen gering ist, gering sind auch die Kosten.

Unglücklicherweise beruht die Auffassung, daß die Beteiligung der Eltern für den Erfolg eines Frühinterventionsprogramms entscheidend ist, auf anekdotischem Material und schwachen Forschungsergebnissen. In unserem Bemühen, Lösungen für behinderte Kinder und ihre Familien zu finden, haben wir möglicherweise mehr von einer Beteiligung der Eltern erwartet, als realistisch ist. Die Ergebnisse der beiden Untersuchungen weisen darauf hin, daß die Form der in diesen Untersuchungen durchgeführten Elternbeteiligung ein lohnender Zusatz für existierende Frühinterventionsprogramme sein kann. Allerdings hat sie keinen so entscheidenen Einfluß auf den Erfolg des Programms, wie in der bisherigen Forschungsliteratur weithin behauptet wird. Da die Kosten für Elternbeteiligung jedoch gering sind und die meisten Teilnehmer einen Einbezug schätzen, ist es sinnvoll, auch weiterhin die Beteiligung der Eltern an Frühinterventionsprogrammen zu betonen. Gleichzeitig aber sollten wir der Versuchung widerstehen zu behaupten, daß die Beteiligung der Eltern der Schlüssel zu einer erfolgreichen Intervention ist. Denn Frühinterventionsprogramme, an denen Eltern nicht beteiligt sind, können sicherlich auch erfolgreich sein.

In den letzten Jahren haben viele Leute in den USA die Auffassung vertreten, daß der wichtigste Bestandteil eines Elterneinbezugs darin bestehe, Eltern zu stärken, sie intensiver in die Entscheidungsprozesse bezüglich des Frühinterventionsprogramms für ihr Kind einzubeziehen und ihnen eine ausgedehnte Unterstützung zuteil werden zu lassen. Es ist gut möglich, daß diese Form der Elternbeteiligung zu besseren Ergebnissen für die behinderten Kinder und ihre Familien führt als die hier realisierte Form. Bedauerlicherweise gibt es wenig empirisches Material zu den Effekten solcher Elternbeteiligungsprogramme. Die Ergebnisse der hier berichteten Untersuchungen legen nahe, daß wir mit Schlußfolgerungen vorsichtig sein müssen und zunächst in systematischer Weise methodisch überzeugende Daten bezüglich des Nutzens jedweder Form der Elternbeteiligung sammeln müssen, bevor wir einen solchen Nutzen als gesichert angeben.

Weitere Forschung ist unbedingt notwendig. Es ist wichtig, daß wir in unserem Eifer weder den Eltern noch denjenigen, die die Programme administrieren, falsche Versprechungen machen, was eine Elternbeteiligung bewirken kann. Zumindest in den USA ist die Elternbeteiligung jetzt gesetzlich vorgeschrieben, aber Fragen, wie diese aussehen müßte und welchen speziellen Nutzen sie mit sich bringen könnte, bestehen weiterhin. Die Ergebnisse dieser Forschungsarbeit lassen vermuten, daß die am häufigsten realisierte Form der Elternbeteiligung nur einen geringen Erfolg bezüglich der Kind- und Familienmaße aufzuweisen hat. Wie von White et al. (1992) dargestellt, gibt es auch andere legitime Gründe für einen Elterneinbezug, so daß die Tatsache, daß es nur geringe Vorteile gibt, kein Argument gegen eine Elternbeteiligung sein sollte. Wenn wir jedoch die Frühintervention effektiver für die Kinder und die Familien gestalten wollen, dann müssen wir methodisch gut durchdachte, vergleichende Forschung betreiben, um herauszufinden, wie diese Intervention am besten bewirkt werden kann.

Literatur

Beller, E.K. (1979): Early intervention programs. In: Osofsky, J. (Hrsg.): Handbook of infant development. New York: Wiley, S. 852-891.
Boyce, G.C., White, K.R. & Kerr, B. (1993): The effectiveness of adding a parent involvement component to an existing center-based program for children with disabilities and their families. In: Early Education and Development, 4, S. 327-345.
Bristol, M.M. & Gallagher, J.J. (1982): A family focus for intervention. In: Ramey, E.T. & Trohanis P.L. (Hrsg.): Finding and educating high-risk and handicapped infants. Baltimore, MD: University Park Press, S. 137-161.

Bronfenbrenner, U. (1974): Is early intervention effective? In: Teachers College Record, 76, S. 279-303.
Cohen, J. (1977): Statistical power analysis for the behavioral sciences. New York: Academic Press.
Comptroller General (1979): Early childhood and family developmemt programs improve the quality of life for low-income families. Washington, DC: Author.
Foster, M., Berger, M. & McLean, M. (1981): Rethinking a good idea: A reassessment of parent involvement. In: Topics in Early Childhood Education, 1 (3), S. 55-65.
Gilkerson, L., Hillard, G.A., Schrag, E. & Shonkoff, J.P. (1987): Report accompanying the Education of the Handicapped Act Amendments of 1986 (House Report No. 99-860). Washington, DC: National Center for Clinical Infant Programs.
Hopkins, K.D. (1973): Research design and analysis clinic: Preventing the number-one misinterpretation of behavioral research, or how to increase statistical power. In: Journal of Special Education, 7, S. 103-107.
Innocenti, M.S., Hollinger, P.D., Escobar, C.M. & White, K.R. (1993): The cost-effectiveness of adding one type of parent involvement to an early intervention program. In: Early Education and Development, 4, S. 306-326.
Innocenti, M.E. (Hrsg.) (1994): 1993/94 annual report of longitudinal studies of the effects of early intervention for children with disabilities. Submitted to the U.S. Department of Education by Utah State University, Logan: Early Intervention Research Institute.
Karnes, M.B. & Lee. R.C. (1978): Early childhood: What research and experience say to teacher of exceptional children. Reston, VA: Council for Exceptional Children.
Mahoney, G. & O'Sullivan, P. (1990): Early intervention practices with families of children with handicaps. In: Mental Retardation, 28, S. 169-176.
Peterson, N.L. (1987): Early intervention for handicapped and at-risk children: An introduction to early childhood-special education. Denver: Love.
Ramey, C.T. & Bryant, D. (1992): Biosocial systems model for early intervention. In: Gross, R.T. (Hrsg.): Infant health and development program (IHDP): Enhancing the outcomes of low birth weight premature infants in the United States, 1985-1988. Ann Arbor, MI: Inter-University Consortium for Political and Social Research, S. 3-1 bis 3-32.
Turnbull, A.P. & Turnbull, H.R. (1986): Families and professionals: Creating an exceptional partnership. Columbus, OH: Merrill.
White, K.R. & Boyce, G.C. (1993): Special issue: Comparative evaluations of early intervention alternatives. In: Early Education and Development, 4 (4), S. 222-378.
White, K.R., Bush, D.W. & Casto, G.C. (1985): Learning from previous reviews of early intervention. In: The Journal of Special Education, 19, S. 417-428.
White, K.R., Taylor, M.J. & Moss, V.D. (1992): Does research support claims about the benefits of involving parents in early intervention programs? In: Review of Educational Research, 62 (2), S. 91-126.

Hans-Günther Roßbach

Bildungsökonomische Aspekte in der Weiterentwicklung des Früherziehungssystems

Das Früherziehungssystem in der Bundesrepublik, verstanden als das Gesamt an familialen und außerfamilialen Angeboten und Maßnahmen für die Betreuung und Erziehung von kleinen Kindern vor Schulbeginn, steht gegenwärtig unter einem erheblichen Veränderungsdruck. Dabei sind quantitative und qualitative Aspekte zu unterscheiden. In quantitativer Hinsicht geht es um eine erhebliche Ausweitung des öffentlichen Angebots an Betreuungs- und Erziehungsmöglichkeiten. Nachdem in den alten Bundesländern seit 1950 gut 900.000 Plätze in Kindergärten[1] neu geschaffen wurden und damit der Anteil der Kinder im Alter von drei bis sechseinhalb Jahren, die einen Kindergarten besuchen, von 29 % auf gegenwärtig 69 % angestiegen ist (vgl. Tietze 1993; Tietze & Roßbach 1993), ist eine weitere Expansion 1996 mit dem Inkrafttreten des Rechtsanspruchs auf einen Kindergartenplatz ab dem dritten Lebensjahr (KJHG 1992) abzusehen. Gleichzeitig ist eine Ausweitung des Förderangebots für Kinder unter drei Jahren sowie für Kinder im schulpflichtigen Alter vorgesehen. Experten (vgl. Bundesministerium für Frauen und Jugend 1992) schätzen, daß für 20 % der unter Dreijährigen ein Platz in einer Krippe, altersgemischten Gruppe oder in einer Tagespflegestelle benötigt wird. Demgegenüber sind solche Plätze gegenwärtig nur für 3 bis 4 % der Kinder dieser Altersgruppe vorhanden. Hortplätze für Kinder im schulpflichtigen Alter gibt es nur für 4 bis 5 % der Kinder. Die Expertenschätzungen belaufen sich darauf, daß im Jugendhilfebereich für rund 20 % dieser Kinder ein Hortplatz bereitgestellt werden muß. Für eine solche quantitative Expansion des Früherziehungssystems werden erhebliche zusätzliche öffentliche Geldmittel über das hinaus benötigt, was derzeit bereits für diesen Bereich ausgegeben wird.

Aber auch in qualitativer Hinsicht stehen neue Aufgaben an. Die notwendige Ausweitung von Ganztagsangeboten im Elementarbereich und erweiterte Öffnungszeiten setzen voraus, daß neben dem Bildungsauftrag im engeren Sinne vermehrt auch Betreuungsbedürfnisse berücksichtigt werden, die aufgrund des Selbstverständnisses des Elementarbereichs (Einheit von Betreuung, Bildung und Erziehung) auch pädagogische Aufgaben sind. Ebenfalls muß die inhaltliche Arbeit die gegebenen gesellschaftlichen Veränderungen berücksichtigen und Kindern Erfahrungsräume anbieten, die außerhalb der Einrichtungen nur noch eingeschränkt vorhanden sind. Auch die Bewältigung solcher Aufgaben im Früherziehungssystem erfordert zusätzliche Finanzmittel.

Quantitative und qualitative Veränderungen frühkindlicher Erziehungs- und Betreuungsangebote in den unmittelbaren Lebensbereichen von Kindern – d.h. in der Terminologie von Bronfenbrenner (1981) Veränderungen auf der Ebene der Mikrosysteme – können nicht ohne Berücksichtigung von makrostrukturellen Bedingungen erfolgen. Im Hinblick auf die skizzierten gegenwärtigen Veränderungen im Früherziehungssystem sind wenigstens drei solcher makrostruktureller Bedingungen von Bedeutung:

1) *Die tatsächliche Notwendigkeit einer Expansion des Früherziehungssystems:* Angesichts weitreichender gesellschaftlicher Veränderungen und Entwicklungen in der Bundesrepublik in den letzten beiden Jahrzehnten – z.B. sinkende Geburtenziffern, Abnahme von Drei- und Vierkindfamilien, Zunahme von Scheidungen und alleinerziehenden Elternteilen sowie Veränderungen in der tatsächlichen Erwerbstätigkeit von Müttern mit kleinen Kindern und in den Einstellungen von Müttern zur Erwerbstätigkeit (vgl. Tietze & Roßbach 1993) – wird allgemein in Politik und Öffentlichkeit anerkannt, daß vermehrt außerfamiliale Betreuungs- und Erziehungsangebote im frühkindlichen Bereich notwendig sind.

2) *Die gesellschaftliche Akzeptanz einer außerfamilialen Betreuung kleiner Kinder:* Noch in den fünfziger Jahren wurde eine außerfamiliale Erziehung und Betreuung im Kindergarten als eine Bedrohung für die Familie angesehen, insofern als sie den Müttern die Aufnahme einer außerhäuslichen Erwerbstätigkeit ermöglichen und somit das traditionelle (bürgerliche) Familienideal aufweichen würde (vgl. Tietze 1993). Demgegenüber hat bis heute eine gesellschaftliche Umorientierung stattgefunden, nach der z.B. Ganztagsbetreuung von Kindern im Kindergartenalter nicht mehr nur als Notbehelf betrachtet wird. Dies gilt auch für institutionelle Betreuungen von unter dreijährigen Kindern, die zunehmend als Möglichkeit gesehen werden, Kindern notwendige Erfahrungen in einer Gruppe von Gleichaltrigen zu ermöglichen (vgl. z.B. Siebter Jugendbericht 1986).

3) *Die gesellschaftliche Bereitschaft zur Ressourcenumlenkung:* Angesichts knapper Ressourcen bedeutet eine Lenkung von mehr Finanzmitteln in das Früherziehungssystem, daß in anderen gesellschaftlichen Bereichen Finanzmittel eingespart werden müssen (vgl. auch schon Niermann 1977; Levin 1989; Psacharopoulos 1982). Die Bereitschaft hierzu und eine rationale Diskussion über eine solche Ressourcenumlenkung fehlen allerdings noch weitgehend. Der Forschung im Bereich der Früherziehung kommt hier die Aufgabe zu, Argumente für eine Umverteilung zu prüfen und empirisch-analytisches Wissen zu diesem Komplex bereitzustellen. Ohne gute und geprüfte – auch ökonomische – Argumente wird es angesichts knapper Ressourcen kaum möglich sein, zu einer Ressourcenumverteilung zugunsten des Früherziehungssystems zu kommen.

Im folgenden sollen einige Aspekte dieser dritten Makrobedingung, d.h. der Umverteilung von Ressourcen zugunsten des Früherziehungssystems, angesprochen werden. Eine wissenschaftliche Diskussion dieser Problematik steht noch in den Anfängen, so daß der Beitrag eher im Sinne einer Sondierung zu verstehen ist und deshalb die Thematik nur aspekthaft beleuchten kann. Angesprochen werden Fragen nach den öffentlichen Gesamtkosten für eine Ausweitung des Früherziehungssystems, Fragen nach dem Nutzen einer außerfamilialen frühkindlichen Betreuung und Erziehung, der den Kosten gegenüber steht, sowie Fragen danach, ob es sich bei den entstehenden Kosten um *neue* Kosten oder um Kostenverlagerungen handelt.

1. Schätzung der öffentlichen Gesamtkosten für die Weiterentwicklung des Früherziehungssystems

Die Novellierung des Kinder- und Jugendhilfegesetzes (KJHG 1992) sieht ab 1996 einen Rechtsanspruch auf einen Kindergartenplatz für Kinder ab dem vollendeten 3. Lebensjahr sowie eine Verbesserung des Förderangebots für Kinder unter drei Jahren und für Kinder im schulpflichtigen Alter vor. Auf der Basis von Mikrozensusdaten des Jahres 1990 und dem zu dieser Zeit bestehenden Platzangebot hat 1992 eine Expertenkommission beim Bundesministerium für Familie und Jugend (Bundesministerium für Frauen und Jugend 1992) den folgenden *Mehrbedarf* an Plätzen im Früherziehungssystem geschätzt; der Mehrbedarf bezieht sich dabei ausschließlich auf die alten Bundesländer, da davon ausgegangen wird, daß in den neuen Bundesländern ein entsprechendes Platzangebot bereits vorhanden ist:
– Für den traditionellen Kindergartenbereich unterstellt die Schätzung, daß bei einem Rechtsanspruch insgesamt 95 % der Kinder im Kindergartenalter einen Kindergarten besuchen werden. Bei rund 2,3 Millionen noch nicht schulpflichtiger Kinder im Jahr 1990, die das dritte Lebensjahr beendet haben, und 1,6 Millionen vorhandenen Plätzen in Kindergärten müssen damit rund 600.000 Kindergartenplätze neu geschaffen werden. Aufgrund eines überproportionalen Fehlbedarfs an Ganztagsplätzen – gegenwärtig sind nur rund 15 % der Kindergartenplätze als Ganztagsplätze ausgelegt, der entsprechende Bedarf wird aber auf 30 % geschätzt – müssen 420.000 der neuzuschaffenden Plätze Ganztagsplätze sein, der Rest Regelplätze mit einer mindestens fünfstündigen Öffnungszeit.
– Zum Zeitpunkt der Schätzung gab es etwa 80.000 Betreuungsplätze für Kinder unter drei Jahren in Krippen, altersgemischten Gruppen und in Tagespflege. Die Expertenkommission schätzt den Betreuungsbedarf für Kinder dieser Altersgruppe auf 20 %. Bei 2,14 Millionen Kindern unter drei Jahren werden somit 350.000 neue Plätze benötigt. Die Expertenkommission geht weiter davon aus, daß rund 40 % dieser Plätze, d.h. 140.000 Plätze, in Tagespflege und 60 %, d.h. 210.000 Plätze, in Krippen oder altersgemischten Gruppen geschaffen werden müssen.

– Im Hinblick auf Kinder im Grundschulalter wird davon ausgegangen, daß rund 30 % dieser Kinder einer ganztägigen Betreuung bedürfen. Ein Teil dieser ganztägigen Betreuungsmöglichkeiten wird durch Angebote der Grundschulen (z.b. Ganztagsunterricht) abgedeckt werden können. Unterstellt man, daß dann noch für 20 % der Kinder dieser Altersgruppe ein Hortplatz zur Verfügung gestellt werden muß, so ergibt sich bei insgesamt 2,56 Millionen Kindern dieser Altersgruppe ein Gesamtbedarf von rund 510.000 Plätzen und damit, bei vorhandenen 120.000 Plätzen, 390.000 neu zu schaffende Hortplätze für Kinder im Grundschulalter.

In diese Schätzungen des zu schaffenden Mehrbedarfs gehen verschiedene Annahmen ein: z.b. stabile Geburtenzahlen und Annahmen über den Bedarf in den verschiedenen Altersgruppen. Spezielle Annahmen liegen auch den Berechnugen der Kosten (Investitions- und jährliche Betriebskosten) zugrunde. So geht z.b. die Expertenkommission von groben Erfahrungswerten in bezug auf die Kosten eines Platzes aus (z.b. investive Kosten pro Kindergartenplatz von 35.000 DM und jährliche Betriebskosten nach Abzug der Elternbeiträge für einen Regelplatz von rund 4.500 DM; keine Berücksichtigung der Inflation). Ferner wird unterstellt, daß alle Plätze in kommunaler Trägerschaft geschaffen werden müssen. Besonders wichtig ist, daß die Kommission eine mittlere Ausstattung der Plätze zugrunde legt und damit die heute gegebenen Standards fortschreibt. Eventuell notwendige Verbesserungen der Standards sind damit nicht berücksichtigt. Auf diesem Hintergrund ergibt sich die folgende Kostenschätzung für den *finanziellen Mehrbedarf im Früherziehungssystem* – d.h. jenes, was über das hinausgeht, was gegenwärtig bereits für diesen gesellschaftlichen Bereich ausgegeben wird:
– *Investive Kosten:* Die benötigten Investitionen in neue Plätze (Bau- und Einrichtungskosten) belaufen sich insgesamt auf *42,3 Milliarden DM* (Kindergarten: 21,0 Milliarden; Betreuung von unter Dreijährigen: 7,6 Milliarden; Betreuung von Kindern im Schulalter: 13,7 Milliarden).
– *Jährliche Betriebskosten:* Die jährlichen Betriebskosten, d.h. Personal- und Sachkosten (nach Abzug der Elternbeiträge), belaufen sich auf 11,3 Milliarden DM (Kindergarten: 4,0 Milliarden; Betreuung von unter Dreijährigen: 4,2 Milliarden; Betreuung von Kindern im Schulalter: 3,1 Milliarden).

Allein für den Kindergartenbereich, für den ab 1996 ein Rechtsanspruch auf einen Platz besteht, wären somit investive Kosten von 21 Milliarden und jährliche Betriebskosten von 4 Milliarden zusätzlich über das hinaus nötig, was derzeit bereits für diesen Bereich ausgegeben wird. Allerdings sollten diese Zahlen aufgrund der Abhängigkeit von den skizzierten Annahmen mit Vorsicht betrachtet werden. Schon zu Beginn der ersten Expansionsphase vorschulischer Erziehung in der Bildungsreform schätzte Recum (1970, 1971) im Rahmen eines Gutachtens für den Deutschen Bildungsrat den „Finanzbedarf eines expandierenden Vorschulsystems" für Investitionen, Reinvestitionen, laufende Ausgaben und Personalkosten für den Zeitraum von 1970 bis 1985 auf zwischen 51,6 und 65,9 Milliarden DM, wobei Geldwerte von

1970 zugrunde gelegt wurden. Aufgrund von Bevölkerungsprognosen ging Recum dabei davon aus, daß in diesem Zeitraum rund 1,5 Millionen Kindergartenplätze neu zu schaffen wären. Der sehr starke Geburtenrückgang in dieser Zeit hat diese Schätzdaten aber obsolet werden lassen. Andererseits dürften die von der Expertenkommission vorgenommenen Schätzungen dann Unterschätzungen des tatsächlichen Mehrbedarfs sein, wenn in den nächsten Jahren die Geburtenzahlen nicht stabil blieben, sondern sich erhöhten.

Die für den Ausbau des Früherziehungssystems benötigten Finanzmittel sind enorm. Die Hauptlast wird zudem auf den Gemeinden sowie den Ländern liegen, da der Bund an der Finanzierung nicht beteiligt ist. Angesichts des hohen Finanzbedarfs stöhnen dementsprechend die Kommunen und verweisen auf ihre anderen mit dem Ausbau des Früherziehungssystems konkurrierenden Aufgaben und ihre leeren Kassen. Diskutiert wird u.a., den Rechtsanspruch zeitlich zu strecken oder ihn zunächst nur für die fünfjährigen und erst später für die jüngeren Kinder einzuführen. Ebenso werden Stichtagsregelungen in die Überlegungen einbezogen, mit denen – bei den Dreijährigen – die Anzahl der anspruchsberechtigten Kinder beschränkt wird. Stadtkämmerer überlegen laut, ob man nicht Gruppengrößen heraufsetzen sollte, um mit weniger Kosten auszukommen. Insgesamt ist damit die Gefahr gegeben, daß aufgrund der hohen Kosten der quantitative Ausbau des Früherziehungssystems nur bei verringerten Qualitätsstandards durchgeführt wird. Eine andere Gefahr besteht darin, daß nur der Kindergartenbereich, für den der einklagbare Rechtsanspruch besteht, ausgebaut wird und der erforderliche Ausbau des Krippen- und Hortbereichs, in dem es diesen Anspruch nicht gibt, unterbleibt.

2. Kosten-Nutzen-Abschätzungen

Allerdings stellt sich hier die Frage, ob den für den Ausbau des Früherziehungssystems benötigten Kosten nicht auch ökonomischer Nutzen gegenübersteht und sich somit die Kosten relativieren. Ein *erster* Nutzenaspekt liegt darin, daß durch Ausgaben für das Früherziehungssystem – d.h. durch Bau- und Einrichtungskosten, laufende Sachausgaben und Personalkosten – zugleich auch wieder Arbeitsplätze geschaffen werden. Analysen der kommunalwirtschaftlichen Nutzeffekte der Sozialwirtschaft, also der Ausgaben der Kommunen für den Sozialbereich, weisen deutlich auf solche wirtschaftlich positive Folgewirkungen hin (vgl. IFS 1990).

Für die Stadt Köln liegt eine Analyse vor, in der gezielt die kommunalwirtschaftlichen Nutzeffekte der Ausgaben der Stadt Köln für ihre städtischen Kindergärten untersucht wird (Rüschenpöhler & Partner 1991). Im Haushaltsplan der Stadt Köln für 1991 waren für Kindergärten in städtischer Trägerschaft rund 27 Millionen DM für laufende Sachausgaben und Investitionen sowie rund 61 Millionen für Personalausgaben vorgesehen, was umgerechnet 998 Vollzeitstellen entspricht. Diese Sachausgaben und Investitionen sowie die Löhne und Gehälter des Personals sichern unmittelbar statistisch 152 Arbeitsplätze in der Kölner Wirtschaft. 35 weitere Arbeitsplätze werden mittelbar durch sogenannte Multiplikatorenwirkungen gesichert, indem auch diese 152 Arbeitsplätze Folgewirkungen auf den Wirtschaftskreislauf haben. Insgesamt sichern damit die Etatausgaben für die Kindergärten in städtischer Trägerschaft der Stadt Köln zusätzlich zu den 998 Arbeitsplätzen in Kindergärten weitere 187 Arbeitsplätze außerhalb des Kindergartenbereichs. Die Autoren dieser Studie fassen ihre Ergebnisse wie folgt zusammen: „Jeweils 5 Arbeitsplätze in städtischen Kindergärten schaffen danach mit ihren Ausgaben jeweils einen weiteren Arbeitsplatz in der Kölner Wirtschaft" (Rüschenpöhler & Partner 1991, S. 13). Solche positiven Effekte werden in der gegenwärtigen Diskussion um die Kosten der Expansion des Früherziehungssystems zu wenig beachtet bzw. unterschätzt.

Ein *zweiter* ökonomischer Nutzenposten, der den Kosten gegenübergestellt werden kann, ist die durch Betreuungsangebote für Kinder ermöglichte (umfangreichere) mütterliche Erwerbstätigkeit und das dadurch gegebene erhöhte Steueraufkommen. Eine schon etwas ältere Schätzung für Schweden (Gustafsson 1978) legt nahe, daß der Staat die Kosten für die frühkindliche Betreuung – die in Schweden recht hoch sind – durch ein vermehrtes Steueraufkommen wieder hereinbekommt, da den Müttern durch die Betreuungsangebote eine durchgängige Vollzeiterwerbstätigkeit ermöglicht wird, was sich wiederum in einem höheren Lebenszeiteinkommen niederschlägt. D.h., die jetzigen Kosten, die der Staat trägt, bekommt der Staat auch später wieder herein.

Es ist an dieser Stelle wichtig, nicht nur die aktuellen Einkommensverluste ins Auge zu fassen, die dadurch entstehen, daß in der Regel die Mütter ihre Erwerbstätigkeit für eine bestimmte Zeit einschränken oder aufgeben, um die Betreuung ihrer Kinder zu übernehmen. Eine Unterbrechung oder Einschränkung der Erwerbstätigkeit führt auch dazu, daß nach Wiederaufnahme der vollen Erwerbstätigkeit in der Regel nicht das Verdienstniveau erreicht wird, das bei durchgängiger Vollbeschäftigung erreicht worden wäre – mithin also deutliche Verluste im Lebenszeiteinkommen und in Rentenansprüchen in Kauf genommen werden müssen (vgl. Galler 1991; Jacobsen & Levin 1992; Lampert 1993).

Galler (1991) hat für die Bundesrepublik (alte Bundesländer) auf der Grundlage von Daten des Sozio-ökonomischen Panels und komplexer Modellrechnungen den Umfang dieser Einkommensverluste im Lebensverlauf geschätzt (vgl. auch die tabellarische Zusammenfassung bei Lampert 1993, S. 131). Danach erfährt z.B. eine Hochschulabsolventin durch eine zehnjährige Unterbrechung ihrer Erwerbstätigkeit einen Bruttoeinkommensverlust während der Unterbrechung, danach im restlichen Arbeitsleben und an verminderter Rente von rund 770.000 DM. Dieser Einkommensverlust entspricht etwa 35 % des Bruttolebenszeiteinkommens, das diese Frau bei durchgängiger

Vollerwerbstätigkeit erreicht hätte. Hätte sie nur für drei Jahre unterbrochen, so würde der Verlust etwa 300.000 DM betragen. Eine Hauptschulabsolventin verliert bei zehnjähriger Unterbrechung rund 430.000 DM an Bruttolebenszeiteinkommen, bei einer nur dreijährigen Unterbrechung rund 170.000 DM. Die Verluste an Bruttolebenszeiteinkommen liegen jeweils deutlich niedriger, wenn statt zeitweiliger Aufgabe der Erwerbstätigkeit eine Teilzeitbeschäftigung gewählt wird. Die entsprechenden Werte lauten dann für eine Hochschulabsolventin bei zehnjähriger Teilzeitarbeit rund 390.000 DM und bei einer dreijährigen Teilzeitarbeit etwa 100.000 DM; für die Hauptschulabsolventin ergeben sich knapp 210.000 DM bzw. 50.000 DM.

Sicher gehen in solche Schätzungen – unter Umständen problematische – Annahmen ein wie z.B. die über eine mehr oder weniger durchgängige Vollzeiterwerbstätigkeit von Müttern für den Fall, daß ihnen ausreichende Betreuungsmöglichkeiten für ihre Kinder geboten werden. Deutlich dürfte aber sein, daß hier durch vermehrtes Lebenszeiteinkommen der Mütter zugleich für den Staat auch ein vermehrtes Steueraufkommen erzeugt wird, das den Kosten für den Ausbau des Früherziehungssystems gegenübersteht. In der gegenwärtigen Diskussion um die quantitative Ausweitung des Früherziehungssystems wird dieser zweite Nutzenaspekt ebenfalls zu wenig beachtet. Gezielte Analysen dieses Zusammenhangs sind leider zur Zeit noch nicht vorhanden.

Als *dritter* ökonomischer Nutzenposten stellt sich noch die zentrale Frage: Welche Auswirkungen frühkindlicher außerfamilialer Betreuung und Erziehung lassen sich bei den Kindern feststellen, die doch die eigentlichen Adressaten dieses Bemühens sind? Für den deutschsprachigen Raum gibt es keine Untersuchungen, in denen den Kosten für ein bestimmtes Erziehungsprogramm der Nutzen in Geldeinheiten (Kosten-Nutzen-Analysen) oder gemessen an anderen nicht-monetären Kriterien (Kosten-Wirksamkeits-Analysen) gegenübergestellt wird. Um in dieser Hinsicht einen möglichen Nutzen abzuschätzen, muß auf Forschungsbeispiele aus den USA zurückgegriffen werden. Hier hat es in den letzten Jahren eine Reihe von Kosten-Wirksamkeits- und Kosten-Nutzen-Analysen gegeben (vgl. Barnett 1986; Barnett & Escobar 1987). Mit die bekannteste Studie ist die Kosten-Nutzen-Analyse des Perry Preschool Programs (vgl. Barnett 1985; Beruetta-Clement, Schweinhart, Barnett, Epstein & Weikart 1984; Weber, Foster & Weikart 1978), auf die kurz eingegangen werden soll.

Teilnehmer an dem Perry Preschool Project waren 123 schwarze drei- und vierjährige Kinder aus benachteiligten Sozialschichten und mit niedrigen Intelligenzwerten im Stanford-Binet-Test (IQ 61-88). 58 dieser Kinder nahmen – in der Regel zwei Jahre – an einem an Piaget orientierten Vorschulprogramm teil, während die anderen ohne vorschulische Förderung blieben und als Kontrollgruppe betrachtet wurden. Die Aufteilung auf Experimental- und Kontrollgruppe geschah zufällig. Dieses Vorschulprogramm war relativ kostenintensiv, vor allem durch einen günstigen Erzieher-Kind-Schlüssel von 1:5 und relativ gut ausgebildete Erzieherinnen. Alle Kinder wurden mehrfach untersucht; für die im folgenden beschriebenen Hauptergebnisse lag der letzte Meßzeitpunkt im Alter von 19 Jahren.

Im Alter von 19 Jahren waren deutlich mehr der früheren Vorschulkinder erwerbstätig als bei den Kindern der Kontrollgruppe (59 zu 32 %). Ebenfalls hatten mehr einen High-School-Abschluß oder vergleichbaren Abschluß erreicht (67 zu 49 %) bzw. besuchten ein College- oder absolvierten eine Berufsausbildung (38 zu 21 %). In Haft genommen oder arrestiert wurden 31 % der Vorschulkinder gegenüber 51 % der Kontrollkinder. Die Kompetenz der früheren Vorschulkinder in der Bewältigung von Aufgaben des täglichen Lebens lag – gemessen über den Adult Performance Level Survey – signifikant höher. Deutlich weniger der früheren Vorschulkinder hatten Probleme in ihrer Schullaufbahn. Gegenüber 28 % bei der Kontrollgruppe verbrachten sie nur 16 % ihrer Schulzeit in sonderpädagogischer Erziehung. Im Alter von 19 Jahren lebten nur 18 % der früheren Vorschulkinder – gegenüber 32 % der Kontrollgruppe – von Sozialunterstützung.

Diese Ergebnisse wurden einer Kosten-Nutzen-Analyse zugrunde gelegt, bei der sowohl die Kosten als auch der Nutzen in Geldwerte umgerechnet wurden. In der Regel waren die Schätzungen so ausgelegt, daß sie die Gewinne eher unterschätzten. Monetäre Gewinne entstanden im Vergleich zur Kontrollgruppe z.B. dadurch, daß die Vorschulkinder weniger oft eine Schulklasse wiederholen mußten und es weniger Zuweisungen zu Sonderklassen gab. Die geringere Straffälligkeit war ein weiterer kostensenkender Faktor. Durch die verbesserte schulische Ausbildung ließ sich ein Zuwachs an Lebenszeiteinkommen erwarten. Ebenfalls lag ein gesellschaftlicher Gewinn darin, daß die früheren Vorschulkinder seltener von Sozialunterstützung lebten.

Die Kosten und Nutzen wurden anschließend aufgeteilt in Kosten und Nutzen für die Teilnehmer und ihre Familien sowie für den Steuerzahler. Für den Steuerzahler ergab sich ein Netto-Gewinn (Nutzen minus Kosten) für dieses Vorschulprogramm[2]: Ihn kostet das zweijährige Vorschulprogramm pro Kind zwar 9.510 US Dollar, dafür bekommt er aber – über die Jahre hinweg – insgesamt an ökonomischem Nutzen des Programms 17.080 US Dollar zurück. Der Netto-Nutzen für den Steuerzahler beläuft sich damit auf 7.570 US Dollar. Der Steuerzahler hat zwar die gesamten Kosten zu tragen, er hat langfristig aber auch den größten Gewinn. Müßten nämlich die Teilnehmer bzw. ihre Familien das Programm bezahlen, so stünde den Kosten von 9.510 US Dollar nur ein Nutzen von 1.855 US Dollar gegenüber.

Die im Perry Preschool Program bzw. in vergleichbaren Programmen gefundenen Ergebnisse sind aus verschiedenen Gründen nicht direkt auf die Situation in der Bundesrepublik übertragbar. Ein Hauptgrund liegt darin, daß hier nur der monetäre Nutzen eines vorschulischen Programms für sozial benachteiligte Kinder nachgewiesen wird. Dennoch sollten die in den USA gefundenen Ergebnisse in der Bundesrepublik stärker in der Auseinandersetzung um eine Weiterentwicklung des Früherziehungssystems reflektiert werden und Ansporn sein, in längerfristigen Bildungsverlaufsstudien die

Auswirkungen vorschulischer Erziehung zu verfolgen und dabei explizit auch ökonomische Aspekte mit aufzunehmen. Wir können hier optimistisch sein, verweisen doch auch in der Bundesrepublik durchgeführte Studien auf positive Auswirkungen eines Kindergartenbesuchs auf die Schulkarriere der Kinder – z.B. gemessen über Zurückstellungen vom Schulbesuch, Sitzenbleiben und Zuweisungen zu einer Schule für Lernbehinderte (vgl. Ewert & Braun 1978; Tietze 1984; Winkelmann, Holländer, Schmerkotte & Schmalohr 1977).

Als Zwischenfazit zu den Kosten-Nutzen-Abwägungen läßt sich festhalten, daß den für die Weiterentwicklung des Früherziehungssystems benötigten Kosten durchaus auch ökonomischer Nutzen gegenüber steht, so daß sich die enormen Kosten relativieren.

3. Neue Kosten oder Kostenverlagerungen?

In der öffentlichen Diskussion um die benötigten Finanzmittel für den Ausbau des Früherziehungssystems entsteht leicht der Eindruck, daß mit der Novellierung des Kinder- und Jugendhilfegesetzes völlig neue Kosten entstehen würden. Demgegenüber wird hier die These vertreten, daß es sich nicht um neue Kosten handelt, sondern um bisher 'verborgene Kosten', die schon immer von den Familien aufgebracht werden. Diese These soll im folgenden anhand der Ergebnisse einer eigenen Untersuchung erhärtet werden.

Im Rahmen einer größeren Untersuchung zur Betreuungssituation von Kindern im vorschulischen Alter (vgl. Tietze & Roßbach 1991) wurden auch die Kosten erhoben, die Eltern für die Betreuung ihrer Kinder aufbringen müssen. Durch die Beschränkung auf *elterliche* Betreuungskosten wird nur ein Teil der gesamten gesellschaftlichen Kosten für Kinderbetreuung berücksichtigt[3]. Eine Analyse der Verteilung der Kosten auf die Eltern und die Gesellschaft oder andere Personen, wie z.B. Großeltern, ist damit nicht möglich. Konzeptuell wird zwischen zwei Aspekten elterlicher Betreuungskosten unterschieden (vgl. ausführlicher Timmermann 1987; auch Piachaud 1988; Psacharopoulos 1982):

– *Kosten für Fremdbetreuung:* Bei Fremdbetreuung, d.h. Betreuung in Einrichtungen oder durch andere Personen als die Eltern, entstehen zunächst einmal Kosten in dem Sinne, daß die Eltern einen Geldbetrag leisten. Neben diesen *Geldzahlungen* müssen in einer ökonomischen Analyse auch *Sachleistungen* berücksichtigt werden. Z.B. erhält die Großmutter als Anerkennung für ihre Betreuungsleistung kleinere Geschenke oder ihr wird bei der Erledigung alltäglicher Aufgaben geholfen. Als Sachleistung ist auch zu betrachten, wenn die Eltern bei Renovierungsarbeiten im Kindergarten helfen. Solche Sachleistungen bzw. die dafür benötigte Zeit lassen sich in Geldwerte umrechnen. Schließlich können den Eltern noch *Transportkosten* zu einem außerhäuslichen Betreuungsort entstehen.

– *Opportunitätskosten:* Die beschriebenen Kosten für Fremdbetreuung entstehen nicht, wenn die Eltern ihr Kind selbst betreuen. Allerdings ist diese 'Selbst'-Betreuung nicht kostenfrei. Kinderbetreuung benötigt Zeit, und Zeit beinhaltet im ökonomischen Sinne Opportunitätskosten. D.h., die Zeit, die Eltern für die Betreuung ihrer Kinder benutzen, können sie nicht mehr für andere Tätigkeiten wie Erwerbstätigkeit oder Freizeit nutzen. Wir haben diese Opportunitätskosten vereinfacht geschätzt als die aktuellen Einkommensverluste, die einer Mutter oder einem Vater durch eine Einschränkung oder Aufgabe der Erwerbstätigkeit aufgrund der Übernahme von Betreuungsaufgaben entstehen. Aus pragmatischen Gründen wird als Vergleichspunkt die Einkommenssituation vor der Geburt des Kindes bzw. bei mehreren Geschwisterkindern vor der Geburt eines ausgewählten Zielkindes betrachtet (vgl. hierzu z.B. Bonke 1988; Psacharopoulos 1982; Robinson 1987). Erfaßt werden damit nur aktuelle Einkommensverluste und nicht die weiter oben erwähnten Verluste an Lebenszeiteinkommen.

Die so definierten elterlichen Betreuungskosten wurden in einer mündlichen Befragung von Müttern erhoben. Alle Angaben beziehen sich dabei auf ein ausgewähltes Zielkind im Alter von ein bis unter sechs Jahren. Grundlage für die im folgenden berichteten Hauptergebnisse sind die Angaben von 2.150 Müttern. Die Kostenschätzungen beziehen sich immer auf die Kosten für dieses ausgewählte Zielkind. Falls Fremdbetreuungskosten sich auf die gleichzeitige Betreuung von mehreren Geschwisterkindern beziehen oder die Erwerbstätigkeit wegen der Betreuung von mehreren Kindern eingeschränkt oder aufgegeben wurde, so werden immer die auf das Zielkind entfallenden Anteile geschätzt.

Im Durchschnitt der Stichprobe entstehen für die Betreuung des Zielkindes außerhalb der Kernfamilie elterliche Kosten von 128 DM pro Monat, wobei die eine Hälfte aus reinen Geldzahlungen und die andere aus Sachleistungen besteht[4]. Die Kosten für die verschiedenen Betreuungsformen unterscheiden sich sehr stark (vgl. Tietze & Roßbach 1991): Die reinen Geldzahlungen für Betreuung im sozialen Netzwerk, d.h. Betreuung durch Großeltern, andere Verwandte, Freunde oder Nachbarn fallen sehr niedrig aus; rein rechnerisch betragen sie weniger als 20 Pfennig pro Betreuungsstunde (zum Vergleich: 0,80 DM pro Betreuungsstunde in Einrichtungen). In einem ökonomisch umfassenderen Sinne, d.h. unter Einschluß von Sachleistungen, Zeitkosten für Hilfeleistungen oder Transportkosten, verlieren sie aber ihre Kostengünstigkeit. Sie stellen in diesem Sinne die teuersten Betreuungsformen pro Betreuungsstunde dar (3,40 bis 5,70 DM pro Betreuungsstunde gegenüber 2,10 DM bei Betreuung in Einrichtungen), da die Eltern erhebliche Belastungen ihres Zeitbudgets aufgrund von reziproken Hilfestellungen erfahren.

Neben Kosten für Fremdbetreuungen entstehen für die Betreuung des Zielkindes noch die genannten Opportunitätskosten. Faktisch betrifft dies aber nur Mütter. Nur 2 % der Väter geben in der Befragung an, in irgendeiner

Weise ihre Erwerbstätigkeit wegen der Übernahme von Betreuungsaufgaben eingeschränkt zu haben. Insgesamt entstehen den Eltern Nettoeinkommensverluste aufgrund der Übernahme von Betreuungsaufgaben für das ausgewählte Zielkind von im Durchschnitt der Stichprobe 694 DM. Der Löwenanteil davon, nämlich 97,7 %, sind Einkommensverluste der Mütter.

Die gesamten elterlichen Betreuungskosten pro Monat – Kosten für Fremdbetreuung und Opportunitätskosten – belaufen sich für das Zielkind rein rechnerisch auf 758 DM[5], wobei dies im Durchschnitt der Stichprobe zu gut 90 % Kosten sind, die dadurch entstehen, daß die Eltern ihre Erwerbstätigkeit aufgeben oder einschränken, um Betreuungsaufgaben zu übernehmen. Diese (sehr konservativ geschätzten) Kosten für Kinderbetreuung stellen eine deutliche finanzielle Belastung für Eltern dar, die derzeit weit davon entfernt ist, durch öffentliche Transferleistungen kompensiert zu werden.

Festzuhalten bleibt: Eltern bringen gegenwärtig im Durchschnitt erhebliche monatliche Kosten für die Betreuung ihrer Kinder im vorschulischen Alter auf. Der Löwenanteil dieser Kosten besteht darin, daß die Mütter auf eine Erwerbstätigkeit verzichten oder diese einschränken, um Betreuungsaufgaben für ihr Kind übernehmen zu können. Wenn somit über Kosten diskutiert wird, die für eine Ausweitung des Früherziehungssystems anfallen, so darf nicht übersehen werden, daß diese Kosten gesellschaftlich gesehen nichts Neues sind. Vielmehr werden diese Kosten bzw. ein erheblicher Teil davon gegenwärtig von den Familien allein getragen und sind somit öffentlich gewissermaßen nicht sichtbar.

4. Zusammenfassung

Ausgangspunkt des Beitrages waren die gegenwärtigen quantitativen und qualitativen Veränderungen im Früherziehungssystem in der Bundesrepublik. Reformbemühungen im Mikrobereich, d.h. im Bereich der unmittelbaren Lebensumwelten von Kindern und ihren Familien, werden maßgeblich beeinflußt von makrostrukturellen Bedingungen. Von einer besonderen Bedeutung dürfte dabei gerade bei einem in Ausdehnung begriffenen Früherziehungssystem die gesellschaftliche Bereitschaft zur Ressourcenumverteilung zugunsten dieses Systems sein. Kostenaspekte werden gegenwärtig politisch auf den verschiedensten Ebenen breit diskutiert – allerdings einseitig unter dem Gesichtspunkt der Belastung der öffentlichen Haushalte.

In der Tat sind die zusätzlichen Kosten für die mit der Novellierung des Kinder- und Jugendhilfegesetzes angestrebte Expansion des Früherziehungssystems enorm. Allerdings wird die öffentliche Diskussion um diese Kosten oftmals sehr eng geführt, d.h. fixiert auf entstehende Mehrlasten und ohne Berücksichtigung möglicher Nutzenaspekte. Die Nutzenaspekte sind bedeutsam und geeignet, den mit den Kosten verbundenen übertriebenen Pessimismus zu relativieren:

- Investitionen in die Sozialwirtschaft haben erhebliche (positive) wirtschaftliche Folgen. Eine Analyse für die Stadt Köln ergab, daß jeweils 5 Arbeitsplätze in städtischen Kindergärten mit ihren Ausgaben jeweils einen weiteren Arbeitsplatz in der Kölner Wirtschaft schaffen.
- Ein verbessertes Betreuungsangebot ermöglicht speziell den Müttern eine umfangreichere Erwerbstätigkeit, die sich in einem erhöhten Lebenszeiteinkommen niederschlägt. Die dadurch gegebenen erhöhten Steuereinnahmen können einen gewissen Teil der Kosten für das Früherziehungssystem kompensieren.
- Schließlich muß auch berücksichtigt werden, welche langfristigen Sozialisationsgewinne für die Kinder – die eigentlichen Adressaten des pädagogischen Bemühens – durch deren Teilnahme an den Betreuungs- und Erziehungsangeboten erzielt werden und inwieweit sich diese Gewinne in eine ökonomische Bilanz einbringen lassen. Amerikanische Kosten-Nutzen-Analysen stimmen hier optimistisch. Auch deutsche Untersuchungen weisen darauf hin, daß eine Kindergartenerziehung helfen kann, Schulversagen im Sinne von Zurückstellungen vom Schulbesuch, Sitzenbleiben, Sonderschulüberweisungen zu vermindern, und daß sie sich somit für die spätere Schulkarriere kostenreduzierend auswirkt.

In der öffentlichen Diskussion um die Kosten für die Ausweitung des Früherziehungssystems wird kaum beachtet, daß es sich nicht um neue Kosten handelt. Vielmehr werden diese Kosten gegenwärtig bereits von den Familien aufgebracht. Speziell muß berücksichtigt werden, daß die elterlichen Betreuungskosten überwiegend aus Opportunitätskosten bestehen, die einseitig Frauen belasten: Frauen verzichten auf ihre Erwerbstätigkeit oder reduzieren sie, um Betreuungsaufgaben zu übernehmen. Dafür nehmen sie zum Teil erhebliche Einbußen an Lebenszeiteinkommen in Kauf. Angesichts der gegebenen Veränderungen im Rollenbild von Frauen sowie der erhöhten Scheidungsraten und der damit verbundenen sozialen Unsicherheiten stellt sich aber die Frage, wie lange Frauen noch bereit sind, diese einseitige Belastung zu tragen – ein wichtiger Gesichtspunkt im Hinblick auf die gesellschaftliche Bereitschaft zu einer Ressourcenumverteilung zugunsten des Früherziehungssystems.

Die skizzierten Ergebnisse zu Kostenaspekten weisen durchaus auf Argumente hin, die in der Auseinandersetzung um knappe Ressourcen berücksichtigt werden sollten. Sicher kann der Ausbau von Betreuungs- und Erziehungsangeboten für Kinder nicht nur bzw. nicht vorherrschend durch die verengte Brille ökonomischer Kriterien betrachtet werden. Als Gegenargument für Kosten-Nutzen-Analysen wird manchmal genannt, daß der Nutzen eines Programms für Kinder nicht in Geldwerte umgerechnet werden könne oder sollte, da das Programm oder der Nutzen an sich schon einen Wert darstellten. Demgegenüber wird hier die Auffassung vertreten, daß man gerade auch solche ökonomischen Analysen durchführen sollte; denn in Auseinandersetzungen um knappe Ressourcen haben ökonomische Argumente eine besondere Bedeutung (vgl. Psacharopoulos 1982; auch Schoch 1984).

Für eine rationale gesellschaftliche Diskussion wird eine umfangreichere systematische Forschung im frühpädagogischen Bereich benötigt, die auch explizit bildungsökonomische Aspekte mit einschließt. Forschungsdesiderate bestehen zum einen im Hinblick auf gezieltere Analysen des Zusammenhangs zwischen öffentlichen Kosten für eine Ausweitung des Früherziehungssystems und ökonomischen Gewinnen durch eine erweiterte mütterliche Erwerbstätigkeit. Zum anderen fehlen vor allem empirische Untersuchungen, die langfristig die Auswirkungen einer vorschulischen Erziehung auf die Entwicklung der Kinder verfolgen und die dabei zugleich auch Informationen für Kosten-Nutzen- oder Kosten-Wirksamkeits-Analysen bereitstellen. In diesem Kontext sollten nicht nur Studien durchgeführt werden, die ökonomische Effekte von vorschulischer Erziehung überhaupt untersuchen. Zusätzlich werden Studien benötigt, die die Effekte der Variation von kostenträchtigen Standards vorschulischer Erziehung – z.B. der Gruppengröße in Krippen oder Kindergärten – auf Kinder verfolgen und z.B. Schwellenwerte identifizieren helfen, bei denen eine Reduktion von Kosten angesichts einer dann reduzierten Qualität des Angebots im Hinblick auf die Auswirkungen bei den Kindern nicht mehr akzeptiert werden kann (vgl. z.B. Glantz, Goodson & Layzer 1991). Nach Ansicht des Verfassers gibt es genügend gute Gründe dafür, daß eine von Reformwillen getragene Kleinkindpädagogik diese ökonomische Perspektive aufnimmt, will sie Informationen bereitstellen, die Reformprozesse vorantreiben können – auch wenn ökonomische Analysen für eine quantitativ und qualitativ befriedigende Fortentwicklung des Früherziehungssystems nicht ausreichen.

Anmerkungen

1. Der Begriff 'Kindergarten' wird im folgenden als Sammelbegriff für die verschiedenen institutionellen Betreuungs- und Erziehungsformen im Elementarbereich, d.h. für Kinder ab dem dritten Lebensjahr bis zum Schulbeginn, verwendet.
2. Alle Angaben sind inflationsbereinigt und auf das Jahr 1981 diskontiert (vgl. Barnett 1985).
3. Die elterlichen Betreuungskosten dürfen nicht mit den elterlichen Kosten für Kinder überhaupt gleichgesetzt werden. Die mit dem Aufziehen von Kindern für Eltern insgesamt verbundenen Kosten liegen selbstverständlich deutlich höher als die elterlichen 'Betreuungskosten' (vgl. hierzu Berlin-Bubla & Forsthuber 1993; Lampert 1993).
4. In diesen Durchschnittswert gehen auch die Kinder ein, die nicht außerhalb der Kernfamilie betreut werden.
5. Für die Berechnung der gesamten elterlichen Betreuungskosten pro Monat wird der geldliche Gegenwert des Zeitaufwandes, den Eltern im Gegenzug für die Betreuung ihres Kindes der Betreuungsperson bzw. einer Einrichtung helfen, nicht gezählt. Es wird – konservativ – davon ausgegangen, daß der Wert dieses Zeitaufwandes bereits in den elterlichen Einkommensverlusten aufgrund der Übernahme von Betreuungsaufgaben enthalten ist.

Literatur

Barnett, W.S. (1985): Benefit-cost analysis of the Perry Preschool Program and its policy implications. In: Educational Evaluation and Policy Analysis, 7, S. 333-342.
Barnett, W.S. (1986): Methodological issues in economic evaluation of early intervention programs. In: Early Childhood Research Quarterly, 1, S. 249-268.
Barnett, W.S. & Escobar, C.M. (1987): The economics of early educational intervention: A review. In: Review of Educational Research, 57, S. 387-414.
Berlin-Bubla, A. & Forsthuber, M. (1993): Was kostet ein Kind? In: trend: Das österreichische Wirtschaftsmagazin, 24, S. 136-159.
Beruetta-Clement, J.R., Schweinhart, L.J., Barnett, W.S., Epstein, A.S. & Weikart, D.P. (1984): Changed lives. The effects of the Perry Preschool Program on youths through age 19. Ypsilanti, MI: High/Scope Press.
Bonke, J. (1988): Childcare in households – an economic approach. Paper prepared for the European Community Childcare Network Seminar on Childcare Costs.
Bronfenbrenner, U. (1981): Die Ökologie der menschlichen Entwicklung. Natürliche und geplante Experimente. Stuttgart: Klett-Cotta.
Bundesministerium für Frauen und Jugend (1992): Finanzielle Folgen der Verbesserung der Tagesbetreuung von Kindern. Deutscher Bundestag. Ausschußdrucksache 0088. Sonderausschuß Schutz des ungeborenen Lebens. 12. Wahlperiode.
Ewert, O.M. & Braun, M. (1978): Ergebnisse und Probleme vorschulischer Förderung. In: Kultusminister des Landes Nordrhein-Westfalen (Hrsg.): Modellversuch Vorklasse in NW – Abschlußbericht. Köln: Greven, S. 7-51.
Galler, H.P. (1991): Opportunitätskosten der Entscheidung für Familie und Haushalt. In: Gräbe, S. (Hrsg.): Der private Haushalt als Wirtschaftsfaktor. Frankfurt: Campus, S. 118-152.
Glantz, F.B., Goodson, B.D. & Layzer, J.I. (1991): Cost-effectiveness of early childhood programs for low-income children: Findings from the evaluation of Project Giant Step. Paper presented at the NAEYC Annual Conference in Denver, Colo.
Gustafsson, S. (1978): Cost benefit analysis of early childhood care and education. Paper prepared for the OECD, Center for Educational Research and Innovation.
IFS (Institut für Beratung und Forschung in der Sozialwirtschaft) (1990): Kommunalwirtschaftliche Nutzeffekte der Münchener Sozialwirtschaft. München: Autor.
Jacobsen, J.P. & Levin, L.M. (1992): The effects of intermittent labor force attachment on female earnings. Paper presented at the American Economic Association Confernce in New Orleans, LA.
KJHG: Änderung des Kinder- und Jugendhilfegesetzes. 1. § 24 des Achten Buchs Sozialgesetzbuch Kinder- und Jugendhilfe. Bundesratdrucksache 451/92 vom 26.6.1992.
Lampert, H. (1993): Wer 'produziert' das Humanvermögen einer Gesellschaft? In: Glatzel, N. & Kleindienst, E. (Hrsg.): Die personale Struktur des gesellschaftlichen Lebens. Festschrift für Anton Rauscher. Berlin: Duncker & Humblot, S. 121-134.
Levin, H.M. (1989): Mapping the economics of education. An introductory essay. In: Educational Researcher, 18, 4, S. 13-16.
Niermann, J. (1977): Bildungsökonomische Probleme im Vorschulbereich in der Bundesrepublik Deutschland und der DDR. In: Zeitschrift für erziehungswissenschaftliche Forschung, 11, S. 3-19.
Piachaud, D. (1988): The costs of childcare. Paper prepared for the European Community Childcare Network Seminar on Childcare Costs.
Psacharopoulos, G. (1982): The economics of early childhood education and day-care. In: International Review of Education, 28, S. 53-70.
Recum, H. von (1970): Der Finanzbedarf eines expandierenden Vorschulsystems. Ein Beitrag zur quantitativen Planung vorschulischer Einrichtungen. In: Zeitschrift für Pädagogik, 16, S. 27-38.
Recum, H. von (1971): Der Finanzbedarf eines expandierenden Vorschulsystems. (Deutscher Bildungsrat. Gutachten und Studien der Bildungskommission. Bd. 18) Stuttgart: Klett.

Robinson, W.C. (1987): The time costs of childcare and other household production. In: Population Studies, 41, S. 313-323.
Rüschenpöhler & Partner (1991): Kommunalwirtschaftliche Nutzeffekte der Ausgaben für Kindergärten in der Trägerschaft der Stadt Köln. Köln: Autor.
Schoch, D. (1984): Kosten und Nutzen sozialer Dienstleistungen. In: Theorie und Praxis der sozialen Arbeit, 35, S. 122-129.
Siebter Jugendbericht (1986): Jugendhilfe und Familie – die Entwicklung familienunterstützender Leistungen der Jugendhilfe und ihre Perspektiven. Bonn.
Tietze, W. (1984): Was soll in der Früherziehung evaluiert werden? In: Fthenakis, W.E. (Hrsg.): Tendenzen der Frühpädagogik. Düsseldorf: Schwann, S. 143-165.
Tietze, W. (1993): Institutionelle Erfahrungsfelder für Kinder im Vorschulalter. Zur Entwicklung vorschulischer Erziehung in Deutschland. In: Tietze, W. & Roßbach, H.G. (Hrsg.): Erfahrungsfelder in der frühen Kindheit. Bestandsaufnahmen, Perspektiven. Freiburg: Lambertus, S. 98-125.
Tietze, W. & Roßbach, H.G. (1991): Die Betreuung von Kindern im vorschulischen Alter. In: Zeitschrift für Pädagogik, 37, S. 555-579.
Tietze, W. & Roßbach, H.G. (1993): Das Früherziehungssystem in der Bundesrepublik Deutschland (alte Bundesländer). In: Tietze, W. & Roßbach, H.G. (Hrsg.): Erfahrungsfelder in der frühen Kindheit. Bestandsaufnahmen, Perspektiven. Freiburg: Lambertus, S. 126-167.
Timmermann, D. (1987): Expertise zur Erfassung von Betreuungskosten in einem Elterninterview im Rahmen des Forschungsprojekts 'Betreuung von Kindern im Vorschulalter'. Unveröffentl. Expertise. Bielefeld.
Winkelmann, W., Holländer, A., Schmerkotte, H. & Schmalohr, E. (1977): Kognitive Entwicklung und Förderung von Kindergarten- und Vorklassenkindern. Bericht über eine längsschnittliche Vergleichsuntersuchung zum Modellversuch des Landes Nordrhein-Westfalen. Bd. 1. Kronberg/Ts: Scriptor.
Weber, C.U., Foster, P.W. & Weikart, D.P. (1978): An economic analysis of the Ypsilanti Perry Preschool Project. Ypsilanti, MI: High/Scope Press.

Autorenverzeichnis

Egle Becchi, Universität Pavia, Italien

Alison Clarke-Stewart, University of California, Irvine, USA

Greta Fein, University of Maryland, College Park, USA

Paul Hoop, Stedelijk Bureau, Rotterdam, Niederlande

Lilian Katz, University of Illinois, Urbana-Champaign, USA

Lothar Krappmann, Max-Planck Institut für Bildungsforschung, Berlin

Ronald Lally, Far West Laboratory for Educational Research and Development, San Francisco, USA

Michael Lewis, Rutgers University, New Brunswick, USA

Susanna Mantovani, Universität Mailand, Italien

Tullia Musatti, Consiglio Nationale delle Ricerche, Rom, Italien

Hellgard Rauh, Universität Potsdam

Hans-Günther Roßbach, Universität Lüneburg

Mira Stambak, Centre de Recherche de l'Education spécialisée et de l'Adaption Scolaire, Paris, Frankreich

Wolfgang Tietze, Freie Universität Berlin

Holger Weßels, National Institute of Child Health and Human Development, Bethesda, USA

Karl White, Utah State University, Logan, USA

Ute Ziegenhain, Freie Universität Berlin

Jürgen Zimmer, Freie Universität Berlin

klein & groß

LEBENSORTE FÜR KINDER

»MAN BRAUCHT DAS SCHÄRFSTE FERNROHR, DAS DES GESCHLIFFENEN UTOPISCHEN BEWUSSTSEINS, UM GERADE DIE NÄCHSTE NÄHE ZU DURCHDRINGEN.«

ERNST BLOCH

KINDER BRAUCHEN NEUE PERSPEKTIVEN, ERZIEHERINNEN AUCH. WIR ZEIGEN SIE.
klein&groß – DIE NEUEN BÜCHER ZUR ZEITSCHRIFT.
klein&groß – DIE FACHZEITSCHRIFT FÜR ERZIEHERINNEN UND ERZIEHER.
PROBEHEFTE UND PROSPEKTE BEKOMMEN SIE BEI IHRER BUCHHANDLUNG ODER BEI DER REDAKTION:
klein&groß, LEBENSORTE FÜR KINDER, PESTALOZZISTRASSE 5-8, 13187 BERLIN, TELEFON: 030/4883900, FAX: 030/48839020.

Luchterhand Verlag
Postfach 2352
56513 Neuwied

Foto: Jürgen Roth